KB270427

5·18연구소 학술총서 8

아시아의 민주주의와 인권 II

국가폭력과 참여민주주의의 역사와 동학

아시아의 민주주의와 인권 II

국가폭력과 참여민주주의의 역사와 동학

전남대학교 5·18연구소 엮음

DEMOCRACY AND
HUMAN RIGHTS
IN ASIA

심미안

이 책은 전남대학교 5·18연구소가 지난 2005년부터 한국연구재단의 지원을 받아 수행하고 있는 〈아시아의 민주주의와 인권〉의 연구과제를 통해 산출된 논문들로 엮어진 두 번째 결과물이다.

〈아시아의 민주주의와 인권〉에 관한 연구는 크게 3단계 9년 예정으로 2010년 발행일 현재 2단계 2차년도 과제가 수행 중이며, 두 세부과제로 나뉘어 진행되고 있다.

이번에 출판된 『아시아의 민주주의와 인권 Ⅱ : 국가폭력과 참여민주주의 역사와 동학』은 제1세부과제 1단계 3차년도 연구주제 '기억과 의례·기념화' 관련논문 6편과 제2세부과제 1단계 3차년도 연구주제 '국가 수준의 참여민주주의의 수용과 쟁점'과 2단계 1차년도 연구주제 '아시아 시민사회의 성장과 민주주의 정치: 역사와 구조' 관련 논문 5편을 포함해 총 11편의 논문을 실었다.

제1부 국가폭력의 역사와 재현

제1세부과제 연구진의 1단계 연구는 '아시아의 민주주의와 인권' 이라는 총괄주제 하에서 '국가폭력과 저항운동–이론과 유형' 이라는 주제로 진행되었다. 국가폭력과 이에 대항하는 저항운동을 양축으로 설정하여 그 속에 나타나는 국가폭력의 구조, 이데올로기, 전개과정, 저항운동의 양상 및 실태를 분석함으로써 민주주의와 인권의 의미를 재검토하고, 국가폭력과 저항운동에 대한 기억과 기념, 의례화의 문제를 중심으로 국가폭력과 저항운동의 현재적 의미를 규명하는데 중점을 두었다. 즉, 아시아 각국의 국가폭력과 저항운동의 실태와 양상을 분석하고 현재 각국에서 그 경험이 어떻게 재현되고 기억·기념되는가를 비교하고 정리하는데 역점을 두었다. 총 3년의 기간 동안 진행된 1단계 연구에서는 제1차년도의 '국가폭력', 제2차년도의 '저항운동', 제3차년도의 '기억과 의례·기념화' 로 주제를 세분해 연구가 이루어졌다.

이번에 수록된 논문들은 제1세부과제 연구진의 1단계 제3차년도 연구 성과들을 모은 것이다. 일부 논문은 수정·보완작업을 거쳤다. 1단계 제3차년도에는 제1차년도의 연구주제였던 '국가폭력' 과 제2차년도의 연구주제였던 '저항운동' 에 대한 아시아 각국의 사례 분석을 토대로 이러한 국가폭력과 저항운동이 의미화(signification)되는 방식과 그 결과에 대해 검토하였다. 즉 국가폭력과 저항이 기억되는 방식과 그 현재적 의미, 기억의 메커니즘과 '기억의 정치' 의 작동, 기념화나 의례화 등이 아시아 각국에서 어떻게 전개되고 있고 현재 어떤 사회적 의미와 기능을 지니는지를 파악해 보았다.

우선 인류학 분야에서 김경학의 논문은 1984년 인도 정부군의 소위 '블루스타 작전' 에 의해 약 3천명의 시크들이 집단학살 당한 사건을 중심으로 인도 국내외에 거주하는 시크들이 이 사건을 어떻게 기억하고 있는지를 살펴보았다. 우선, 사이버 공간에서는 1984년의 블루스타 작전, 델리 시크 대학살, 그리고 그 이후 발생한 시크에 대한 인권침해와 관련된 다양한 멀티미디어 자료를 이용해 시크와 아픔과 고통을 기억하고 인도 정부의 인권침해 현실을 고발함으로써 직접적으로는 세계 도처에 있는 시크 집단을 향해, 간접적으로는 세계인을 대상으로 '기억의 정치'가 진행되고 있다. 오프라인에서도 해외 시크 디아스포라를 중심으로 정치적 방식 혹은 문화적 형식을 통한 기억투쟁이 전개되고 있으며, 이러한 온·오프라인 상의 '기억투쟁'이 시크 민족주의를 강화시키는 역할을 하고 있다는 점을 발견할 수 있었다.

다음으로 역사학 분야에서는 두 편의 논문이 수록되었다. 우선 박수철의 논문은 메이지 초기 단계 '국가신도' 형성이란 측면에 초점을 두고 종래 상대적으로 소홀히 다루어왔던 신도 국교화 단계의 신사창건과 그것이 갖는 의미를 고찰하고, 새로운 형식의 신사가 창건된 의미를 메이지 초기 근대국가 성립과 관련지어 기념화와 전통이란 측면에서 분석하였다. 이 논문을 통해 독자적인 근대적 추모시설을 갖지 않고 야스쿠니신사라는 독특한 추모시설을 창출시킨 일본의 근대적 특질을 이해할 수 있을 것이다.

또한 송한용의 논문에서는 외세의 침입에 대항한 가장 위대한 민족영웅으로 추앙받고 있는 송대(宋代)의 악비(岳飛)가 국민통합 내지 국가통합에 어떻게 투영되고 있는가를 살펴보았다. 항주(杭州)에 있는 악비 묘(墓)가 교육기지 내지 관광지로 명성을 떨칠 정도로 악비가 송대부터 한족(漢族)의 민족영웅으로 추앙받고 있지만, 중국정부는 악비를 추앙하면 할수록 반국민통합으로 나가게 되어 악비를 민족영웅에서 삭제하고자 했다. 하지만 민간과 지방정부는 악비를 추모하는 기념행사를 대대적으로 전개하였음을 밝혀, 역사적 인물에 대한 기억이 현재화되는 다양한 층위를 살피고 있다.

사회학 분야에서는 한국전쟁의 기간 중 국내에서 발생한 '거창사건'과 1960년대 베트남에서 발생한 '베트남전'을 사례로 기억의 사회학적인 의미를 탐구하고자 하였다. 우선, 최정기의 논문은 한국전쟁 이후 우리나라가 마주친 국제적 사건 중에서 우리 사회에 가장 큰 영향을 미친 것으로 평가되는 베트남전, 특히 한국군의 베트남전 참전이 한국과 베트남에서 각각 어떻게 기억되고 있는가를 공식적인 기억과 대항기억의 차이를 중심으로 살펴보았다. 한국에서는 한국군의 베트남전 참전에 대한 기억이 최초에 망각이 강요되었다가 최근에는 다양한 기억투쟁이 진행되고 있으며, 베트남에서는 미국에 대항해 승리한 전쟁이라는 공식적 기억과 한국군에 의한 피해를 강조하는 피해자 기억이 절충을 이루는 형태로 한국군의 베트남 참전에 대한 기억이 이루어지고 있음을 확인하였다.

다음으로 김기곤의 논문은 국가폭력에 대한 기억과 재현 사이의 갈등 문제를 1951년 한국의 거창사건을 통해 분석하였다. 거창사건유족회와 거창평화인권예술제위원회가 국가폭력을 기억하고 현재화하는 방식이 서로 차이를 보이고 있다는 점을 주목하고 있다. 유족회는 국가폭력에 대해 고통과 희생을 중심으로 기억하고 이를 재현하려고 하는데, 이들의 기억방식은 집단이 공유하는 특정의 가치와 정서를 자신들의 필요에 따라 전유하는 '보상적 기억작업'으로 나아갔다. 반면 위원회는 국가폭력의 기억을 현재적 시점에서 다양한 가치로 전환하고 이를 문화적으로 재현하려는 '정치적 기억작업'을 진행하고 있음을 밝히고 있다.

마지막으로 정치학 분야에서 윤영덕의 논문은 1989년에 발생한 중국 베이징에서의 '천안문사건'에 대한 기억이 중국의 외교정책 변화에 어떠한 영향을 미쳤는지를 탐구하였다. 역사적 사건은 단지 피해자들에 의해 기억될 뿐만 아니라 가해자에 의해서도 기억이 재구성되며, 특히 국가의 공식적 기억은 역사적 기억을 재구성하는데 중요한 영향을 미친다는 점을 주목하면서 중국지도부의 '천안문사건'에 대한 기억이 중국외교정책 변화에 중요한 영향을 미쳤다는 점을 밝히고 있다.

이상의 논문들은 국가폭력과 이에 대한 저항운동의 현재적 의미는 무엇인가. 그리고 어떤 과정을 통해 기억되고 활용되어 현재적 의미를 갖는가. 즉 기억의 메커니즘, 기념화나 의례화 등이 아시아 각국에서 어떻게 전개되고 있는지, 어떤 기능을 담당하고 있는지를 비교 검토할 수 있는 다양한 층위의 사례들을 제공하고 있다.

제2부 아시아 시민사회와 참여민주주의

제2세부과제 연구진의 1단계 연구와 2단계 1차년도 연구는 '아시아 민주주의와 인권'이라는 대주제 하에 '참여민주주의: 이론과 실천'과 '아시아 시민사회의 동학과 참여정치의 확대'라는 주제로 진행되었다.

1단계 연구주제인 '참여민주주의: 이론과 실천'에서는 민주주의 확장이라는 커다란 범주 아래 참여민주주의 이론, 참여민주주의 경험, 참여민주주의 제도화하는 세부주제들을 다루고 있다. 참여민주주의는 공동체 현안을 둘러싸고 구성원들이 직접 자신의 의견과 선호를 표명하여 공동체적 합의를 이끌어 낸다는 점에서 실질적 민주주의로의 전환과 확장의 의미가 있다. 이런 맥락에서 아시아 국가의 참여민주주의 경험과 가능성을 탐구하여 참여민주주의 수용에 있어서의 쟁점을 검토하고 그 제도화의 가능성에 대해 성찰하였다. 참여민주주의의 수용에 대한 접근은 대의민주주의가 갖는 한계에 대한 이론적 분석으로부터 출발하였다. 이러한 이론적 검토와 경험적 사례에 기초하여 한국사회의 참여민주주의 수용과 제도화를 위한 사회과학적 함의들을 제시하고, 학문적으로는 민주주의 질적 향상을 위한 이론적 심화 작업을 수행하였다.

먼저, 박해광의 논문은 1단계 3차년도에 수행된 연구로서 '국가수준의 참여민주주의의 수용과 쟁점'이라는 주제 하에 "한국의 자주관리기업 연구: 버스운송기업 사례"라는 사례연구 내용을 담고 있다. 이 연구는 한국의 기업수준에서의 참여민주주의의 실현가능성에 대한 진지한 사색을 통해 한국형 참가민주주의가 지향하는 궁극적인 최종, 최고단계의 한국형 참여민주주의에 대안적 모색을 시도하고 있다.

다음으로 민현정의 논문은 일본 지방자치에 대한 접근을 통해 "지역협동사례를 통해 본 일본 로컬거버넌스의 성공과 한계요인"을 분석하고 있다. 이 연구는 일본의 지방정부 차원에서 이루어지고 있는 자치단체와 NPO간 연대와 협력 사례를 중심으로 상호 역할관계와 역할수행방식을 심층적으로 살펴보고, 이를 통해 일본사례가 갖는 특성과 시사점을 도출했다. 로컬거버넌스의 형성과 운영에 있어 광역과 기초수준에서 각각 차별화된 사례를 살펴봄으로써 협동주체의 역할재정립과 주민주체형 로컬거버넌스의 중요성을 제안하고 있다.

필리핀 사례연구를 시도한 신종화의 논문은 "필리핀의 정치적 현대성: 시민사회 주체의 역사적 경험을 중심으로"라는 주제로 필리핀 시민사회의 역사적 형성과정과 주요 행위자들의 정치환경을 정치적 현대성의 발현이라는 개념적 틀 안에서 이해하고자 했다. 필리핀 시민사회 연구의 주요 테마인 필리핀식 엘리트주의의 기원에 관한 역사적 고찰을 시도하였다. 이

연구는 거시 정치 변동과정의 주요사건들과 국면들의 전개, 전환 과정에서 지도력을 갖고 등장한 엘리트들의 정치적 실천의 한계를 집중적으로 살펴보고, 이를 한국 시민사회와의 '비교역사분석' 방법을 통해 사회이론적 차원에서 설명하고 있다.

2단계 1차년도 연구에서는 '아시아 시민사회의 동학과 참여정치의 확대'라는 주제 하에 1차년도에 "아시아 시민사회의 성장과 민주주의 정치: 역사와 구조"에 관한 연구들이 수행되었다. 여기서는 각국의 시민사회의 회고를 통하여 시민사회 형성과정의 역사와 구조적 특징에 대한 성찰을 시도했다. 아시아 참여민주주의에 대한 이슈와 논쟁을 보면 아시아 시민사회가 보여준 능동적 실천들이 아시아 각국의 민주주의를 진척시키는데 많은 영향을 주고 있음을 확인할 수 있다.

먼저, 일본 시민사회 연구로서 민병로의 논문은 "일본 시민사회의 구조와 법인화"라는 주제로 NPO법인제도의 구조와 과정에 주목하여 일본 시민사회에 대한 이해를 시도하고 있다. 이 연구는 전후 일본시민사회가 '시민운동'에서 '시민활동'으로 이행된 과정과 현재 시민사회의 주요 구성원인 자치회, 시민단체, NPO단체들의 현황과 특징, NPO법 시행이후 법인화 과정에서 나타난 문제점과 개선방안을 분석, 검토하고 있다. 특히, 일본 시민사회의 획기적 변화를 초래한 1998년 NPO법의 제정과 시행, 2008년부터 시행된 신공익법인제도의 성립과 운영과정을 통해 일본 시민사회의 변화를 분석하였다.

다음으로 캄보디아 시민사회 연구자인 조영희는 "캄보디아 NGO의 발전경로에 관한 연구"라는 논문에서 캄보디아의 비정부조직에 관한 두 가지 흥미로운 사실을 제시하고 있다. 하나는 1991년 파리협정 이후 비정부조직이 양적으로 급증하면서 비정부조직이 시민사회의 형성과 발전과정을 주도하고 있다는 점이며, 다른 하나는 비정부조직들은 국제비정부조직 등 외부에 대한 의존성이 매우 높다는 점이다. 이 연구에서 그는 전자와 관련해서 과연 비정부조직의 양적 성장이 시민사회조직으로서 질적인 성장까지 담보하고 있는가에 주목하는 동시에 후자와 관련해서는 원조경제체제와 '정부-캄보디아 비정부조직-국제비정부조직'의 관계 속에서 비정부조직의 구조적 취약성의 원인을 찾고 있다.

박만규 역사교육과 교수

| 차례 |

제1부

국가폭력의
역사와
재현

DEMOCRACY AND
HUMAN RIGHTS
IN ASIA

국가폭력, 하나의 사건과 두 가지 재현[*]
-거창사건의 기억과 문화적 재현과정

김기곤[**]

Ⅰ. 들어가는 말

재현(representation)은 기호나 상징 등을 통해 어떤 것을 기술하고 표현하는 행위나 실천을 의미한다. 재현은 크게 두 가지 방식으로 이해할 수 있다. 하나는 과거의 역사적 사건이 갖는 사실적 측면을 복원해 이를 특정 시점에서 다시 보여주는 것이다. 다른 하나는 현재의 사회적 상황과 정치적 맥락 속에서 과거의 사건을 재구성해 새롭게 추가되거나 변형된 의미를 만들어내는 것이다. 이 두 가지 중에서 어느 방식으로 재현되느냐는 미리 정해진 것은 아니다. 재현이 기억을 매개로 하여 진행된다고 했을 때 재현의 방식과 의미는 더욱 유동적이고 선택적이기 때문이다. 이는 기억의 문

* 이 논문은 2005년 정부(교육인적자원부)의 재원으로 한국학술진흥재단의 지원을 받아 수행된 연구임(KRF-2005-005-J11501). 『민주주의와 인권』 2009년 제9권 1호에 실린 논문을 재록함.
** 전남대학교 5·18연구소 학술연구교수

제에서 무엇을 기억하고, 왜 기억하고, 어떻게 기억하는가 등이 쟁점으로 부상하듯이, 재현에 있어서도 재현의 대상, 목적, 방식 등은 중요한 문제로 부각된다(김민환, 2003).

재현은 특정한 문화적 장치를 통해 이루어지고, 재현의 결과 역시 수많은 의미와 상징성을 담고 있다. 따라서 재현은 기본적으로 문화적인 성격을 갖고 있다. 과거 기억에 대한 문화적 재현은 주로 기념물(비·나무·표지석), 기념 건축, 기념 공간(공원·가로) 등을 매개물로 하여 이루어진다(정근식, 2006: 281). 하지만 기억과 재현의 관계를 보다 명료하게 살펴보기 위해서는 재현의 형태를 두 가지 범주로 구분해 볼 필요가 있다. 하나는 특정 공간 속에 각종 상징과 이미지를 구축해 과거의 기억을 드러내는 것이다. 다른 하나는 기념, 의례, 전통 등과 관련한 문화적 행사를 통해 기억을 드러낸다. 특정 재현물은 개인의 감정과 의지에 의해서만 만들어지는 것이 아니다. 이것은 기억집단의 의식 및 이념 등이 사회적 상황과 일정한 관계를 형성하면서 만들어진다. 따라서 문화적 재현은 기억에서 비롯되는 행위이지만 동시에 기억과 재현에 작용하는 여러 관계들에 대한 비판적 물음이라는 의미도 담고 있다.

이 연구는 국가폭력의 대표적 사례로 간주되는 거창사건을 지역공동체 구성원들이 어떻게 기억하고 그 기억의 결과를 어떠한 방법으로 재현하는가를 살펴보고자 한다. 이는 국가폭력에 대한 진실규명과 역사적 청산작업이 진행되고 있는 상황에서, 지역단위의 기억집단들은 자신들이 직간접적으로 경험한 국가폭력을 어떻게 기억하고 의미화하는가를 사실적으로 파악해보기 위한 것이다.

이를 위해 거창사건을 재현하기 위해 활동하고 있는 지역의 두 집단에 주목한다. 이들은 거창사건의 당사자 집단이라 할 수 있는 '거창사건유족회'와 거창지역의 시민사회 진영 단체들을 중심으로 구성된 '거창사건평화인권예술제위원회'이다. 두 단체의 조직 성격과 구성 등은 서로 다르다.

그렇기 때문에 이들의 활동을 정형화된 틀 속에서 유형별로 밝혀 비교분석하는 데는 근본적인 난점이 있다. 그럼에도 불구하고 이들을 거창사건의 재현주체로 설정하는 것은 거창지역 내부에서 체계화된 조직을 갖추고 지속적인 재현활동을 수행해 오고 있기 때문이다. 이 두 집단의 재현활동 상황과 특징을 살피는 것은 국가폭력이 지역단위에서 의미화 되는 정치·사회적 지형을 보다 현실적으로 보여줄 수 있을 것이다. 또한 재현활동의 내적 구조와 이에 영향을 미치는 외적 요인들을 총체적인 시각에서 동학적으로 그려낼 실마리를 제공할 것으로 기대된다.

국가폭력에 대한 평가와 처리문제에 대해 관심이 고조되고 있는 상황에서 거창사건에 대한 연구는 꾸준히 진행되고 있다. 초기의 관심은 거창사건의 전개과정과 진실규명 그리고 법적·정치적 처리과정이었다(김동춘, 2001; 한인섭, 2003; 박명림, 2003; 한성훈, 2006). 최근 들어서는 거창사건에 대한 기억투쟁 과정에서 재현된 상징과 공간에 대한 연구로 넓혀지고 있다. 그중에서 정호기(2007)와 김백영·김민환(2008)의 연구는 거창사건추모공원의 공간적 특징을 살피고 있다. 이들은 추모공원의 공간 구성이 거창사건의 사실적 담론과 재현 사이의 간극을 형성시켜 죽음의 실체를 흐리게 하고 있음을 밝힌다. 한성훈(2008)의 연구는 위령비가 갖고 있는 기억투쟁의 의미를 담고 있다. 이는 거창사건에 관한 국가의 기억과 피해자의 기억이 상징물을 놓고 대립하는 과정을 분석하고 있다. 이 연구들은 거창사건이 발생한 이후의 시공간을 기억과 재현이라는 측면에서 접근함으로써 국가폭력의 모습이 문화적 장치를 통해 어떻게 드러나고 있는가를 보여준다.

이 연구는 선행연구들의 성과를 담아 거창사건에 대한 재현주체들의 활동을 보다 구체적으로 살펴보고자 한다. 특히 지역단위에서 재현주체들이 거창사건을 어떻게 의미화하고 있으며, 이를 실현하기 위한 재현활동이 어떻게 전개되고 있는가에 주목한다. 이를 통해 거창사건에 대한 재현주체들의 재현체계의 특징과 재현을 강제하고 제약하는 구조적 요인을 찾아보고자 한다. 이 연구는 국가폭력이 재현되는 정치사회적 지형과 이후 재현주체의 구성과 연대를 위한 실증적이고 구체적인 실마리를 제공해 줄 수 있을 것이다. 이 연구는 거창사건과 관련된 특정 재현물의 의미 해석, 보고서, 신문기사, 재현주체들의 활동 자료 등의 내용을 분석하는 텍스트 분석과 거창사건을 재현하기 위해 활동한 주체들과 그들의 관계를 살펴보기 위해 관련자에 대한 면접과 구술 조사 결과를 함께 분석하는 방식을 사용했다.

Ⅱ. 기억과 재현에 관한 이론적 논의

1. 기억에 관한 문화적 해석

기억은 기본적으로 과거에 대한 주관적 의미·감정·느낌 등을 포함한다. 기억하는 행위는 개인의 영역에 속하지만 기억이 작동하는 방식은 사회적 관계 속에서 진행된다. 그렇기 때문에 기억행위 그 자체는 개인의 수준을 벗어나 이미 집단적인 것으로 이해할 수 있다. 알박스(Halbwachs)는 개인적인 기억의 결과는 역사적 맥락 안에서 시공간적 규정과 위치를 통해서만 획득될 수 있다고 보고, 기억이 작동하는 '사회적 틀'을 제기했다. 이 틀은 순전히 개인적인 것이 아니라, 같은 집단의 사람들에 의해 공유된다. 이러한 기억의 틀에 기초하는 기억을 집단기억이라 부르고, 개개인은 그 관계 틀에 의해서만 자신의 회상을 불러올 수 있다고 보았다. 따라서 개인들의 기억은 이미 집단기억에 속한다는 것이다(Halbwachs, 1980; Fauser, 2008: 212~213; Böhme 외, 2004: 207).

집단기억은 그 집단 구성원들에게 자신들을 다른 집단과 구별지우는 특수한 정체성을 제공하는 기능을 한다. 집단 외부에 대해서는 배타적인 반면, 집단 내부에서는 지속성, 연속성, 동질성의 의식을 낳는다. 더나아가 집단 내의 모든 차이를 평준화하고 변화를 은폐하는 '전통'으로 기능한다 (전진성, 2005: 48~49). 여기서 한 번 형성된 집단기억은 과거 경험을 공유하는 집단 내부에서 항상 고정된 형태로 유지·지속되는가를 질문해 볼 수 있다. 집단기억 역시 기억작용의 산물이라는 점에서 특정 시기의 사회적·문화적 맥락과 깊은 연관성을 지닐 수밖에 없을 것이다. 이러한 맥락에서 보면 기억이 과거 역사와 맺는 관계는 파편적이며 일시적이다. 기억은 과거에 대해 선택적이면서 늘 반복되는 재조직 과정과 과거에 대한 지속적인 변형을 통해 역사와 분리되는 과정을 거친다. 이것은 기억이 항상 과거의 역사와 밀접한 관계를 갖는 것이 아니라는 것을 말해준다. 오히려 역사는 단지 변화와 '사건들의 이미지'를 제공할 뿐이다(Fauser, 2008: 213).

기억의 사회성을 강조한 알박스의 기억 이론은 객관화된 문화와의 관계를 회피하고 있다. 전적으로 심리학적인 틀에 머물면서 개인의 소속감에 내재되어 있는 집단의식을 집단에 부여하려는 경향도 강하다. 알박스는 시간이 경과된 후 기억이 사회적 기억에서 불러내어져 다시 일깨워지고 집단기억에 추가될 수 있는 사회적 저장소 기능을 간과했다(Fauser, 2008: 216~220). 즉, 집단기억에 '의사소통'이라는 사회적 차원만을 부여함으로써 기억이 펼쳐지는 시간적 지평을 보지 못하는 오류를 범했다(전진성, 2005: 51).

따라서 기억에 관한 연구는 기억하게 하는 물질성을 눈여겨 보아야 한다. 이는 기억이 문화적 매개물을 통해 재현되는 측면을 밝히는 것이다. 기억은 일종의 기호이며 상징이다. 상징을 통해 기억은 자신의 기능을 수행할 수 있으며, 이를 근거로 다시 새로운 기억들을 만들어갈 수 있는 것이다.

기억이 갖는 문화적 맥락을 파악하기 위해서는 아스만(Assmann)의 연구에 주목할 필요가 있다. 그는 '문화적 기억'이라는 개념을 통해 집단적 기억과 개인적 기억 사이의 상호관계를 광범위한 문화이론의 단초들 속에서 추적한다. 기억이 문화적인 이유는 오직 제도적으로 또는 인위적으로 실현되며 사회적 소통과 관련해서 기능하기 때문이다. 따라서 문화적 기억이란 제도적으로 공고화되고 조직적으로 전승된 기억을 말한다. 개인은 공동의 규칙과 가치에 구속되어 있는 한편 과거에 대한 공통적인 기억을 지니고 있다. 그 결과 "개인은 공동의 지식과 공동의 자아상을 갖게 된다. 아스만은 이러한 공동의 지식과 자아상을 개개인이 서로를 '우리'라는 집합명사로 부를 수 있게 만드는 '연결구조'라고 본다"(Assmann, 1992: 16; 고규진, 2003: 57 재인용). 연결구조의 기본 원칙은 '반복'과 '메커니즘화'라는 방식을 통해 과거의 기억들을 일정한 문화로 만들어낸다. 문화적 기억은 일종의 전승의 문제와 관련되어 있기 때문에 문화적 기억을 이루는 내용들은 축제와 같은 의례적인 의사소통에서 볼 수 있는 것처럼 구체적인 형식을 갖는다.

이 문화적 기억은 자체 기구가 없기 때문에 매체와 정치에 의존할 수밖에 없다. 따라서 생생한 개인적인 기억이 인위적이고 문화적인 기억으로 전환되는 과정은 기억의 왜곡, 축소, 도구화의 위험성을 초래할 수 있다(Assmann, 2003: 17). 기억이 문화적 매체를 동원하는 것은 과거의 기억을 보다 '생생한 기억'으로 유지하여 분명한 사회적 효과를 전달할 수 있게 한다. 이를 위해 기록물, 텍스트, 건축물, 묘비, 기념비 또는 제의와 축제 등이 문화적 매체로 동원된다(전진성, 2005: 52). 기억이 문화를 통해 재현된다는 것은 역설적이게도 기억이 시간이 지남에 따라 멀어지고 희미해지는 것이 아니라 더욱 가까워지고 생생한 것으로 다가오게 된다는 것을 의미한다. 이러한 과정을 통해 다층적인 기억들은 서로 복잡하게 얽혀 서로 경합한다. 따라서 기억의 형성과 전달 과정을 살피기 위해서는 기억을 추동하는 현실의 여러 관계에 대한 복합적이고 동학적 차원의 분석이 필요하다. 또한 형성된 기억이 현실 속에서 어떻게 작동하는가를 밝히기 위해서는 문화적 매체 속의 드러난 의미와 가려진 의미를 종합적으로 살펴보아야 한다.

2. 반영 혹은 차이의 생산으로서 재현

과거에 대한 기억을 재현한다는 것은 결국 지금은 없는 것을 회상이라는 감각 작용을 통해 어떤 것으로 드러내어 보여주는 것을 의미한다. 재현의 일반적 의미는 크게 두 가지 방식의 의미체계로 구분해 볼 수 있다.[1] 첫째는 주어진 실재를 복사하듯 있는 그대로 반영하는 것이다. 즉, 원본과 복사본의 동일성을 강조하고, 재현된 결과물을 원래의 대상으로 환원시키려는 관점이다. 둘째는 재현하고자 하는 원본과 재현된 것 사이의 일정한 거리감을 전제로 한다. 거리감은 원본과 일치된다는 반영의 의미를 벗어나 그것과는 다른 어떤 것을 만들어낼 수 있는 가능성을 의미한다. 재현하고자 하는 대상에 대해 총체화 과정을 거친 후, 다시 추상화 난계를 밟아가면 재현대상의 공통된 특징과 의미를 추출할 수 있다. 이 공통된 특징과 의미는 원래의 재현대상과 사뭇 다른 어떤 것으로 드러나게 된다. 결국 원본의 수동적인 반복이 아니라 원본과 다른 새로운 차이를 담은 재현물이 만들어지게 된다.

---

1) 이는 홀(Hall, 1997: 24~25)의 재현에 대한 세 가지 접근 방식에 기대어 재구성한 것이다. 홀은 언어가 세계를 어떻게 재현하는가를 '반영적(reflective) 접근', '의도적(intentional) 접근', '구성론적constructivist) 접근'으로 나눈다. 반영적 접근은 언어가 의미를 거울처럼 그대로 반영하는 것을 말한다. 구성론적 접근은 특정 개념과 기호 등을 사용하여 의미를 구성하는 것이다. 반면 의도적 접근은 특정의 재현방식이기보다는 표현하고자하는 주체의 의도가 강조된다는 점에서 다른 두 가지 재현방식이 이미 포함하고 있는 것이라 할 수 있다.

재현의 문제를 기억이라는 문제와 연관시킨다면, 재현은 반영보다는 항상 새롭게 구성된 다른 것으로 나타나게 된다. 이는 기억 자체가 과거의 일을 그대로 드러내지만은 않는다는 것을 의미한다. 기억의 산물은 항상 기억과 망각 사이에서 일정한 부분만을 추출하고 선택할 수밖에 없는 제약성을 갖는다(박성수, 2000: 40). 과거를 기억하는 방식은 항상 현재적 관점에서 재구성되고, 기억하려는 사람들의 이해관계가 개입되기 때문이다. 이러한 조건들은 재현이 재현하고자 하는 대상과 동일한 것의 반복이 아니라 그것과는 다른 새로운 차이를 생성할 수 있게 한다. 결국 재현이란 이미 존재하는 기호현상을 반복해서 표현하는 것만이 아니라, 앞선 것과 언제나 다른 차이를 담게 된다(Noth, 2004: 131).

재현을 이해하는 또 다른 방식은 재현이 담고 있는 의미, 상징, 가치 등을 하나의 담론으로 전환하여 그것의 의미체계를 인식하는 것이다. 담론은 재현을 특수한 사회적·역사적 조건들 속에서 권력이 작동하는 방식과 연결시킴으로써 기호와 상징의 생산과 의미화 과정 전반에 대한 상호관계를 밝혀낼 수 있게 한다(Giles & Middleton, 2003: 111~113). 재현이 복잡한 관계와 의미론적 중층성을 띠고 있다는 것은 재현이 대상이나 인간의 행위에 대한 단순한 반영 혹은 모사의 수준은 아니라는 것을 말해준다.

또한 재현은 항상 자신의 준거를 전제로 한다(Noth, 2004: 130). 준거는 과거의 역사적 사건이 될 수 있고, 개인의 단순한 경험이 될 수도 있다. 그러나 개인의 경험보다 역사적 사건은 다양한 층위의 사상, 이념, 의식 등이 당시의 사회적 조건들과 결합되어 드러난 것이기 때문에 복잡한 의미를 지닌다. 역사적 사건에 대한 기억은 재현주체들에 따라 서로 다른 의미로 분절될 수 있으며, 기억의 재현은 수많은 갈등과 대립의 국면을 거치게 된다. 그렇기 때문에 역사적 사건에 대한 재현의 특징을 살펴보기 위해서는 재현물을 산출해 내는 사회적 맥락, 재현에 참여하는 주체들의 현실적 이해, 사회심리 등을 종합적으로 고려해야 한다.

사르티에(Chartier)에 의하면, 재현은 결코 한 사회나 공동체의 구성원 누구에게나 동일하고 중립적인 것이 아니다. 재현은 공동체 내의 사회관계에서 개인이 속하는 집단에 따라 다르게 나타난다. 그뿐 아니라 권력과 지배의 문제를 둘러싸고 집단 사이의 경쟁과 충돌을 불러오기도 한다. 재현은 주체들 사이의 '전유'(專有, appropriation)의 문제를 담고 있기 때문이다. 즉, 개인이나 부분집단이 전체집단의 집단적 표상을 자기 것으로 만들어, 현실을 해석하려는 과정에서 구체적인 대립이 발생한다(Chartier, 1988; 안병직, 2008: 170).

따라서 재현의 문제에서 중요한 것은 누가 어떤 목적으로 무엇을 드러내고자 하는가이다. 재현은 서로 다른 이해와 가치를 가진 주체들 사이의 협력과 경합, 갈등과 적대의 과정을 거치게 되는데, 이를 '재현의 정치'라 부를 수 있다. 재현의 정치는 재현물에 포함될 가치, 관념, 상징, 표상 등을 누구의 기준으로 할 것인가에서 시작된다. 재현의 정치를 통해 재현된 결과는 현실의 관계 속에서 다양한 의미로 실천된다. 이것은 재현물을 통해 현실의 효과를 만들어가는 재현주체들의 의식적 활동이다. 어떤 재현 주체들은 재현을 통해 과거를 종료되고 완결된 상태로 봉인하고자 한다. 다른 주체들은 재현물을 통해 과거가 현실에 지속적으로 영향을 끼치면서 결말이 나지 않은 현실로 되기를 의도한다. 또 다른 주체들은 과거의 기억을 재구성한 재현을 통해 현실을 바꾸고자 한다. 다양한 의미망 속에서 전개되는 재현의 정치는 재현물이 '사람들에게 실제적인 결과를 낳도록 한다'(Dyer, 2002: 1). 이는 기억이 일회성의 재현으로 사멸되는 것이 아니라, 재현된 문화적 장치와 상징을 통해 현재와 미래에도 일정한 의미로 생동하게 한다. 따라서 문화적 재현물에 대한 적절한 이해는 재현의 구조와 과정뿐만 아니라 기억의 재생산 기제, 즉 재현물이 갖고 있는 효과에 대한 종합적이고 체계적인 분석을 요구한다(나간채 외, 2004: 16).

Ⅲ. 기억의 준거로서 거창사건과 기억의 공식화

1. 거창사건의 진실

이 연구에서 기억의 준거로 삼은 것은 '거창사건' 이다. 거창사건은 1951년 2월 9일부터 11일까지 경상남도 거창군 신원면 일원에서 벌어진 국군에 의한 주민학살 사건이다. 육군 제11사단 제9연대 제3대대는 공비토벌 작전을 수행하던 중에, 주민들이 공비와 연관되어 있다고 판단해 수많은 주민들을 학살했다. 거창사건은 당시 거창군 신원면을 중심으로 인근 세 지역에서 발생한 학살사건과 기타 작은 규모의 나머지 학살사건을 포함하고 있다. 학살 시기와 지역 그리고 사망자 수는 다음과 같다.[2] 2월 9일 신원면 덕산리 청연마을 84명. 2월 10일 신원면 대현리 탄량골 100명. 2월 11일 신원면 과정리 박산골 527명. 기타 지역 18명을 합하여 총 719명에 이른다.[3]

김동춘(2001)에 의하면, 거창사건은 1948년 제주4·3사건에서 시작되어 1951년 초반까지 진행된 '빨갱이 사냥' 의 일환이었으며, 단순히 전쟁상황에서 초래된 우발적인 민간인 피해가 아니라 이승만 정권의 취약성과 광신적인 반공주의, 일본군 출신의 대한민국 국군 지휘관들의 인간 존중 의식의 결여 등이 복합적으로 작용한 국가범죄이자 전쟁범죄이다. 거창사건은 한국전쟁 시기에 자행된 비무장 상태의 민간인을 대상으로 한 학살사

---

2) 이 글은 거창사건을 기억하고 재현하는 측면에 주목하기 때문에 거창사건의 전개과정 등에 대한 세세한 분석은 생략한다. 거창사건에 대한 실체적 사실규명과 정치사회적 의미에 대한 분석은 김동춘(2001), 한성훈(2006) 등을 참조할 수 있다.

3) 거창지역의 민간인 학살사건은 신원사건 이 외에 남상춘천, 보도연맹, 위천5·8사건 등이 있다. 신원사건은 당시 신중목 거창군 지역 국회의원의 고발로 국내·외에 크게 알려졌고, 이를 이승만 정권은 다루지 않을 수 없었다. 거창사건은 이 신원사건을 의미한다.

건 가운데 가장 빨리 의회를 통해 대략적인 사건의 경과가 알려졌다. 국회 차원의 진상조사는 학살 및 사건 은폐에 개입한 지휘관을 부분적으로 처벌받게 하는 등 국가 스스로 부당한 학살임을 공식적으로 인정하게 했다. 또한 민주화 이후 최초로 의회의 법률제정을 통해 명예회복과 관련된 위령사업이 진행된 사건이다(한인섭, 2003: 31; 박명림, 2003: 77).

거창사건은 두 가지 측면에서 중요한 의미를 지니고 있다. 첫째는 정치적 측면으로, 한국전쟁과 관련해 발생했던 민간인 학살사건 가운데 진실규명과 사후 처리에서 가장 앞선 선례가 되었다는 것이다. 이런 이유 때문에 거창사건은 유사한 성격의 다른 사건이 법적·정치적으로 어떻게 처리될 것인가를 가늠케 하는 기준이 되고 있다. 둘째는 문화적 측면으로, 이 사건의 실체와 진상이 부분적으로 밝혀지면서 국가적 차원의 위령사업 대상이 되었을 뿐만 아니라, 문화적 재현을 통해 거창사건의 의미를 상징화하려는 집단들의 활동이 지역공동체 내부에서 활발하게 진행되고 있다는 것이다. 이런 점에서 거창사건은 과거의 국가폭력으로 인한 학살사건이 이후 문화적으로 어떻게 재현되어야 할 것인가에 대해 시사점을 주고 있다.

2. 공식적 기억의 등장과 제도화

거창사건의 진실이 규명된 이후 이승만 정권은 당시 도비 50만환을 교부하여 거창사건 추모비를 건립하도록 지원했다. 그 시기가 1960년 3월 15일 대통령 선거와 맞물려 있어 민심 수습의 의도를 담은 것이었다. 그러나 비용은 턱없이 부족하여 유족들이 직접 나설 수밖에 없었다. 거창사건 유족들은 1960년 이후 자신들이 당한 일을 알리고 이를 상징화하기 위해 조형물 건립을 추진했다. 지역 인사들과 유족들은 1960년 3월 5일 묘비건립 추진위원회를 구성했다. 6월 1일에는 유족 모임을 하나로 규합해 유족회를 구성했다. 이들은 11월 18일 박산합동묘역에서 제막식을 갖고 위령비를 세웠다. 그러나 활발하던 유족들의 활동은 박정희 군사정부가 들어서면서 탄압을 받기 시작했다. 5·16쿠데타 직후 군사정권은 거창유족 뿐만 아니라 한국전쟁 관련 전국피학살자 유족회 관련자들을 구속했다. 1961년 5월 18일, 유족회 간부 17명을 반국가단체혐의로 혁명재판에 넘기고 단체를 해산시켰다(한성훈, 2006: 225).

쿠데타 세력은 1961년 6월 25일 거창사건의 위령비(박산합동묘역 비석)를 땅에 묻고 비문의 내용을 알아보지 못하게 징으로 지워버렸다. 군사정권은 과거의 비극적인 역사적 사건이 드러나는 것을 막았다. 유족들이 조형물을 통해 자신들의 집단적 기억을 간직하려는 것을 방해했다. 권력은 기억을 독점하고 관리하기 위하여 기억의 재현물마저도 통제했던 것이다. 유족들에게 위령비는 자신들의 공통 경험과 의식을 상기시켜 집단의 일체감과 정체성을 강화시키는 상징이었다. 반면, 국가에게는 '국가의 학살'이 사회적으로 전이될 수 있게 하는 위험한 매개체로 인식되었기 때문에 억압하고 통제해야 할 대상이었다.

거창사건의 실체는 국가권력과 피해자들 사이의 기억투쟁 과정을 거쳐 국군에 의한 학살사건으로 규명되었다. 이는 국가권력 스스로 과거 학살에 대한 자신들의 책임을 인정하고 이를 정치적으로 승인한 것이다. 반면에 유족들이 전개한 기억투쟁은 은폐된 과거의 객관적 사실을 밝혀 자신들의 '무고함'과 그로 인한 죽음의 의미를 국가로부터 승인받기 위한 인정투쟁의 성격을 지니고 있다. 인정투쟁은 억압받는 집단이 인간으로서의 정체성과 존엄성을 지키고 되찾으려는 강렬한 의지의 표출이라 할 수 있다(박명림, 2003). 거창사건의 기억투쟁은 승인과 인정을 통해 공식적 기억을 만들어가는 과정이었다. 이후 거창지역 안에서는 공식적 기억을 재현하기 위한 주체들의 재현활동이 본격적으로 진행되었다. 유족들의 초기 활동은 은폐된 객관적 사실을 밝히고 죽음의 부당성을 알리는 것에 중점을 두었다. 유족회와 별개로 국회차원에서 전개된 진실규명, 책임자처벌, 명예회복 노력도 어느 정도 성과를 거두었다. 이후 유족들은 피해보상과 기념사업에 주력했다.

1960년 6월 구성된 유족회는 1961년 군사정권에 의해 강제 해산 당한 뒤 1965년 다시 유족들을 규합해 활동을 재개했다. 1961년에는 파괴된 채 방치된 박산합동묘역을 복구·정비하고 거창사건의 명예를 회복하기 위한 운동을 전개했다. 1988년 2월에는 거창사건위령추진위원회를 발족하여 땅 밑에 묻힌 위령비를 파내는 등 합동묘역을 정비했다. 그 후, 1989년 8월 위령추진위원회는 사건 발생 37년 만에 청연, 탄량골, 박산골 합동으로 위령제를 올렸다. 그동안 유족들은 국회와 권력을 상대로 전개한 대정부 투쟁과 함께 상징물 건립·위령제 개최 등 문화적 재현을 통해서 거창사건의 진실을 드러내고자 했다.

1996년 1월에는 '거창사건등관련자의명예회복에관한특별조치법'이 제정되었다. 미흡하지만 명예회복이 이루어지고, 국가의 지원 아래 위령사업이 추진되었다. 하지만 특별법에는 유족들에 대한 배상이나 보상에 대한 아무런 규정이 없었다. 유족들은 배·보상이 따르지 않은 명예회복은 완전한 명예회복이라 할 수 없다면서 보상의 문제를 주요 내용으로 한 '보상법'을 제정하고자 했다.[4] 유족들은 국가를 상대로 한 기억투쟁을 통해 사건의 객관적 사실을 드러내고자 했을 뿐만 아니라, 그 사건으로 인해 자신들이 겪어왔던 삶의 고통을 인정받고 이에 대한 보상의 방안을 제시해 줄 것을 요구하는 것으로 나아갔다.

---

4) 이 보상법은 2000년 12월에 한나라당 이강두 의원(지역구 산청·함양·거창)이 발의한 '거창사건등관련자의명예회복에관한특별조치법개정안'으로 제출되어 2004년 3월 2일 국회에서 가결되었다. 그러나 당시 노무현 대통령의 탄핵사태와 맞물리면서 이 법은 거부되었다. 2004년 3월 23일 고건 권한대행은 거부의 이유로 전국유사 사건과의 관계, 국가 재정문제 그리고 민사소송 중이라는 것을 들었다.

　　반면, 국가는 거창사건을 기념하는 일련의 사업을 추진해 나갔다. 위령사업은 기본적으로 거창사건 피해자에 대한 집단보상의 성격을 갖는 것이다. 정치적 측면에서 보면, 국가 주도의 위령사업은 거창사건에 대한 공식적 기억을 만들고 이를 제도화시키는 과정이라 할 수 있다. 국가폭력이 개입한 다른 사건과 마찬가지로 거창사건 역시, 피해자 개인들의 사적인 기억들은 법과 제도, 매체와 상징을 통해 공적인 기억으로 전환되어갔다. 이는 광주5·18민중항쟁과 제주4·3사건 등의 처리과정과 유사한 모습을 띄고 있다.[5] 거창사건이 공식적 기억으로 승인된 이후에는 항상 보상과 기념이 쟁점으로 부상했다. 피해자들은 이 두 가지를 여전히 기억투쟁의 쟁점으로 삼고자 했다. 반면, 국가는 기념의 문제에 집중하고, 기념공간 구축과 기념사업을 지원했다.

　　기념사업은 제도화된 형태의 문화적 재현이라는 성격을 갖고 있지만, 기억 및 재현의 방식과 그 효과라는 측면에서 서로 다른 가능성을 열어 주고 있다. 하나는 문화적 재현물은 이를 경험하는 주체들에게 다양한 의미로 전환되어 기억의 전이와 확장을 가져올 수 있는 매체가 될 수 있다. 집단적 기억이 기념물의 형태로 전환되면, 조성주체의 의도와 독립되어 어느 정도의 자율성을 갖기 때문이다(정근식, 2006: 281). 다른 하나는 기억의 공식화와 제도화는 기억이 선택되고 의미화 될 수 있는 영역을 제약함으로써, 현재의 시점에서 과거 기억이 새롭게 재현될 수 있는 다양한 가능성을 축소 및 제거할 수 있다.

---

5) 일반적으로 국가폭력에 의한 피해를 처리하는 방안과 절차는 광주5·18민중항쟁의 처리과정을 모범적 전거로 삼고 있다. 이 과정은 진상규명, 책임자처벌, 명예회복, 피해보상, 기념사업 순으로 진행되었다.

Ⅳ. 기억의 문화적 재현: 반영과 생성의 간극

1. 공식적 기억의 사실적 반영: 거창사건추모공원

거창사건추모공원(이하 추모공원)은 1996년 제정된 '거창사건등관련자의명예회복에관한특별조치법'에 근거해 조성되었다. 1999년 1월 기본계획이 수립된 이후 2004년 10월 준공기념식을 가졌다. 신원면 대현리 일대 16만 2,423㎡(49,133평) 부지에 총192억여 원이 투입되었다. 추모공원은 기억투쟁의 특정 국면에서 국가와 유족들이 서로 합의한 정치적 승인과 타협의 산물이다. 또한 추모공원 조성은 희생자와 그 유족에 대한 국가차원의 명예회복을 위한 위령사업이자, 거창사건 피해자에 대한 집단보상의 성격을 갖는 사업이다. 따라서 유족들에게는 다른 집단에 비해 특별한 장소성을 지닐 뿐만 아니라, 공간의 활용과 운영에 있어서도 배타적 우위를 갖는 공간이다.[6]

추모공원의 위치는 거창사건으로 발생한 주민학살의 직접적인 장소는 아니다.[7] 구 묘역(박산합동묘역)의 장소성을 지금의 추모공원으로 옮겨 놓은 것이라 볼 수 있다. 광주의 구 묘역(망월묘역) 인접지역에 신 묘역(국립 5·18민주묘지)를 조성해 놓은 것과 같은 상황으로 보면 된다.

수많은 희생자와 그 위패를 모셔놓고 그들의 죽음을 추모하는 대규모 위령공간인 추모공원은 광활한 대지에 펼쳐진 일종의 기념비이다. 기념비라는 것은 역사적 사건을 심미적으로 구체화하고 고양시켜 기억에 효과적

---

6) 추모공원은 거창군의 사업소 형태로 운영되고 있다. 소장 등 군직원 9명이 파견되어 있다. 사업소의 한 직원은 "모든 사업은 유족회와 협의한다. 그렇기 때문에 유족회가 부정적으로 생각하는 사업은 하기 힘들다"고 밝혔다(인터뷰, 2008. 8. 8).

7) 유족회장을 지냈던 김운섭 씨는 "이 곳이 학살의 장소라는 측면보다는 단지 지형이 길게 뻗어 있어 공원조성에 적합했다는 이유 때문에 선택되었다"고 말했다(인터뷰, 2008. 8. 8).

인 이미지를 부각시키는 기능을 한다(Assmann, 2003: 101). 추모공원은 그동안 국가가 방치해왔던 한국전쟁 관련 민간인 희생자들에 대한 관심을 공식적으로 드러냄으로써 한국전쟁 관련 기억들을 다른 방식으로 사고할 수 있는 가능성을 열어주었다(김백영·김민환, 2008: 13).

추모공원을 조망했을 때 첫 느낌은 거창사건의 세세한 기억과 의미들이 거대 규모의 이미지에 장악되어 버리는 듯하다. 거대 규모는 국가 차원의 기념사업이라는 특성과 유족 및 피해자들의 크고 웅장한 것에 대한 선호가 결합되어 만들어졌기 때문이다. 그래서 일까. 추모공원은 거창사건에서 발생한 죽음이 갖는 고유성을 드러내지 못하고 있다. 단지 한국의 다른 거대 규모의 국립묘지들에서 볼 수 있는 기념비적 웅장함만이 유사하게 존재할 뿐이다.[8]

추모공간을 구성하고 있는 요소들과 그것의 배열 및 구성물의 상징적 의미를 보면 추모공원의 재현방식을 잘 이해할 수 있다. 어떤 사물을 선택하고 어떻게 배치하느냐의 문제는 정치 역학 구도에 대한 질문으로 이어짐으로써, 그 공간의 의미 생산과 권력의 관계를 효과적으로 보여준다(Lidchi, 1997).

추모공원에서 대표적인 상징물은 18m 높이의 화강석 구조물로 만들어진 위령탑이다. 이 위령탑과 함께 구성된 조각상은 추모공원이 무엇을 어떻게 기억하고 재현하려 했는지를 상징적으로 보여준다. 위령탑 좌우로 배치된 두 개의 군상은 이곳이 죽은 사람을 위한 공간이라는 것을 가시적으로 보여주지만, 이들이 의도적으로 드러내고자 했던 진짜 의미는 따로

---

8) 김백영·김민환(2008)은 한국의 국립묘지를 '국가를 위해 죽은 사람의 공간'과 '국가에 의해 죽은 사람의 공간'으로 구분하면서 추모공원의 공간적 재현은 '국가를 위해 죽은 사람의 공간'과 유사한 상징들을 갖고 있다고 지적했다. 이는 객관적 진실과 재현 사이에 불일치가 존재한다는 것이다.

있는 듯하다. 좌측군상의 주제는 '참회'인데, 이것은 학살에 참여했던 군인들이 희생자들과 유족들에게 참회하는 모습을 재현하고 있다. 우측군상의 주제는 '환희'로, 희생자 후손들의 위로 속에서 승천하는 영령들과 유족들을 표현하고 있다. 위령탑과 그 주위에 배치된 군상은 참회와 추모의 정신을 가장 충실히 드러냄으로써, 과거 참혹한 사건에 대한 반성을 표현하고 있다. 하지만 이러한 재현방식이 의도하는 효과는 다른 측면에 있다. 가해자와 피해자의 이원적인 배치를 통해 그들 사이의 구분선을 뚜렷하게 강조함으로써 당시 국가폭력의 실질적 가해자인 권력에 대한 이미지를 찾아볼 수 없게 한다. 오히려 군인-양민이라는 명시적인 대립구도를 설정해 국가폭력의 정체를 의도적으로 제거하고자 한다. 이러한 이유 때문에 추모공원의 재현물들은 진정으로 희생자를 기리기 위한 것이라기보다 국가폭력의 실체를 가리고, 오히려 가해자였던 군인들의 책임과 원죄를 씻어주는 장치가 되고 있다.

　또한 추모공원은 잘 짜여진 내러티브를 담고 있다. 이것은 과거 역사적 사건에 대한 사실을 구체적으로 전달하는 방식에 초점을 두고 있다. 위령탑 뒤편의 묘역을 좌우로 하여 배치된 부조벽은 거창사건을 재현하는 하나의 내러티브를 표현하고 있다(〈그림 1〉 참조). 부조벽의 이미지를 왼쪽에서 오른쪽으로 읽어가다 보면 다음과 같은 서술체계를 발견할 수 있다. '고요한 아침의 장'(평화로운 신원 산골의 모습)에 갑작스런 '비극이 발

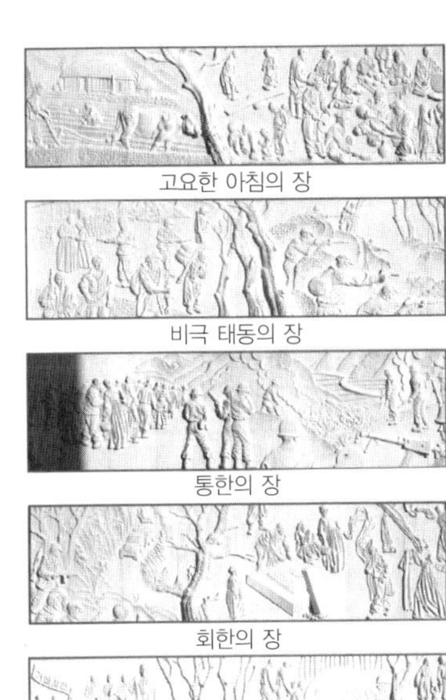

고요한 아침의 장

비극 태동의 장

통한의 장

회한의 장

화합의 장

〈그림 1〉 부조벽의 서사구조: 시작과 종료

생’(빨치산의 보급투쟁과 그들의 경찰·의용청년과의 총격전)해, 결국 마을을 ‘통한의 장’(국군들이 공비토벌을 위해 마을을 소개하고 주민들을 학살)으로 만들었다. 이후 유족들은 ‘회한의 장’(사건의 진상을 밝히는 국회 조사단 피격과 통비혐의자로 고통 받는 유족)에서 한을 달래고 명예를 회복하기 위한 각고의 노력을 전개해 마침내 ‘화합의 장’(특별조치법을 통해 군인들과 유족들은 서로 화해)을 만들어냈다는 것이다.

이러한 서사구조는 무고한 양민을 군인들이 들어와 학살했다는 역사적 사실을 표현하고, 이후 사건의 진실이 밝혀져, 피해 가족인 유족들의 명예가 회복되었고, 결과적으로 가해자와 피해자들 사이의 화합을 이끌어냈다는 것이다. 이 서술체계는 거창사건을 재현하는 데 있어서 당시 사건의 사실을 재현의 준거로 삼아 이를 그대로 드러내 보여주는 반영적인 방식을 취하고 있다. 그러나 이 재현물의 의미를 다른 측면에서 살펴보면, 추모공원이 학살의 피해자인 유족들만을 위한 공간이라는 점을 보여준다. 여기에는 ‘학살’과 ‘명예회복’이 이미지 구성의 주요 담론으로 선택되고 있다. 이 들은 각각 ‘시작’과 ‘종료’를 의미함으로써 국가폭력에 의해 자행된 희생의 당사자인 유족들에 대해 국가 차원의 의무가 완료되었음을 명시하고 있다. 이는 거창사건의 제도화의 완성, 즉 국가의 임무 완료를 의미한다. 재현주체들로 하여금 재현의 여지가 더 이상 존재하지 않는 종료된 과거라는 것을 암묵적으로 강조하는 것이다.

추모공원에 대한 기억의 재현방식 중에서 사실의 전달을 주요 목적으로 하고 있는 곳은 ‘역사교육관’이다. 이 공간은 교육이라는 장치를 통해 기억을 제도화하려는 목적을 담고 있다. 구성 원리는 당시 역사적 사건을 가장 사실적으로 드러내는 데 있다. 모두 다섯 개의 구분된 공간을 통해 거창사건의 역사적 사실을 서사적인 질서로 배열해 선명하게 보여주고 있다(〈그림 2〉 참조).

제1공간(‘거창에 무슨 일이 있었나’)은 사건 이전의 상황들을 소개하는

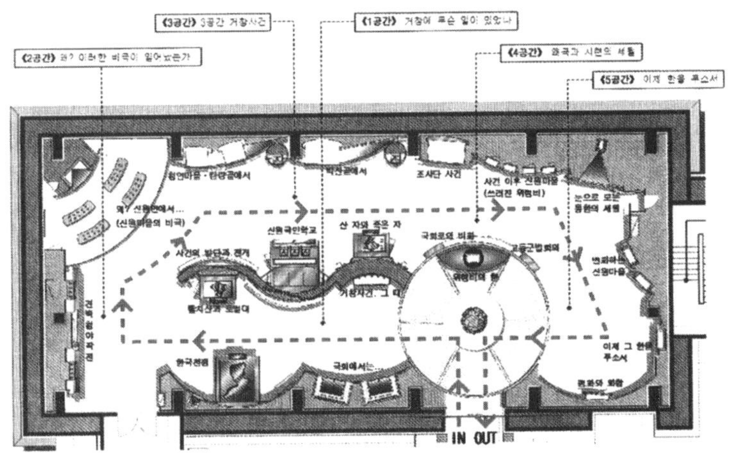

<그림 2> 추모공원 역사교육관의 서사 구조: 사실의 재현

공간으로 한 맺힌 거창사건의 맥락을 알리는 공간이다. 제2공간('왜 이러한 비극이 일어났는가?')은 거창사건 당시 제11사단 제9연대의 지휘체계, 이동로, 토벌작전, 작전명령문을 소개함으로써 가해자의 부당한 행위들을 보여준다. 제3공간('거창양민학살사건')은 사건의 발단, 장소별 사건, 생존자의 증언에 이르기까지 거창사건의 전말을 보여주는 공간이다. 제4공간('왜곡과 시련의 세월')은 사건 발생 이후 진실규명을 위한 국회와 유족의 노력 그리고 유족들이 겪은 고통을 재현하고 있다. 제5공간('이제 한을 푸소서')는 특별법 제정으로 희생자들의 한이 풀리고 새로이 시작하는 거창을 통해 '과오-반성-다짐'으로 이어지는 교훈을 충실히 전달하고 있다.

이러한 서사구조 속에서 재현된 추모공원은 은폐된 사실에 대한 복원과 진실의 전달이라는 의미를 함축하고 있다. 여기에 과거의 비극적 학살에 대한 애도와 추모의 장소라는 의미를 부가하고 있다. 사실의 전달과 희생의 고통을 통해 총체적인 진실 구성을 강조한 것이다. 눈여겨 볼 대목은 제3공간의 명칭이다. '거창양민학살'이라는 명칭은 2003년 7월 전시실 설치 심의위원회부터 '민간인 학살 잔학성'으로 수정을 요구받았지만, 내부의 조정과정을 거쳐 최종적으로 정해진 명칭이다.[9] 학살의 대상자가 '민간인' 인가 아니면 '양민'인가라는 담론의 경합 속에서 거창 '양민'이 억울하게 희생되었다는 내용을 강조하기 위한 '거창양민학살'로 정해진 것이다. 이는 선과 악의 이분법적 대립구도를 설정해 '빨갱이'가 아닌 '양민'이 희생되었다는 것을 강조함으로써 거창사건을 다른 사건들과 차별화시키고 궁극적으로는 희생이 갖는 이데올로기적 순수성을 보다 선명하게 드러내고자 했다.[10] 양민담론이 갖고 있는 실질적인 효과는 거창사건이 '한국전쟁 당시의 민간인 학살'이라는 일반적인 유사성에서 거창사건이 갖는 이데올로기적 차이와 특수성을 강조하기 위한 것이다. 현재에도 유족회 관련자들은 양민이란 명칭을 선호하고 있다. 양민담론은 유족회의 집단정체성을 형성하는데 동원되고 있다. 다른 유족들에게는 '빨갱이'의 흔적이 있지만, 거창유족들은 '순수'했다는 것이다. 이는 다른 유족회와 차별성을 강조하는 준거가 되었으며, 명예회복이나 보상의 정당성을 강화하기 위한 담론으로 활용되고 있다. 실제로 유족회가 특별법 제정 과정에서 거창사건을 산청·함양사건과 분리시키고자 했던 기준에도 양민담론이 개입되어 있다. 또한 거창지역의 남산면 춘전 및 보도연맹 피해 유족회와 차별성을 강조하고 그들과 거리를 두고자 했던 데도 양민담론이 관여하고 있다.[11]

유족회가 거창사건을 재현하기 위해 동원하는 또 다른 주요 담론은 '고통'이다. "거창 유족들은 단지 억울할 뿐이다. 왜 죽었는가가 중요한데 그 이유를 아직도 모르고 있다. 다른 지역의 희생자들은 말이 많은데, 신원사

---

9) 제1차 심의위원회에는 유족회 2명과 거창 군수, 거창 부군수, 군 의원, 역사교사, 향토사학자, 서울대 법학연구소 교수, 군부대 관계자, 행정 담당자 등 총 10명의 심의위원과 시공사 관계자가 참석했다.
10) 김백영과 김민환(2008)의 연구는 추모공원의 공간적 재현에서 '양민' 개념이 갖는 효과는 거창사건의 탈맥락화, 국지화, 일부 군인의 예외적 소행, 국가폭력의 실재 축소 등에 있다고 분석한다.
11) 남상면 춘전지역 유족회와 보도연맹 관련 유족회는 거창유족회와는 별도로 2002년 9월 6일 '한국전쟁후 거창 민간인 학살 희생자유족회'를 창립했다.

건의 희생자들은 빨갱이 활동을 한 사람은 단 한 사람도 없다. 모두 순수한 농민이었다. 그렇기 때문에 우리 유족들은 다른 유족들보다 훨씬 더한 고통 속에서 살아왔다"(김운섭 유족회 고문 인터뷰, 2008. 8. 8). 이와 같이 양민과 계열적으로 동일한 위상에서 배치된 고통은 '성(聖)과 속(俗)'의 대립 구도에서 성(양민)의 순수성을 부각시키고, 이를 통해 양민의 기억이 훨씬 고통스러운 상처를 지니고 있음을 부각시키는 데 활용되고 있다.

거창사건은 정치적·경제적·제도적 권력이 작용함으로써 발생한 고통이라는 점에서 사회적 고통의 성격을 갖는다(Kleinman·Das, 2002: 9). 하지만 유족회는 거창사건으로 비롯된 고통을 역사적·사회적 차원보다는 훨씬 더 개인들의 신체적·심리적 차원에서 인식하고 있다. 이는 집단적 기억을 개인의 기억 차원으로 분해하는 것으로, 이 기억은 사회구조적 맥락에서 거창사건을 다양한 방식으로 재현할 가능성을 가로막는 장애요인이 되고 있다. 개인적 고통과 연관된 기억은 개인들의 고통이 보상받는 순간 소멸될 수 있는 것으로 여겨지기 때문이다. 유족회의 담론은 국가폭력이 고통으로 대치되고, 고통은 다시 개인적 보상으로 전유되는 의미체계를 갖고 있다. 하지만 유족회가 말하는 보상은 하나의 치유 방법이지만, 물질적인 보상이 완전한 치유의 방법인가에 대해서는 더 깊은 사고가 필요하다.

2. 공식적 기억의 확장, 생성으로서 재현: 거창평화인권예술제

직접적인 경험이 기억의 진실성을 얼마나 보증해 주는가라는 물음은 항상 논쟁적이었다. 과거의 역사는 기억의 근거는 될 수 있지만 더 이상 현재의 기억방식을 규정하는 절대적인 요인이 될 수는 없다. 기억이 전달하는 방식은 항상 문화적 매체를 통해 이루어지기 때문이다. 이제 기억은 특정한 매체의 물질적 형식이나 이념적 형태에 구속되지 않고 자유로이 유동하면서 다양한 문화적 재현의 대상이 된 것이다(전진성, 2005: 379~383).

거창평화인권예술제위원회(이하 예술제위원회)는 유족회와 함께 거창지역에서 거창사건의 기억들을 현재화하기 위해 다양한 재현활동을 전개하고 있다. 1988년부터 거창 신원면 민간인학살 희생자 추모 위령제를 지내오던 단체들이 특별법 제정을 계기로 공동으로 위령사업을 펼쳐왔다. 예술제위원회는 이 위령제에 참여한 유족회·문화 예술계·종교계·시민단체 등 15개 단체를 한 데 묶어 2000년 9월 18일 창립되었다. 그래서 예술제위원회의 원래 명칭은 '거창민간인학살희생자추모 평화인권제위원회'였다. 이후 이들은 거창사건으로 비롯된 역사적 기억을 기리고 이를 어떻게 상징화할 것인가를 고민하면서 단체의 성격과 위상을 변화시켜나갔다. 이들은 평화와 인권 담론을 통해 거창사건의 의미를 기억하고 현재화하고자 했다. 거창사건에서 특정한 부분을 선택적으로 기억하는 방식이 아니라, 거창사건 자체를 현재적 맥락에서 재구성하여 새로운 의미를 창출하는 재현방식을 실천했다.

예술제위원회의 초기 활동은 희생자 '추모'에 맞추어져 있었다. 거창평화인권예술제(이하 평화인권예술제) 역시 1987년 6월 항쟁을 기점으로 유족들과 함께 개최해 온 합동위령제와 진혼굿 행사가 계기가 되었다. 평화인권예술제라는 이름으로 처음 개최된 것은 1989년이었다. 1회부터 11회(1999)까지 경비는 예술제위원회 참여 단체들의 분담금으로 해결했다. 그러다가 12회(2000)부터는 거창군 지원비, 경상남도 지원비, 한국문화예술진흥기금 등 공식적인 기관의 지원이 이루어졌다. 지역의 기업체나 유지들의 협찬금도 일부 있었으나 자발적이라기보다는 소규모 지역사회의 거절할 수 없는 인간관계가 작용했다.

평화인권예술제는 추모제, 학술제, 영화제 위주에서 개최일자를 늘려 각종 체험프로그램, 전시, 마라톤 등 다양한 문화행사로 넓혀졌다. 이 행사들은 주로 '평화/인권/통일'의 의미를 각 세부 프로그램들 속에 재현하고 있다. 예술제위원회는 이 문화예술행사를 거창사건의 공식적 기억을 새로운 의미로 재구성하고, 이를 다시 거창지역의 새로운 정체성 형성을 위한 자원으로 활용하고자 했다. 평화인권예술제를 통해 지역의 이미지를 평화인권도시로 만들고자 했던 것이다. 이러한 노력은 거창사건의 제도화로 얻어진 성과인 위령사업과 그 구체적 재현물인 추모공원에 대한 다음과 같은 인식에서도 잘 드러나고 있다.

"위령사업을 잘 살려 한국의 대표적인 근현대사 역사사료관으로 만들어 나가야 한다. 독일 베를린에 있는 아우슈비츠박물관이 2차 세계전쟁 당시 유대인 민간인 학살과 관련된 물증과 증빙 자료를 전시한 역사체험박물관으로서 세계의 명물로 잘 알려져 있다. 거창사건 위령관도 아우슈비츠박물관만큼 한 위상으로 만들어 나가야 한다. 그것에 연관된 평화인권영화제도 열고 글도 쓰고 평화인권상도 제정하고, 연극, 무용, 행위예술, 미술, 음악 등등 얼마든지 소재가 다양하고 많다. 거창사건 위령사업은 거창에서 어떻게 하느냐에 따라 위상이 달라진다. 역사의 사료가 박물관에 박제되어 있는 것이 아니라 살아 있는 삶의 실체로 표현되고 실천되어야한다"(거창평화인권예술제 내부자료).

이는 추모공원이 과거의 기억을 매개로 조성된 재현물이지만, 역사적 사건이 갖은 현재적 의미 규정에 따라 이를 재현할 수 있는 새로운 형식과 내용을 지속적으로 창출해야 한다는 것을 의미한다. 과거의 사건을 현재에 다시 불러내는 것은 기억 행위를 통해 현재에 필요한 것을 채우는 의식적인 실천이다. 이 실천은 과거의 기억을 선택해 현재화하는 방식으로 진행될 수도 있고, 과거의 기억을 의도적으로 망각해 부분적인 내용만을 기억의 대상으로 삼을 수도 있다. 이 두 가지 방식은 모두 집단적인 기억 행위를 통해 이루어진다. 그러나 정체성을 공유하는 집단의 범위나 성격에 따라 과거의 사건에서 어떠한 기억의 자원들을 선택할 것인가는 서로 다르게 나타난다. 이것은 재현물의 성격과 기능을 규정하는 요인이 되기도 한다. 재현물에는 의도적이든 의도적이지 않든 기억의 선택, 조합, 가공이라는 규정 아래서 어느 한 기억이 '생략' 되기도 하고 새로운 기억이 '추가' 되기도 하기 때문이다(김영목, 2003: 143).

<표 1> 거창평화인권예술제 개최 현황

개최일	주 제	주요행사	장 소	특 징
제12회 (2000. 10. 20 ~22)		영화제, 학술제, 추모제	거창고교, 거창전 문대학강당, 신원위령사업현장	
제13회 (2001. 9. 14~16)	고이 잠드소서, 마음 한 점 올리오니	학술제, 위령제, 위령굿, 영화제	종합사회복지관, 신원합동분향소	
제15회 (2003. 8. 23 ~25)	산이소서 강이 되소서	학술제, 평화인권 의 밤 문화행사, 추모제(천도제), 그림·사진 전시	종합사회복지관, 중앙로터리, 영호강 둔치	기존 학술제, 위령제, 영화제보다 행사 다양화
제16회 (2004. 6. 25 ~27)	포연 속에 핀 꽃이여	학술제, 평화인권 의 밤 문화행사, 추모제, 인권영화제	거창여고, 중앙로터리, 영호강 둔치, 거창문화센터, 종 합사회복지관	
제17회 (2005. 6. 15~25)	진실과 화해 참된 시작	학술제, 문학행사, 전시, 평화인권영화제, 추모제	중앙로터리, 영호강 둔치, 읍사무소회의실, 추모공원	거창평화인권문학 상 수여. 10일 동 안으로 확대.
제18회 (2006. 6. 15~25)	탄량골에서 인간의 길을 묻다	학살지 순례, 평화 인권마라톤대회, 평화인권현장체 험, 청소년 그림 ·사진대회, 학술제, 거창평화 인권국제미술전	추모공원, 거창읍사무소, 거창문화센터	

개최일	주 제	주요행사	장 소	특 징
제19회 (2007. 6. 15~25)	평화인권 그 먼 길을 가다	학술제, 평화인권미술전, 콘서트, 천도제, 평화인권미술·문학·사진 청소년실기대회, 평화인권 마라톤대회	추모공원, 거창읍사무소, 거창문화센터	
제20회 (2008. 6. 15~25)	20년 참된 시작 처음처럼	살풀이춤, 미술전, 사진전, 학생작품공모전, 체험마당, 인권마당, 영화제, 장애인인권간담회	거창문화센터, 거창생활체육공원, 거창읍사무소	추모제(천도제) 안함. 추모공원 행사 없음. 유족 불참

〈표 1〉은 예술제위원회가 평화인권예술제를 통해 거창사건의 기억을 문화적으로 재현하기 위한 활동들이다. 기억과 재현의 준거를 과거의 역사적 사건에서 찾고 있지만, 유족회와는 다른 재현방식을 취하고 있다. 평화인권예술제를 구성하는 주요한 행사 중의 하나인 위령제에서, 위령의 대상은 한국전쟁 이후 희생된 '민간인'이다. 예술제위원회는 "한국전쟁 전후 국가권력에 의해 희생당한 영혼의 진혼과 진상규명을 위해 노력하며, 한편 우리 겨레의 평화통일과 전쟁 없는 세계 평화운동에 기여하고 모든 인간이 평등하고 차별받지 아니하는 인권의 지평을 넓히기 위해서 시작된 문화예술운동을 지향한다"고 밝히고 있다(제19회 거창평화인권예술제 리플릿).

예술제위원회는 거창사건의 실체를 구성하는 국가폭력, 희생 등의 공식적 기억들을 평화, 인권 등의 새로운 가치로 전환하고 이를 지역 내부에서 재현하기 위한 문화예술활동을 전개하고 있다. 그러나 행사의 조직과 운영 등에서 여러 가지 어려움을 겪고 있다. 평화인권예술제를 통해 평화와 인권의 의미와 가치를 담고 있는 문화예술 프로그램을 매년 개최하지만, 재현방식에 있어서는 동일한 유형의 행사들이 반복적으로 나열되고 있는 실정이다. 이것은 예술제위원회의 조직 자체가 갖고 있는 대중적 지지 기반의 취약성과 운영 주체의 제약성에 기인하고 있다. 예술제위원회에는 지역의 시민사회단체들이 다수 참여하고 있지만, 행사 전반에 실질적으로 참여할 수 있는 역량은 소수에 불과하다. 지역 내부에서 오랫동안 문화예술운동을 주도해 온 소수의 인원이 기획과 운영을 도맡아 오고 있기 때문에, 행사 기획과 조직의 역량은 갈수록 고갈되고 있는 실정이다. 예술제위원회의 활동 자체에 대한 지역 사회의 동의나 지원도 갈수록 식어가고 있다. 예술제위원회는 인권단체로서 전국적 차원의 연대활동도 수행하고 있는데, 이러한 활동은 지역사회에서 예술제위원회의 정체성에 대한 거부 심리를 불러오는 원인으로 작용하고 있다.[12] 특히 유족회는 예술제위원회의 이러한 활동을 매우 부정적으로 보고 있다. 원래 예술제위원회에는 유족회가 주요 단체로 참여였다. 평화인권예술제 기간의 추모제 역시 유족회와 공동으로 개최해 왔다. 각종 행사도 유족회와 보다 밀접한 장소성을 갖고 있는 추모공원에서 이루어졌다. 그러나 예술제위원회가 문화예술운동과 인권운동에 적극 참여하게 되자 유족회는 예술제위원회의 정체성을 의심하기 시작했다. 일종의 운동단체로 여기고 위원회와의 공동 행사를 꺼려했다. 이러는 분위기는 거창지역사회 내부에서 일부 지역 정치인에 의해 부추겨지기도 했다. "평화인권예술제위원회는 거창해 보이고 대단한 위원회 같지만 사실은 어느 날 갑자기 하루아침에 만든 것이다. 이런 데는 보조를 안 해 줘도 상관없다"고 발언한 거창군 의회 한 의원의 말은 그 단적인 예이다(아림신문, 2002. 4. 5).[13] 거창지역에 거주하는 경상남도의회

---

12) 예술제위원회는 전국 29개 인권단체로 구성된 인권단체연석회의에 참여하고 있다.

한 의원은 "지역사회 보수 분위기가 평화인권예술제를 빨갱이들의 행사로 이해하고 부정적으로 생각하는 분위기가 있다. 사람이 죽었는데 무슨 예술제냐고 생각한다. 추모공원에 전시품으로 설치한 미술작품에서 붉은색을 빼라고 하고, 한반도기를 인공기라 주장하며 강한 거부감을 보이기도 했다"고 말했다(인터뷰, 2008. 6. 15).

누적되어온 두 단체 사이의 이견과 갈등은 제20회 평화인권예술제부터 확연히 드러났다. 2008년에는 추모공원이 평화인권예술제 행사 장소에서 제외되었다. 매년 유족회와 함께 올린 추모제도 간단한 살풀이로 대체되었다. 개막식에도 유족회 간부가 참여하지 않아 평화인권예술제를 바라보는 유족회 측의 부정적 감정이 어느 정도인가를 보여주었다.[14] 이러한 유족회와 예술제위원회 사이의 갈등은 양 조직의 성격과 활동 경험 그리고 이념적 지향성 등의 차이를 보면 언제든지 표출될 수 있는 것이었다. 이들 사이에 이루어졌던 협력과 연대 역시 선택적이고 제한적일 수밖에 없었다. 유족회의 입장에서 보면, 국가를 상대로 한 진실규명과 명예회복을 목표로 진행된 인정투쟁 국면에서는 지역 내부의 시민사회 운동 역량이 절실하게 필요했을 것이다. 하지만 국가의 승인 이후 거창사건의 기억이 공식화·제도화되면서 시민운동을 통한 거창사건의 새로운 의미화는 유족회에게는 이념적으로 낯설고 쉽게 동의하기가 어려웠을 것이다. 예술제위원회는 거창사건의 진실규명 투쟁과 기억의 재현활동에 당사자 집단인 유족회를 제외시킬 수는 없었다. 그러나 이들 사이의 현실적 이해와 이념적 지향

---

13) 거창군의회 또 다른 의원은 이렇게 말했다. "평화인권예술제는 희생당하신 분들을 진혼하고, 설립목적도 그렇게 되어 있는데, 전혀 그런 내용이 없고, 또 희생자 유족회는 참여도 하지 않고 싫다고 그러고, 그러면 안 해야죠"(거창군의회 회의록, 2007. 11. 30).

14) 사실 예술제위원회와 유족회 사이의 갈등은 오래 전부터 시작되었다. 상호협력을 원칙으로 시작된 평화인권예술제는 개최시기도 신원사건 위령제에 맞추어 진행되었지만 2002년부터 유족회와의 갈등을 없애기 위해 개최시기를 변경하는 문제를 적극 고려했다. 이러한 배경에서 16회(2004년)부터는 6월에 개최되었다.

성 사이의 간극을 메울 수 있는 방법을 찾는 것은 쉽지 않는 과제가 되어
버린 것 같다.[15]

3. 재현체계의 차이와 재현의 효과

유족회와 예술제위원회는 거창사건이라는 동일한 사건을 서로 다른 방
식으로 재현하고 있다. 자신들의 이해와 이념적 가치에 따라 과거의 기억
을 선택하고 재구성하여 이를 자신들의 관점과 방식에 따라 전유하고 있
다. 이러한 차이는 기억을 현재화하기 위한 대표적 상징인 추모의례에 대
한 서로 다른 인식에서도 뚜렷하게 드러난다.

거창사건을 추모하는 하나의 의례로 매년 개최되는 위령제는 과거 역
사적 사건에 대한 기억을 어떻게 재현하고, 어떻게 재구성할 수 있는가를
단적으로 보여준다. 추모공원을 매개로 한 공간적 실천은 주로 죽은 자에
대한 애도와 추모의 내용을 담고 있다. 그 대표적인 예가 유족회가 매년 개
최하는 위령제이다.

앞서 살펴본 것처럼, 추모공원은 유족회와 국가 사이의 정치적 타협에
의해 만들어진 공식적인 기억의 재현물이다. 의례의 성격은 과거의 기억
에 대해 기억 주체들이 누구이며 어떻게 기억해왔는가에 따라 달라진다.
유족회의 의례는 '학살'과 '희생'이라는 구도 속에서 희생자의 영혼에 제
를 올리고 그들의 영혼을 추모하는 것에 집중되어 있다. 개인들이 의례를

---

15) 유족회가 예술제위원회를 부정적으로 인식하는 데는 내부의 이념적 척도뿐만 아니라 보다 현실
적 이해 때문이기도 한 것 같다. 유족회 간부를 지낸 한 사람은 "유족회는 평화인권예술제의 운
영 예산을 거창군 등으로부터 지원 받기 위해 예술제위원회가 자신들을 이용한다고 생각한다.
또 유족회에 돌아올 지자체의 지원금이 평화인권예술제로 빠져나간다는 생각을 갖고 있다"고
했다(인터뷰, 2008. 9. 17).

경험하는 과정을 통해 집단의 내적 존재로 재구성되듯이 유족회는 정기적인 위령제에서 유족들이 지닌 공통의 심리와 정서를 공유하며 집단의 정체감을 형성해 나간다(고동현, 2007: 135). 위령제는 한편으로 반복을 통해 기억을 유지시키지만, 기억을 재해석해 새로운 역할을 수행하는 동력으로 작용하기도 한다(Connerton, 1989; 권기숙, 2006: 126 재인용). 그러나 유족회의 의례에서는 문화적 재현을 통한 외적 지향이라는 적극적인 면이 잘 드러나지 않는다. 유족들에게 의례는 내적 지향에 맞추어져 있기 때문이다.[16]

반면, 예술제위원회에서 올리는 추모의례는 유족회의 의례보다는 더 넓은 의미를 포함하고 있다. "제사나 추모는 영혼만을 위로하는 것이 아니다. 죽은 사람이 어떻게 죽었고, 그 죽음을 통해 후대의 사람들이 미래에는 어떻게 살 것인가를 담아내는 것이다. 제사는 오늘의 얘기를 해주어야 하고 현실의 모습을 담아 미래를 지향하는 내용을 생각해야 한다"(한대수 거창평화인권예술제위원회 집행위원장과 인터뷰, 2008. 6. 15). 이는 죽음을 과거-현재-미래라는 관계 속에서 사고하고, 학살과 희생을 개인적 차원이 아니라 사회 전체의 구조적 맥락 속에서 접근하고 있다. 예술제위원회에서 행하는 천도제는 이러한 성격을 강하게 보여준다. 예술제위원회의 위령제는 유족회에서 개최하는 위령제와 유사한 형식을 갖고 있지만 의미에서는 다른 지향성을 갖고 있다. 위령제를 통해 과거의 기억을 변경하고 새로운 의미를 재현하고자 한다. 예술제위원회의 위령제는 문화적 재현행위를 통해 과거의 역사적 사건을 현재의 시점에서 기억해, 과거와 다른 새

---

16) 국가 기념사업을 통해 거창사건이 제도화되면서 의례의 의미도 점차 약화되었을 가능성이 있다. 기억투쟁의 과정에서 의례는 외적 지향(기억의 승인, 인정)을 표출하는 매체였다. 반면, 제도화된 기억 속에서 진행되는 의례는 국가가 의례 주체들의 행위를 규정하게 됨으로써 유족들을 단순 구경꾼으로 전락시켰다는 연구결과도 있다. 이에 대해서는 한혜경(2008)을 참조할 것.

로운 차이를 만들어 내는 문화적 재현장치로 활용되고 있는 것이다. 반면 추모공원에서 행해지는 유족들의 위령제는 기억이 현재의 시점에서 어떻게 재구성되어야 하는가에 대한 인식이 부족하다. 단지 죽은 자를 추모하고 그 속에서 자신들의 고통을 위로 받는 자기위로의 행위와 현실의 요구, 예를 들어 보상문제를 주장하기 위한 결집의 장으로 활용되고 있다.

<표 2> 유족회와 예술위원회의 재현체계 비교

유족회	재현주체	예술위원회
몸의 기억	기억원리	추상화된 기억
무고한 양민의 희생과 고통	기억담론	국가폭력에 의한 민간인 학살
사건의 트라우마적 전유	기억방식	사건의 현재적 재구성
사실의 반영	재현방식	새로운 생성
치유·보상	재현목표	승화
의례	재현매체	문화·예술
추모·위령	재현이념	평화·인권
추모공원	재현공간	지역사회

유족회는 자신들이 겪은 내적 상처와 고통을 통해 당시의 거창사건을 기억하고자 한다. 개인의 몸에 고통스럽게 각인된 기억으로, 이는 일종의 '몸의 기억'이라 할 수 있다.[17] 몸의 기억을 통해 각인된 고통은 유사한 기억을 공유하는 사람들을 중심으로 동일한 기억집단을 형성해 공동 대응하는 방식으로 진행된다. 이것을 흔히 치유의 과정으로 인식하기도 한다. 유족회의 치유는 곧바로 보상이라는 요구로 치환된다. 이러한 점에서 유족

---

17) 몸의 기억은 주체가 사건의 극단적 충격을 경험한 후 자신의 의지와 무관하게 고통 등이 낙인처럼 남겨지는 것을 의미한다. 이러한 몸의 기억은 외상(外傷)으로 번역되는 트라우마(trauma)에서 볼 수 있다(김석, 2008: 62).

회는 집단의 동일성에 기초해 기억공동체를 만들어내고, 거창사건의 기억을 하나의 기억으로 고정시킨다. 이들의 재현은 추모공원이라는 구체적 장소를 통해 이루어지고 있다. 재현의 실질적 효과인 기억의 현재화 작업은 추모공원 내에 배치된 서사와 각종 형상 및 이미지 등의 재현체계 안에 갇혀, 고정된 단일 담론을 반복적으로 재생산하게 된다(〈표 2〉참조). 최근에는 역사적 기념물을 점차 지역 발전의 자원으로 재해석하고, 이를 의례와 참배의 공간으로 그치는 것이 아니라 학습과 문화의 장으로 활용하려는 경향이 뚜렷해지고 있다(정근식, 2003: 168). 그러나 유족회는 희생 고통 추모 보상을 동일한 수준의 실천 개념으로 간주해 추모공원에 대한 다양한 공간적 실천을 시도하지 않고 있다.

반면, 예술제위원회의 거창사건에 대한 기억은 총체화 과정을 거쳐 사건의 일반성을 뽑아낸 추상화 작업의 산물이다. 따라서 고정된 단일한 기억이 아니라 주체들 내부에서 서로 다른 복수의 기억이 존재한다. 이들은 동일한 경험에 기초한 단일한 기억이 아니라, 서로 다른 경험과 현재적 가치 기준에 근거해서 거창사건의 의미를 확장하고 있다. 이들의 거창사건 재현은 물질화된 매개체보다는 유동적인 이념과 가치를 중심으로 지역사회 전반을 대상으로 하고 있다. 추모공원과 같은 물질적 재현물은 그것이 의도했던 담론과 이미지 그리고 권력 작용에 의해 과거의 기억을 고정시키고, 이를 단일한 형태로 영속화시킬 수 있다. 이와는 달리 예술제위원회의 거창사건 재현은 다양한 다른 문화적 재현방식을 수행함으로써 거창사건의 공식적 기억에 제약되지 않고 현재의 지평 속에서 공식적 기억과 다른 차이의 담론을 생산해낼 수 있게 한다.

Ⅴ. 나오는 말

기억의 준거는 거창사건 하나이지만 이를 재현하는 방식은 주체들에 따라 다르게 나타난다. 유족회와 예술제위원회의 기억과 재현이 이를 잘 보여주고 있다. 재현은 과거 기억에 대한 사실 확인을 넘어서 기억이 갖고 있는 의미를 현재적 시점에서 새롭게 해석하고 의미화하려는 문화적 실천의 산물이다. 하나의 기념공원이 추모와 의례를 위한 매개체일 뿐 기억의 완성된 결과물이 아닌 것과 같이, 기억은 재현을 위한 일시적 도구일 뿐 정지되거나 고정된 과거가 아니다. 기억은 과거에 대한 개인들의 단순한 회상이 아니라 현재에서 과거의 어떤 것을 찾아내고자 하는 집단들의 의식적인 실천의 산물이다. 이를 통해 은폐되고 왜곡된 기억들은 하나의 사실로서 공식적인 기억으로 자리잡게 된다. 이 공식적 기억은 각종 상징 활동을 통해 문화적 재현의 대상이 되고, 다시 기억은 또 다른 의미로 재구성되는 과정을 거치게 된다. 여기서 중요한 것은 왜 동일한 사건이 주체에 따라 서로 다르게 재현되는가 그리고 그 차이가 갖는 현실의 효과는 무엇인가일 것이다. 이와 관련해 유족회와 예술제위원회의 기억과 재현활동에서 몇 가지 시사점을 얻을 수 있다.

첫째, 재현주체들마다 서로 다르게 진행되고 있는 재현활동은 '사실의 반영'과 '차이의 생성'이라는 두 가지 의미가 서로 경합하는 담론체계 속에서 이루어지고 있음을 보여준다. 이러한 재현방식의 차이는 지역공동체의 정치적 분위기와 연계되어 국가폭력을 기억하고 재현하려는 방식을 보다 뚜렷하게 양분하고 있다. 지역공동체는 재현주체들의 활동을 자신들의 이해와 이념적 척도에 따라 선택적으로 지지하고, 배제하려는 경향을 드러내고 있다.

둘째, 기억과 재현은 재현주체가 수용할 수 있는 의미와 실천의 범위 내에서 이루어지고 있다. 이 범위는 재현주체의 경험과 깊은 관계를 갖고 있다. 유족회는 거창사건에 대한 사실적 경험이 가능했기 때문에 훨씬 더 강한 반공주의 이데올로기의 규정 아래에 존재하고 있다. 반면, 예술제위원회는 반공주의 이데올로기에 대항해 온 주체들의 운동 경험이 담겨 있기 때문에 거창사건이 이데올로기적 제약으로부터 벗어나 보다 보편적인 이념과 가치로 재구성될 수 있도록 하고 있다. 또한 유족회 구성원의 연령대는 문화라는 장치를 통해 자신들의 의미를 전달하는 데 근본적 한계를 지니고 있다. 문화는 각종 표식과 상징을 통해 현실 속에서 다양한 의미화 전략을 통해 재현되는데, 유족들의 나이와 삶의 경험은 이러한 부분들을 매우 생소하고 힘든 작업으로 받아들일 수밖에 없게 한다.

셋째, 기억의 공식화와 제도화 이후에도 기억주체들은 과거의 기억을 언제든지 소환하여 자신들의 이해와 요구를 관철하기 위한 수단으로 활용하고 있다. 이것은 특히 유족회에서 잘 드러나고 있다. 유족회는 공식화된 집단기억을 다시 사적인 경험으로 재분할하고 있다. 개인들의 희생과 고통은 문화적 재현의 대상이기보다는 시급하게 보상이 되어야 할 물질적 대상으로 치환된다.

넷째, 기억과 재현은 지역공동체 성원들의 이념과 이해관계에 영향을 받고 있다. 거창사건에 대한 기억과 재현은 앞에서 살펴본 두 집단뿐만 아니라 지역공동체 내부의 정치적 쟁점으로 부각되었다. 이는 거창이라는 공통된 생활공간이 거창사건에 대한 기억의 규정력으로부터 모두가 자유롭지 못하다는 것을 뜻하기도 하지만, 다른 측면에서 보면 거창사건에 대한 기억과 재현은 지역이 처한 정치적 환경으로부터 많은 영향을 받고 있다는 것을 보여준다. 거창은 전통적으로 보수의 이념이 강한 곳이다. 익명성이 보장되지 않는 소규모 공동체라는 지역적 환경 때문에 진보적 이념을 받아들이고 이를 이해하는 데 속도가 매우 느린 곳이다. 이러한 정치적 환경은 유족회의 기억방식과 문화적 재현을 제약하는 외적 요인이 되고 있다. 또한 이러한 지역정치환경은 기억을 현재적 관점에서 재구성해 새로운 이념을 생성하고, 이를 지역정체성 형성의 자원으로 활용하려는 활동에 대해 강한 거부감을 갖게 하고 있다.

거창사건의 재현과정은 국가폭력에 대한 기억과 재현활동이 지역 내부의 격렬한 이데올로기 투쟁 대상이 될 수 있음을 보여 준다. 그러나 지금까지의 연구는 특정한 지역을 단위로 하여 진행된 것이기 때문에 국가폭력이 기억되고 재현되는 전반적 특징을 일반적 수준에서 평가하기에는 많은 제약이 따른다. 따라서 국가폭력이 문화적으로 재현되는 원리와 그것을 규정짓는 다양한 요인을 보다 많은 사례 지역을 통해 면밀하게 살펴보는 작업이 뒤따라야 할 것이다. 이를 위해서는 특정의 국가폭력 사건이 지닌 특수한 성격과 지역의 주객관적 환경, 즉 지역정치환경, 재현주체들의 성격과 이념, 재현에 관한 문화적·기술적 역량, 지역공동체 성원들의 동의 수준 등이 재현과정에서 어떠한 관계를 형성하며 작용하는가를 구체적이고 실증적으로 밝혀야 할 것이다.

마지막으로 덧붙이자면, 이 연구를 통해 주목해야 할 현실의 과제는 유족회와 예술제위원회 사이에서 발생한 재현갈등을 해소하기 위한 방법은 무엇인가라는 점이다. 양 주체는 한국사회의 국가폭력이 빚어낸 사회적 고통의 공동 피해자라는 점에서 서로 연대할 수밖에 없다. 그리고 고통은 항상 어떻게 치유할 것인가를 고민하도록 한다. 그러나 치유는 재현주체들, 국가권력, 지역사회가 보다 복잡하게 얽혀 진행되는 재현의 정치를 불러올 수밖에 없다. 우리사회에서 국가폭력은 여전히 이데올로기의 영향권에 있기 때문이다. 따라서 치유의 시작은 의미 투쟁에서 시작될 수밖에 없다. 국가가 주도하는 공식적 기억의 제도화는 치유의 방식으로 '용서와 화해'를 제시한다. 이 역시 하나의 방식일 수 있다. 그러나 이것이 기억과 재현활동의 종료를 의미하는 것은 아니다. 기억과 재현은 이러한 종료에 대항해 새로운 치유의 방법을 생성해가는 문화적 실천이기 때문이다. 이것이 유족회가 예술제위원회가 자신들만의 재현체계에 갇혀 있을 수만은 없는 이유이기도 하다.

| 참고 문헌 |

강내희. 2000. "재현체계와 근대성-재현의 탈근대적 배치를 위하여". 『문화과
학』 제24호. 문화과학사.

거창사건관리사업소. 2005. 『거창사건추모공원조성사업자료집』.

고규진. 2003. "그리스의 문자 문화와 문화적 기억-호메로스의 정전화 과정을
중심으로". 『기억과 망각』. 책세상.

권기숙. 2006. 『기억의 정치: 대량학살의 사회적 기억과 역사적 진실』. 문학과지
성사.

김동춘. 2001. "거창사건의 전개과정". 『거창사건을 말한다』. 거창양민학살희생
자추모 평화인권제위원회.

김민환. 2003. "누가, 무엇을, 어떻게 기억할 것인가". 『저항, 연대, 기억의 정
치』. 문화과학사.

김백영·김민환. 2008. "학살과 내전, 공간적 재현과 담론적 재현의 간극: 거창사
건추모공원의 공간 분석". 『사회와 역사』 제78집. 한국사회사학회.

김석. 2008. "몸의 기억과 환상". 몸문화연구소 편, 『기억과 몸』. 건국대학교출
판부.

김영목. 2003, "기억과 망각 사이의 역사 드라마와 과거 구성". 최문규 외, 『기
억과 망각』. 책세상.

김영범. "집합기억의 사회사적 지평과 동학". 『사회사 연구의 이론과 실제』. 한
국정신문화연구원.

박명림. 2003. "국민형성과 내적 평정: '거창사건'의 사례 연구 탈냉전 이후의
새 자료, 정신, 해석". 한입섭 편. 『거창사건 관련법의 합리적 개정방안』
제4회 거창사건 학술보고서. 서울대학교 법학연구소.

박성수. 2000. "재현, 시뮬라크르, 배치". 『문화과학』 제24호. 문화과학사.

안병직. 2008. "구조와 인간을 아우르는 새로운 역사". 『지식의 최전선1』. 한길사.

임지헌. 2002. "전유된 기억의 복원을 위하여". 『기억과 역사의 투쟁』 당대비평 특별호. 삼인.

전진성. 2005. 『역사가 기억을 말하다』. 휴머니스트.

정근식. 2003. "집단적 기억의 복원과 재현". 『4·3과 역사』 제3호. 제주4·3연구소.

정근식. 2006. "기억의 문화, 기념물과 역사교육". 『역사교육』 제97집. 역사교육연구회.

정호기. 2007. 『한국의 역사기념시설』. 민주화운동기념사업회.

정호기. 2008. "민간인 학살 희생자 유족회의 결성과 진상규명운동". 『전쟁과 재현』. 한울.

한성훈. 2006. "거창사건의 정치사회학적 분석-기억의 정치와 학살의 승인". 『사회와 역사』 제69집. 한국사회사학회.

한성훈. 2008. "기념물을 둘러싼 기억의 정치와 집단 정체성" 거창사건의 위령비를 중심으로". 『사회와 역사』 제78집. 한국사회사학회.

한인섭. 2003. "거창사건등 관련법 개정안(제2판)의 작성취지와 개정방안". 『거창사건 관련법의 합리적 개정방안』 제4회 거창사건 학술보고서. 서울대학교 법학연구소.

현혜경. 2008. "제주4·3사건 기념의례의 형성과 구조". 전남대학교 사회학과 박사학위 논문.

홍태영. 2008. "문화적 공간의 정치학: 재현에서 표현으로". 『한국정치학회보』 제42집 제1호. 한국정치학회.

Böhme, H.(손동현·이상엽 역). 2004. 『문화학이란 무엇인가』. 성균관대학교출판부.

Assmann, A.(변학수·백설자·채연숙 역). 2003. 『기억의 공간』. 경북대학교출판부.

Baudrillard, J.(하태환 역). 2001. 『시뮬라시옹』. 민음사.

Chartier, R.(백인호 역). 1998. 『프랑스 혁명의 문화적 기원』. 일월서각

Connerton, P. 1989. *How Societies Remember.* Cambridge: Cambridge University Press.

Deleuze, G.(김상환 역). 2004. 『차이와 반복』. 민음사.

Dyer, R. 2002. *The matter of images : essays on representations.* London: Routledge.

Fauser, M.(김연순 역). 2008. 『문화학의 이해』. 성균관대학교 출판부.

Giles, J. & Middleton, T.(장성희 역). 2003. 『문화학습: 실천적 입문』. 동문선.

Halbwachs, M. 1980. *The Collective Memory.* Harper & Row Publishers.

Hall, S.(임영호 편역). 2008. 『스튜어트 홀의 문화이론』. 한나래.

Hall. S. 1997. "The Work of Repressentation". *Representation: Cultural Representations and Signifying Practices.* Sage.

Kaye, H. J.(오인영 역). 2004. 『과거의 힘-역사의식, 기억과 상상력』. 삼인.

Kleinmann. A.·Das. V.(안종설 역). 2002. 『사회적 고통: 인간의 고통에 대한 사회학적, 의학적, 문화인류학적 접근』. 그린비.

Lidchi, H. 1997. "The Poetics and the Politics of Exhibting other Cultures". Hall. S., *Representation: Cultural Representations and Signifying Practices.* Sage.

Lowenthal, D.(김종원·한명숙 역). 2006. 『과거는 낯선 나라다』. 개마고원.

Lynch, K. 1972. *What time is this place?.* Cambridge: MIT.

Noth, W.(신항식 역). 2004. "재현의 위기에 관하여". 『문학과 경계』 2004년 봄호. 문학과 경계사.

거창군청 홈페이지

거창사건관리사업소 홈페이지

아림신문. 2002. 4. 5.

한국군의 베트남전 참전,
어떻게 기억되고 있는가?[*]
−공식적인 기억과 대항기억의 차이를 중심으로

최정기[**]

Ⅰ. 문제제기

베트남 사람들은 대다수가 독립을 위한 자신들의 기나긴 싸움에 대해 강한 자부심을 갖고 있다. 오늘날과 같은 베트남사회주의공화국이 수립되는 과정에서 베트남은 세계 최강국이라고 할 수 있는 네 나라와 싸워야만 했다. 즉 프랑스의 식민지를 벗어나려고 하였던 2차 대전 말기에는 그 틈새를 비집고 들어와 베트남을 차지한 일본제국주의와의 싸움이 있었다. 일본이 패망한 다음 1945년 8월 혁명[1)]으로 베트남민주공화국이 성립된 이후에는 다시금 베트남지역을 자신의 식민지로 만들려고 하던 프랑스를 상대로 제1차 인도차이나 전쟁이 있었다. 디엔비엔푸(Dien Bien Phu) 전투

* 이 논문은 2005년 정부(교육인적자원부)의 재원으로 한국학술진흥재단의 지원을 받아 수행된 연구임(KRF-2005-005-J11501). 『민주주의와 인권』 2009년 제9권 1호에 실린 논문을 재록함.
** 전남대학교 사회학과 교수.

를 끝으로 프랑스가 물러난 뒤에는 미국을 상대로 한 기나긴 싸움이 있었다. 이 싸움을 세계적으로는 베트남전쟁이라고 부르며, 베트남에서는 항미구국전쟁이라고 부른다. 미국과의 싸움에서 승리한 뒤에도 베트남은 같은 사회주의국가인 중국을 상대로 전쟁을 벌여야 했다. 1945년까지는 하나의 국가라는 정체성이 부족했던 베트남이 오늘날과 같은 민족국가를 구성할 수 있었던 것은 이들 국가와의 전쟁이 결정적인 계기로 작용했던 것이다.

<표 1> 국가별 연도별 베트남전 참전병력

연도 국가	1964	1965	1966	1967	1968	1969	1970	1971	1972
미국	17,200	161,100	388,568	497,498	548,383	475,678	344,674	156,975	29,655
한국	140	20,541	45,605	48,839	49,869	49,755	48,512	45,694	37,438
태국	0	16	244	2,205	6,005	11,568	11,586	6,265	38
필리핀	17	72	2,061	2,020	1,576	189	74	57	49
호주	200	1,557	4,525	6,818	7,661	7,672	6,763	1,816	128
뉴질랜드	30	119	155	534	516	552	441	60	53
대만	20	20	23	31	29	29	31	31	31
스페인	0	0	13	13	12	10	7	0	0
합계	17,607	183,425	441,194	557,958	614,051	545,453	412,058	210,898	67,392

자료: 최용호. 2007. 『통계로 본 베트남전쟁과 한국군』. 국방부 군사편찬연구소. 15쪽.

---

1) 1945년 일본이 패망하자 호찌민(Ho Chi Minh)과 인도차이나 공산당이 중심이 되어 베트남의 북부와 중부, 남부를 대표하는 3대 도시인 하노이, 후에, 사이공을 포함한 베트남 전역에서 독립을 위한 대중봉기를 일으켰다. 그리고 그 결과로 1945년 9월 2일 베트남민주공화국이 구성되었는데, 이를 베트남에서는 8월 혁명이라고 부른다. 사실 이때부터 베트남은 최초로 민족국가(Nation State) 형태로 구성되어 국가적 정체성을 갖게 되었다(후루타 모토오. 박홍영 옮김 2006: 16~17쪽).

이들 전쟁 중 한국의 입장에서 중요한 것은 베트남 전쟁이었다. 베트남 전쟁 당시 한국은 미국 다음으로 많은 군대를 파견하여 매년 5만명 정도의 병력을 유지하고 있었으며, 8년 6개월 동안 연병력 33만명 정도가 베트남에 주둔하고 있었다. 사실상 한국은, 미국을 제외하면, 실제 전투를 수행한 유일한 국가라 할 수 있다(표 1). 또 그 과정에서 5천명 이상의 한국인이 목숨을 잃었으며, 고엽제로 인한 피해자들은 오늘날까지도 고통에 시달리고 있다. 물론 우리 한국군에 의해 죽은 베트남 사람에 관한 통계는 없지만, 적어도 베트남인들이 한국인이 감내해야 했던 피해보다 훨씬 많은 피해를 입었다는 것도 자명한 사실이다.

그런데 문제는 엄청난 인명피해를 발생시킨 한국의 베트남전 참전에 대해 한국사회에서 별다른 논의가 전개되지 않는다는 것이다. 몇 편의 소설과 일부 학술적인 접근이 있었지만, 그 사건이 갖는 중요성에 비추어보면 그 정도가 매우 미약하다. 주지하는 바와 같이 베트남전은 이미 전쟁이 진행 중인 1960년대부터 유럽은 물론이고 전쟁의 주요 당사자인 미국에서조차도 반대운동이 격렬하게 전개되었던 전쟁이며, 전쟁 당시부터 오늘날에 이르기까지 다양한 영역에서 수많은 검토와 논쟁을 양산하고 있다. 뿐만 아니라 문학작품이나 영화, 음악 등을 통해 베트남전쟁이 갖는 다양한 측면을 보여주면서 인류사에 성찰적인 계기를 제공하고 있다. 그러나 우리나라에서는, 당시는 물론이고 현재에 이르러서도, 그러한 노력이 부족하다. 물론 1960년대 후반에 베트남파병에 반대하는 학생운동이 있었고, 1980년대 말 이후 고엽제 등의 피해사실이 알려지면서 베트남전쟁이 언론의 주목을 받은 바 있지만, 베트남전쟁에 대한 본격적인 검토는 없었다.

본 연구는 이러한 현실에 대한 의문에서 출발하였다. 첫째, 베트남 전쟁 당시 한국정부가 보여준 엄청난 선전활동과 또 한국군이 투입되었던 수많은 전투에 비해 오늘날 한국에서 그 기억의 자취를 찾을 수 없는 이유는 무엇인가? 둘째, 베트남의 전쟁 관련 기념관에 가보면 한국군과 관련된 전시물을 찾기 어렵다. 호치민시에 있는 전쟁기념관의 수 만 장의 사진 전시물 중 한국군과 관련된 사진은 상륙하는 장면 단 한 장이 있을 뿐이다. 그 이유는 무엇인가? 셋째, 역사적 사실에 대한 기억을 공식기억과 대항기억으로 구별한다면, 한국과 베트남에서 한국군에 대한 공식기억은 기억 자체가 무시되고 있거나 은폐되어 있다고 볼 수 있다. 그렇다면 양국은 한국군의 활동에 대한 동일한 공식기억을 갖고 있는가? 또 한국군의 베트남전 참전에 대한 대항기억은 무엇인가?

한편 이 글에서는 기억을 구성주의적 입장에서 바라보고 있으며, 따라서 기억 주체의 다원성, 기억 자체의 맥락성 및 정치성을 강조하고자 한다(정호기 2002). 이러한 입장은 스코트(J. C. Scott)가 말하는 사본(寫本, transcript) 개념과도 상통한다. 스코트는 공식적 사본과 숨겨진 사본이라는 개념을 통해 한 공동체 혹은 집단 내에는 특정한 역사적 사실과 사건에 대한 다양한 해석 및 평가가 존재한다는 것을 주장하며, 따라서 사본은 권력의 성격, 주체성, 공동체의 구조 등이 복잡하게 얽혀서 구성되는 과정 및 구체적인 맥락 속에서만 파악될 수 있다고 주장한다(Scott 1990). 또 푸코(Michel Foucault)가 앎의 문제를 사회세력들 사이의 전쟁상태에 따른 다양한 연합과 대립, 분할 등으로 해석하는 것(Foucault. 박정자 옮김 1998: 169~196)도 동일한 선상에서 이해할 수 있다. 즉 역사적 사건을 기억할 때, 무엇을 어떻게 기억하느냐의 문제는 그것을 기억하는 세력의 입장에 따라, 그리고 역사적 맥락과 정치적 국면에 따라 달라지는 문제라는 것이다.

Ⅱ. 베트남 전쟁과 한국군의 참전

한국군을 베트남에 파병하기 위한 본격적인 활동은 1964년 5월 9일,

미국 존슨대통령의 서한이 접수되면서 시작됐다. 존슨대통령이 세계 25개 국가에 남베트남 지원을 요청하는 서한을 보낸 것이다. 이 시기는 미국이 그때까지의 정책, 즉 남베트남정부에 대한 군사지원 활동을 통해 북베트남을 압박하던 정책이 북베트남의 군사적 승리 및 남베트남의 연속적인 군사쿠데타로 위기에 봉착한 때였다. 미국에서는 대베트남정책을 두고 "홍당무와 채찍" 사이에서 논의를 거듭하던 시기였지만(Maclear. 유경찬 옮김 2002: 185~202쪽), 약 두 달 뒤인 7월 31일의 통킹 만 사건과 뒤이은 북폭 확대로 나타난 확전 및 직접적인 군사개입이 이미 이 시기에 결정되어 있었던 것으로 보인다.

<표 2> 연도별 베트남 참전 한국군 현황

구 분	총 계	정규군					기타
		계	육군	해군	공군	해병대	
1964	140	140	140				
1965	20,541	20,541	15,973	261	21	4,286	
1966	45,605	45,605	40,534	722	54	4,295	
1967	48,839	48,839	41,877	735	83	6,144	
1968	49,869	49,838	42,745	785	93	6,215	31
1969	49,755	49,720	42,772	767	85	6,096	35
1970	48,510	48,478	41,503	772	107	6,096	34
1971	45,694	45,663	42,345	662	98	2,558	31
1972	37,438	37,405	36,871	411	95	28	33

자료: 국방부 군사편찬연구소. 2004. 『베트남전쟁과 한국군』. 196쪽.

이와 같은 정세에 대해 당시 한국정부는 무지한 상태였으며, 세계에서 유일하게 적극적으로 파병을 결정한 국가로 보아도 무방할 것이다.[2) 그 결과 표 2)의 연도별 참전병력 현황에서 볼 수 있듯이, 베트남에서의 한국군은 군단급 규모의 제대로 설치되었으며, 미국을 제외하면 독자적인 작전 수행이 가능한 유일한 국가였다.

구체적인 파병과정을 보면, 1964년 9월 11일 제1차 파병으로 이동외과 병원과 태권도 교관단이 부산항을 출발하여 9월 28일부터 첫 업무를 시작하였으며, 1965년 3월 10일에는 건설지원단인 '비둘기부대'가 인천항을 출발하였다. 그 뒤 전투부대 파병이 결정되면서 1965년 9월 25일부로 맹호부대와 청룡부대를 예하로 두는 '주월 한국군사령부'(사단장 채명신소장)가 창설되었으며, 같은 해 10월 9일 청룡부대가 베트남 중남부의 깜란(Cam Ranh)에, 그리고 11월 1일에는 맹호부대가 꿔논(Quy Nhon)에 상륙하면서 본격적인 한국군 참전이 시작되었다. 한국군은 이후에도 5만 명 규모로 병력을 증강하였는데, 1966년 4월 맹호부대의 전신인 수도사단 제26연대의 파병과 같은 해 10월 백마부대로 명명된 제9사단의 닌호아(Ninh Hoa) 상륙이 있었다. 또 주월 한국군의 전투근무를 지원할 군수사령부(십자성부대)와 해상수송지원을 담당할 비둘기부대 예하의 해군수송전대(백구부대), 근접 항공지원 및 공중수송지원을 위한 공군지원단까지 창설되었다.

〈표 3〉 베트남에서 한국군 작전실적 총괄(대대급 이상과 중대급 이하 비교)

유족회	계	1965	1966	1967	1968	1969	1970	1971	1972	1973
군단	4			2			1	1		
사(여)단	30		3	9	7	2	4	4	1	
연대	186	2	24	31	48	37	21	15	8	
대대	955	13	36	53	115	177	275	237	49	
총계	1,175	15	63	95	170	216	301	257	58	0

2) 한국의 파병 결정이 이루어진 과정에 대해서 기존의 자료들을 보면, 미국과의 관계 및 전투경험이라는 국방상의 이유를 강조하는 논리와 경제적 실익을 강조하는 논리가 있다(국방부 군사편찬연구소 2004; 채명신 2006). 필자가 보기에는 이런 이유들 외에도 한국전쟁 시기에 형성된 호전주의적인 반공정책과 박정희정부의 정통성 부재 등도 파병을 결정하게 된 한 가지 이유였다.

유족회		계	1965	1966	1967	1968	1969	1970	1971	1972	1973
중대이하		576,302	2,206	38,722	73,448	97,007	88,942	102,248	130,294	40,381	3,054
부대별	맹호	174,586	1,016	23,166	32,471	26,006	28,273	22,289	24,004	16,157	1,204
	백마	211,236		3,991	28,564	41,959	38,522	35,583	41,887	19,080	1,650
	청룡	151,347	1,095	10,353	8,447	18,358	13,833	35,907	61,095	2,259	
	군수	25,511	95	1,181	2,690	6,331	4,517	6,950	2,289	1,366	92
	건설	13,622		31	1,276	4,353	3,797	1,519	1,019	1,519	108

자료: 최용호. 2007. 『통계로 본 베트남전쟁과 한국군』. 국방부 군사편찬연구소. 80~81쪽. 두 개의 표를 필자가 합쳐서 만들었음.
※대대급 이상은 대부대작전, 중대급 이하는 소부대작전임

베트남에서의 한국군은, 대대급 이상의 편제 하에 수색과 섬멸 작전을 지향해 온 미국과 달리, 게릴라전이라는 전쟁의 특성을 반영하여 이른바 '중대기지 전술'을 사용하였다. 즉 "주민들의 거주지역 외곽에 중대 단위의 전술기지를 설치하고, 기지를 거점으로 수색정찰과 매복을 통해 주민과 베트콩의 접촉을 차단함으로써, 점차 평정지역을 확대해 나간다."는 것이다(국방부 군사편찬연구소 2004: 220~222). 그 결과 한국군의 전투는 대체로 소규모 전투가 많으며, 대규모 전투도 정규전이 아니라 대규모 수색작전 및 작전 범위의 확대인 경우가 대부분이다(표 3).

전체적으로 보면 대대급 이상의 부대가 전투에 참여하는 경우는 1,175회에 그친 반면, 중대급 이하가 주도한 전투는 무려 576,302회로, 베트남에서 한국군이 수행한 전투는 대부분 중대급 이하의 소부대 작전이라는 것을 알 수 있다. 물론 수색 및 섬멸이라는 대게릴라전의 특성상 대부대 작전인 경우에도 현장에서의 병력운용은 중대급 이하로 이루어졌기 때문에 사실상 한국군이 베트남에서 수행한 거의 모든 전투는 중대급 이하의 전투였다고 할 수 있을 것이다.

이와 같은 작전 개념은 남베트남 민족해방전선 유격대원인 베트콩과 주민들이 밀접하게 연결되어 있는 상황에서 한국군 스스로가 자랑하듯이

효과적인 작전 개념이 될 수 있지만(채명신 2006: 177~186), 스스로가 우려하듯이 민간인들의 피해가 매우 클 가능성이 있다(앞의 책: 186~193). 한국군의 공식적인 입장은 "백 명의 베트콩을 놓치는 한이 있어도 한 명의 양민을 보호하라"였다지만, 실제 전투에서 이러한 지침이 지켜지기 어렵기 때문이다. 전투에 참여한 경험이 있는 참전군인들에 따르면, 그들이 베트남에 파병되는 과정에서 양민보호와 관련한 교육을 받은 바 없으며, 오히려 마을이 베트콩 하부구조의 기반이라는 사실이 강조되었다(김현아 2002: 92~96)고 한다. 그 결과 베트남에서 이루어진 한국군의 전투 활동은 그 명성에 걸맞은 규모의 민간인 피해를 발생시켰다. 현재 얼마나 많은 민간인이 한국군에 의해 희생당했는지는 분명치 않다. 다만 미군과 베트남당국에 의해 베트남전쟁 전 기간에 걸쳐 희생당한 전체적인 사망자 규모만 밝혀져 있을 뿐이다(표 4).

〈표 4〉 베트남전쟁에서 베트남인 사망자(추정)

	미군의 추정	1995년 베트남정부 발표
남베트남군 사망자	220,357	220,000
혁명군 전투원 사망자	666,000	–
혁명군의 '열사[3]'	–	1,100,000
남베트남 민간인 희생자	247,600	약 2,000,000
북베트남 민간인 희생자	65,000	
합 계	1,198,957	약 3,000,000

자료: 후루타 모토오. 박홍영 옮김. 2007. 『역사 속의 베트남전쟁』. 일조각. 164쪽에서 인용하면서 용어를 일반적인 용어로 바꾸었음.

3) 베트남에서는 전쟁과 혁명의 과정에서 국가의 명을 따르다가 죽은 사람들은 생전의 국가와 국가의 명령에 각자 부여하였던 의미에 상관없이 국가를 위해 죽은 '열사(lietsi, 烈士)'로 분류되었다(최호림 2004: 129).

베트남전쟁에 대한 역사적 정리가 어느 정도 마무리된 1995년에 베트남정부에서 발표한 민간인 희생자 수는 대략 2,000,000명 정도이다. 이들 민간인들이 희생당한 과정은 매우 다양할 것이다. 그리고 한 가지 분명한 것은 이들 민간인들이 사망한 이유 중의 하나가 미군 등에 의한 민간인학살이라는 것이다. 대표적인 사례가 30명의 미군에 의해 500여 명이 무차별 살해당한 '미라이(My Lai) 양민학살 사건[4]'이다. 이 사건이 군부의 통제로 1년 동안이나 철저히 비밀에 부쳐지다가 기자들에 의해 진실이 밝혀졌다는 것에서 알 수 있듯이 미군에 의해 자행된 또 다른 민간인 학살이 얼마든지 있을 수 있는 것이다. 한국군 역시 정부 및 당시 군 지휘부의 부인에도 불구하고 이러한 혐의에서 자유롭지 않다. 이와 관련하여 미국의 한 민간인단체는 1970년 말부터 2년 정도 베트남 남부지역의 농민들을 대상으로 베트남전쟁 당시의 피해상황을 조사하는 과정에서 한국군이 민간인 학살을 자행했다는 사례를 31곳에서 확인했다고 보고하고 있다(이삼성 1998: 221~226).

한편 이러한 군 작전의 와중에서 한국군 역시 적지 않은 피해를 입었다. 참전 기간 전반에 걸쳐서 5,099명의 한국군이 사망한 것이다(표 5). 연인원 53만 명 정도가 참여한 미군의 사망자 수가 연인원의 10%가 조금 넘는 58,204명이라는 점을 고려할 때, 연인원 32만 명 정도 되는 한국군의 사망자 수는 상대적으로 많은 편이다. 특히 미군에 비해 참전기간이 짧다는 점을 고려하면 그렇다. 이 점에서 우리는 한국군이 보다 많이 전투에 참

---

4) 1968년 3월 16일 윌리엄 로스 캘리(W. L. Calley) 중위가 소대원 30명을 이끌고 베트남 중부 꽝응아이(Quang Ngai)성의 한 마을에 들어가 무장하지 않은 민간인 약 500여 명을 무차별 살해한 사건이다. 이 사건은 1년간 감춰지다가 기자들의 폭로에 의해 밝혀진 후에도 캘리 중위만 군법회의에 회부되어 종신형을 선고받았으며, 그것마저도 백안관의 지시로 감형되어 캘리중위에게 3년 반의 가택연금이라는 가벼운 처벌만 주어졌다(Maclear 유경찬 옮김 2002: 487~492; 이삼성 1998: 203~208).

여했다는 것을 추정할 수 있다.

<표 5> 베트남전 당시 한국군의 전사·사망자의 연도별 총괄

구 분	계	전 사	순 직	사 망
1965	69	57	6	6
1966	588	563	15	10
1967	1,079	1,017	43	19
1968	907	850	41	16
1969	746	682	28	36
1970	650	590	35	25
1971	504	424	56	24
1972	513	448	46	19
1973	43	32	5	6
계	5,099	4,663	275	161

자료: 최용호. 2007. 『통계로 본 베트남전쟁과 한국군』. 국방부 군사편찬연구소. 40쪽.

Ⅲ. 베트남전쟁에 대한 한국에서의 기억
: 망각에서 기억투쟁으로

1. 화려한 파병논리, 억압받는 전쟁기억

1964년 9월 11일 이동외과 병원요원(130명)과 태권도 교관단 요원(10명)의 '파월'로 시작된 한국군의 베트남전 참전은 결국 1965년의 전투부대 파병 및 수많은 전투로 이어졌다. 그러나 미국이 주도하는 베트남전에 대해 세계적인 수준에서는 물론이고 미국 내에서조차도 반대 여론이 극심했으며, 또 베트남에서 미국의 의도가 관철될 가능성은 거의 없는 것으로 인식되기 시작했다. 결국 1969년 1월 20일 미국의 대통령으로 취임한 닉슨 (Richard M. Nixon)은 대베트남 정책을 바꾸어 '베트남에서의 단계적 철군'을 발표하였다. 그 골자는 '베트남전쟁의 베트남화'로 미국이 패했다는 인상을 주지 않으면서 서서히 철수하고, 그 공백을 남베트남군이 메우는 것이었다. 그리고 그 연장선상에서 미국은 1969년 7월 일부 병력을 철수하기 시작했다. 한국 역시 미국의 움직임에 발맞추어 1972년 12월 1일부터 1972년 4월 13일까지 청룡부대를 주축으로 한 1단계 철수를 시작했으며, 1973년 1월 30일부터는 나머지 전 병력이 철수하는 2단계 철수를 시작하였다. 그리고 1973년 3월 23일 마지막 후발대 118명이 철수함으로써 8년 6개월 동안 베트남전쟁에 파병되었던 한국군의 철군이 완료되었다.

그런데 베트남전 참전이 결정되어 파병부대들이 출발하던 시기와 철수하던 시기의 풍경은 너무나도 큰 차이가 났다. 파병부대들의 환송식에서는 파병군인들의 가족은 물론이고, 정치인이나 공무원들, 동원된 학생들이 군악대의 팡파르와 함께 태극기를 흔들면서 국가적 이벤트를 연출하였다. 성대한 출발(특별팀 2001: 113)인 것이다. 또한 참전기간 내내 파월장병에게 위문편지나 물건을 보내는 행사가 전국적인 수준에서 실시되었다. 한국사회에서는 베트남에 간 군인들이 보내 온 일제나 미제 T.V. 등 전자제품들이 가정에 보급되고, 기업들의 베트남 진출이 빈번해지면서 이른바 '월남특수'가 생겨났다. 당시 "월남에서 돌아온 김상사"라는 노래가 유행한 것도 이러한 분위기를 반영하는 것이었다.

그러나 베트남 파병에 대한 사회적 인식은 파병이 장기간 지속되면서 상당부분 변화하였다. 베트남에서 돌아오는 부상자들과 그곳에서 전해지는 전사통지서들, 그리고 미국에서 극에 다다른 '반전시위' 소식, 미라이 학살사건의 폭로 등은 파병 초기의 '자유의 십자군' 논리를 위축시키는 조건들이었다. 그 결과 시간이 지나면서 참전군인들의 귀환을 환영하는 행사들은 점차 찾아보기 어려웠다(심주형 2003: 37~38). 더욱이 베트남의 전황이 결국은 북베트남의 승리로 종결되면서 전쟁에 대한 기억은 더욱 위축되었고, 베트남과 관련된 이야기는 더 이상 우리와 직접적인 관계가 없는 것이 되었으며, 다만 반면교사의 역할을 하는 체제유지의 도구로 전락했다.

그 결과 한국에서 베트남전쟁에 대한 기억은 잊혀져 갔고, 그와 더불어 참전군인도 잊혀졌다. 전쟁기억의 사회적 망각이 시작된 것이다. 당시 한국사회에서 베트남전쟁은 또 다른 반공교육의 교재였을 뿐이며, 연인원 32만 명 이상의 한국군이 그곳에서 직접 싸운 것으로 기억되지 않았다. 아마도 당시 석유위기가 국가경제에 큰 위협이 되던 시기에 한국의 베트남전 참전을 비난하는 비동맹국가들과 외교적 선린관계를 맺을 필요에 의해 그랬을 것이다. 또 미국을 비롯한 '자유 진영'에서 지키고자 하였고, 한국군도 지원하였던 남베트남정부가 결국은 공산주의자인 월맹에 패망하였다는 것도 중요한 이유 중 하나였을 것이다.

국내적으로는 박정희정권과 그 이후 등장한 군부정권 내부의 관료-지식인사회의 복잡한 이해관계, 즉 베트남의 전과를 둘러싼 갈등과 대립이 베트남전에 대한 공식적인 정리를 어렵게 만든 요인이었다. 베트남전에 대한 기억이 한국사회에서 집단적인 기억으로 자리 잡지 못한 가장 결정적인 이유는 그것이 국민의 동의를 받지 못한 소수의 개인적인 경험이며, 따라서 전 국민적인 공감대를 확보하지 못했기 때문이었다. 그 결과 베트남전쟁은 별다른 집합적 기억이 존재하지 않는, 그야말로 망각과 정권적 수준에서 선택적 기억, 그리고 개인적인 기억만 존재하는 영역이었다.

한국사회에서 베트남전쟁에 대한 사회적 망각을 더욱 심화시킨 것은 참전군인들의 조직화조차 허용하지 않았던 전두환 정권의 재향군인 재편 작업이었다. 1966년 이후 소규모 친목단체 수준으로나마 조직되어 있었던 '월남참전전우회'에 대해 1980년 12월 당시 권력을 장악하고 있던 신군부가 해체 명령을 내린 것이다. 신군부 주도세력들 대다수가 참전군인이었지만, 이들은 베트남전쟁에 대한 평가나 보훈사업에도 별다른 관심을 기울이지 않았다. 이는 베트남전쟁 참전군인이 국가정책 하에서 망각되고, 개별화되는 역사적 경험이었다(윤충로 2008: 296~297).

그 결과 한국의 공적인 수준에서는 베트남전쟁이 전쟁의 직접적인 당사자의 경험으로 기억되지 않았다. 그 보다는 전쟁과는 무관한 참전의 효과나 이념적 정당성으로 기억되었다. 즉 참전의 결과로 한국군의 현대화가 이루어지고 전투력이 증강하였다고 하거나 참전이 한국의 경제성장에 기여했다는 것을 강조하는 것이다. 국방부의 공식적인 견해는 참전의 효과로 다음과 같은 것들을 나열하고 있다. 첫째, 정치 외교 분야에서 국내의 정치적 안정 및 미국과의 유대 강화, 동남아시아 반공국가들과의 유대 강화, 둘째 안보 국방 분야에서 한국군의 전술 전기 향상 및 자주국방력 강화, 셋째, 경제 사회 분야에서 미국의 경제적 지원과 협력 증대 및 베트남전 특수 활용, 비약적인 경제성장의 기반 구축 등을 제시하고 있다(국방부 군사편찬연구소 2004). 또 베트남의 패전을 대대적으로 홍보하면서 그것을 이용하여 권위주의체제의 유지 및 강화를 기도하기도 했다.

2. 전쟁기억의 재구성과 기억투쟁

영원히 개인적인 수준으로만 남을 것 같았던 베트남전에 대한 기억이 우리 사회에서 다시 등장하기 위해서는 무대의 변화가 필요했다. 그 변화의 시작은 광주민중항쟁이었다. 1980년 광주민중항쟁의 경험은 한국사회 전반에 걸쳐 다양한 영향을 미쳤지만, 군의 존재이유에 대해서도 근본적인 질문을 던진 계기였다. 국민의 군대라고 해서 국군이라고 불렀던, 어렸을 적 위문편지 한 번은 모두 쓴 경험이 있었던, 그리고 성인 남자의 대부분은 스스로가 군 생활을 한 경험이 있었던 한국의 국민들에게 '5·18'의 경험은 엄청난 인식의 전환을 강요한 사건이었다.

한편 1980년대 이후 급속하게 들어오기 시작한 베트남전 관련 영화들은 대중들의 기억 지형을 변화시키는 또 다른 조건이었다. 이들 영화들 중 람보시리즈나 코만도 등은 선악의 대립구도 속에서 영웅에 의해 적을 물리치는 내용이지만, 디어 헌터(The Deer Hunter, 1978), 지옥의 묵시록(Apocalypse Now, 1979), 플래툰(Platoon, 1987) 등의 영화는 미국의 참전군인들이 베트남전의 참상을 고발하고 참회하는 내용의 작품들이었다. 이들 영화들은 베트남전에 대한 반성적인 검토가 부재하였던 한국사회에, 교과서나 정부를 통해 들을 수 있었던 이야기와 전혀 다른 '사실'들을 전해주었다. 그 결과 베트남전에 참전한 사람들 및 이념적으로 그에 동조하는 세대와 새로운 세대 사이에는 베트남전을 바라보는 인식과 태도에서 점차 커다란 간격이 만들어지게 되었다.

그러나 한국사회에서 베트남전쟁에 대한 기억과 참전군인들의 문제가 다시 제기된 결정적인 이유는 고엽제[5] 피해자 때문이었다. 외국의 경우 고엽제 사용으로 인해 인체에 심각한 피해가 발생했다는 것은 이미 1970년대 후반부터 알려져 있었지만 한국의 경우에는 별다른 문제제기가 없었다. 그러다가 1991년 6월에 참전군인 출신인 호주 교민을 통해 베트남전 참전자 중에 고엽제로 고통 받는 환자들이 많다는 사실이 국내에 최초로 알려지게 되었다. 그 후 1992년 초부터 이 사실이 언론을 통해 알려지면서 고엽제 피해자에 대한 대책이 사회문제화된 것이다(심주형 2003: 85). 그리고 고엽제 문제가 사회문제로 제기되는 과정은 그대로 베트남전에 참전한 군인들의 응집과 집합적 기억을 만들어내는 계기가 되었다.

---

5) 미군은 1962년부터 1971년까지 10여 년 동안 작전상 편의를 위해 '밀림의 시계를 확보' 한다는 목적으로 약 2,000만 갤런의 고엽제를 살포했는데, 이중 한국군은 1968년부터 1971년까지 약 50만 갤런을 살포한 것으로 추정되었다(국방군사연구소 1996: 331).

1992년은 또 다른 의미에서 한국에서 베트남전에 대한 기억을 재구성하는 계기였다. 그것은 1992년 12월 한국과 베트남이 공식 외교관계를 수립했기 때문이었다. 당시 한국 정부는 과거사 문제와 관련하여, "일시적으로 불행했던 시기가 있었던 것을 유감으로 생각한다."(경향신문 1992년 12월 23일자)는 성명을 발표하였다. 그런데 이러한 정부의 입장 표명은 우리나라 내에서 어떠한 사회적 논의도 없이 일방적으로 이루어진 것이었다. 이러한 태도는 1994년 5월 20일 한승주 외무부장관이 레둑안(Le Duc Anh) 베트남 국가주석을 만난 자리에서 행했던 과거사 유감 발언과 1998년 김대중대통령의 과거사 유감 표명으로 이어졌다. 그리고 2001년 8월 23일에는 그동안의 소극적인 유감표명에서 한 발 나아가 한국을 방문한 쩐득르엉(Tran Duc Luong) 베트남 국가주석에게 "불행한 전쟁에 참여해 본의 아니게 베트남인들에게 고통을 준 데 대해 미안하게 생각하고 위로의 말씀을 드린다."(문화일보 2001년 8월 24일자)며 적극적으로 사과의 뜻을 표명하게 되었다. 이러한 정부의 입장 표명은 역사적인 측면에서나 국제 정치학적 측면에서는 정당했을지라도 적어도 참전군인들이 갖고 있었던 자부심[6]에는 커다란 상처를 주는 것이었다.

이렇게 볼 때, 고엽제 문제가 제기되고 한국-베트남 사이의 외교관계 수립과정에서 베트남전 참전에 대한 유감표명이 이루어지는 1992년은 베트남전 참전군인들이 다시 모이는 계기가 되었다고 할 수 있다. 즉 전쟁 상처로 인한 육체의 고통이 단체 결성의 현실적인 이유였다면, 사회적인 기억의 변화와 그로 인한 자부심의 손상은 참전군인들의 좌절과 분노를 야기한 요인이었다.

---

6) 참전군인들은 평소 자신들로 인해 군의 현대화와 경제성장이 가능했다고 생각하고 있었으며 그로 인해 자아 존중감을 갖고 있었는데, 정부의 태도 변화는 그러한 생각과 근본적으로 배치되는 것이었다.

그러나 베트남전 참전군인들이 표면상으로는 동일한 입장을 보이고 있다 하여도 그 내부에서는 커다란 차이를 발견할 수 있다. 특히 사병들에게는 전쟁으로 인한 숨겨진 상처들이 너무도 많다. 함부로 드러낼 수도 없고 부르짖어도 들리지 않는 소리를 지니고 있다. 참전용사들 중에서 사병들은 외상후 스트레스 증후군(PTSD)에 시달리고 있는 경우가 많다(정혜신 2005). 베트남전 참전용사들은 '거창한 헛소리'와 '들리지 않는 내면의 작은 소리들'을 구분하고 있다. 장교출신으로 장군이 된 자들은 국익이니 자유 수호니 경제발전이니 하는 '거창한 헛소리'를 하는 자들이고, 병사들은 아무리 떠들어도 들리지 않는 고통과 기억들로 구성된 작은 내면의 소리를 대변하는 자들이다. 문제는 고통스러운 용사들의 작은 소리는 참전 단체들 속에서도 결코 들리지 않는다는 것이다. 작은 소리들은 조직적으로 망각되고 거창한 헛소리들은 과장되고 선동되는 것이다(이태주 2008: 267).

한편 장교와 사병의 차이, 전투에 참여했던 자와 후방에 있었던 자 사이의 차이가 전쟁에 대한 기억과 해석의 차이를 가져온다면, 이들 참전군인 전체와 일반인들 사이에서는 국가의 공식적인 기억과 관련된 몇 가지 주요 이슈에서 극한 대립을 보이고 있다. 가장 큰 대립을 야기한 이슈는 용병문제와 양민학살 문제였는데[7], 이들 문제가 이슈로 제기된 데에는 시민단체들의 활동이 계기가 되었다. 당시 시민단체들은 국가권력의 권위주의적인 행위 비판 및 과거사청산작업의 일환으로 한국의 근현대사 시기에 발생한 여러 사건들을 비판적으로 검토하고 있었는데, 베트남전 역시 그 일

---

7) 이 두 가지 문제가 갖는 폭발력은 매우 큰데, 채명신은 자신의 경험을 책으로 남기게 된 가장 큰 이유로 강정구교수와 한홍구교수가 주장한 용병론 및 양민학살론에 분개했기 때문이라고 쓰고 있다(채명신 2006). 국방부에서 '베트남전쟁과 한국군'이라는 책자를 만들어낸 이유 역시 그 때문이다(국방부 군사편찬연구소 2004).

환으로 검토의 대상이 된 것이다[8]. 그 결과 국내에서 참전군인들과 이들 단체 사이에서는 때 아닌 사상논쟁 및 기억투쟁이 발생하였다.

Ⅳ. 한국군에 대한 베트남의 기억
  : 공적 기억과 피해자 기억의 절충

1. 베트남전쟁에 대한 공적 정의와 한국군 참전에 대한 기억

베트남이 지리적으로나, 국가적 정체성으로나 현재의 국가형태를 갖추게 된 것은 비교적 얼마 되지 않는다. 주지하다시피 1945년까지 베트남 지역은 19세기 말 이래 라오스, 캄보디아 등과 함께 프랑스령 인도차이나의 일부였으며, 현재 베트남의 영토 안에서도 북부의 통킹(Tong King) 지역과 중부의 안남(An Nam)지역, 그리고 남부의 코친차이나(Cochin China) 지역으로 나뉘어져 있었다(그림 1). 또 인종적으로도 매우 다양한 구성을 갖고 있었다.[9] 그러다가 일제의 패망으로 만들어진 국제정치적인 공백을 이용하여 인도차이나공산당과 베트민(Viet Minh 베트남 독립동맹)이 8월 혁명을 일으키면서 비로소 현재의 베트남과 같은 형태의 국가가 형성된 것

---

8) 2000년에 만들어진 베트남전 진실위원회에는 민주화를위한변호사모임, 민족회의, 나와우리, 나눔의집, 천주교인권위원회, 함께하는사람들, 인권실천시민연대, 국제민주연대 등의 사회단체가 참여하였으며, 그 외에도 강정구교수, 이해동목사 등 개인활동가들도 참여하고 있다. 이 단체가 한 주요활동으로는 베트남 현지 방문조사 및 국제연대사업, 그리고 국내에서의 홍보활동 및 학술 연구활동이 있는데, 베트남전쟁 당시 한국군의 용병론 및 민간인학살론은 그 활동의 연장선상에서 제기되었다(베트남전 진실위원회, 활동일지 및 사업평가).
9) 베트남 민족구성원의 90%는 킨(Kinh)족이 차지하지만, 그외에도 53개의 종족이 베트남의 구성원이다.

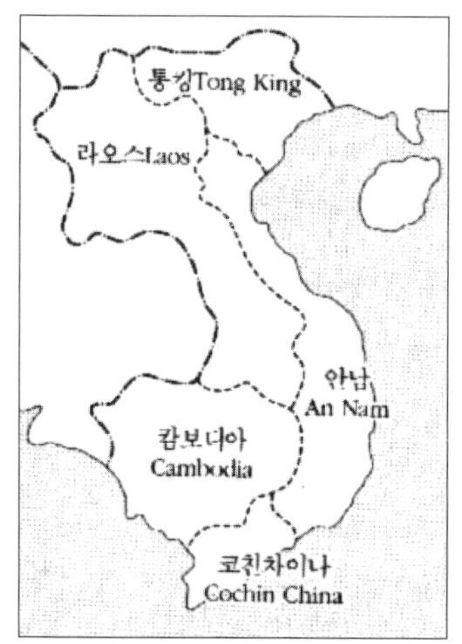

〈그림 1〉 프랑스령 인도차이나
(19세기말~1945)(자료: 후루타 모토오.
박홍영 옮김. 2006. 16쪽.)

이다. 그리고 그 이후 일어난 세 차례의 전쟁, 즉 프랑스와의 전쟁과 미국과의 전쟁, 중국과의 전쟁을 통해서 그들의 국가적 정체성이 확고해졌다.

비록 근대적인 국가형태를 갖춘 것은 얼마 되지 않지만, 통일국가를 지향하는 베트남인들의 열망은 강했다. 1954년 프랑스가 물러나면서 베트남문제를 해결하고자 만들어진 제네바협정이 북위 17도 선을 기준으로 베트남을 남북으로 갈라놓았지만, 이것은 협정 자체에서도 명시하고 있는 바와 같이 잠정적인 군사경계선일 뿐이었다. 그 이후 호치민을 중심으로 한 베트남 공산주의자들의 최종 목표는 항상 베트남의 통일과 전국에 걸친 혁명정권의 수립이었다. 이는 남베트남의 경우에도 마찬가지였다. 당시 남베트남의 대통령으로 추대된 응오 딘 디엠(Ngo Dinh Diem)도 자신이 베트남공화국의 대통령이지 남베트남 공화국만의 대통령은 아니라고 생각했다(후루타모토오. 박홍영 옮김 2006: 88~89). 어찌 보면 베트남을 하나로 보는 베트남 사람들과 베트남을 두 개의 국가로 생각하는 미국의 인식의 차이가 베트남전쟁의 진정한 원인일 수가 있다.

이런 점에서 베트남전쟁이라고 부르는 제2차 인도차이나 전쟁의 성격이 분명해진다. 즉 베트남전쟁은 남과 북의 베트남이 싸우는 것이 아니라 크게 보면 통일을 지향하는 베트남 인민들과 미국이 싸운 것이고, 작게 보면 1960년 12월에 남베트남 내에서 결성된 남베트남민족해방전선[10]이 베트남사회주의공화국의 지원을 받아 베트남공화국 및 미국의 연합군과 전쟁을 벌인 것이다. 특히 통일을 지향하는 베트남인들의 입장에서 보면 남베트남의 정부는 분단을 도모하는 미국의 기획 작품이라는 점에서 정치적 상대로 인정하지 않는 경향이 있으며, 결국 미국이 전쟁의 직접적인 당사자라고 생각한다. 이런 점에서 전쟁이 종료된 후 베트남의 공식적인 역사에서는 이 전쟁을 항미구국전쟁이라고 명명하였다.

이러한 개념 정의는 마을이나 가정의 의례에서도 확인된다. 1975년에서 1980년 말 베트남 정부의 개방정책이 있을 때까지 베트남 정부는 정책적으로 항미구국전쟁에서 전사한 영웅적 혁명열사들의 충혼을 기리는 위령사업을 추진하였다. 이와 동시에 전통적인 민간신앙을 금지하였고, 마을에 있던 기존의 신당을 파괴하였다. 혁명열사들의 묘지를 마을 공공지의 중심에 설립하고 이 영웅적 사회장치가 마을 의례에서 봉건적 유산인 조상신당을 대체할 것을 기대하였다. 가정에서는 기존의 조상신당을 항미구국전쟁의 충혼과 공산혁명의 지도자를 기리는 새로운 정치적인 위령단으로 전환할 것을 요구하였다(권헌익 2008). 즉 국가가 항미구국전쟁의 영웅으로 인정한 경우를 제외하면, 민간인 희생자를 포함한 수많은 원혼들은 의례에서 제외된 것이다. 다시 말하면 국가중심의 의례가 베트남전쟁에 대한 획일적인 기억을 강요하고 있었다.

그 결과 베트남정부는 1962년부터 국가의 이념을 부각하는 역사적인 공간을 '국가 유적'으로 지정하여 공인하고 유물 및 건축물을 보수, 복원하는 사업을 시작하였다. 그래서 1994년 12월까지 '특별 중요유적' 690개, '명승유적' 52개, '고고학 유적' 19개 등 전국에 걸쳐 모두 1,659개의 공인 유적을 지정하였다(최호림 2005: 326). 이와 함께 이러한 유적에서

---

10) 한국인에게 익숙한 베트콩이라는 명칭은 이들을 비하하여 지칭하는 것이다. 정식명칭은 민족해방전선이었지만, 당시 남베트남 정부 측의 입장에서 볼 때 이들의 실체는 하노이의 지원을 받는 공산당 조직이었기에 비엣 꽁(Viet Cong 越共 즉 베트남공산당의 약칭)이라 부른 것이다(양승윤 등 2002: 64).

의 의례를 합법화하여 장려하거나 아예 국가가 나서서 의례를 직접 수행하는 정책을 펴기 시작하였다.

그런데 베트남전쟁에 대한 이와 같은 개념 정의가 한국에 대한 기억에서 커다란 영향을 미치고 있다. 현재 베트남의 주요 전쟁 기념물에서 한국과 관련된 자료는 거의 찾아보기 어렵다. 호치민시에 있는 전쟁기념관의 경우 수 만장의 사진이 전시되어 있지만, 한국과 관련된 부분은 단지 한국군이 상륙하는 모습을 촬영한 사진 1장과 전쟁 참여 병력을 소개하는 도표 자료에서 잠깐 언급될 뿐이다. 하노이에 있는 역사박물관이나 호치민박물관(Bao Tang Ho Chi Minh) 등에서는 한국군과 관련된 전시물을 단 하나도 발견할 수 없다. 또 한국군이 주로 주둔하였던 빈딩성 지역의 박물관에 있는 전쟁 관련 전시물 중에도 한국군이 상륙하는 사진 1장과 그 이후 만들어진 민간인학살 유적지 관련 사진 2장이 있을 뿐이다.

항미구국전쟁이라는 공식적인 정의 속에서 한국군은 직접적인 전쟁 당사자로 자리잡기 어려웠던 것이다. 즉 베트남당국은 당시의 전쟁에 대해 전체적으로는 미국과의 전쟁으로 생각하며, 한국은 그 미국의 군사력 중 일부라고 생각하는 것이다. 이것이 전쟁이 발발한 당시부터 제기된 '용병론'의 근거이기도 했다. 그리고 증오비에 쓰인 "미군의 지휘를 받는 남조선군대가"라는 글귀는 베트남 당국의 공식적인 정의와 현지인의 전쟁 경험이 서로 타협한 결과로 볼 수 있다.

2. 피해자의 증오비와 학살유적지의 국가적 공인

호치민이나 하노이에서 마주치는 전쟁기념 시설들과 한국군이 직접 주둔한 바 있는 베트남 중남부 해안지역의 분위기는 매우 다르다. 이곳은 한국군이 직접 주둔했던 곳으로 한국군의 행적이 구체적으로 남아있기 때문이다. 베트남 중남부에 위치한 빈딩(Binh Dinh)성의 성도로 맹호부대가 주둔했던 퀴논(Quy Nhon)에서는 전쟁 관련 기념물을 박물관에 전시하고 있는데, 그 박물관 역시 당시 베트남에 군납업자로 진출했던 한진상사(사장 조중훈)가 맹호부대(당시 사단장 윤필용)의 요구에 의해 한월문화친선협회[11] 건물로 지어준 것이다. 그 건물 전시물에 한국군에 의해 자행된 학살유적지로 국가적 공인을 받은 두 곳의 사진이 게재되어 있어서 친선이라는 단어와 학살의 대비가 이루어지는 곳이다. 또 퀴논에서 1시간 이내의 거리에는 한국군과의 전투로 인해 '열사' 153명이 사망한 전적지와 맹호부대원들에 의해 300여 명의 민간인들이 학살당했다는 사실을 기념하고 있는 역사유적지가 있다. 즉 이곳에서는 미군보다는 한국군이 전쟁의 주체로 기억되고 있는 것이다.

이러한 분위기가 만들어진 것은 대체로 1980년대 중반 이후였다. 이 시기부터 베트남에서는 국가 중심의 기억과는 다른 시설들이 등장하기 시작했다. 그러한 변화를 가장 가시적으로 보여주는 장치는 의례에서의 변화였다. 기존의 의례가 국가적 이념에 의해 유지되었다면, 이 시기의 의례는 매우 다양한 동기에 의해 만들어졌으며, 운영되었다(최호림 2005). 그리고 베트남의 중남부 지역에서 새롭게 나타난 의례 및 기념시설 중의 하나가 전쟁 당시의 학살을 잊지 않으려는 기념시설이었으며, 그와 관련된 의례였다.

이와 관련하여 대표적인 시설이 이른바 '증오비' 였다. 베트남에서 한국군에 의한 민간인 학살이 있었다고 주장되는 마을에는 대체로 위령비나 증오비가 세워져 있다. 주로 사람들이 집단으로 죽은 현장에 서 있는 이 비들

---

11) 박물관 창고에는 한월친선문화협회 건물이 세워질 때 붙었던 명패가 아직도 남아있는데, 거기에는 한진상사와 맹호부대의 명칭이 새겨져 있다.

〈그림 2〉 가해자가 한국군이라는 따이빈사 대형 위령비

은 지방정부가 세운 것이 대부분이다. 증오비라고 명칭이 붙은 것들은 1980년 이전부터 국가정책과 무관하게 자신들의 전통적인 의례형식에 따라 세워진 것들로 지역민들의 체험적인 고통을 반영하고 있는데, 사건이 일어난 연도와 날짜, 죽은 사람의 이름과 사건 경위가 적혀 있다. 다만 "과거를 접고 미래로 나아가자"라는 국가의 정책을 반영하여 1980년 이후에 세워진 비들은 그 명칭이 위령비로 되어 있다. 물론 학살이 있었다고 주장되는 모든 마을에 비가 세워진 것은 아니지만, 해당 지역 베트남 사람들은 자신들의 종교적 의례에 따라 위령비를 세우는 것이 가장 큰 소망 중의 하나이며, 그래서 지금도 계속해서 위령비가 세워지고 있다(김현아 2002: 79).

이러한 학살지 중 역사유적지로 공인받은 빈딩성 떠이썬(Tay Son)현 따이빈사 유적지를 보자. 여기서는 맹호부대 소속 군인들에 의해 이 마을에서만 300여 명의 민간인들이 희생당했다고 기록된 역사유적지이며, 몇일 사이에 인근 6개 마을에서 1,004명이 희생당했다는 지역이다. 그곳에는 현재 1980년대 이전에 세워진 소규모 증오비가 마을 구석에 있으며,

1983년에 지방정부에 의해 세워졌다고 하는 대규모 위령비가 있고(그림 2), 2005년에 역사유적지로 공인받은 후, 그에 따라 세워진 정자 모양의 기념시설(그림 3)과 대형 벽화가 있다(그림 4). 대규모 위령비에는 다음과 같은 글귀가 적혀 있다.

"1966년 2월 26일 미군의 지휘를 받는 남조선군대가 아무런 죄가 없는 무고한 민간인들을 살해했다"

이 문구는 베트남전쟁의 해석과 관련하여 마을 주민들 및 지역정부의 인식을 나타내는 다음과 같은 사실을 보여주고 있다. 첫째 학살의 주체는 남조선군대였다는 점, 들째 그 남조선 군대는 미군의 지휘를 받고 있다는 점, 셋째, 죽은 사람들이 전투요원이 아니라 전쟁과 무관한 민간인들이었다는 점, 넷째, 베트남어에서 살해라는 단어의 의미가 풍기는 이미지에서 드러나듯이 당시의 죽음은 매우 잔인하게 이루어졌다는 점 등이다. 국가의 공식적인 역사적 정의인 항미구국전쟁이라는 규정과 지역민들의 고통을 야기한 역사적 경험이 절충을 이루고 있는 것이다.

한편 이곳이 역사유적지로 공인받은 다음에 만들어진 벽화의 그림은 중앙에 학살당하는 장면과 하늘을 향해 부르짖는 촌 노인이 있고, 오른편에 불길에 휩싸인 나체의 여성이 있으며, 오른편에는 어깨에 호랑이 부대 마크가 선명한 가해자와 헬기를 타고 투입되는 군인들이 그려져 있다. 베트남에서 역사유적지가 만들어지는 과정은 단순히 역사적 사실이 갖는 가치의 크기 뿐만 아니라 경제적 요인이나 정치적 요인 등 다양한 요인이 있지만(최호림 2004), 그럼에도 불구하고 역사유적지로 공인받는 과정은 매우 엄격하다. 해당 지역의 사건에 대해 마을 단위에서 중앙 정부에 이르는 6개 이상의 행정단위를 거쳐서 그 사건에 대한 조사가 이루어지며, 조사결과를 모아 공식적인 역사기록을 남긴 다음, 심사를 거쳐 역사유적지로 공

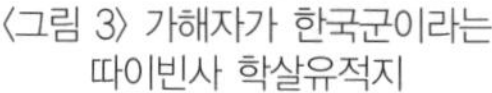

<그림 3> 가해자가 한국군이라는
따이빈사 학살유적지

<그림 4> 따이빈사 학살유적지의 벽화

인하는 것이다. 따라서 유적지 벽화에 그려진 그림은 베트남정부의 공식적인 견해로 보아야 할 것이다.

여기서 우리는 한 가지 이상한 점을 발견할 수 있다. 그것은 베트남 정부의 과거사에 대한 공식적인 견해가 베트남 전통 속담을 인용한 "과거를 접고 미래로 나아가자"는 것인데, 이러한 입장과 2005년에 만들어진 민간인학살 관련 역사유적지가 논리적으로 일치되지 않는 것으로 보인다는 것이다. 그러나 속담의 해석에 있어서 한국과 베트남의 문화적 차이가 있다. 한국에서는 과거를 접자는 것에 대해 과거를 무시하자는 것으로 받아들인다. 그러나 베트남에서는 그 말에 대해 과거의 진실을 파악하려는 노력과 그것을 잊지 않으려는 노력은 계속하되, 그것을 통해 과거를 용서하고, 미래를 위한 새로운 관계를 수립해야 한다는 것으로 받아들인다(김현아 2002: 148~159).

V. 결어

  베트남전쟁은 한국전쟁 이후 우리나라가 마주친 국제적인 사건 중 우리 사회에 가장 큰 영향을 미친 사건이라 할 수 있다. 그렇지만 1975년 그 전쟁이 종결된 이후 전쟁에 대한 기억은 개인적인 기억으로 남았으며, 아주 최근까지 망각을 강요당한 전쟁이었다. 한국사회가 민주화된 이후인 1990년대에 들어와서 비로소 베트남 전쟁에 대한 기억이 재구성되었지만, 그 기억은 주체들의 다양한 차이에 따라 서로 달리 구성되었고, 심지어 서로 격렬하게 대립하게 되었다. 참전군인들은 개인적인 수준에서만 매우 다양한 기억과 행동을 보여주지만, 적어도 집합적인 수준에서는 자신에게 참전을 강제하고, 종전 후에는 망각을 강요했던 국가와 동일한 이데올로기 및 정치적 태도를 보여주고 있다. 반면에 전쟁을 전혀 경험하지 않은 세대들은 베트남 현지 방문이나 다른 매개체를 통해 베트남 전쟁에 대한 기억을 재구성하고 있으며, 베트남에서 한국군이 행한 행동에 대해 죄의식을 갖고 있고, 심지어 그것을 여러 가지 형식으로 표출하기도 한다. 즉 한국에서 베트남전에 대한 기억은 최초 망각이 강요되있다가 최근에는 일반인과 참전군인 사이에서, 그리고 참전군인 내에서는 장교와 사병, 전투 참여자와 비전투원 출신 사이에 다양한 기억투쟁이 일어나고 있다.

  한편 베트남에서 베트남전쟁을 기억하는 것은 분단을 강요하는 미국에 대항하여 결국은 자신들이 승리하였고, 결국은 통일된 정부를 수립하였다는 것이다. 1차 대전 이후 세계 최강국으로 부상한 미국을 이겼다는 점에서 베트남인들이 느끼는 긍지는 대단하다. 현재는 관광지로 바뀐 베트남의 전쟁유적지에서 가장 강조되는 것도 자신들이 'great American soldiers'와 싸워서 승리했다는 것이다. 그런데 이와 같은 인식 속에서 한국군은 독자적인 전쟁 수행의 주체로 설 수 없다. 참전 당시부터 터져 나온 '용병론' 역시 용병의 개념에 따른 주장이 아니라 한국군의 애매한 위상을 반영하는 것이다. 그러나 이러한 공식적인 역사적 정의는 한국군 주둔지 주변의 주민들에게는 글자 그대로 수용하기가 어려웠다. 그들의 가족을 죽이고, 그들에게 고통을 가한 것은 "따이한"이었기 때문이다. 여기서 그들은 증오비 등을 통해 한국군에 의한 피해를 강조하면서도, 그 한국군이 미군의 지휘를 받는다는 점을 강조한다. 공식기억과 피해자 기억 사이에 절충이 이루어진 것이다.

현상적으로 볼 때, 양국의 공식적인 기억에서 한국군의 활동상황은 별 의미를 갖지 못하고 있다. 그러나 내용적으로 보면, 한국에서는 정치적인 이유로 베트남전에 대한 기억이 억압된 반면, 베트남에서는 한국군을 미군의 일부로 보기 때문에 그에 대한 기억이 무시되고 있다. 한편 비공식적인 수준에서는 양국 모두 관련자들이 여전히 전쟁의 기억에서 벗어나지 못하고 있다. 한국의 고엽제 피해자들의 고통은 가시적인 것이지만, 그 외에도 수많은 참전 군인들이 당시의 경험에서 발생한 고통으로 힘들어하고 있다. 그러나 이러한 고통의 소리는 개별화되고 무시되고 있다. 반면 베트남에서는 전쟁 피해자들이 고통에 시달리고 있지만, 이들의 고통은 인정받고 있으며, 여러 가지 형태로 치유되고 있다는 점에서 차이를 보인다. 한국의 민간단체 역시 이들의 상처를 치유하는데 한 몫을 하고 있다.

| 참고 문헌 |

강정구. 2001. "한국군의 베트남 양민학살과 역사청산". 동아시아평화인권한국
위원회/정근식·김하림·김용의 책임편집. 『동아시아와 근대의 폭력2』.
삼인. 110~122쪽.

국방군사연구소. 1996. 『월남파병과 국가발전』.

국방부 군사편찬연구소. 2004. 『베트남전쟁과 한국군』.

권헌익. 2008. "탈냉전시대의 친족 연구." 전남대학교 사회과학대학 인류학과
BK21사업단 석학초청 강연회 발표원고.

김현아. 2002. 『전쟁의 기억 기억의 전쟁』. 책갈피.

베트남정치국. 「전쟁범죄보고서 – 남부베트남에서 남조선군대의 죄악」.

심주형. 2003. 『베트남전 참전에 대한 기억의 정치』. 서울대학교 대학원 인류학
과 인류학전공 석사학위논문.

양승윤 · 구성열·김기태 외. 『베트남』. 한국외국어대학교 출판부.

윤충로. 2008. "베트남 전쟁 참전군인의 집합적 정체성 형성과 지배이데올로기
의 재생산." 김귀옥 외. 『전쟁의 기억 냉전의 구술』. 선인. 283~312쪽.

이삼성. 1998. 『20세기 문명과 야만』. 한길사.

이태주. 2008. "베트남전쟁과 한국사회의 남성성, 군사문화". 한성대학교 사회
과학연구원 부설 전쟁과평화연구소. 『동아시아, 전쟁의 기억과 평화공
동체』. 221~235쪽.

______. 2008. "전쟁경험과 집단기억의 동원." 김귀옥 외. 『전쟁의 기억 냉전의
구술』. 선인. 247~281쪽.

정종현. 1997. 『베트남전 소설 연구』. 동국대학교 국어국문학과 석사학위논문.

정호기. 2002. 『기억의 정치와 공간적 재현 –한국에서의 민주화운동들을 중심
으로–』. 전남대학교 대학원 사회학과 박사학위논문.

정혜신. 2005. "보이지 않는 전쟁 – 베트남전 참전군인들이 전쟁이 끝난 후에

겪는 정신적 후유증에 대하여." 평화박물관 건립추진위원회. 베트남전쟁과 한국사회 제1회 심포지움. 『정신의학자가 본 전쟁의 상처』자료집.

채명신. 2006. 『채명신 회고록: 베트남전쟁과 나』. 팔복원.

최용호. 2007. 『통계로 본 베트남전쟁과 한국군』. 국방부 군사편찬연구소.

최호림. 2004. "베트남의 '유적공인' 사업과 지방의 이질적인 공동체." 한국동남아학회. 『동남아시아연구』 14(1). 121~161쪽.

______. 2005. "사회주의국가, 시장 및 '전통'의 재생: 베트남의 체제변화와 의례활성화." 서강대학교 사회과학연구소, 『사회과학연구』 13(2). pp. 314~346.

______. 2007. "베트남의 문화정책 담론 -전통의례와 '민족화'." 고려대학교 아세아문제연구소. 『아세아연구』제50권 3호. 64~92쪽.

한홍구. 2003. "박정희정권의 베트남 파병과 병영국가화". 『역사비평』 통권 제62호.

호티 롱안. 2008. "베트남전쟁과 베트남인의 기억: 소설을 중심으로". 한성대학교 사회과학연구원 부설 전쟁과평화연구소. 『동아시아, 전쟁의 기억과 평화공동체』. 205~215쪽.

특별팀(전쟁기념관 홍보실/특전사령부 정훈공보실/전쟁기념관 학예부/ADR Group(JAPAN)/ Japanese collectors who approved Taking Pictures in Black Hole). 2001. 『베트남전쟁』. HOBBIST.

Foucault. Michel. 박정자 옮김. 1998. 『"사회를 보호해야 한다" 1976, 콜레주 드 프랑스에서의 강의』. 동문선.

Kwon. Heonik. 2008. Ghosts of War in Vietnam. Cambridge University Press.

Maclear. Michael. 유경찬 옮김. 2002. 『베트남 10,000일의 전쟁』. 을유문화사.

Neale. Jonathan. 정병선 옮김. 2004. 『미국은 어떻게 베트남에서 패배했는가』. 책갈피.

Schwenkel. Christina. 2006. "Recombinant History: Transnational Practices of Memory and Knowledge Production in Contemporary Vietnam". Cultural Anthropology; Feb 2006; 21, 1; Academic Research Library. 3~30쪽.

Scott. J. C. 1990. Domination and the Arts of Resistance: Hidden Transcript. Yale University Press.

Stone. Mark 2006. "Battle for the History of the Vietnam War". Vietnam; Jun 2006; 19, 1; Academic Research Library. 26~32쪽.

古田元夫(후루타 모토오). 박홍영 옮김. 2007. 『역사 속의 베트남전쟁』. 일조각.

‘6·4천안문사건’에 대한 ‘역사적 기억’과 중국의 외교정책[*]

-중국지도부의 상황 인식과 외교정책 변화를 중심으로

윤영덕[**]

Ⅰ. 머리말

1989년 대학생들과 노동자들을 중심으로 한 중국 인민들의 대규모 시위를 인민해방군을 동원해 무력으로 진압하면서 빚어진 대규모 유혈 참사 사건인 ‘6·4천안문사건’(이하 ‘천안문사건’으로 표기)[1]은 중화인민공화국 건국 이후에 발생한 대표적인 국가폭력과 저항운동의 사례이다.[2] ‘천안문사건’은 대규모 유혈 진압으로 막을 내리면서 개혁개방 이후 고속 경제성장을 구가하던 중국사회에 커다란 파장을 불러왔다. 대내적으로는 중국공

* 이 논문은 2005년 정부(교육인적자원부)의 재원으로 한국학술진흥재단의 지원을 받아 수행된 연구임(KRF-2005-005-J11501). 『민주주의와 인권』 2010년 제10권 2호에 실린 논문을 재록함.

** 전남대학교 5·18연구소 학술연구교수.

1) 1949년 중화인민공화국 수립 이후 천안문광장에서 발생한 대규모 시위로는 1976년 4월 5일 발생한 시위(‘4·5운동’)와 1986년의 민주화 시위, 그리고 1989년 4월 15일부터 6월 4일까지 있었던 사건(‘6·4천안문사건’)이 대표적이다. 이 글에서는 구분의 필요가 있는 경우를 제외하고 ‘6·4천안문사건’을 ‘천안문사건’으로 표기하고자 한다.

산당의 통치 정당성에 위기감이 고조되면서 정치사회적 안정을 위한 대국민 통제시스템의 강화가 모색되어졌다. 대외적으로는 미국을 중심으로 한 국제사회의 중국에 대한 비난과 제재가 이어지면서 외교정책을 비롯한 대외전략의 대대적인 수정이 불가피해졌다.

실제 개혁개방 이후 10%를 상회하던 중국의 경제성장률은 국제사회의 대중국 경제제재의 여파로 1990년의 경우 3.8%까지 급전직하했다. 또한, 유혈 진압 이후 바로 다음 날부터 신속하게 개시된 미국과 유럽공동체 및 G7과 유엔 등 국제사회의 중국에 대한 비난과 제재는 중국을 외교적으로 고립시켰다. 더구나 '천안문사건'은 동구 사회주의권의 붕괴 및 소련의 쇠퇴 등과 맞물리면서 중국 정부의 체제 안정에 대한 위기감을 더욱 고조시켰다. 이러한 상황에서 중국 정부는 대내적으로 외부로부터의 위협을 부각시키고 '의심과 염려'(疑慮意識)의 분위기를 확산시키면서 국민통합을 꾀하고 중국공산당 통치의 정당성을 강화하기 위해 주력하였다. 중국 현대사에서 대표적인 저항운동의 사례였던 '천안문사건'이 체제 전환기의 이완된 국가권력을 강화하는 계기로 활용되었던 것이다. 뿐만 아니라 중국 정부는 개혁개방 이후 서구 선진국과의 관계 강화에 주력해왔던 외교정책을 전방위적인 외교정책으로 전환하고, 중국의 국제적 이미지를 개선하기 위해 국제사회에 대한 참여의 폭을 확대하는 등 국제적 고립으로부터 탈피하기 위한 외교활동을 적극적으로 전개하기 시작했다.

이 연구는 1989년에 발생한 '천안문사건'이 개혁개방 이후 지속되어

---

2) '천안문사건'이 어떠한 성격을 갖고 있는가에 대해서는 여러 가지 해석이 있다. 예컨대, 다당제의 도입과 같은 서구적인 민주주의를 요구한 민주화운동으로 보는 시각에서부터 진정한 사회주의의 수립을 촉구하기 위한 사회주의적 운동이라는 평가까지 매우 다양하다. 이와 같은 다양한 평가는 천안문사건을 주도한 운동주체의 성격, 사건 전개과정에서 내세운 구호의 변화, 천안문사건이 발생하게 된 사회경제적 배경, 당시 중국 시민사회의 성격 등에 대한 해석의 차이에서 비롯되는 것이라고 할 수 있다(이희옥, 1997: 27).

온 중국의 대내외정책의 기조와 내용을 조정하는 중요한 전환점이 되었다는 점에 주목하면서, 이 사건에 대한 중국지도부의 '역사적 기억'(historical memory)이 외교정책 결정에 영향을 미치는 다양한 수준의 변수들을 인식(perception)하는데 어떠한 영향을 주고, 이것이 중국의 외교정책을 어떻게 변화시켰는지를 살펴보고자 한다. 구체적으로 중국지도부는 '천안문사건' 전후의 국내외의 상황 변화를 어떻게 인식했는가, 국내외의 변화된 상황 인식에 근거하여 어떠한 국가목표를 제시하고 있는가, 그리고 이를 외교정책에 어떻게 반영하고 있는가와 같은 질문을 던질 것이다. 이 같은 질문들은 기본적으로 '천안문사건'이 중국지도부가 국제적·국내적 상황을 인식하는데 있어서 매우 중요한 영향을 미쳤으며, '천안문사건'에 영향을 받은 중국지도부의 상황 인식이 중국외교정책을 변화시켰다는 것을 가정하고 있다.

이처럼 필자가 중국지도부의 상황 인식과 외교정책과의 상관성에 주목하는 것은 중국정치체제의 특징이 대중의 여론을 반영해 국가정책을 작성하기보다는 권력이 고도로 집중된 중국공산당이 자신들이 결정한 국가의 가치와 목표를 인민들에게 의도적으로 인지시키는 선체주의적인 싱격이 강하고, 특히 대외정책에 있어서는 대내적인 인식의 통일을 강조하고 있는 것이 현실이기 때문이다.[3] 이러한 중국정치체제의 특징은 결국 중국지도부의 상황 인식 속에 "국가이익과 국가목표 등이 보다 명시적으로 나타나기"(전성홍, 1991: 113)때문에, 겉으로 드러난 외교정책의 결정 동기와 그 내면적 의도를 보다 심층적으로 읽어낼 수 있는 중요한 단서가 될 것이라고 기대할 수 있을 것이다.

---

3) 중국의 정치체제에서 권력이 공산당에 집중되었다는 점은 소수의 지도자들이 중요한 정책결정을 독점했다는 사실을 의미하는데, 특히 외교문제, 군사문제, 당조직문제 등은 오랫동안 민감한 문제로 인식되었기 때문에 정책결정의 권력이 고도로 집중되었다(차창훈, 2007: 169).

이 글에서는 위의 질문들을 해결하기 위해 우선 중국 외교정책과 관련한 기존의 연구를 외교정책결정이론(foreign policy decision-making theory)을 중심으로 검토하고자 한다. 중심적으로는 외교정책 결정에 영향을 미치는 다양한 수준의 변수들 중에서 개인수준의 변수, 특히 정책결정자의 상황 인식이 갖는 중요성에 초점을 맞출 것이다. 다음으로, ‘천안문사건’에 대한 중국지도부의 ‘역사적 기억’이라고 할 수 있는 중국정부의 공식적 평가를 검토해 보고, 이것이 중국 외교정책에 미친 영향을 중심으로 중국 외교정책의 변화내용을 고찰하고자 한다. 중국정부의 ‘천안문사건’에 대한 공식적 평가를 검토하는 부분에서는 중국지도부가 ‘천안문사건’의 성격과 원인을 어떻게 인식했는가, 특히 사건 발생 원인을 무엇이라고 진단했는가를 중심적으로 살펴볼 것이다.

본문의 서술에 앞서 한 가지 점을 밝혀둘 필요가 있을 것 같다. 필자가 이 연구주제를 구상했던 것은 중국 외교정책의 전략과 목표를 보다 정확하게 이해하기 위해서는 중국(중국지도부)이 외교정책 결정과정에 영향을 미치는 여러 가지 요인들을 인식하는 틀 및 방법, 그리고 그러한 틀과 방법에 영향을 주는 보다 심층적인 요인이 검토될 필요가 있다는 문제의식에서였다. 중국의 외교정책결정과정이 정책결정 엘리트들에 의해 독점되는 특성을 보여주고 있기 때문에 중국지도부가 다양한 외교정책 결정 요인들을 어떻게 인식하는가, 그러한 인식의 구성에는 어떤 요인들이 작용하는가, 지도부의 인식은 외교정책에 어떻게 반영되는가, 그리고 이와 같은 행위자 수준의 요인과 국내 수준의 요인 및 국제 수준의 요인은 어떠한 상관관계를 형성하며 어떻게 상호작용하는가를 분석할 필요가 있다는 것이다. 그렇다고 이 논문에서 중국의 외교정책결정에 영향을 미치는 개인수준의 모든 변수들을 검토하고, 각 변수들의 상관관계를 분석하고자 하는 것은 아니다. 이 글은 ‘천안문사건’이라는 국내적 사건이 여러 가지 국제적 파장을 불러오면서 당시 중국지도부의 상황 인식에 매우 중요한 영향을 주었을

것이라는 가정 하에서 이후 중국 외교정책의 변화를 분석하는데 중심을 두
고자 한다.

Ⅱ. 중국 외교정책 연구 검토

1. 정책결정자의 상황 인식과 외교정책과의 관계

외교정책은 다양한 분석수준(level of analysis)에서 한꺼번에 영향을
미치는 여러 요인들이 상호작용한 결과이다. 즉 정책결정자의 개인적 특
성, 각국 사회와 정부의 형태·속성, 국가간 관계와 국제환경적 상황 등에
따라 외교정책의 결과가 달라질 수 있다는 것이다(Goldstein, 2004: 198).
따라서 일반적으로 외교정책 결정에 영향을 미치는 변수들로 국제체제 수
준의 변수와 국가수준의 변수, 그리고 정책결정 집단이나 정책결정자 개
인을 포함하는 개인수준의 변수 등이 거론된다.[4] 그런데, 외교정책 연구에
있어서 개인수준의 변수인 개인적 정책결정자에 대한 관심은 1930년대 이
른바 "영웅이론"("Great Man" approach)을 적용한 연구에서 찾아볼 수

---

4) 로즈노(James N. Rosenau)는 외교정책에 영향을 미치는 변수를 개인(individual), 역할(role),
정부(government), 사회(society), 그리고 체제(system)라는 다섯 가지 분석수준(level of
analysis)으로 구분하고 있는데 이 구분이 많은 학자들에 의해 수용되고 있다. 이에 대한 간단한
설명은 박재영(2004: 304~305) 참조. 로즈노의 논의는 James N. Rosenau, "Pre-theories
and Theories of Foreign Policy," in R. Barry Farrel, ed., *Approaches to Comparative
and International Politics*(Evanston. IL.: Northwestern University Press, 1966), pp.
27~92 참조. 국제관계 현상을 설명함에 있어, 분석수준을 국제체제 수준, 국가 수준, 개인 수준
으로 구분하여 분석하는 왈츠(Kenneth Waltz)의 논의에 대해서는 Kenneth N. Waltz, *Man,
the State and War: A Theoretical Analysis*(New York: Columbia University Press, 1959)
참조.

있지만 사실상 냉전기에는 이러한 영웅이론조차도 연구자들에게 별로 선호되지 않았으며, 최소한 초강대국의 외교정책 행위를 설명함에 있어서 가장 중요한 변수들은 국가나 국제체제 수준의 변수들이었다(밸러리 허드슨, 2009: 69). 이러한 연구 경향은 외교정책 연구가 외교정책 결정의 주체로 국가를 상정하고 그 국가를 합리적 행위자로 간주하는 현실주의 패러다임의 합리적 행위자 모델(rational actor model)에 주로 의존해 왔음을 의미하는 것이다.

그러나 1970년대 이후 외교정책의 결정과정을 암상자(black box) 속에 집어넣고 그 결과만을 주시하는 현실주의 외교정책결정이론에 반발해 특정의 국가가 특정의 외교정책을 결정한 동기와 이러한 외교정책에 영향을 미친 요인과 결정과정에 주목하는 자유주의 외교정책결정이론이 활발하게 대두되었다. 자유주의 외교정책결정이론들은 현실주의의 합리적 행위자 모델 대신에 오류를 범할 수 있는 인간과 주변 환경변수들 즉 정책결정자의 인식이나 성격과 같은 개인적인 특성, 조직의 맥락, 그리고 관료적인 맥락 등을 중요시하였다. 다시 말해, 현실주의 외교정책결정이론이 닫아두었던 암상자를 열고자 했던 것이다(박재영, 2004: 298~299).

여러 분석수준을 다루는 다양한 외교정책결정이론이나 모델들 중에서 개인의 심리를 중시하는 모델의 전제는 정책결정의 주체는 결국 개인이기 때문에 개인이 중요한 분석의 대상이 되어야 한다는 것이다.[5] 이 모델에는 개인마다 다른 심리적인 특성이나 인간 모두가 공통적으로 가지고 있는 심리적 특성을 가지고 외교정책을 설명하려는 '성격 접근법'(personality

---

5) 허드슨(Valerie M. Hudson)은 외교정책분석을 포함하는 "국제관계학의 토대"가 "단독으로 또는 집단적으로 행동하는 인간 정책결정자"라고 주장한다. 또한 골드스타인(Joshua S. Goldstein)은 "개인은 국제관계의 유일한 진짜 행위자이다. 모든 국제적 사건들은 의도된 것이건 의도되지 않은 것이건 개인들이 내리는 결정들의 산물이다"고 주장한다. 이에 대해서는 각각 밸러리 허드슨(2009)과 Goldstein(2004: 202) 참조.

approach)과 정책결정자는 개인의 수준이나 집단의 수준에서 실제의 세계에 의해 결코 영향을 받지 않고 단지 이러한 세계를 어떻게 인식하는가에 따라 영향을 받는다고 보는 '인식론적 접근법'(cognitive approach)이 있다. '인식론적 접근법'의 기본 가정은 모든 인간은 복잡하기 때문에 불확실한 현실세계를 자신이 관리할 수 있을 정도로 단순화시키고자 하는데 이를 위해 세상에 대한 포괄적인 혹은 인식의 대상에 대한 구체적인 나름의 '믿음의 체계'(belief system) 혹은 '이미지'(image)를 오랜 시간에 걸쳐 구축하게 되며 이러한 것들은 한번 형성된 다음에는 인식의 일관성(cognitive consistency)을 유지하고자 하는 성향으로 인해 쉽게 바뀌지 않고 지속적으로 인간의 행동에 영향을 미친다고 본다(박재영, 2004: 306~309).[6]

이 때문에 이러한 연구들은 정책결정자의 주변상황에 대한 인식(perception)과 이들이 선택할 구체적인 외교정책 간의 관계에 주요한 관심을 갖는다(김종표, 2007: 6). 이것은 정책결정자에게 인식되지 않은 현실은 그들의 행동에 별 영향을 주지 못한다고 보기 때문이다. 다시 말해 "우리의 행동을 결성 시우는 것은 현실 그 자체기 아니라, 우리에게 인식되어진 현실"인 것이다(Kenneth Boulding, 1959: 120). 이와 관련해 스나이더(Richard Snyder), 브룩(H. W. Bruck), 사핀(Burton Sapin)은 국가의 행태를 이해하기 위해서는 정책결정자가 상황을 어떻게 정의하거나 해석하고 있는가를 알 필요가 있으며 이처럼 정책결정에 있어서 인간의 영역(human dimension)을 중시함으로써 행태의 원인을 파악할 수 있다고 주장했다(박재영, 2004: 303). 이러한 견해들은 외교정책 연구에 있어서

---

6) 이러한 '믿음의 체계'가 형성되는 데 영향을 주는 요인들에 대해 학자들은 개인적인 경험, 정책결정자가 속한 사회의 신화(social myth), 그리고 역사로부터의 교훈 혹은 전통 등과 같은 요인들을 제시하고 있다(박재영, 2004: 308).

정책결정자 개인 수준의 변수, 특히 정책결정자의 상황 인식에 대한 분석
이 갖는 중요성을 시사하는 것이다.

그렇다면 특정한 역사적 사건과 정책결정자의 상황 인식 사이에는 어
떠한 관계가 있을까. 결론적으로 이야기한다면, 이 둘 사이에는 상호작용
(interaction)의 관계가 형성된다. 다시 말해, "중요한 '사건'은 기억의 유
한성 속에서 지워지거나 사라져버리는 것이 아니라, 지속적으로 우리 삶
의 역사를 지배"(나간채, 2004: 14)하면서 정책결정자 개인이나 집단의 상
황 인식에 영향을 미치며, 동시에 "현재 진행되고 있는 사건들과 그것에
어떻게 대응해야 하는지는 역사적 사건에 대한 개인의 인식에 영향을 받을
수 있을 것"이다(로이드 젠슨, 1998: 56).[7] 중요한 것은 이러한 상호작용
의 과정 속에서 역사적 사건의 모든 사실이 기억되는 것이 아니라 정신활
동의 여과과정을 통해 기억하고자 하는 것만을 기억하며, 그처럼 의도적
으로 구성된 기억이 개인의 상황 인식에 영향을 미친다는 점이다.[8] 따라서
외교정책결정자의 상황 인식에 영향을 미치는 역사적 사건에 대한 기억이
라는 것은 '사건' 그 자체에 대한 기억이 아니라 정책결정자에 의해 선택
된 '사실'이라고 할 수 있다.

---

7) 기억은 개인적이고 주관적이지만 각각의 개인이 사회적 존재로 살아가는 한 '개인적 기억'도 사
   회 속에서 이루어지는 사회적 현상으로 볼 수 있다. 이러한 기억의 사회성을 강조하면서 '집합기
   억'(collective memory)이라는 개념을 처음으로 사용한 프랑스 사회학자 알박스(Maurice
   Halbwachs)는 한 사회에서 '무엇이 기억할 만한 것'이며 그것이 어떻게 기억되는지는 사회적으
   로 구성된다고 보았다. 여기에서 알박스가 말하는 '집합기억'이란 한 집단의 구성원들이 서로 공
   유하는 기억을 의미한다(권귀숙, 2006).
8) 감각과 인식 및 태도 등 개인의 정신적 틀과 관련된 심리학적 논의에 대해서는 밸러리 허드슨
   (2009: 73~96) 참조.

2. 중국 외교정책 결정요인과 중국지도부의 인식의 문제

중국에 관심 있는 학자들은 오랫동안 중국의 외교정책에 관한 연구보다는 중국 국내정치에 대한 연구에 보다 많은 관심을 가져왔다. 그런데 중국이 1990년대 이후 국제정치 무대와 경제발전의 영역에서 매우 중요하고도 활발한 행위자로 부상하면서 중국의 외교정책에 영향을 미치는 요인들에 관심을 갖기 시작했다(자오 찬성, 2001: 38~40). 일반적으로 외교정책 연구는 외교정책의 결정 과정 및 조직 구조와 결정요인을 주요 연구대상으로 삼는다. 그런데 중국 외교정책과 관련한 연구들은 정책결정 과정 및 조직 구조에 대한 연구자의 접근이 매우 어렵다는 현실적 한계 때문에 정책결정에 영향을 미치는 요인을 분석하는 연구가 상대적으로 활발하게 이루어졌다(이동률, 2008: 15~20). 앞에서 살펴보았듯이 한 국가의 외교정책 결정에 영향을 미치는 요인들로는 국제적 요인과 국내적 요인, 그리고 개인적 요인으로 대별할 수 있을 것이다.

그런데, 중국의 외교정책을 결정짓는 요인과 관련한 기존 연구들에는 국제적 요인이나 국내적 요인, 혹은 개인적 요인 중 어느 하나의 상대직 중요성을 강조하는 연구들이 있지만, 최근 들어서는 중국의 외교정책을 이러한 요인들의 상호작용의 결과로 파악하는 것이 중국의 외교정책을 보다 적실하게 설명할 수 있다는 연계이론(linkage theory)이 제시되고 있다(김재철, 2007: 22~26; 서진영, 2007: 53~65; 이동률, 2008: 17~18; 차창훈, 2003: 244~250)[9] 이 연계이론은 중국의 외교정책이 국제적 요인이나 국내적 요인 가운데 어느 하나에 의해서만 영향을 받기보다는 양자 모두로부터 영향을 받는다는 점을 강조하면서 이 두 수준의 상호작용을 다룰 것을 요구한다.

중국의 외교정책 결정요인에 대한 연구에서 특히 주목할 필요가 있는 것은 중국지도부의 인식에 대한 문제이다. 일반적으로 외교정책 결정에 중요한 영향력을 미치는 지도부의 세계관이나 상황 인식은 한 국가가 처한 대내외적 환경을 평가하고 그에 대한 대응방안을 마련하는데 영향을 끼친다. 다시 말해서 "외교정책 결정에 영향을 미치는 요인으로 구조적 요인과 상황적 요인을 들 수 있겠지만, 궁극적으로 정책의 결정은 그 지위를 가진 개인의 인식에 기초하고 있다"는 것이다(로이드 젠슨, 1998: 54). 중국의 경우에도 지도부는 외교정책을 결정함에 있어서 중요한 역할을 하고 있는데, 특히 중국지도부는 자신들이 지닌 해석의 거울을 통해 중국 외교에 영향을 미치는 대내외적 환경을 인식하고 평가하며, 이에 근거해 기본적인 전략을 수립하는 과정에서 주도적인 역할을 수행한다(김재철, 2007: 26, 30).[10]

이러한 점에서 중국지도부의 상황 인식을 중심으로 '천안문사건' 이후 중국 외교정책의 변화와 특징을 연구하면서 전성흥(1991)이 제시한 인식－국가목표－외교정책 간의 상관관계 분석 틀은 매우 유용한 시사점을 주고 있다. 전성흥은 중국의 정치체제가 전체주의적 성격을 지니고 있는 상황에서 중국지도부의 인식이 전체사회의 인식과 동일시되는 경향이 있고, 따라서 그 어느 나라보다도 중국지도부의 인식 속에는 국가이익과 국가목표 등을 유추할 수 있는 요인들이 보다 명시적으로 나타난다고 지적한다.

---

9) 사뮤엘 김(Samuel Kim, 1998: 23)은 "중국외교정책은 정책결정자의 필요(needs)와 이익 (interests) 및 믿음(beliefs)에 대한 인식들과 국제적인 물질적·규범적 압력들에 대한 인식과 반응들이 지속적으로 상호작용하는 결과"이기 때문에 중국외교정책 연구에 있어서 국내와 외부가 연계된 접근방법이 필요하다고 주장하고 있으며, 자오찬성(2001: 31~72)도 지금까지의 중국외교정책 연구가 국제적 요인이나 국내적 요인 및 개인적 요인의 어느 한 부분을 강조하는 '단일수준 분석법'에 의해 이루어짐으로써 중국외교정책에 대한 해석적 능력을 결여하고 있다고 비판하면서 이러한 문제를 극복할 수 있는 대안으로 "미시－거시 연계접근 분석"(micro-macro linkage approach)을 제시하고 있다. 이 분석방법은 기존 연구가 보여주었던 '국제 결정요인' 혹은 '국내 결정요인'과 같은 단일수준 분석에 관심을 기울이는 대신, 다양한 수준에서의 주요한 요인들 간의 상호작용에 관하여 고찰하는 것이다.
10) 중국의 외교정책 결정과정에 대한 제도적 맥락에서의 분석에 대해서는 서진영(2007)의 제3장 참조. 개혁개방 이후 중국의 외교정책 결정과정과 구조 및 장쩌민(江澤民)·후진타오(胡錦濤) 시기 외교정책 결정의 특징에 대해서는 김흥규(2008: 65~79) 참조.

Ⅲ. '천안문사건'의 성격과 원인에 대한 중국지도부의 인식

'천안문사건'이 중국지도부의 대내외적 상황 인식에 어떠한 영향을 미쳤는가를 분석하기 위해서는 우선적으로 중국지도부가 이 사건의 성격과 원인에 대해 어떠한 인식을 하고 있었는가를 살펴볼 필요가 있다.

먼저, 특정한 역사적 사건에 대한 해석과 평가는 매우 다양할 수 있음에도 불구하고, 중국의 역사적 사건에 대한 기억의 방식은 중국공산당과 정부가 주도하는 공식적인 해석과 평가가 절대적 권위를 갖는 방식으로 이루어지고 있는 것이 현실이라는 점을 지적해 둘 필요가 있다. 소위 관방의 역사 해석이 공식적인 입장으로서 중국사회의 전반을 지배하고 있는 것이다. 예컨대, 개혁개방시기에 중국은 중국사회주의체제의 제도적 틀을 변환하는 작업을 진행하는 동시에, 이러한 정책변화의 정당성을 확보하기 위해 과거 사회주의 시기의 역사를 특정한 방식으로 정리하는 작업을 진행해 왔다. 1981년에 통과된 "건국 이래 당의 약간의 역사문제에 관한 결의" (關于建國以來黨的若干歷史問題的決議)가 그 대표적 작업이라고 할 수 있다. 이러한 상황에서 1957년의 '반우파 투쟁'이나 1966년 이후 '문화대혁명'에 대한 해석, 그리고 이 글에서 논하고 있는 1989년 '천안문사건' 등과 같은 민감한 주제들에 대해서는 관방의 해석과 상이한 해석이 등장할 수 있는 공간이 허용되지 않고 있다(백승욱, 2007: 19). 모든 역사적 사건이 그러하듯 '천안문사건'도 그 사건을 기억하는 사람들의 입장에 따라, 그리고 시대의 변화에 따라 달리 해석될 수 있을 터이지만, 아직까지 중국의 현실은 중국공산당과 정부의 공식적인 '관방 해석'이 절대적 권위를 가지면서 이것이 '천안문사건'의 '역사적 기억'으로 자리 잡고 있는 것이다.

'천안문사건'에 대한 중국공산당과 중국정부의 공식적 평가는 천안문광장의 시위가 무력으로 진압된 이후인 1989년 6월 24일 통과된 '중국공산당 제13기 중앙위원회 제4차 전체회의 공보'에 잘 나타나있다(『人民日報』 1989년 6월 25일자). 이 회의에서는 "최근 두 달간에 걸친 전국의 정치상황을 분석한 결과 극소수 사람들이 학생운동을 이용하여 베이징 및 일부 지방에서 계획적이고 조직적이며 사전 음모적인 정치동란을 일으켰으며 이는 나아가 베이징에서의 반혁명폭동으로 발전되었다"고 지적하였다. 또한 "그들이 동란과 폭동을 책동한 목적은 중국공산당의 영도를 뒤엎고 사회주의 중화인민공화국을 전복하고자 하는 것이었다"고 평가하고 있다. '천안문사건'의 성격을 '정치동란'과 '반혁명 폭동'으로 규정한 것이다. 그리고 "이와 같은 엄중한 정치투쟁과정에서 당 중앙의 정책결정과 일련의 중대조치들은 필요하고도 정확한 것으로서 전당(全黨)과 전국 인민의 지지를 받았다"고 평가하였다.

그렇다면 중국지도부는 '천안문사건'의 발생 원인에 대해서는 어떻게 진단했을까? '천안문사건'의 발생 원인에 대한 중국지도부의 인식은 덩샤오핑(鄧小平)이 천안문광장에서의 시위가 무력으로 진압된 후인 1989년 6월 계엄군지휘관 접견에서 행한 연설에서 언급한 내용이 공식적인 입장이 되고 있다. 덩샤오핑은 '천안문사건'이 "자본주의국가가 '평화적 변화'(和平演變, peaceful evolution)전략으로 사회주의체제를 전복하고자 하는 국제적 분위기와 이에 편승한 국내의 반혁명세력들이 사회주의체제를 전복하려는 국내적 분위기가 상호 결합되어 발생했다"고 지적하였다(『人民日報』 1989년 6월 28일자).

우선, 중국지도부는 '천안문사건'이 발생한 근본원인을 미국을 위시한 서구의 '평화적 변화' 전략 추진의 결과로 돌리고 있다. 중국은 '평화적 변화' 전략이 과거 사회주의체제에 대해서 군사적·무력적 방법으로 '정복'하려던 것과는 달리 장기적이고 점진적이며 평화적인 방법에 의하여 '와해'시킴으로써 싸우지 않고도 승리하려는 자본주의 국가의 전략이라고 해석하고 있다. 이러한 중국의 인식은 '천안문사건' 이후 연이어 발생한 동구 사회주의권의 붕괴를 목도하면서 더욱 확신을 갖게 된 듯하다. 중국지도부는 "자본주의국가들이 최근 사회주의국가가 경제발전과 개혁과정에서 겪고 있는 여러 가지 어려움을 사회주의의 커다란 실패로 평가하고 이를 '역사적 기회'로 간주하여 사회주의국가의 시장경제적 추세를 부추기고 있다"고 판단했던 것이다(전성흥, 1991: 126). 또한 중국은 '평화적 변화' 전략이 의도하는 소기의 목적을 달성하기 위한 방법으로 자본주의국가가 "서구 국가와 사회주의 국가와의 접촉 및 관계를 긴밀히 하는 가운데, 특히 경제적 관계에서의 영향력을 바탕으로 자유·민주·인권 등의 무기를 앞세워서 자산계급 이데올로기를 사회주의국가에 침투시키고, 자산계급 자유화의 입장을 견지하는 국내 소수의 사람들을 선동하여 내부로부터 사회주의체제가 와해되도록 한다"고 분석하고 있다(전성흥, 1991: 116).

또한 중국이 '천안문사건'을 외부세력의 체제전복 음모에 부화뇌동한 국내 반혁명세력들의 '정치동란'과 '반혁명 폭동'으로 평가한 것은 중국에게 불리하게 조성되고 있던 국제정세에 대한 위기의식을 반영한 것으로 보인다. 이러한 위기의식은 사회주의체제의 붕괴와 소련의 해체라는 현실을 목도하면서 더욱 증폭되었다. 사실 중국은 1989년 연초부터 시작된 폴란드와 헝가리의 탈사회주의화 흐름에 대해서 초기에는 우려를 표명하면서도 기본적으로 관망의 자세를 견지하였다. 그러나 '천안문사건' 이후 동구 사회주의국가 가운데 체제와 권력기반이 가장 안정되어 있다고 보았던 루마니아에서조차 사태가 급격히 악화되자 동구 사회주의권의 변화에 대한 심각성을 인식하고 대책 마련을 서둘렀다.

동구 사회주의권의 변화에 대한 중국공산당의 입장은 정치국이 당·정·군의 고위급 간부들에게 하달한 문건에 잘 나타나 있는데, 그 내용은 '천안문사건'의 사후 처리과정에서 제기될 수 있는 우려와 위기의식을 반영하고 있다(『爭鳴』 1990년 2월호).[11] 루마니아사태 이후 중국지도부는 "동구가 무너지고 소련은 변했다. 이런 상황에서 중국이 어디로 가야 할 것인가는 매우 준엄한 현실적 문제이다"라고 토로할 만큼 동구 사회주의권의 변화에 대한 심각성과 그것이 중국에 미칠 파급효과를 크게 우려했다(『爭鳴』 1990년 1월호). 이러한 우려는 '천안문사건'이 진압되었음에도 불구하고, 국내 정치 불안과 소위 '반혁명 폭동'에 대한 중국지도부의 위기감이 여전했음을 방증하는 것이다. 사실상 '천안문사건'은 일시적이고 우연한 사건이 아니라 최소한 1976년 저우언라이(周恩來) 총리를 추모하는 전국적인 시위('4·5운동') 이후 확산되기 시작해 1978년과 1979년 소위 '북경의 봄'(北京之春)을 거쳐 1986년 지식인들을 중심으로 한 정치개혁 요구 등에 이르기까지 장기간에 걸쳐 지속되어 온 민주화운동의 연장선상에 있었다(유장근, 2009: 168~171; 잭 도널리, 2002: 214~220). 특히, '천안문사건'은 "극소수 사람들의" "계획적이고 조직적이며 사전 음모적인 정치동란"이라는 중국공산당과 정부의 공식적인 입장에도 불구하고 대학생들을 중심으로 한 시위에 지식인과 공무원은 물론 도시노동자 등 광범한 대중들의 지지와 참여가 있었다는 점은 부인할 수 없는 사실로 보인다. 이 때문에 '천안문사건' 진압 이후 주모자들에 대한 대대적인 검거와 추방, 그리고 대민통제의 강화에도 불구하고, 유사한 사건의 재발을 여전히 염려하고 있었던 것으로 판단된다.

그러나 중국지도부가 '천안문사건'의 발생 원인을 '평화적 변화'라는 서구국가의 전략에서만 찾았던 것은 아니다. 중국지도부는 개혁개방 이후 사회변화의 과정에서 누적되어 온 인민들의 불만과 지식인들의 자유주의

---

11) 주요 내용은 다음과 같다. ① 동구 공산당과 중국공산당이 정권을 장악한 역사적 과정은 서로 다르며, 루마니아사건과 중국의 '천안문사건'을 함께 논할 수 없음을 강조한다. ② '천안문사건'의 처리방법은 정확하고 국정에 부합하는 것임을 견지한다. 국제사회에서 어떤 일이 발생하더라도 중국은 자신의 길을 고수한다. ③ 만약 동란이 재발한다면 그에 대한 진압은 결코 약하지 않을 것이며 동란 발단에 주의하여 조기에 제압하는 것이 상책이다. ④ 정국안정을 위한 대내정책을 철저히 집행하며, 물가를 엄격히 통제한다.

흐름 확산, 당과 정부 관료들의 부정부패 등의 문제에도 주목했다. 이것은 특히 1988년 말부터 중국의 국내정치적 불안요인이 급증하면서 문제를 키웠다는 인식 때문이었다.

우선, 중국지도부는 개혁개방 이후 지속적인 경제성장 추세를 이어오면서 괄목할만한 성과를 이루었지만 개혁개방이 실시된 후 10년이 경과된 1988년부터 경기과열로 인한 인플레이션과 소득의 불균형, 관리들의 부정부패 및 농업생산의 정체 등과 같은 갖가지 개혁의 부작용과 문제점들이 표면화되고 있는 상황에 주목하였다. 이러한 점은 '천안문사건'이 무력 진압으로 막을 내린 후 중앙의 주요 부서를 장악한 보수진영이 개혁의 부작용 및 문제점을 강하게 비판하면서 지금까지의 개혁 일변도 경제정책을 전면적으로 조정하는 긴축조정정책을 실시한 것에서도 확인할 수 있다(고영근, 1994: 36).

또한 중국지도부는 당·정 고위 관료 및 하급 관리들이 부정부패를 일삼거나 그에 빠져 있는 현실이 '천안문사건' 발생의 중요한 원인이라고 판단하였다. 1989년 7월 29일자 『인민일보』는 "시급히 해결해야 할 군중의 7가지 관심사"(近期做七件群衆關心的事)라는 제목의 사설에서 "현재 인민군중이 보편적으로 관심을 가지는 몇 가지 사항을 시급히 해결해야 한다. 부정부패를 단호히 척결하고 솔선수범하여 청렴결백하게 공직에 복무하며 최선의 노력을 다하는 것이 바로 인민군중이 보편적으로 관심을 두고 있는 일이다"고 밝히고 있다.[12] 이는 중국지도부가 부정부패 문제를 심각

---

12) 이 사설에서 제기하고 있는 7가지 사항은 다음과 같다. ① 문제가 있는 국유기업을 보다 철저히 처리한다. ② 고급간부 자녀의 경제·상업행위를 단호히 제지한다. ③ 지도급 간부들에게 제공되던 식품의 특혜 공급을 폐지한다. ④ 엄격한 규정에 의거해 차량을 분배하고 소형자동차의 수입을 엄격히 금지한다. ⑤ 손님 접대와 예물 증정을 엄격히 금지한다. ⑥ 지도급 간부들의 출국을 엄격히 통제한다. ⑦ 부정부패, 뇌물수수, 투기전매 등의 범죄를 철저히 조사하고 특히 대형 사건을 엄중히 처리한다.

하게 받아들이고 있다는 방증이다. 중국지도부가 이처럼 부정부패 문제를 심각하게 판단했던 것은 이러한 문제들이 해결되지 않을 경우 중국공산당의 지도력에 대한 인민들의 신뢰성이 약화됨으로써 통치위기는 물론 체제 위기까지 불러올 수 있다는 판단 때문이었다.

이처럼, 중국지도부는 개혁개방 이후 지식인들을 중심으로 제기되어온 공산당의 일당독재에 대한 비판을 포함한 정치개혁에 대한 요구가 당 관료의 부패문제 등과 결합되면서 '천안문사건'의 주요한 배경요인이 되었음을 깊이 인식하고 있었던 것으로 보인다. 때문에, 사건 진압 후 중국공산당 영도하의 다당합작제(多黨合作制)와 정치협상회의를 개선하고 활성화하여 공산당에 대한 감독 메커니즘을 보다 완비하는 등 정치운용의 합리화, 효율화를 통해서 정치개혁과 정치발전에 대한 요구에 제한적으로 대응했다. 더불어, '천안문사건'을 '자산계급자유화'와 '4개항 견지'[13]와의 대립구도로 인식한 중국지도부는 무력 진압 후 사상적으로 자산계급자유화 반대운동을 광범위하게 전개했다. 자산계급자유화 사조 비판의 대전제로서, 오직 사회주의만이 중국을 구할 수 있고 사회주의만이 중국을 발전시킬 수 있다는 점을 강조했다.[14] 또한 개혁개방의 목적은 결코 자본주의로 뒷걸음치기 위한 것이 아니라 사회주의제도의 자기완성을 위한 것이기 때문에 반드시 사회주의 방향을 견지해야 함을 주장했다(고영근, 1994: 33~35). 중국이 '천안문사건' 이후에 개혁개방을 추진하는 과정에서 이데올로기 투쟁을 소홀히 한 것을 반성하면서, 개혁개방을 지속적으로 추진하면서도

---

13) '4개항 견지'란 ① 사회주의노선의 견지, ② 무산계급독재의 견지, ③ 공산당 영도의 견지, ④ 마르크스·레닌주의와 마오쩌둥(毛澤東)사상 견지 등의 원칙들을 말하며, 이 4개항의 기본원칙들은 1978년 12월에 개최되었던 중국공산당 제11기 3중전회에서 통과된 이후 4개 현대화(공업·농업·국방과학기술의 현대화) 실현의 기본전제로 강조되고 있다.
14) 이에 대해서는 『人民日報』1989年 7月 22日字 사설 "사회주의만이 중국을 발전시킬 수 있다"(只有社會主義才能發展中國) 참조.

동시에 이데올로기의 순수성을 보다 강력하게 유지함으로써 현대화 건설을 통한 사회주의 실현이라는 방향을 견지하는 것을 중요한 국가이익의 일부분으로 간주했던 것은 바로 이러한 보수주의적 흐름을 반영한 것이다.

Ⅳ. ‘천안문사건’ 이후 중국외교정책의 변화

개혁개방 이후 중국외교는 크게 두 차례의 변화를 겪었다(조영남, 2006: 213~214). 첫 번째는 1978년 중국공산당 11기 3중전회 이후 개혁개방노선을 천명하면서 ‘4개 현대화’를 중심으로 한 경제발전을 최고의 국정목표로 설정하고 이에 맞추어 외교정책을 조정한 것이다. 두 번째는 1989년 ‘천안문사건’과 뒤이어 발생한 동구 사회주의권의 붕괴 및 소련의 해체 이후 변화된 대내외 정세에 대응하기 위하여 외교정책을 조정하였으며, 현재까지도 당시에 제시된 기조가 유지되고 있다. 이 장에서는 1989년에 발생한 ‘천안문사건’ 이후 중국외교정책의 변화를 살펴봄으로써 역사적 사건에 대한 중국지도부의 평가와 중국이 처한 대내외적 상황에 대한 인식이 외교정책에 어떠한 영향을 미쳤는지를 고찰해 보고자 한다.

1. ‘천안문사건’이 중국외교정책에 미친 영향

앞에서 살펴 본 바와 같이, 외교정책 결정과정에서 엘리트들의 정치적 현실에 대한 인식이 중요한 영향을 끼쳐왔다는 사실은 외교정책 결정요인에 대한 연구에서 중요한 주제였다. 정책결정자들의 생각, 사고, 신념체계 및 이데올로기는 주어진 상황에서 정책결정자의 선택을 초래하는 요인으로 작용한다는 것이다(차창훈, 2007: 165). 개혁개방 이후 최대의 위기에 직면했던 중국지도부는 '천안문사건'에 대한 진단과 이후 발생한 사회주의권의 붕괴에 대한 평가에 근거해 중국의 외교정책을 조정하게 되는데, 여기에는 무엇보다 '천안문사건'으로 파생된 대내외 정세에 대한 부정적인 인식이 영향을 미쳤다.

'천안문사건' 이후 중국의 대내외 상황 인식에서 가장 두드러진 특징은, 중국지도부의 국제정세에 대한 인식이 낙관적이고 긍정적인 입장에서 부정적인 입장으로 선회되었다는 점이다(전성흥, 1991: 131~132; Kornberg & Faust, 2008: 12). 이처럼 국제정세를 부정적으로 인식하게 된 것은 크게 '천안문사건'이 중국지도부의 체제위협에 대한 위기감을 고조시켰을 뿐만 아니라, '천안문사건'에 대한 유혈 진압 이후 국제사회의 제재 등으로 인해 외교적 고립이 초래됨으로써 중국의 국제적 영향력이 급격히 감소된 것에 기인한다고 평가된다. 중국지도부는 '천안문사건' 이후의 국제정세가 강대국(주로 미국을 지칭)의 패권주의적 행태에 의해 주도되고 있고, 그 이면에는 '평화적 변화'라는 새로운 이데올로기전이 전개되고 있다고 보았다. 즉, 중국은 사회주의국가의 체제변화를 지향하는 패권추구국의 정책이 인권·민주·자유 등을 무기로 타국의 내정을 간섭함으로써 국가 간의 모순을 심화시키고 있다고 주장했다. 중국의 입장에서 보면 이러한 국제정세는 지극히 불안정하며 바람직하지 못한 것일 수밖에 없었다.

중국이 국제정세에 대해 부정적 시각을 갖게 된 것은 무엇보다 '천안문사건'의 발생이 국제정세의 변화를 우려하고 있던 중국지도부의 체제 위기감을 더욱 강하게 자극했기 때문이다. '천안문사건'은 그 자체가 중국사회주의체제의 질서를 뒤흔드는 것으로 중국공산당의 지배에 대한 내부로부터의 심각한 도전이었으며, 이데 더한 사회주의권의 변화는 외부로부터 도전되어오는 체제위협을 의미하는 것이었다. '천안문사건'에 대한 중국당국의 공식적 평가에도 드러나 있다시피 '천안문사건'은 이러한 내외부적 도전이 상호 결합되어 나타난 결과였던 것이다. 따라서 중국은 이에 대한 대응으로서 체제수호를 가장 중시하게 되었고, 이것은 중국의 대내외 정책결정에 있어서 1차적인 고려사항이 되었다.

실제, "천안문사건에 대한 유혈진압을 계기로 중국에 대한 미국과 서구세계의 호의적 인식에 변화가 발생하면서 중국의 '사회주의 정권'에 대한 압박과 위협이 증가하기 시작하였다."(서진영, 2007: 145) 미국을 위시한 서구 각국은 인권탄압을 이유로 차관공여 중지를 비롯하여 각종 제재조치를 취하였다.[15] 이는 중국을 외교적으로 고립시키고, 개혁개방 이후 고속성장 추세를 이어 가던 중국의 경제발전에 차질을 초래했다. 이에 대해 중국은 서구의 대중국 '내정간섭'과 '이데올로기 침투'라고 강력하게 비난함으로써 서구세계와 중국 간의 상호관계는 극히 소원해졌으며, 특히 미국과의 관계는 국교수립 이후 최악의 상태로 악화되었다. 미국이 고수하는 자유민주주의 이념의 대외적 실천을 자국에 대한 내정간섭이라고 해석하는 중국지도부의 인식에는 '천안문사건'에 대한 원인 분석이 그 바탕으로 깔려 있다고 할 것이다(전성흥, 1991: 114). 예컨대, 중국은 '천안문사건' 전후에 보여준 미국의 행위를 통해서 미국이 중국의 현대화와 개혁개방을 지지하는 목적과 의도를 간파할 수 있었는데, 그것은 미국과 우호적인 부강한 중국의 존재가 아태지역의 국제질서를 안정시킬 수 있다고 기대하면서도 미국의 제도와 가치관을 중국에 수출하고자 하는 장기적 목표를 버리지 않고 있다는 것을 증명하고 있다는 것이다(張也白, 1990: 54).

중국지도부의 부정적인 상황 인식은 국제정세의 추세를 바라보는 입장에서도 분명하게 드러난다. 예컨대, 덩샤오핑은 개혁개방노선이 천명된 이후 줄곧 "상당한 기간 동안 세계적 규모의 전쟁은 피할 수 있거나 일어

---

15) '천안문사건'에 대한 국제사회의 반응에 대한 개괄적인 설명은 잭 도널리(2002: 220~230) 참조.

나지 않을 것"이라고 말해 왔으며(謝益賢, 2010: 308~310), 1980년대 말에 급속히 진전된 냉전질서의 완화에 대해서도 긍정적인 평가를 하고 있었다. 그러나 '천안문사건'이 발생한 이후에는 "개발도상국과 사회주의를 겨냥한 새로운 냉전"이 시작되었으며, "서구 국가들이 포연(砲煙) 없는 제3차 세계대전을 벌이고 있다"고 평가하였다(鄧小平, 1993: 344).[16]

또한 '천안문사건'은 서구의 대중국 경제제재조치 등 실질적인 손실을 입히기도 했지만 무엇보다도 중국의 대외이미지를 크게 실추시키는 결과를 초래해 국제사회에서의 지위를 크게 약화시켰을 뿐만 아니라, 동구 사회주의권의 붕괴와 소련의 해체로 초래된 냉전체제의 붕괴는 기존에 미국이 갖고 있었던 중국의 전략적 중요성을 급감시킴으로써 중국지도부의 국제정세에 대한 부정적 인식을 가중시켰다. 이에 따라 중국은 국제적 고립으로부터 탈피할 수 있는 여건 조성을 고민해야 했다. 그 방법은 서구 선진국(특히 미국)에 치중해 왔던 대외관계를 다변화시키고, 국제사회의 지지를 확보할 수 있는 방법을 모색하는 것이었다.

그럼에도 불구하고 중국지도부는 이렇듯 중국에게 매우 불리한 국제정세의 변화에 당황하지 말고 침착하게 대응할 것을 주문하면서, 중국의 일을 제대로 처리하는데 매진할 것을 강조하였다(蕭冬連, 1999: 605~606). 또한 중국은 '천안문사건' 이후 서구 국가들의 제재와 연이어 발생한 동구 사회주의국가들과 소련의 붕괴라는 위기상황에서 국제사회의 제재에 대응하기 위한 조치를 취하면서도, 경직된 대응보다는 "도광양회, 유소작위"(韜光養晦, 有所作爲)라는 소극적인 방침과 입장을 채택하였다. 여기에는 '천안문사건' 이후의 위기상황에 대응하기 위한 정책선택에 있어서 중국

---

16) 덩샤오핑은 "포연 없는 전쟁"을 "사회주의 국가들에 대한 평화적 변화를 위한 것"이라고 진단한다(鄧小平, 1993: 344).

지도부의 고민이 담겨있다.

개혁개방 이후 중국은 대외관계에 있어서 마르크스주의의 '계급' 적 관점과는 구분되는 '반패권주의' 의 논리를 펴왔다. 즉, 자본주의 국가만이 패권을 추구하는 것은 아니며, 중국은 특정한 국가를 패권주의 국가로 규정해 반대하지 않겠다는 것이다. 더구나 이것은 중국이 경제건설에 긴요한 자금과 기술을 확보하기 위해서는 서구 국가와 긴밀한 협력관계를 유지할 필요성이 있었음으로 제한된 범위에 국한되었다. 그러나 '천안문사건'을 계기로 서구 자본주의국가의 '평화적 변화' 전략에 대한 공개적 비판이 제기되었고, 이는 현재도 중국이 대외관계를 바라보는 주요한 관점이 되고 있다. 그러나 외부로부터의 위협에 대응하기 위해 개혁개방을 포기할 수는 없었다. 개혁개방 이후 많은 부정적인 문제들이 누적되고 있는 점을 부인할 수는 없지만 그렇다고 이미 가시적 성과를 내고 있는 개혁개방정책을 중단할 수는 없었던 것이다. 따라서 내부와 외부로부터의 체제위협에 적극적으로 대응하면서도 개혁개방의 기조를 일관되게 유지할 수 있는 국제적 환경의 조성과 국가간 관계의 유지가 동시에 고려되어야 했다. 덩샤오핑은 개혁개방의 중단 없는 주진을 재자 천녕하면서, 개혁개방만이 중국의 안정을 담보할 수 있다고 주장했다.[17]

---

17) 덩샤오핑은 1992년 1월부터 2월까지 한 달여 동안 우창(武昌), 선쩐(深圳), 주하이(珠海), 상하이(上海) 등을 시찰하면서 현지 간부들과 나눈 담화(談話)인 소위 '남순강화' (南巡講話)에서 "개혁개방의 성과가 없었다면 '6·4' (천안문사건: 필자)라는 난관을 돌파할 수 없었을 것이다. 난관을 돌파하지 못하면 혼란이 오며, 혼란은 곧 내전을 발발케 한다. '문화대혁명' 이 바로 내전이다. 왜 '6·4' 이후 우리나라가 안정을 되찾을 수 있었는가? 그것은 바로 개혁개방을 통해 경제발전을 촉진함으로써 인민들의 생활이 개선됐기 때문이다"고 주장한 바 있다(鄧小平, 1993: 371).

2. 중국외교정책 변화의 내용

‘천안문사건’과 국제정세의 변화는 중국지도부의 상황 인식에 영향을 미쳤으며, 이러한 인식은 다시 중국지도부의 대내외 정세 판단에 영향을 주면서 외교정책의 조정으로 나타났다. ‘천안문사건’ 이후 관찰되는 중국 외교정책의 변화는 다음과 같은 것들이다.

우선, 외교정책 수립의 근간이 되는 국가전략에서는 개혁개방 이후 ‘경제건설’에 치중하던 것에서 ‘안보’와 ‘안정’을 최우선의 위치로 복원시켰다. 1978년 중국공산당 11기 3중전회 이후 중국이 경제건설을 국가전략의 중심적 목표로 제시한 것은 잘 알려진 사실이다. 덩샤오핑은 “현재의 정세와 임무”(目前的形勢和任務)라는 주제의 연설에서 1980년대 중국이 당면한 임무를 “첫째, 패권주의를 반대하고 세계평화를 유지하는 것, 둘째, 타이완(臺灣)을 수복하여 조국통일을 실현하는 것, 셋째, 경제건설을 강력히 추진하는 것”이라고 정리하면서, 경제건설의 핵심인 현대화가 “국제문제와 국내문제를 해결하기 위한 가장 주요한 조건”이라고 강조하였다(鄧小平, 1994: 239~273). 이에 따라 중국정부는 탈이념적인 실용주의노선을 추구하면서 현대화 건설에 매진할 수 있는 평화적이고 안정적인 국제환경의 조성과 현대화에 필요한 자본과 기술을 확보하기 위한 노력을 경주하였다. 이는 중국외교가 필연적으로 미국을 중심으로 한 서구 선진국들과의 관계 강화에 경사되게 하였다.

그러나 1989년 ‘천안문사건’ 이후 1990년대 초에 이르러 ‘안보’와 ‘안정’의 확보가 국가전략의 최대 목표로 강조되었다. 안정에 대한 중국지도부의 입장은 “안정이 모든 것에 우선되는 중차대한 것(穩定壓倒一切)”이라는 덩샤오핑의 지도방침과 “1990년도의 최우선 과제는 안정을 확보하는 것”이라고 피력한 장쩌민(江澤民) 총서기의 1989년 말 기자회견, “정치와 경제의 안정, 국가와 사회의 안정, 정책과 방침의 안정”을 강조한 리펑(李

鵬) 총리의 제7기 전국인민대표대회 제3차 회의에서의 정치보고, 그리고 각종 언론매체의 보도와 당·정회의에서의 지도부 연설 등에 잘 나타나있다(전성흥, 1991: 132). 보다 장기적인 국가전략의 목표는 지속적인 고도 경제성장을 통해 현실 문제를 해결하고, 중국식 사회주의 현대화를 통해 오랜 숙원인 강대국의 위상을 되찾는 것이다. 즉 세계적 강대국으로의 부상이라고 할 수 있다. 중국지도부는 이러한 중장기적 국가목표를 달성하기 위해서라도 주권 수호를 핵심으로 하는 국가안전과 중국 국내의 정치사회적 안정이 필수적으로 전제되어야 한다는 것을 거듭 강조하였다.

중국은 대내적인 정치사회 안정을 유지하고 대외적인 체제위협에 대응하는 국가적 결속력을 강화하기 위한 방편으로 '중화민족주의'를 강조하기 시작했다. 이는 '천안문사건'과 동구 사회주의권의 체제전환이 사회주의에 대한 인민들의 신념을 약화시키고 있다는 판단 아래 그에 대한 이념적 대비책으로서 역사적 전통과 민족주의를 통해 중국적 정체성과 이를 기반으로 사회적 결속을 강화하려했던 시도로 평가된다. 1990년대로 진입한 이후 중국공산당은 의도적으로 민족주의적 정서를 고취하고 그에 편승하려는 기도를 점차 증대시켜왔다. 1991년 공산당 창립 70주년에 장쩌민은 중국특색의 사회주의는 중국의 전통을 계승하고 사회주의 정신을 실천하면서 이룰 수 있을 것이라고 천명하였다.[18]

중화인민공화국 수립 이후 중국의 지도자들은 통상적으로 국제정치를 강대국 간의 패권경쟁으로 보았고, 외부로부터의 위협에 대항하여 중국의

---

18) 장쩌민의 연설 내용은 江澤民, "江澤民在慶祝中國共産黨成立七十週年的講話", 中共中央文獻研究室編, 『十三代以來重要文獻選編』第三卷(北京: 人民出版社, 1993) 참조. 이처럼 전통과 민족을 강조하는 데에는 사회주의 이념과 정체성의 공동화로 인해 상실할지도 모를 체제에 대한 신뢰감과 사회적 안정을 확보하게 해줌으로써 중국사회의 결속을 강화하는데 도움이 될 수 있고, 민족주의와 애국심의 고취를 통해 미국과 서구의 내정간섭과 외교적 압력 혹은 충돌에 대하여 인민의 사상적 동원과 지지를 확보하는데 유리한 발판을 제공하는 등의 작용을 할 것이라는 기대가 반영되어 있다고 볼 수 있을 것이다(고성빈, 2006: 691~697).

안보와 주권을 유지하는 것이 부동의 관심사였다. 국제적인 행위에 있어서는 높은 수준의 독립성과 주도권을 유지할 수 있는 방법을 찾았고, 중국을 두 초강대국보다는 제3세계의 발전도상국과 같은 곳에 위치시키는 경향이 있었다. 과거 '불평등조약의 시대'에 중국이 겪어야 했던 굴욕을 너무도 잘 알고 있었던 중국의 지도자들에게는 독립성과 국가주권의 열망이 무엇보다 뜨거웠던 결과일 것이다(Harding, 1984: 214). 이러한 경향은 '천안문사건' 이후 더욱 분명해졌다.

국가전략에서 '안보'와 '안정'이 강조됨에 따라 외교정책의 우선순위도 조정되었다. '천안문사건' 이후 중국외교정책의 우선순위는 다음과 같이 조정되었다(전성흥, 1991: 142~143; 차창훈, 2007: 188~189). 첫째, 중국은 대내외적 안정과 안전의 확보를 제1의 과제로 삼게 되었다. 둘째, '천안문사건' 이후 미국을 중심으로 한 서구세력의 봉쇄정책을 저지하고 고립된 상태로부터 탈피하기 위해서 새로운 구조로 재편되어가는 국제사회에서 영향력을 확대하는 것이다. 셋째, 중국의 현대화와 경제발전에 유리한 평화롭고 안정적인 국제환경을 조성하고, 현대화의 순조로운 추진을 위하여 대외경제협력을 강화하는 것이다.

위와 같은 국가전략의 목표와 외교정책의 목적을 달성하기 위한 수단도 다양화되었다(윤영덕, 2005; 윤영덕, 2006). '천안문사건' 이후 중국은 세계 모든 국가와 서로 다른 형식의 동반자관계를 구축하는 '전방위적 파트너십 외교정책'을 구사하기 시작했다. '천안문사건'으로 국제적 고립을 경험했던 중국은 자국의 안보와 발전에 유리한 국제환경을 확보하는 것이 무엇보다 절실했다. 중국은 이러한 목표를 실현하기 위한 최선의 방법이 몇 개의 강대국과의 관계를 강화하는데 치중하기 보다는 다른 모든 국제행위자들과의 관계에서 상호간의 공통 이익을 기반으로 대화와 협력을 촉진하는 전방위적인 파트너십 외교라고 판단했던 것이다. 또한 중국은 우선적으로 평화적이고 안정적인 역내 국제환경의 조성이 필요했다. 이를

위해 역내 국가들(특히 국경을 맞대고 있는 국가들)과의 '선린우호 외교정
책'을 추진하면서, 동아시아를 중심으로 한 지역주의 정책을 확대하기 시
작했다. 더불어 중국은 국제적 영향력을 확대하기 위해 국제사회에 적극
적으로 참여하기 시작했다. 특히 다자간 외교 무대에 적극적으로 참여하
는 것은 물론 역내 다자질서의 구축자로 나서고 있다. 이러한 현상은 과거
중국의 외교 관행을 보았을 때 대단히 의미 있는 변화라고 할 수 있다. 중
국은 오랫동안 양자관계를 중시하는 대외전략의 원칙을 고수해 왔기 때문
이다.

특히, 중국은 천안문사건 이후 미국과의 불확실한 관계에 대처함에 있
어서 장래에 발생할 수도 있는 원치 않는 상황에 대비하기 위해 '지역주
의'를 중심으로 동아시아에서의 영향력 확대에 주력하는 다변화된 전략을
구사해 왔다(자오찬성, 2001: 327). 예컨대, 중국과 동남아시아 국가들과
의 관계는 1980년대 초부터 서서히 진전되기 시작하였으나 그 전환점이
된 것은 1989년 '천안문사건'이었다. 서구세계에 의한 외교 및 경제제재
로 국제적 고립에 직면하고, 소련과 동유럽 사회주의권의 잇따른 붕괴로
고립이 가속화되는 상황에서 중국은 '지역주의'를 기반으로 한 아시아 시
향적인 외교정책을 추진하게 된다(자오찬성, 2001: 296~304).[19]

중국의 외교정책에서 또 하나 주목할 만한 것은 다자주의에의 적극적
인 참여이다. 1992년 남순강화 이후부터 1997년까지의 기간에는 우선적
으로 천안문사건 직후의 국제적 고립 탈피, 국제적 이미지 개선, 그리고 개
혁개방의 적극적인 재추진을 위한 국제적 협력과 지원 획득 등이 중요한
시기로 다자외교의 비중이 높아지고 있었다(이동률, 2008: 26~28). 중국

---

19) 덩샤오핑은 중국은 대국이면서도 동시에 약소국이기 때문에 아태지역에 근거를 두고 세계의 평
화와 발전에 이바지 할 필요가 있으며, 주변지역의 안정은 바로 중국이 아태지역에 근거할 수
있는 전제조건이라고 판단했다(蕭冬連, 1999: 612~618, 633~644).

의 다자주의 외교정책은 '천안문사건'과 사회주의권의 붕괴 이후 가속화
되고 있었던 국제사회에서의 고립을 타개하고, 향후 초래될 수 있는 유사
한 국제사회의 대중국 비난과 제재를 사전에 차단하고자 하는 의도가 강하
게 내포되어 있다.

V. 맺는 말

중국 정치체제의 특성과 외교정책 결정과정의 제도적 맥락 등을 고려
해 보았을 때, 중국 외교정책 결정요인을 분석하는데 있어서 최고지도부
를 중심으로 한 개인수준의 변수가 갖는 중요성이 매우 지대하다. 특히 외
교정책이 최종적으로는 정책결정자의 선택에 의해서 결정된다는 측면에
서 가장 핵심적인 정책결정자인 중국공산당과 정부의 지도부가 외교정책
의 결정에 영향을 미치는 요인들을 어떻게 인식하는지, 그리고 그러한 인
식들은 외교정책에 어떻게 반영되는지를 보다 심층적으로 들여다볼 필요
가 있다. 이러한 필요를 충족시키기 위해서는 우선적으로 중국지도부의
상황 판단에 영향을 미치는 인식 틀과 인식 기준의 형성은 어떠한 요인들
에 의해서 영향 받는가를 검토해야 한다.

추수룽(楚樹龍)과 진웨이(金威)는 중국외교가 토대하고 있는 근거를 중
국역사와 중국전통문화·철학, 정치사상, 중국인의 세계관, 대중여론 등으
로 제시하고 있는데(楚樹龍·金威, 2008), 이러한 요인들은 모두가 중국지
도부의 인식 형성에 영향을 미치는 것들이다. 그 중에서도 "중국이 걸어
온 과거의 휘황찬란한 역사와 치욕적인 역사는 (중화)민족 전체의 기억에
서 결코 지워지지 않고 중국이라는 국가의 특성을 구성하는 일부분으로서
지리·문화·민족 등의 요소와 함께 국가정체성을 만들어내고 있다"(楚樹龍

·金威, 2008: 3)는 측면에서, 다른 어떤 요인보다도 '역사적 기억'의 문제가 중요하게 다루어져야 할 필요가 있다고 생각된다.

중국공산당과 정부의 공식문건과 중국지도부의 연설은 물론 중국 국내 언론보도에서도 자주 접할 수 있는 '역사적 기억'은 중국역사를 근본적으로 변화시킨 사건이라고 평가 받는 아편전쟁 이후의 '치욕의 시기'이다. '세계의 중심·문명대국'에서 '반식민지'로 전락했던 '치욕의 역사'는 특히, 외부세계의 중국 문제에 대한 간섭과 외교적 압력에 직면했을 때 그에 대한 대항의 논리로 불러들여진다.[20] 중국지도부는 물론 일반 중국인조차도 타국의 내정간섭과 주권문제에 민감하게 반응하는 것은 이러한 '역사적 기억'이 내면 깊이 자리하고 있기 때문일 것이다.

개혁개방 이후 중국 정치체제의 최대의 위기를 불러 온 '천안문사건'에 대한 중국의 '역사적 기억'도 과거 중국이 경험했던 치욕의 역사를 교묘히 불러들이고 있다. 예컨대, '천안문사건'의 주된 원인을 서구 국가들의 "포연 없는 전쟁"인 "평화적 변화" 전략으로 규정하는 것은 외부로부터의 위협을 부각시켜 국내적 안정을 도모하고자 하는 전형적인 통치행태로 보인다. 그러나 이러한 조치가 중국 정치체제를 위협하는 내외적 요인들을 제거하는 근본적인 처방이 될 수 없다는 것은 너무도 분명하다. 중국지도부가 '천안문사건'을 국제적 요인과 국내적 요인의 상호 결합으로 분석한 이상 이러한 위협요인을 근본적으로 해결할 수 있는 대내외 정책의 수립과 실행이 필요했다. 이러한 상황은 중국사회 안정을 위한 대내적인 통치시

---

20) 예컨대, 덩샤오핑은 국제사회의 중국 인권문제에 대한 비난에 대해 반박하면서 다음과 같이 말한 바 있다. "서구 국가들은 우리가 인권을 침해하고 있다고 말하는데, 사실 그들이 진짜 인권을 침해하고 있다. …한 세기가 넘는 기간 동안 반식민주의와 제국주의(미국을 포함해)의 침략으로 중국 인민이 당한 손실이 얼마나 컸는가는 굳이 말할 필요도 없다. 그들은 인권을 논할 자격이 없다."(鄧小平, 1993: 345) 또한 중국 국무원 총리를 역임한 리펑(李鵬)도 재임 당시 인권문제를 중심으로 한 서구 국가의 비난을 반박하면서 "중국은 100여 년 동안 서구 열강에게 업신여김 당했던 역사를 잊지 않을 것"이라고 말한 바 있다(蕭冬連, 1999: 625).

스템의 강화와 함께 외교정책의 변화를 요구했다.

우선, '천안문사건'은 중국지도부가 중국이 처한 대내외적 상황, 다시 말해 국제정세를 분석하는데 영향을 미쳤다. 미국, 일본 등과의 관계정상화, 개혁개방정책의 시행 이후 지속된 고속경제성장에 근거해 낙관적으로 국제정세를 바라보던 중국지도부의 인식은 '천안문사건'을 전환점으로 부정적인 인식으로 변화되었다. 무엇보다 서구 국가의 '평화적 변화' 전략이 중국 정치체제를 위협하고 있다는 위기의식이 고조되었다. 천안문 시위에 대한 유혈 진압 이후 개시된 국제사회의 중국에 대한 정치적·외교적·경제적·군사적 제재는 경제발전과 외교 공간 확대에 직접적인 타격이 되었다. '천안문사건'이 중국사회주의체제의 근간을 뒤흔드는 내외적 체제 위협이 되었던 것이다.

이러한 위기상황에서 중국지도부는 제한적인 정치개혁과 반부패투쟁, 사회주의 이데올로기의 강조와 애국주의운동의 전개 등을 통해 국내 정치사회의 안정을 도모하면서, 대외적으로는 주권 수호를 핵심으로 하는 국가전략을 수립하게 된다. 더불어, 개혁개방을 통한 경제발전이 사회적 안정의 기초라고 판단해 개혁개방정책의 중단 없는 추진을 강조하였다. 이에 따라 중국의 외교정책은 미국을 중심으로 한 서구 국가들의 평화적 변화전략에 단호하게 대응해 국가 안보를 확고히 하면서도 개혁개방정책의 지속적인 추진을 위한 국제적 여건을 조성하는데 중심이 두어졌다. 단기적으로는 국제적 고립으로부터 벗어나 중국의 국제적 이미지를 개선시키고, 중장기적으로는 중국의 체제를 위협하는 외부적 위협을 완화시키는데 주력했다. 외교적 수단으로는 미국을 중심으로 한 서구 강대국과의 관계 강화에 치중하던 외교에서 주변지역 국가들 및 제3세계 국가들과의 관계 강화도 동시에 고려하는 전방위적 외교와 지역을 기반으로 한 국제적 위상의 제고와 다자주의외교를 통한 국제적 영향력 확대 등이 모색되었다.

이상의 논의를 통해 '천안문사건' 이후 중국의 외교정책 변화가 '천안문사건'으로 인한 중국지도부의 대내외적 상황에 대한 인식의 변화에 근거하고 있다는 점을 확인할 수 있었다. 시간이 흐르면서 중국은 '천안문사건' 이후 전개되었던 국제정세의 불리한 국면으로부터 서서히 벗어나면서 자신감을 갖기 시작했다. 특히, 동구 사회주의권과 소련의 붕괴 이후 많은 사람들의 예상을 깨고 '중국식 사회주의' 노선을 지속할 수 있었던 것에 한껏 고무되어 있는 듯하다. 지금 중국의 국제적 지위는 지속적인 상승 추세에 있다. 그러나 중국체제를 위협하는 내외적 불안요인은 여전히 중국의 미래를 예측하는데 있어서 결정적인 불확실성의 요인이 되고 있다는 사실 또한 부정할 수 없다. 중국지도부와 중국인들의 기억 속에 자리 잡고 있는 중국의 '휘황찬란했던 역사'와 '치욕의 역사', '저항과 투쟁의 역사'가 중국의 미래에 어떠한 영향을 미칠 것인가? 중국의 외교정책이 이러한 '역사적 기억'에 영향 받고 있다는 점은 분명해 보인다.

| 참고 문헌 |

고성빈. 2006. "6·4천안문사태 이래 중국정치체제 변화의 동인: 자유화와 사회
　　적 결속의 병행." 『국제지역연구』 제10권 제2호. 689~709쪽.

고영근. 1994. "천안문사태 이후 중국의 사회의식 변화." 『중국연구』 제13집.
　　31~50쪽.

Goldstein, Joshua S.(김연각·김진국·백창재 옮김). 2004. 『국제관계의 이해』.
　　고양: 인간사랑.

권귀숙. 2006. 『기억의 정치: 대량학살의 사회적 기억과 역사적 진실』. 서울: 문
　　학과 지성사.

김재철. 2007. 『중국의 외교전략과 국제질서』. 서울: 폴리테이아.

김종표. 2007. "남북한 관계와 인식─행위 연계모형." 『한국정치학회보』 제41집
　　제2호. 5~24쪽.

김흥규. 2008. "중국 외교정책 결정과정: 대 한반도 정책 결정과정에 대한 이해
　　를 위한 초보적 분석." 『新亞細亞』 15권 3호. 60~91쪽.

나간채. 2004. "문화운동 연구를 위하여." 나간채·정근식·강창일 외. 『기억투쟁
　　과 문화운동의 전개』. 서울: 역사비평사. 11~23쪽.

로이드 젠슨(김기정 옮김). 1998. 『외교정책의 이해』. 서울: 평민사.

박재영. 2004. 『국제정치 패러다임: 현실주의·자유주의·구조주의』. 서울: 법문사.

백승욱. 2007. "기억으로 살아나는 현재 속의 과거, 문화대혁명." 백승욱 편.
　　『중국 노동자의 기억의 정치: 문화대혁명 시기의 기억을 중심으로』. 서
　　울: 폴리테이아.

밸러리 허드슨(신욱희·최동주·조윤영·김재천 옮김). 2009. 『외교정책론』. 서울:
　　을유문화사.

서진영. 2007. 『21세기 중국 외교정책』. 서울: 폴리테이아.

유장근. 2009. "영화 〈천안문〉을 통해 본 천안문 민주화 운동의 시말." 『중국근현대사연구』 제42집. 165~181쪽.

윤영덕. 2005. "탈냉전 후 중국의 부상과 대외전략." 『사회과학연구』 제26집 제1호. 199~219쪽.

______. 2006. "중국의 주변외교전략과 대아세안 정책." 『한국과 국제정치』 제22권 제3호. 1~40쪽.

이동률. 2008. "중국 외교 개관." 한국국제정치학회 중국분과. 『중국 현대국제관계』. 서울: 오름.

이희옥. 1997. "천안문사태 8주기와 홍콩반환 이후의 중국-중국 민주화운동 성격변화 불가피." 『통일한국』(1997년 7월호). 26~28쪽.

자오찬성. 2001. 『중국의 외교정책: 미시·거시 연계접근 분석』. 서울: 오름.

잭 도널리(박정원 옮김). 2002. 『인권과 국제정치: 국제인권의 현실과 가능성 및 한계』. 서울: 오름.

전성흥. 1991. "천안문사건 이후의 중국 외교정책: 지도부의 상황인식을 중심으로." 『중소연구』 통권50호(1991 여름). 111~143쪽.

조영남. 2006. 『후진타오 시대의 중국정치』. 파주: 나남출판.

차창훈. 2003. "중국외교정책 연구에 대한 이론적 평가." 『한국정치학회보』 37집 1호. 243~265쪽.

______. 2007. "21세기 중국의 외교정책: 국내외적 환경변화와 전략을 중심으로." 『한국정치외교사논총』 제29집 제1호. 163~203쪽.

Kornberg, Judith F. & John R. Faust(이진영·민병오·조혜경 옮김). 2008. 『중국 외교정책: 정책·과정·전망』. 서울: 명인문화사.

江澤民. 1993. "江澤民在慶祝中國共産黨成立七十週年的講話", 中共中央文獻研究室編, 『十三代以來重要文獻選編』(第三卷). 北京: 人民出版社.

鄧小平. 1994. 『鄧小平文選』(第二卷). 北京: 人民出版社.

______. 1993. 『鄧小平文選』(第三卷). 北京: 人民出版社.

蕭冬連. 1999. 『五十年國事紀要: 外交卷』. 長沙: 湖南人民出版社.

張也白. 1990. "中國與超級大國." 『美國硏究』 1990年 第1期. pp. 37~57.

錢其琛. 1990. "變幻的國際形勢和中國的外交." 『求是』 1990年 第24期.

楚樹龍·金威. 2008. 『中國外交戰略和政策』. 北京: 時事出版社.

『人民日報』 1989年 6月 25日字, 1989年 6月 28日字.

『爭鳴』 1990年 1月, 2月.

Boulding, Kenneth. 1959. "National Image and International System." *Journal of Conflict Resolution* 3(June). pp. 120~131.

Harding, Harry. 1984. "China's Changing Roles in the Contemporary World" in Harry Harding, ed., *China's Foreign Relations in the 1980s*. New Haven, Conn: Yale University Press. pp. 177~223.

Kim, Samuel S. 1998. "Chinese Foreign Policy in Theory and Practice." in Samuel S. Kim, ed., *China and the World: Chinese Foreign Policy Faces the New Millennium*. Boulder, Colo.: Westview Press. pp. 3~33.

Rosenau, James N. 1966. "Pre-theories and Theories of Foreign Policy," in R. Barry Farrel, ed., *Approaches to Comparative and International Politics*. Evanston. IL.: Northwestern University Press. pp. 27~92.

Waltz, Kenneth N. 1959. *Man, the State and War: A Theoretical Analysis*. New York: Columbia University Press.

지식인 저항운동으로서의 '鳴放運動'[*]

송한용[**]

Ⅰ. 머리말

1957년 4월 중순부터 6월 중순까지 중국에서 지식인과 학생들의 대대적인 반정부운동이 일어났다. 1956년부터 모택동이 주장한 '百花齊放, 百家爭鳴' (이후 '쌍백' 이라고 함)의 실시의 결과라고 할 수 있지만, 지식인과 학생들의 중국공산당정권에 대한 반발은 단순한 비판을 넘어 반정부적 성격을 띠었다. 이른바 '大鳴大放' 이라는 슬로건 하에 전개된 급격한 반공산당 분위기는 중국공산당 특히 모택동에게 위기의식을 갖게 하였고, 곧바로 '反右派鬪爭' 이라는 대중운동이 전개됨과 아울러 또다시 삼엄한 사상탄압이 전개되었다. 요원의 불길처럼 전개되던 '鳴放運動' 은 불과 2개월만에 종료되고 말았다. 거기에 참여했던 지식인과 학생들은 자아비판 이

* 이 논문은 2005년 정부(교육인적자원부)의 재원으로 한국학술진흥재단의 지원을 받아 수행된 연구임(KRF-2005-005-J11501). 『민주주의와 인권』 2008년 제8권 2호에 실린 논문을 재록함.
** 전남대학교 사학과 교수.

후 下放 조치되었고, 모택동 중심의 국가권력은 더욱 강화되었다. 모택동은 당내외에 강화된 권력을 기반으로 1958년부터 '대약진운동'을 전개하였다.

　이러한 일련의 정치적 전개과정 때문에 '명방운동'에 대한 지금까지의 연구는 주로 반우파투쟁을 설명하는 과정으로서 언급하고 있다. 즉 '명방운동' 자체보다는 중국공산당의 '쌍백' 방침과 그 後果로 나타는 반우파투쟁이 논의의 중심인 것이다. 모택동이나 중국공산당의 관점에서 '쌍백' 방침을 실시한 이유와 그 결과로서의 소수 불순분자의 책동정도로 '명방운동'을 보고 있는 것이 중국공산당의 입장이라 하겠다. 때문에 '명방운동'에 대한 논의보다는 왜 모택동과 중국공산당이 '쌍백' 방침을 시행하였는가 하는 것이 관심의 대상이었고, '쌍백' 방침에 대하여 반대파를 숙청하기 위한 정지작업 즉 기획설이나[1] 혹은 당내의 권력투쟁의 연장이라는[2] 견해가 제시되고 있을 뿐이다.

　1950~52년에 걸쳐 일어난 사상개조운동이나 이른바 '文壇三公案'[3]이 전개되던 1952~55까지 胡風을 제외하고는 아무도 모택동의 노선에 누구도 이의를 제기하지 않았다.[4] 하지만 '명방운동' 당시 지식인들이 중국공산당과 모택동에 대하여 비판을 넘어 부정하는 단계에 이르렀다. 따라서 본 논문에서는 '명방운동'이 '쌍백' 방침에 종속되는 소극적 개념이나 반우파투쟁의 요인정도로 보는 것이 아니라, 중화인민공화국의 건국 이래 노정된 중국공산당의 일방적 통치행태에 대하여 지식인들이 적극적으로 저항하였다는 관점에서 살펴보고자 한다. 즉 지식인들이나 민주당파 인사

---

1) 中嶋領雄. 1983. 『現代中國論』. 靑木書店.
2) 모리스 마이너스 저, 김수영 역, 2004. 『마오의 중국과 그 이후 1』. 이산출판사.
3) 영화 '무훈전' 비판, '兪平伯의 홍루몽연구' 비판, '胡風반혁명집단' 비판을 가리킨다.
4) '胡風事件'에 대해서는 拙稿(「중화인민공화국 초기 사상개조운동 '胡風事件'을 중심으로」, 『민주주의와 인권』 제7권 2호, 2007.) 참고하기 바람.

들이 왜 1957년에 갑자기 폭발적으로 비판의 봇물을 쏟아내고, 중공당의 통치에 저항하였는가? 그리고 당시 지식인들의 저항형태나 주장하는 바의 의식형태가 어떤 특징을 보이는지 알아볼 것이다.

Ⅱ. 중국공산당의 '8全大會'와 '雙百' 방침

1949년 10월 중화인민공화국의 성립을 선포한 이후 '호풍사건'이 일어나기까지 정치경제적으로 사회주의화 운동이, 그리고 지식인에 대한 사상개조 운동이 하루도 쉬지 않고 전개되었다고 해도 과언이 아니다. 한국에서 전쟁이 발발하자 애국심 고양과 북한 지원을 위해 전개한 '抗美援朝', 관료주의와 부패구조를 바꾸기 위한 '3反·5反운동', 중공당 내부의 권력투쟁이라고 할 수 있는 '高崗·饒漱石 반당사건', 숨어 있는 반혁명세력을 제거한다는 명분으로 진행된 '鎭反·肅反운동' 등의 정치적 운동과 사건이 전개되는 가운데, 수로 지식인을 대상으로 하는 사상개조운농도 함께 전개되었다. 즉 사회주의 교육을 위한 교육제도의 개조 및 교수와 일반지식인을 대상으로 하는 사상개조운동, '홍루몽연구 비판', '호적사상 비판', '호풍 문예사상 비판' 등 유심주의 비판운동이 숨고를 틈도 없이 진행되었던 것이다.

물론 이러한 운동은 사회주의의 건설을 위한 것이었고, 그 과정에 수많은 사람들이 희생되었음은 두말할 나위가 없다. 정치적으로는 신민주주의 노선에 입각해서 제민주당파와 연합정권이 성립하였지만, 사실상 중국공산당이 전횡하는 일당독재체제로 운영되었다. 경제적으로는 건국 직후부터 일본·독일·이태리 소유의 재산 및 관료자본을 국유화하는 조치를 취한 이후 토지개혁을 집중적으로 실시하여 토지에 대한 소유구조를 일신하였다. 나아가 농촌호조합작운동을 전개하면서 사회주의적 사회경제체제로의 전환을 도모하기 시작하였다.

이러한 운동의 중심에는 모택동이 있었다. 모택동이 지식인에 대해서 매우 부정적 인식을 가지고 있다는 것은 널리 알려진 사실이다. 그는, 지식인은 대부분 부르주아 계급 내지 쁘띠부르주아 계급 출신이므로 그들의 계급속성 때문에 "그 중의 일부는 혁명의 결정적 순간에 혁명대열에서 이탈해 소극적인 태도를 취하고, 일부 소수는 혁명의 적으로 변한다. 지식인들의 이 같은 결점은 오로지 장기간에 걸친 군중투쟁을 통해 극복할 수밖에 없다"[5]라고 하였다. 이러한 그의 언급에서 지식인에 대한 강한 부정적 인식을 확인해 볼 수 있다.

그러면서도 그는 다른 한편 "지식인의 참여 없이는 혁명의 승리를 기대할 수 없다"라고 하면서, "정확한 지식인 정책은 혁명을 승리로 이끄는 중요한 조건 가운데 하나"[6]라고 강조하였다. 물론 그는 중화인민공화국 건국 이전부터 지식인을 흡수·영입하는 동시에 교육과 개조를 통해 그들이 부르주아적 세계관을 버리고 공산주의적 세계관을 갖게 해야 한다고 주장하였다. 아울러 혁명 이후에도 "거대한 사회주의 건설사업에 더 많은 지식인이 역할을 담당해야 한다."[7]라고 하면서, 지식인의 역할에 대하여 혁명사업과 사회주의 건설사업에 참여해야 한다고 강조하고 있다. 건국초기 모택동은 중공중앙 제7기 3중전회에서 "모든 애국지식분자는 인민을 위해서 복무하여야 한다"[8]라고 지적하였다. 사회주의국가의 건설사업에 지식인의 도움이 필수적이라고 인식하고 있으면서도, 지식인들에 대한 정치교

---

5) 「中國革命和中國共産黨」, 『毛澤東選集』 제2권, 605쪽(1952년 판).
6) 「大量吸收知識分子」, 『毛澤東選集』 제2권, 583쪽(1952년 판).
7) 日本國際問題硏究所中國部編, 『中國共産黨史資料集』 10, 勁草書房, 1974, 92~94쪽.
8) 「爲爭取國家財政經濟狀況的基本好轉而鬪爭」, 『毛澤東選集』 제5권, 19쪽(1977년 판).

육이 먼저 선결되어야 한다고 보고 있는 것이다. 이러한 인식이 곧 지식인들의 사상개조를 강요하는 것으로 나타났다고 하겠다.

지식인에 대한 사상개조운동이 본격적으로 전개되기 시작한 것은 1951년 5월 16일 『인민일보』가 영화 ‘武訓傳’에 대한 周揚의 비판문을 게재하고, 이어 5월 20일에 「영화 ‘무훈전’에 대한 토론을 중시하여야 한다」는 모택동의 글을 사설로 게재하면서부터라고 할 수 있다. 모택동은 이 글에서 “자산계급의 반동사상이 전투적 공산당에 침입하였다”라고 하였을 뿐만 아니라, 10월 정치협상회의 제1기 3차회의 석상에서 “사상개조 특히 지식인의 사상개조는 우리나라 각 방면에서 철저히 민주개혁을 실현하고 이어 공업화를 이룩하는 중요 조건의 하나이다.”[9]라고 강조하였다. 이후 사상개조운동은 거의 5년 동안 전교육계, 문예계, 과학계에 걸쳐 광범하게 전개되었다.

계속되는 군중운동 속에 자신을 보호할 수 있는 유일한 길은 침묵을 지키면서 중공정권과 일정한 거리를 유지하는 것이라는 것을 지식인들은 깨달았다. 결국 계속되는 지식인에 대한 사상개조운동으로 말미암아 지식인들은 극도로 위축되었고, 중국정권에 대해서는 불신만 깊어갔던 것임은 쉽게 예견할 수 있는 바이다. 때문에 1956년이 밝자마자 북경대학 철학과 교수인 馮友蘭과 북경사범대학 학장 陳垣은 「지식분자의 잠재력을 불러일으키자」와 「지식분자문제에 대한 나의 의견」이라는 제목으로 『인민일보』에 각각 1월 10일과 1월 20일에 게재하여, 지식분자에 대한 대우를 개선해줄 것과 공산당의 지식분자에 대한 이해와 관계개선을 요구하였다. 때문에 중국공산당으로서는 침체되고 관계가 소원해진 지식인문제를 해결하는 것이 매우 시급한 과제가 아닐 수 없었다.

---

9) 「三大運動的偉大勝利」, 『毛澤東選集』 제5권, 49쪽(1972년 판).

중국공산당에서는 이러한 상태를 타개하지 않으면 안될 상황이 국내외적으로 일어났다. 국내적으로는 국가경제를 발전시키는 일이 매우 시급하였다. 당시 중국공산당에서는 사회주의 개조에 의한 소유관계의 변혁이 일단 종료되었다고 평가하고, 이후는 생산관계의 변화보다도 생산력의 충실에 초점을 맞추고 있었다. 하지만 생산력의 향상을 위해서는 경제건설을 위한 과학·기술의 진흥이 필요하게 되었고, 민주인사나 지식인의 적극적 참가가 필수적으로 요구되었다.

1956년 1월 14일부터 20일까지 중국공산당 중앙위원회는 '지식분자문제'를 중심으로 회의를 열었다. 거기에서 周恩來는「지식분자 문제에 대하여」라는 보고를 하였다. 주은래는 연설을 통해 지식인 중 다수는 사회주의를 위해 일하는 국가의 일꾼이 되었기 때문에 이미 노동계급의 일부라고 선언하고, "지금 우리에게 가장 근본적인 문제는 지식인의 역량이 수에 있어서나 업무수준·정치의식에 있어 신속한 사회주의 건설의 요구를 충족시키지 못하고 있는 것"이라고 지적하였다. 그는 "정치문제는 지식인사회가 아니라 오히려 당 내부에 더 많이 존재한다."고 하면서, 충성스런 지식인들에게 반혁명분자라는 꼬리표를 붙이려는 경향에 대해 불만을 표시하고, 지식인들에게 중국의 근대적 경제발전에 필수적인 과학지식을 터득할 수 있도록 전문적 자율성을 허용해야 한다고 주장하였다.[10]

또 같은 달 25일 모택동은 위의 문제를 구체화하기 위하여 최고국무회의를 소집하여, '1956~67년 농업발전요강'을 결정하고, 더불어 지식인들이 적극적으로 사회주의 건설에 참여해야 한다고 강조하였다. 결국 이 두 회의를 통하여 과학기술발전 장기계획 즉 12년 계획이 세워졌는바, 모택동은 경제와 과학면에서 신속하게 세계의 선진수준에 도달하도록 힘써야

---

10) 모리스 마이너스 저, 김수영 역. 2004. 『마오의 중국과 그 이후 1』. 이산출판사. 229~230쪽.

한다고 지식인들의 참여를 촉구하였던 것이다.

이 회의 후 1월 30일부터 2월 7일까지 중국인민정치협상회의 제2기 전국위원회 제2회 회의 이른바 '지식분자회의'가 열렸다. 이 회의에서 앞의 두 회의의 결정을 구체적으로 토론하여, 민주제당파와의 민족민주통일전선을 조직하였으며, 민주제당파의 지식분자들의 분발을 촉구하였다. 여기서 주은래는 국가발전을 위하여 지식인들의 참여가 절실하다는 것을 피력하면서, 중공당의 대지식인 정책이 변하였음을 강조하였다. 회의 마지막 날에는 모택동도 「노력하여 과학지식을 학습하고, 당외의 지식분자와 단결하며, 하루빨리 세계의 선진수준으로 나아갈 수 있도록 분투하자」라는 제목으로 연설을 하였다. 그는 중국의 산업 특히 중공업설비와 정밀기계 제조 부문은 소련에 의지하지 않으면 안 되는 상황임을 지적하고, 기술혁명과 문화혁명을 통하여 이를 해결해야 하며, 이를 위해서는 많은 고급지식분자와 일반지식분자의 양성이 필수적이라고 하면서 지식인들의 참여를 유도하였다.[11] 그리하여 정치적으로 민주제당파의 참여와 전문분야에서의 지식인들의 참여를 유도하고자 '장기공존, 상호감독'과 '백화제방, 백가쟁명'이라는 슬로건을 내놓았다.

모택동은 지식인과 민주당파에 대하여 단순히 적극적 참여를 호소하는 것만으로는 문제가 해결되지 않는다고 보았었던 것 같다. 그는 4월에 중앙확대회의에서 강화를 통하여 "예술상에서는 '백화제방', 학술상에서는 '백가쟁명'을 우리의 방침으로 해야 한다."라고 하여, 공식적으로 '쌍백'의 문제를 제기하였다. 그러나 이에 대하여 당시 중국공산당 내부에서는 부정적 시각이 많았다. 모택동은 이를 간파했기 때문인지 공산당 내부가 아니라, 5월 2일 최고국무회의에서도 또다시 '백가쟁명'의 문제를 제기함

---

11) 『中華人民共和國實錄』 제1권 하. 吉林人民出版社. 1994. 1354쪽.

으로써 확고한 의지를 보였다.

모택동 개인이 아닌 중국공산당 차원에서 기존 전문 지식인들에 대한 태도를 바꾼 것이 1956년 9월 중국공산당 제8기 전국대표대회(8전대회)이다. 중국공산당전국대표대회가 북경에서 열린 것은 1945년 4월 연안에서 열렸던 중국공산당 제7기 전국대표대회 이후 11년만이었다. 이 8전대회는 소유제의 사회주의 개조가 기본적으로 완료되었고, 생산관계의 변혁이 급속한 진보에서 점차 완만한 것으로 바뀌었다고 보고, 그것에 동반하여 생산력을 해방하는 것에서 생산력의 충실과 발전으로, 그리고 사회주의건설을 위한 物資的 기초의 확립으로 나아가고자 하는 전환점이 되었다고 할 수 있다.[12] 중국공산당은 당시 중국의 사회의 주요모순을 진보한 사회주의 제도와 뒤떨어진 사회생산력 사이의 모순으로 보았고,[13] 따라서 전문지식인을 포용하지 않을 수 없었던 것이다.

8전대회에서 개정된 중국공산당의 黨章 총강에는, 금후 중국공산당의 임무는 "계획적으로 국민경제를 발전시키고, 가능한 한 신속하게 나라의 공업화를 실현하며, 계통적으로 순서에 따라 국민경제의 기술적 개조를 행한다. 그리고 현대적 공업·현대적 농업·현대적 교통운수업·현대적 국방을 실현하고, 그것들에 필요한 물자적 기초를 만든다."라고 하였다. 이를 위해서 과학·기술의 진흥을 전제로 하여야 했지만, 자연과학뿐만 아니라 사회과학분야의 발전과 인재가 필요하였다. 이를 위한 방안이 이른바 지식인에 대한 '백화제방, 백가쟁명'이요, 민주제당파에 대한 '장기공존, 상호감독'이다. 결국 민주제당파 및 지식분자와의 통일전선을 다시 강화하고, 그들을 사회주의건설에 협력시키기로 하였던 것이다.

---

12) 土井章. 「中國經濟戰略の轉換點」. 『大東文化大學紀要』. 日本大東文化大學. 1972년.
13) 8전대회 정치보고결의. 1957년 『人民手册』. 55쪽.

중국공산당이 지식인과 민주당파에 대하여 유화적 태도를 취한 데는 국제적 요인이라는 또 다른 변수가 작용하였다. 1956년 2월 제20차 소련 공산당 대회에서 후르시초프가 스탈린을 비판하였다. 이 사건은 즉시 중국에 보도되지 않았지만 중국공산당을 몹시 곤혹스럽게 만들었다. 자본주의 국가가 아닌 소련 내부에서, 그것도 최고지도자가, 중국지도자들이 수십년간 위대한 혁명지도자로 극찬해 온 스탈린을 피에 굶주린 독재자로 묘사했기 때문에 어떻게든 이에 대한 설명이 필요하게 되었던 것이다. 뿐만 아니라 당시 중국은 소련식 사회주의를 모델로 모방하고 있었기 때문에 소련식 사회주의의 사회적·도덕적 타당성에 대해 근본적인 의문을 제기할 경우 이에 대한 답변이 매우 궁색할 수밖에 없었다.

더욱이 폴란드와 헝가리에서 일어난 자유주의 운동에 11월 소련이 개입하여 폭압적으로 진압하는 사건이 일어났다. 중국 공산당은 11월 16일 소련의 개입을 지지하는 발표를 하였고, 12월 29일 『인민일보』에 「다시 프롤레타리아독재를 논함」이라는 사설을 게재하여, 헝가리사건을 미국을 필두로 하는 제국주의자의 배후조종으로 규정하고, 유고슬라비아의 태도를 비판하였으며, 프롤레타리아 독재의 강화를 주장하였다. 하지만 소련이 타국의 자유주의 운동을 무자비하게 진압함으로써 인간의 소외와 억압을 해방하고 진정한 자유와 민주를 구현한다는 사회주의 혁명에 대해서 중국의 지식인들은 깊이 회의하였을 것이고, 중국공산당은 이에 대해서 해명할 필요가 있었을 것이다.

1956년 5월 26일 중국공산당선전부장 육정일은 문학자, 예술가 및 공산당원, 민주제당파, 무당파의 자연과학자, 사회과학자, 의학자 등 2천여 명을 모아놓고 '백화제방, 백가쟁명'에 대해서 강연을 하였다. 과학기술의 발전을 위한 이공계통의 지식인들뿐만 아니라 인문사회 및 예술계까지 참여하는 유도하는 전반적인 지식인 회유정책이었던 것이다. 육정일은 "독립적인 사고와 자유로운 토론이 장려되지 않는다면 학술발전은 정체될 수

밖에 없다는 사실을 역사는 보여 준다"라고 하면서, "문학예술활동과 과학연구에 있어서 독립적인 사고의 자유, 논쟁의 자유, 창작과 비평의 자유, 자기의 의견을 발표·견지·유보할 수 있는 자유를 제창한다."라고 선언하였다.[14] 그렇다면 모든 창작활동과 자유가 보장되었는가? 중국공산당이 바라는 것은 어디까지였는가?

육정일은 강연에서 이런 자유의 약속에 대하여 수많은 조건을 달았다. 자연과학과는 달리 예술·문학·역사·철학 작품은 계급성을 띠고 있으므로 "계급투쟁이 계속되고 있는" 나라에서는 여전히 정치적 감독 하에 있어야 하며, 주어진 자유는 "인민속의 자유"를 의미하고, 생산된 작품은 당연히 "인민을 위해 봉사하는 것"이어야 한다고 강조하였다.

그는 "인민 내부에 있어서는 유물론을 선전하는 자유가 있음과 동시에 관념론을 선전할 자유도 있다. 반혁명분자가 아닌 한 유물론을 선전하려는 것과 관념론을 선전하려는 자유이고, 양자의 사이에서 논쟁하는 것도 자유이다." "계급이 존재하는 한 유물론과 관념론 사이의 모순은 계급간의 모순으로 나타나고, 또 계급이 소멸된 후에도 주관과 객관의 모순이 존재하며, 선진과 낙후 사이의 모순이 존재하고, 사회의 생산력과 생산관계의 모순이 존재하며, 그러한 것이 존재하는 한 유물론과 관념론의 모순은 사회주의·공산주의를 막론하고 역시 존재할 것이다."라고 주장하였다. 따라서 그 사상투쟁은 장기에 걸쳐서 존재하며, 현재에 있어서도 전개되고 있지만, 사상투쟁은 인민내부의 것이어야 하고, 인민내부의 사상투쟁과 반혁명분자에 대한 투쟁은 엄격히 구별해야 한다고 하였다.

아울러 그는 '쌍백'이라고 하는 것은 비판 의 자유를 의미한다고 하면서, 비판에는 적에게 타격을 주는 것과 동지적 입장에서 단결의 목적을 달

---

14) 모리스 마이너스. 앞의 책. 238쪽.

성하기 위한 것이 있다고 하였다. 즉 "비판은 호의적인 것, 조용하게 도리를 설명하여 들려주는 식의 것, 대국을 생각하여 단결의 입장에서 시작해야 하고, 단결을 목적으로 하는 것이어야 한다."는 것이다. 비판은 철저히 단결을 전제로 하는 비판이어야 하였다.

이러한 방침은 郭沫若의 발언에서도 확인할 수 있다. 6월 18일 곽말약은 제1기 전국인민대표대회 제3회 회의에서, 과학발전 12개년 계획의 경위와 계획실현을 위한 금후의 임무에 대해서 발언함과 동시에, 그 실현을 '백가쟁명'에 의해서 달성해야 한다고 주장하면서, "우리가 주장하는 '백가쟁명'이라는 것은 각종 학술연구 상호간의 사회주의 경쟁이고, 또는 동일부문 내에서의 사회주의 경쟁이다", "결코 학술을 위한 학술, 연구를 위한 연구는 아니고, 사회주의를 건설하는 것이 그 모든 임무이다." 따라서 "우리의 '백가쟁명'은 우리의 학술연구를 번영시키는 것이고, 훌륭하게 사회주의를 위해서 복무하기 위한 것이다."라고 확언하였다.[15] '쌍백' 방침이 철저히 사회주의의 발전을 위한 것이지 사회주의를 비판하거나 반대하는 외침을 허용하는 것이 아니라는 것을 확인할 수 있는 대목이다.

모택동의 발언에서는 이러한 점을 더욱 선명하게 확인할 수 있다.[16] 모택동은 '쌍백' 방침에 대하여 "예술의 발전과 과학의 진보를 촉진하는 방침이고, 우리나라 사회주의문화의 번영을 촉진하는 방침"이라고 규정하면서, 이를 위해서 "예술상의 다른 형식이나 風格은 자유로이 발전시키고, 과학상의 다른 학파는 자유로이 논쟁"시키는 것이 필요하다고 하였다. 하지만 중국은 사회주의 개조가 소유면에서 기본적으로 완수되었지만, 계급투쟁은 아직 계속되고 있다고 보았다. 아울러 사상투쟁에 대하여도 "마르

---

15) 1957년 『人民手册』. 188쪽.
16) 『모택동선집』 5권. 388~394쪽.

크스주의에 대한 비판을 가해도 좋다. 마르크스주의는 과학적 진리이고, 비판을 두려워하지 않는다. 마르크스주의가 비판을 두려워하고 비판에 의해서 무너진다면, 마르크스주의는 아무런 역할도 할 수 없다. 관념론자, 소부르주아 사상, 부르주아 사상과의 투쟁 가운데 사상계에 있어서 마르크스주의의 지도적 지위는 강화되어 갈 것이다."라고 하였다. 그리고는 다음과 같은 6가지 '쌍백' 방침의 기준을 제시하였다.

> a. 전국의 각 민족 인민을 분열시키지 않고, 그 단결에 유리할 것.
> b. 사회주의 개조와 사회주의 건설에 불리하지 않고, 사회주의 개조와 사회주의 건설에 유리할 것.
> c. 인민민주주의 독재를 파괴하거나 약화시키지 않고, 이 독재를 강화하는데 유리할 것.
> d. 민주집중제를 파괴하거나 약화시키지 않고, 이 제도를 공고히 하는데 유리할 것.
> e. 공산당의 지도에서 이탈하거나 이를 약화시키지 않고, 이 지도를 공고히 하는데 유리할 것.
> f. 사회주의의 국제적 단결과 전 세계의 평화를 사랑하는 인민의 국제적 단결을 파손하는 것이 없이, 이 단결에 유리할 것.

물론 이러한 기준은 1957년 2월에 강연한 것을 수정한 후 반우파투쟁이 시작되던 1957년 6월에야 출판하여 일반에 공개 발표한 것이라 하더라도, 기본적으로 '쌍백'에 대한 모택동의 기본인식이 강연을 하였던 당시와 크게 다르지 않은 것으로 간주한다면,[17] 사회주의와 중국공산당에 대한 우

---

17) 이에 대해서는 丸山 昇 저, 『文化大革命に到る道』(岩波書店, 2001)에서 잘 보여준다.

호적 비판은 허용하되 반대는 철저히 용납하지 않겠다는 의지를 여기서 읽을 수 있다.

8전대회에서 지식인과 민주당파에 대한 노선이 바뀌었다고 해도, '쌍백' 방침은 처음부터 철저히 사회주의발전을 전제로 하는 것이고, 비판은 중국공산당에 도움을 주는 것에 한정하고 있었던 것이다. 이러한 조건과 제한들은 지식인들로 하여금 중국공산당의 정책에 불신과 불만을 갖게 하는 요소가 되었다. 그럼에도 불구하고 중국공산당의 '쌍백' 방침에 의구심을 가지고 있었지만, 지식인들은 이를 '복음'으로 받아들이고 있었다.[18] 그들은 그동안의 사상개조운동의 영향으로 폐쇄된 언로와 중국공산당의 독주에 불만을 가지면서 은근히 그 개방을 바라고 있었던 것이다.

Ⅲ. 민주당파 및 지식인들의 저항

모택동은 1957년 1월 18일부터 27일에 걸쳐 열린 '성, 시, 자치구 당위원회 서기회의'에서의 연설에서 소부르주아 계급을 포함한 지식분자, 나아가 인민대중에게 「알고 있는 것은 모두 말하라, 말하는 자는 죄가 없다」라고 선언하였다. 이어 그는 2월 27일 정치협상회의대표 400인이 모인 최고국무회의에서 「인민내부의 모순을 바로 처리하는 문제에 관하여」[19]라는

---

18) 미학자 朱光潛은 "'백가쟁명'의 주장이 나오자 나는 크게 한숨을 돌렸다. … 내가 아는 한 관념론자로 낙인 찍힌 구지식분자들은 얼굴을 마주하고 이 '복음'을 말하였지만, 기쁨을 얼굴에 나타내지는 않았다"라고 하였다(竹內實. 1978.6. 「百花齊放と反右派鬪爭」. 『朝日ジャーナル』. 90쪽 참조).

19) 이 글은 즉시 출판되지 않고 1957년 6월 18일 반우파투쟁이 전개되기 시작할 때 수정되어 출판되었다.

논문을 발표함으로써, 이미 적대적 모순은 없어졌기 때문에 계급투쟁적인 방법이 아닌 교육을 통해서 모순을 해결해야 한다고 주장하였다. 이는 민주당파와 지식인들에게 더 이상 계급투쟁은 없다는 것을 선언한 셈이었다. 그럼에도 불구하고 공포에 질려 침묵하는, 아니 정치적으로 이미 적대화 되어 있는 지식인집단은 중국공산당이나 인민정부의 요구에 거의 움직이지 않았다.

민주당파와 지식인들이 호응을 보이지 않자, 1957년 2월 27일 모택동은 최고국무회의에서 「인민내부의 모순을 바로 처리하는 문제에 관하여」를 발표하고, 3월에는 중공중앙선전부가 전국선전공작회의를 소집하여 '쌍백' 방침을 호소하였다. 그리고 '쌍백' 방침의 확산을 위하여 3월 5일부터 20일 사이에 정치협상회의 제2회 전국위원회 3회회의가 북경에서 열렸다.

그럼에도 불구하고 지식인들은 거의 움직임이 없었다. 이에 대하여 당시 청화대학교수이면서 민주동맹 중앙위원이었던 費孝通은 "지식분자는 … 자신이 머리를 드러내려고 해도 주위를 둘러보고, 적당히 그리고 잠시 기다려 말을 하며, 앞장서려고 하지 않는다. … (그들 가운데) 백가쟁명의 방침에 대해서 명확히 알지 못하는 사람도 있지만, (그들이) 우려하고 있는 것은 그물에 걸리거나, 약간의 사상정황이라도 탐색되어 다음 숙청운동이 시작되면 징계되지 않을까 하는 것이다."라고 하면서, 지식인들이 적극성을 갖도록 유도하기 위해서는 더 많은 것이 필요하다고 지적하였다.[20]

대부분의 민주당파나 지식인들이 완전한 봄이 아직 오지 않았다고 생각하고 있었지만, 중국공산당과 인민정부에 대한 불만은 서서히 모습을 드러내고 있었다. 3월에 개최된 정치협상회의에서 국민당혁명위원회의 張

---

20) 「知識分子的早春天氣」. 『人民日報』. 1957년 3월 24일.

治中, 농공민주당의 章伯鈞, 민주동맹의 羅隆基 및 상해 복단대학의 王造時, 북경대학의 馮友蘭 등이 당과 당외인사의 문제, 有職有權 문제, 지식분자 문제, 정치협상회의 역할문제 등을 제기하였다. 이러한 문제들은 이후 '명방운동'에서 저항의 주요한 소재로 언급되고 있다. 따라서 그 내용을 살펴보면 왜 저항하였는가를 짐작할 수 있다.

장치중은 당과 당외인사의 관계에 대하여 다음 3가지를 제기하였다.[21] 첫째, 有職有權有責의 문제: 즉 직위는 있지만 권한이 없고, 직위는 있지만 일이 없다. … 당원과 당외인사는 같은 지위에 있어도 당원이 알고 있는 것을 당외인사에게는 전혀 알려주지 않는다. 또한 일부의 당원간부는 항상 당외인사에 대한 배려를 단순하게 생각하거나 국가가 그들을 배치하는 것은 '외관을 꾸미는' 것으로 생각하고 있다고 지적하였다.

둘째, 통일전선정책의 인식과 실행방법에 대하여: 상부에서는 문제가 적거나 없지만, 하부로 내려갈수록 문제가 많다.… 당원들은 당외인사와의 대화에서 '협의는 하지만 실제로는 지시'를 하고, '좌담회는 형식일 뿐 자신이 좋아하는 말을 들을 뿐으로, 다른 사람에 대해서만 말하고 자기비판은 하지 않는다'고 하면서, 때문에 당외인사는 의견을 내지 않고, 특히 반대 의견은 내지 않지만, 회의를 마친 후에는 많은 의견이 나온다고 하면서, 당외인사들이 사실상 철저히 소외되고 있음을 폭로하였다.

셋째, 당원과 당외인사의 우호협력에 대해서 : 당원들은 당외인사와 생활을 함께하지 않을 뿐만 아니라 유람이나 오락조차 따로 한다. 당원들은 말을 주고받다가도 당외인사가 오면 대화를 그치고, 거꾸로 당외인사들은 대화를 하다가 당원이 오면 마찬가지다. 또 당외인사는 일부 관계하는 회의에 참가할 수 없고, 관계되는 문건도 볼 수 없으며, 정책이나 정강이 적

---

21) 『新華月刊』 1957년 8호. 27쪽.

시에 전달되지 않아서 책임있는 당외인사도 상세하게 파악하지 못하기 때문에 규칙을 위반하기 쉽다. 당과 대중의 관계는 피부와 뼈인데 살이 없는 형편으로, 많은 지식분자들이 당에 접근하려 해도 높은 담에 의해서 차단되어 접근이 불가능하다고 소통의 부재를 꼬집었다.

羅隆基는 고급지식분자에 대한 대우를 개선하기 위해서 「評級制」(등급평가)를 채용하였지만, 소수의 교수에게는 등급 평가가 불공평하게 이루어지며, 정치를 중시하고 학술을 낮게 하며, 당원이나 團員에게는 높게 평가하고 당외인사는 낮게 평가한다고 하면서 당원과 비당원 사이의 불평등을 지적하였다.[22]

章伯鈞은 사회주의 사회에의 민주제도 확립을 강조하고, 그것에 기초한 민주당파의 장기공존의 문제, 조직공작의 문제, 반혁명숙청의 문제, 공작임무의 문제를 제기하면서, 민주당파와 공산당의 관계에 대해서 다음과 같이 말하였다.[23] 그는 공산당의 지도에 관한 문제에 대하여 "민주당파는 정치자유, 조직독립 및 지위의 평등을 갖는다고 하지만, 다른 한편 공산당의 지도를 받아들여야 한다고 한다. 이것은 모순인가 아닌가"라고 지적하였다. 아울러 민주당파와 공산당원이 공존하기 위해서는 양자간의 거리를 없애고 민주당파나 무당파는 주인정신을 가져야 한다고 하면서, 상호감독이라는 것은 인민내부의 일상적인 비판과 자기비판의 생활방식으로 공산당을 감독하는 것은 생각할 수 없다고 우회적으로 무소불위의 중국공산당 행태를 지적하였다. 또한 민주의 범람은 부르주아계급 사상과 유심주의가 들어올 것이라고 불안해 하지만 오히려 민주생활을 풍부히 하고, 민주제도를 강화해서 사회주의 건설에 참가시키는 것이야말로 마르크스·레닌주

---

22) 1957년 『新華月刊』 8호. 30쪽.
23) 위의 책. 45쪽.

의의 진리를 발양하는 것이라고 하면서 민주 확대를 호소하였다. 뿐만 아니라 그는 정치협상회의를 전국인민대표대회와 같은 지위로 끌어올려, 이원제를 취할 것을 주장하였다. 나중에 그는 이것을 「政治設計院」이라는 구체적인 형태로 제기하였다.

비록 이들이 정치협상회의에서 중요한 문제들을 제기하였지만, 아직 조심스런 의견개진의 수준에 불과하였다. 하지만 중국공산당이 정풍운동을 전개하자 민주당파나 지식인들은 물론이려니와 대학생들도 폭발적으로 공산당에 대한 비판의 수준을 넘어 공산당의 통치에 저항하기 시작하였다.

1957년 4월 27일 「정풍운동에 관한 중국공산당중앙위원회의 지시」로 중국공산당의 정풍운동이 개시되었다. 중국공산당중앙위원회는 "우리 당이 42년 개시하였던 정풍운동은 위대한 혁명의 승리라고 하는 성과를 거두었다." 하지만 건국 이후 수년 동안 "당내에 관료주의·종파주의·주관주의가 새롭게 성장하고 있기" 때문에 이것에 반대하는 정풍운동을 행한다고 하였다. 물론 그 방법은 '和風細雨' 즉 따스한 바람과 보슬비처럼 부드럽게 진행하겠다고 하였다. 중국공산당의 정풍운동을 위해서 4월 30일 모택동은 천안문 성루에서 각 민주당파의 책임자를 모아서 좌담회를 열고, 당의 정풍을 원조하도록 요청하였다.

李維漢에 의하면 당시 모택동은 신시대·신임무로서 계급투쟁은 종결하고 "민주인사에게 교육·위생 등의 부문에 있어서 관료주의를 지적할 것을 중점적으로 호소하였다. 고등학교(전문학교 이상)의 지도체제에 대해서 모택동 동지는 등소평 동지를 책임자로 하고, 당외인사 및 민맹과 93학사 등을 불러 좌담회를 열고, 지식분자에게 직무와 권한을 주는 문제, 학교당위원회제에 대해서 의견을 구할 것을 제기하였다."고 한다. 이후 이유한은 5월초부터 민주당파 내지 무당파와의 좌담회, 상공인들과의 좌담회, 그리고 각 부문의 당위원회 즉 各省, 各市의 위원회 및 일부 대학교의 당위원회에도 당외인사들과 좌담회를 열어 당의 정풍을 도와달라고 요청하였다.[24]

또한 1957년 5월 8일부터 5월 16일, 그리고 5월 21일부터 6월 3일까지 모두 13회에 걸쳐 중공중앙통일전선부는 당의 정풍운동의 전개를 촉구하고, 당외인사들로부터 인민 내부모순의 지적, 곧 당이나 정부의 정치상의 잘못·결점 등에 대한 의견과 비판을 듣기 위해서 좌담회를 개최하였다. 6월 3일까지 연 70여 명의 민주당파 인사와 지식인들의 의견진술이 이루어졌다. 이 좌담회를 주최한 이유한 통일선전부부장은 첫날 "이 회의를 소집한 목적은 여러분에게 우리가 진행하고 있는 정풍을 원조해달라는 것과 우리의 결점과 잘못을 고칠 수 있도록 도와달라는 것이다. 통일전선의 방법을 가지고 우리의 정풍을 추진하는 것은 처음 있는 일로서 여러분이 자세한 비판과 의견을 많이 제시하여 줄 것을 희망한다"라고 하였다.[25]

이러한 좌담회에서 중국공산당과 모택동에 대한 극단적 발언들이 쏟아졌다. 좌담회 및 집회에서 나온 각계의 반응과 주장을 정리해보면 다음과 같다. 우선 민주제당파부터 살펴보자.[26]

1. 민주당파의 주된 의견과 비판

그들의 의견은 거의 공산당과 민주당파 사이의 독립·자유·평등에 대한 요구이고, 당의 관료주의, 종파주의, 주관주의, 교조주의에 대한 비판이었다. 당의 일당독재를 비판하는 것과 함께 사회주의 민주의 확립, 당과 행정

---

24) 李維漢. 1986. 『回憶與研究』 하권. 중공당사자료출판사. 이유한은 당시 당중앙통일선전부장으로서 민주당파나 지식분자와의 관계에 대한 직접적인 책임자였다.
25) 岡崎邦彦. 1983, 「中國知識分子論序說 3」. 『東洋研究』 67. 68쪽. 아울러 5월 15일부터 6월 8일까지, 25회에 걸쳐서 통일선전부와 국무원 제8 판공실은 공상계의 대표자와 좌담회를 개최하였는데, 연108명의 발언을 듣고, 국무원비서장 習仲勳은 5월 29일부터 6월 19일까지 12회에 걸쳐 당외인사와 좌담회를 열어 54명의 발언을 들었다.
26) 민주제당파에 관한 것은 대부분 위의 岡崎邦彦의 글을 참조.

의 분리 등을 주장하였다.

첫째, 공산당원의 특권의식에 대하여 비판하면서 당외인사의 직위와 권한을 요구하였다. 章伯鈞(농공민주당)은 "직위, 권한, 책임 세 가지는 불가분으로 당외인사가 직위와 권한을 가지도록 하려면, 동시에 당외인사가 책임을 지도록 해야 한다. 그렇지만 현재 당외인사가 지도하고 있는 것에 대하여 실제로는 당조직이 모든 것을 결정하고 책임을 지는 것으로 되어 있다. 책임을 진다는 것은 권한을 필요로 하는 것이기 때문에, 이것이 당외인사의 有職無權의 근본원인으로 되어 있다."라고 지적하였다. 그리고 이 문제를 해결하기 위해서는 "국가기관 가운데 당조직과 행정지도의 직위, 권한을 명확히 해야 한다"라고 하고, 당외인사가 사회주의 건설에 적극성을 띠지 못하게 하는 주요 요인이 '유직무권'이기 때문에, 이에 대해서 당이 행정에 관한 직위와 권한을 확실히 해줄 것을 요구하였다.

章乃器(중국민주건국회)는 당과 당외의 문제, 당과 행정의 구별, 통일선전부의 결점을 거론하면서, 먼저 당원·당외인사가 갖고 있는 '壁'과 '溝'[27]의 사상적 근거에 대해서 발언하였다. '벽'과 '구'의 사상적 근거는, 당이 혁명·건설을 지도하여 지금의 중국이 있게 하였지만, 그것 때문에 당외인사들은 당원에 대한 열등감을 가지게 되었다고 하였다. 또 당원들은 오만한 기풍을 조장하고 있는데, 이는 스탈린의 「레닌추도사」에 "우리 공산당은 특수한 자료로 만들어진다"고 한 말 때문이라고 하였다. 즉 이 구절이 "수양이 덜된 당원이라도 자신은 특수한 인간이라고 자임하게 되는 것을 조장하고 있다"는 것이다. 때문에 그는 공산당이 특수한 자료로 만들어지고 있다는 공식 즉 교조주의를 비판할 필요가 있다고 지적하였다. 이에 호응하여 陳銘樞(국민당혁명위원회)는 "당원이 허심탄회하게 당

---

27) 주은래가 지식인문제를 이야기 할 때 당과 지식인 사이에 '壁'과 '溝'가 존재한다고 하였다.

밖에서 스승을 구하고 친구를 찾아야 한다."라고 하고, 茅以升(93학사)은 "이러한 '벽'과 '구'는 수년 동안 단지 당과 대중과의 사이만이 아니라 대중 상호간, 각 기관사이, 기관과 대중사이에도 존재하고 있다"고 하면서 동조하였다.

둘째, 당조직과 행정계통에 관해서 민주당파 지식인들은 당조직이 행정기구를 대신하고 있는 상황을 지적하면서, 당과 행정을 구분하고, 분담을 명확히 할 것을 요구하였다. 邵力子(국민당혁명위원회)는 '以黨代政' 문제에 대해서 "특히 현 이하의 지도기관에서의 문제가 크다. 縣長은 대체로 무시되는 반면 縣당위원회의 권력은 대단히 크다. 마찬가지로 현인민위원회는 중시되지 않고 모든 일은 현당위원회가 결정한다." "앞으로 (행정적)지시는 국무원이 각 정부 부문에 하고, 당중앙은 당의 계통으로 분리하도록 고려해야 한다"라고 당과 행정을 명확히 구분할 것을 요구하였다.

셋째, 통일전선부의 태도가 모든 정파에 동일하지 않은 것을 비판하였다. 장백균은 "통일전선부의 처리 방법이 집중에 대해서는 강조하지만 민주에 대해서는 소홀히 한다. 특정한 파를 지지하고 다른 풍부한 의견을 가진 사람이나 집단을 억압하며, 처리를 명확히 하지 않고 시비를 구별하는 것이 명확하지 않다. 때문에 약간의 독재적 작용과 가부장적 작용을 증장시키고, 스스로 종파주의 활동도 조장하였다."라고 하면서, 민주당파에 대한 직접관리를 보다 느슨하게 할 것을 요구하였다.

넷째, 관료주의가 횡횡하고 있는데 이는 공산당의 무능력 때문이라고 비판하였다. 장내기는 관료주의가 자본주의보다도 더 위험하다고 주장하는가 하면, 張奚若(무당파, 국무원교육부장)은 공산당의 세 가지 해로운 점 (관료, 종파, 주관주의)의 원인에 대해서 발언하였다. 주관주의는 우선 당원의 자연계와의 투쟁이나 사회주의건설에 대한 지식이 불충분하고 경험이 부족한 것에 있다. … 또 임무가 많은 것에 원인이 있다. 이러한 주관주의를 배경으로 하여 간부는 임무달성·초과달성·기한 전 달성을 해야 하는데 이

것이 단순한 행정명령으로 되어 관료주의를 낳는다. 종파주의(섹트주의)는 당원이 해방 후 8년간의 역사를 배경으로 천하는 자신이 건설하였다는 사고에서 온 것이다. 게다가 교조주의는 낮은 지식수준과 경험의 부족 등으로 문제를 해결하고자 할 때 소련에서 사용된 교조를 그대로 받아들이기 때문이라고 하면서, 거의 모든 문제가 공산당원의 무능력 때문에 야기된 것이라고 조소에 가까운 비판을 하였다. 向達(북경대학교수)은 '삼해'와 '사대편향'에 대해서 형식주의가 원인이라고 지적하였다. 결국 당원의 지식부족, 경험부족, 정황의 복잡함, 일의 양이 많음이 관료·종파·주관주의의 요인으로 되고, 교조주의에 빠지는 원인이 된다고 지적하였던 것이다.

다섯째, 공산당원이 법과 제도를 운용할 능력이 없다고 비판하였다. 즉 楊淸(동북사범대학 교육계 주임)은 당원들이 헌법, 법제에 대한 인식이 전혀 없어서, 법을 위반하고 규율을 혼란시키며, 하고자 하는 것을 마음대로 한다고 주장하였다. 熊克武(국민당혁명위원회)는 법제의 건전화는 반혁명숙청공작만이 아니라 인민내부의 모순을 바로 처리하는 것에도 중대한 이의를 가지고 있다고 하면서 법제의 건전화를 주장하였다. 盧郁文(국민당혁명위원회)는 법제확립의 구체적 방법을 제시하였는데, 첫째 당과 정부의 관계를 정한다. 둘째 법제질서법을 제정하여, 전국인민대표대회와 국무원, 국무원과 각부, 중앙과 지방의 입법 및 법규제정상의 권한 문제를 해결한다. 셋째 각 기관의 조직법을 정하고, 각 기관의 업무의 성질, 직권의 범위, 기구편제를 명확히 규정한다. 넷째 각 기관의 공작규정을 제정하고, 내부를 장악하는 것부터 하여, 각 급별 책임, 각 계층별 책임 문제를 해결하고, 전문직을 두어 책임을 지도록 해야 할 것이라고 주장하였다.

이외에 羅隆基는 '平反委員會'의 설립을 요구하였다. 즉 '삼반·오반' '반혁명숙청'에 있어서 잘못된 結審에 대하여 명예회복을 행하기 위하여 위원회를 설립하자는 것으로, 사실상 지금까지 있어왔던 사상개조운동을 전면적으로 부정하는 것이나 다름없었다. 黃炎培(민주건국회)는 公私合營

에 의해서 私側이 차별을 받고 있는 정황을 말하고, 자본가라는 계급딱지를 떼어줄 것을 요구하였다.

민주동맹원이고 9·3학사 중앙위원이기도 하였던 『광명일보』 편집장 儲安平은 "신중국 성립 후 처음 중앙인민정부의 6명의 부주석 안에 3명, 4명의 부총리 안에 2명이 중공당원 이외에서 임명되어 '연합정부'의 분위기가 있었지만, 지금은 부주석이 1명으로 감소한 것은 좋다고 해도, 12명의 부총리에 한 사람의 비당원도 없다고 지적하고, 전국의 모든 부문에서 말단에 이르기까지 당원을 배치하고, 사람들은 일의 대소를 불문하고 당원의 얼굴을 살펴 일을 하고 있다. 이것은 중국공산당에서 천하는 공산당의 것 즉, 「黨의 천하」라는 사상이 있기 때문이다"라고 하였다.[28] 연합정부를 자처하면서도 중국공산당이 독주하는 것에 대한 신랄한 비판인 것이다.

이상과 같이 민주당파는 공산당의 독재적 경향을 비판하고, 사회주의 민주의 확립을 요구하며, 당이 행정을 대신하고 있는 상황을 고치고, 또 반혁명 숙청에 의한 잘못을 바로 하기 위하여 확고한 법제를 세워야 한다고 하였다. 민주당파가 중국공산당에 대해서 비판의 수준을 넘어 같이 평등할 것을 요구하면서 저항하는 이유는, 연합정권 하에서 직위가 부여되었음에도 불구하고 중공당의 일당독재가 갈수록 강화되고, 자신들은 아무런 역할을 할 수 없었을 뿐만 아니라 오히려 계속적으로 사상개조만을 강요받은 것에 대한 불만과 소외의식 때문이라 하겠다.

---

28) 竹內實. 1978. 6. 「百花齊放と反右派鬪爭」. 『朝日ジャーナル』(20-24)에서 재인용.

2. 대학교수를 중심으로 하는 지식인들의 의견과 비판

북경대학 교수들의 중국공산당에 대한 비판이 처음 제시된 것은 1957
년 4월 27일 북경대학 화학과 제1회 좌담회였다. 여러 발언 가운데 화학과
교수 傅鷹의 발언이 중선부의 당내출판물인 『宣敎動態』 1957년 51호(5월
12일)의 톱으로 실렸다. 그 표제어는 「젊은 당원은 국민당 특무 같다」이다.
그 내용을 보면 "당과 당외인사의 관계가 좋지 않은 것은 우선 '3반' 시기
의 편향된 방법 때문이었다. '3반' 이후 교수들이 말하고 있을 때 당원이
오면 얼굴을 마주보고 웃고, 뭔가 당원에게 듣기 좋은 말을 한다. 하지만
실은 교수들은 모주석의 악담을 말하고 있었을 뿐만 아니라, 梅蘭芳의 '貴
妃醉酒'의[29] 말을 하고 있었던 것인지도 모른다. <u>그러나 … 투쟁(숙청)의
때가 되면 당원은 이렇게 말할 것이다. 어느 때 나는 傅鷹이 '매란방의 말
을 하면서 왜 예술가를 존중하지 않는 것인가' 라고 말하고 있는 것을 들었
다. 이것은 어떤 사상인가? 근원은 무엇인가</u>(밑줄: 필자 강조) 라고 할 것
이다. 때문에 젊은 당원에 대한 우리들의 시각은 중경국민정부의 국민당
특무에 대한 것과 같다고 본다. 특히 입당해서 당원후보로부터 정당원이
되려고 하고 있는 인간에 대해서는 경계심을 가진다. 그들은 사람에게 곤
봉을 휘두르면 휘두를수록 정당원이 되는 기회가 증가하였던 것이다."라
고 하면서 공산당원들에 대하여 신랄하게 비판하였다.

그는 계속해서 「'3반' 이 또 오지 않는다는 보증은 없다」라는 글에서
"지금은 죽을 위험이나 失業의 위험은 없다. 그렇지만 '3반' 이 또 오지 않
는다는 보증이 없다."라고 중국공산당에 대한 극도의 불신을 표시하면서,
「사상개조는 질색이다」라는 다른 글에서는 "나는 '사상개조' 는 질색이다.

---

29) 梅蘭芳은 京劇에서 여장을 한 유명한 배우이다.

개조라고 하는 단어는 노동개조와 연결되어 있다. 잘못을 범하였다면 고쳐야 한다. 나는 일생 커다란 잘못은 범하지 않았다고 믿고 있다. 나라를 사랑하는 것에 어떤 당원에게도 뒤지지 않는다."라고 하면서, (당원들이) 마르크스·엥겔스·레닌·스탈린 등의 경전을 인용하여 의기양양해 하는데, 누구나 알고 있는 것을 아무도 모르는 말을 사용하여 설명할 필요는 없는 것이라고 비아냥거리면서 비판의 수준을 넘어 공산당원을 조롱하였다.

부응은 학교문제에 대해서 「학교에서의 관료적 공기는 해방 전보다도 증가하였다」라는 글에서 "학교에는 지금도 아직 학술적 기풍이 세워져 있지 않다. 관료적 공기는 해방 전에 비해서 농후하다. 교학·연구 면에서는 교수가 가장 잘하는 것이기 때문에, 교수는 학교의 일체에 발언권을 가져야 하는 것이고, 그들의 의견을 존중해야 한다. 해방 이래 교수에게는 지위가 없다. 어느 졸업생을 조수로 해서 학교에 남길 것인가는 인사처가 결정하고, 모두 정치적 수준이 기준으로, 선발되는 기회가 당원은 단원보다 많고 단원은 대중보다 많다."라고 공산당의 비민주적 횡포를 폭로하였다. 아울러 「진실로 진보적인 것은 의견을 내는 것이다」라는 글에서는 "모주석이 백가쟁명을 제창한 이후에도 오랫동안 활발하게 되지 않고, 이제 겨우 활발하게 되었다. … 진실로 진보적인 것은 의견을 내어 국가를 정확히 계속 이끌고 가는 것이다. 중국의 지식분자에게는 氣節의 전통이 있다. 아첨이나 아부는 사용하지 않는다. 지금은 '氣節이라고 하는 단어는 옛것이 되었다. 봉건적이라고 한다…."라고 하여,[30] 전통시기 사대부의 기질이 결코 봉건적인 것이 아니라 국가를 위하여 진보적인 것이라고 주장하고 있다. 뿐만 아니라 은근히 전통사대부의 청류파적 모습에 기대어 중국공산당의 행태를 비난하고 있다.

---

30) 이상 傳鷹에 관한 것은 丸山 昇 저. 『文化大革命に到る道』(岩波書店. 2001). 329~336쪽을 참조.

王惟中(상해경제학원교수)은 당과 지식분자 사이의 세 가지 문제점을 지적하였다. "첫째 일부 당원의 지도방법이 지식인의 특성에 적응하고 있지 못하다는 것이다. 지식분자는 우선 체면을 중시하고, 그것을 무시하는 것은 그의 눈을 제거하는 것으로 죽음에 이르게 하는 것보다도 중대한 것이다. 당은 그들의 애국심과 연구활동을 인정하고, 그들의 체면을 중시하는 특성을 배려하여 조금씩 교육개조를 해야 할 것이다. 둘째 교조주의와 사상의 자유에 모순이 있다. 학술과 사상의 문제에 반동사상이라는 딱지를 붙이게 되면 진리를 설명할 수가 없다. 셋째 지식인의 특성에 대한 이해를 구하고 사상의 자유를 인정해야 한다."라고 지적하였다.[31] 왕유중도 부응과 마찬가지로 전통적 지식인의 모습을 중국공산당이 인정할 것을 요구하면서, 그간의 사상개조운동에 대한 못마땅함을 토로하고 있는 것이다.

陸侃如(산동대학부교장), 陳仰之(민주동맹) 揚淸(동북사범대학 교육계 주임) 등은 교내에서의 당위원회제도 즉 '黨委治校'의 문제와 교내 당위원회의 섹트주의를 지적하였다. 馬寅初(북경대학교수)는 당위원회제도의 개정을 요구하고, 陳銘樞(국민당혁명위원회)는 당위원회제도의 폐지를 주장하였다. 특히 나융기는 "당위가 학교를 지도하는 것은 중국 현재의 정치제도의 정신에 부합하지 않는다. 왜냐하면 우리나라는 공산당의 지도에 의한 공농연맹을 기초로 하는 인민민주독재를 실행하고, 각 민주당파도 모두 정권에 참여하고 있기 때문이다. 무슨 필요가 있어서 학교에 '당위치교'를 실행하는가. '당위치교'는 개정되어야 한다"라고 당위원회제도를 부정하였다.

한편 向達(북경대학교수)은 5월 16일 중국과학원 경제연구소가 주최한 경제학자 좌담회에서, 종파주의에 의해서 고전경제학·학자는 전체적이고

---

31) 이하 대학교수의 내용과 민주제당파에 관한 것은 앞의 岡崎邦彦의 글을 참조.

근본적으로 부정되고 있고, 자본주의 경제학의 유용한 것이 부정되고 있다고 비판하였다. 곧 마르크스 경제학 일변도로 되어 다른 경제학이 부정되고 있는 현상을 비판하고, 개인의 사고를 발양하기 위해서는 자료의 공개가 필요하다는 것이다.[32]

郭沫若은 5월 23일부터 30일까지 열린 중국과학원은 학부위원회 제24회 전체회의의 閉幕詞에서 "국가계획의 연구를 제거하고, 과학자는 자기의 전문과 스스로의 요구에 기초하여 자유로이 연구공작을 진행해야 한다."라고 하면서 자유연구의 확립과 국가적 차원에서 획일적으로 주어지는 연구의 파기를 주장하였다.[33]

주로 학문 및 연구의 자유, 그리고 사상의 자유를 요구하고, 민주화 특히 학교의 당지배로부터의 민주화를 요구한 것이 특징이다. 이러한 지식인들의 주장은 학교 안에서의 민주화의 요구이고, 지식분자와 민주당파 인사에 의한 민주적 학교운영의 요구이며, 종래 당위원회에 의한 종파적·관료적 학교관리와 운영에 대한 비판이었다. 나아가 중국공산당 일당독재를 부정하고 있는 것이다. 특히 사대부들이 가졌던 자존의식을 지식인들의 의식과 동일시하면서, 중국공산당에 지식인들의 특성을 인정하라고 촉구하고 있는 점이 두드러진다. 이러한 전통지식인의 태도는 무릇 '사대부들은 한걸음 먼저 천하를 걱정하고 위해야 한다' 는 共意識과 '앞장서서 천하를 이끌어야 한다' 는 우월의식이 작용한 것이 아닐까 한다. 이러한 지식인들의 주장은 단순한 비판을 넘어 그동안의 사상개조와 통제에 대한 불만의 폭발이고, 중국공산당 정권에 대한 저항이라고 할 수 있겠다.

---

32) 1957년 『新華月刊』 12호. 142쪽.
33) 위의 책. 141쪽.

3. 대학생들의 주장과 비판

학생들의 주장은 5월 19일 북경대학에서 시작되었다. 이날 이른바 '민주의 벽'에 '3大'에 출석하는 북경대학의 대표는 어떻게 선발되었는가를 團위원회에[34] 묻는 대자보가 붙여지면서 학생들의 저항운동은 시작되었던 것이다.

주목되는 몇 명의 주장과 비판을 보자.[35] 5월 21일 劉奇弟는 「호풍은 결코 반혁명분자가 아니다」라는 대자보를 붙이고, 호풍의 석방을 정부에 요구하였다. 순간 전학교는 뒤흔들렸고, '호풍사건의 3회의 재료'는 불충분한 것이라는 의견과 호풍비판을 옹호하는 사람 사이에 논쟁이 시작되었다. 22일 대자보가 대량으로 증가하고, 곳곳이 토론회장 혹은 연단으로 변하였다. 당위원회는 23일 교내 방송으로 당원에게 대중의 의견을 억누르지 말라고 함으로써 논쟁은 더욱 격화되었고, 급기야 법학과 학생들은 유기제 등 3명을 불러 토론회를 열었다.

이 토론회에 인민대학 법학과 林希翎이라는 여학생도 참가하여, 호풍에 대하여 유기제의 의견에 찬성하였다. 더불어 청년은 인간의 특징이 충분히 발휘되고, 개성이 진정으로 해방되며, 사람과 사람 사이에서 진실로 평등·우애의 생활이 행해지는 것 같은 '진정한 사회주의적 인간생활'을 쟁취하여야 한다고 제창하였다. 뿐만 아니라 그는 "나도 과거에 호풍을 비판하는 문장을 쓴 적이 있다. 지금 생각하면 아주 유치하고 부끄럽다. 현재 생각해보면 그에게 반혁명의 죄명을 가하는 것은 엉터리이다. 그의 의견서가 반혁명이라고 할 수 있는가. 당중앙에 의견을 내는 것이 어떻게 반혁

---

34) 단은 신민주주의 청년단, 3대는 1958년 5월의 제3회 대회를 가리킨다. 이 대회에서 공산주의청년단으로 개칭되었다.

35) 학생들에 관한 내용은 丸山昇 저. 『文化大革命に到る道』(岩波書店. 2001). 336~348쪽 참조.

명인가. 이는 스탈린주의의 방법이다. 호풍의 의견서는 기본적으로 정확하다. 그는 모주석의 '문예강화'에 반대하였다고 한다. 모주석은 '문예는 노·농·병에 복무하여야 한다'고 말하였는데, 호풍은 이를 적용할 수 없었던 것이다. <u>모주석의 말이라고 해서 금과옥조는 아니다.</u> 왜 반대하면 안되는 것인가. … 호풍의 의견서가 만약 오늘 제출되었으면 그가 반혁명이라고 하지 않았을 것이다. <u>만약 노신이 제출하였다면 반혁명은 아니라고 할 것이다.</u>"(밑줄: 필자 강조)라고 발언하여 일약 유명인사가 되었다.

또 한 학생으로 '독초'라는 네 편의 글을 썼던 譚天榮이 있다. 그는 한 물리학 교수의 처지를 빗대어 중공정권을 비난하였다. "남개대학의 … 程京 교수는 미국과 영국에 유학하여, 영국에서 세 개의 박사 학위를 취득하고, 상대성원리에 공헌 바가 있는 물리학자이다. 1949년 가슴 가득히 열의를 품고 귀국하였다. 1950년 사상개조운동을 만났다. 그렇지만 남개대학의 그것은 어떤 사상개조였던가? 그는 여러 가지 인신공격을 받고 … 33세의 이 젊은이는 가슴에 잔혹한 상처를 받았다. 현재 남개대학의 구내에 괴이한 사람을 볼 수 있다. 매일 관절염을 앓고 있는 두 다리를 끌고 여러 잡일에 종사하고 있지만, 스스로 세탁할 비누도 없는 사람이다. 이 사람이 바로 철학박사요 물리학 교수인 정경인 것이다"라고 중국공산당의 사상개조운동을 개탄하였다.

담천영은 또 자신의 경험을 바탕으로 숙반운동을 비판하였다. "숙반 때 나는 반에서 '반혁명'으로 투쟁의 대상이 되었다. 처음 그것을 의심하는 사람이 있자, 반의 간부는 그 사람들은 당을 믿지 않고 있다고 하였다. 나의 가까운 친구 한 사람이 나는 결코 현행반혁명[36]은 아니라고 보증하자, 그들은 그것은 내가 그를 유혹하고 속이고 있는 것이라고 말하고, 나를 압

---

36) 건국 후에 반혁명행위를 범한 사람을 가리킴. 건국 이전은 역사반혁명이라 한다.

박하여 있지도 하지도 않은 여러 죄행을 자백하라고 하였다. … 어떻게 이러한 것이 있을 수 있는가? 대중이 당의 모든 것을 바르다고 믿고 있기 때문이다. 당은 어떠한 상황하에서도 바르고, 당만이 바르며, 당외 대중이 다른 의견을 내면 그것은 틀림없이 잘못된 것이다. … 이런 공격과 압제는 그가 남을 만족시키는 자기비판을 할 때까지 계속된다.”라고 하였다.

북경대학의 대자보로부터 시작된 대학생들의 ‘명방운동’은 전국 대학으로 확산되었으며, 민주제당파나 대학교수들보다 훨씬 과격하였을 뿐만 아니라 모택동의 존재까지도 인정하지 않으려고 하였다. 또한 대학생들의 이러한 움직임은 고등중학교(우리의 고등학교)에까지 영향을 미쳐 중국공산당에 커다란 충격을 주었다.[37] 대학생들은 건국 이후 중국공산당이 주도하였던 사상개조와 사회주의화는 모두 잘못된 것이라고 주장하는 것에 다름 아니었다. 이러한 사상개조운동에 대한 비판과 부정은 사실상 중국공산당과 모택동에게 정면으로 도전하는 셈이었다.

Ⅳ. 저항의 종결로서 ‘반우파투쟁’

1957년 5월 ‘명방운동’이 절정에 달해 있을 때 모택동은 서서히 문제를 심각하게 고려하기 시작하였다. 모택동은 5월 15일 「사정은 지금 변하고 있다」라는 글을 발표하였다. 당시 당의 통일선전부장으로서 민주당파 지

---

37) 대표적인 사건은 湖北省 漢陽 제1중학 학생들이 진학문제로 동맹휴학을 하고, 교장을 비롯한 5명의 黨員 교사들의 사퇴를 요구하고, 중국공산당의 타도를 외치면서 시위를 벌였던 사건이다. 이 사건으로 인해 王建國 부교장과 수명의 교사들이 체포되었고, 주범으로 지목된 3명의 학생이 처형되었다.

식인들과 좌담회를 주도하고 있던 李維漢에 의하면,[38] 네 번째 정도의 좌담회에서 '輪流坐莊'[39]이나 영국 런던의 하이드파크[40] 등의 주장이 나왔다고 한다. 모택동은 '그들이 이러한 것을 하고 있으면 장래 나도 당하게 되는 것은 아닐까' 라고 말하면서, 회의에서 나온 말들을 『인민일보』에 그대로 발표하도록 하고, 또한 묵묵히 듣기만 하고, 반박하지 말며, 모든 것을 말하게 하라고 지시하였다고 한다.[41] 그리고 그때부터 반우파 운동을 준비하였다고 회고하였다.

6월 8일 『인민일보』는 「이것은 무엇 때문인가 국무원비서장보좌 盧郁文에게 보내진 협박장에 대하여」라는 제목의 사설을 게재하였다. 여기에서 『인민일보』는 "공산당의 정풍을 원조하라」라는 이름 하에, 소수의 우파분자는 공산당과 노동자계급의 지도권에 도전하고, 거리낌 없이 공산당에게 퇴장하라고 외치고 있다. 그들은 이 기회에 편승하여 공산당과 노동자 계급을 전복시키고, 사회주의의 위대한 사업을 전복시키려고 하고 있다."라고 주장하였다.

같은 날 중공중앙은 「힘을 조직하여 우파분자의 공격에 반격을 준비하는 것에 관한 지시」를 각 성위 앞으로 보냈다. 이는 모택동이 직접 쓴 것으로 "반동분자가 광분하여 공격을 가하고 있다. … 일부 좋지 못한 자본가, 좋지 못한 지식분자 및 사회의 반동파가 노동자계급과 공산당에 미친 듯이 공격을 가하고, 노동자계급이 지도하는 정권을 타도하려고 하고 있다."[42]라고 하였다. 모택동은 계급투쟁의 관점을 가지고 문제를 관찰하고 결론을 얻어야 한다고 함으로써 중국공산당에 대한 저항을 계급투쟁으로 전화

---

38) 이유한은 좌담회의 내용을 매일 중앙정치국상무위원회에 바로 보고하였다고 한다.

39) 도박에서 선을 돌려가면서 잡는 것, 즉 정권교대를 의미.

40) 자신의 의견을 마음대로 주장할 수 있는 곳으로, 완전한 자유언론이 필요하다는 주장.

41) 이유한, 『回憶與硏究』 하권, 중공당사자료출판사, 1986.

42) 「組織力量反擊右派分子的猖狂進攻」. 『毛澤東選集』 5권. 1977년. 431~433쪽.

시켜 군중운동을 발동하여 또다시 민주당파와 지식인에 대한 철저한 탄압을 가하였던 것이다.

탄압은 제일 먼저 민주당파 지도자들부터 시작되었다. 그 대표적이 사람이 나융기와 장백균이다. 사실 그들의 주장은 인민민주전정에 관한 전면적 부정이라기보다는 〈공동강령〉에 근거한 연합정권 본래의 목적대로 시행할 것을 엄격히 촉구한 것이었다. 그럼에도 불구하고 그들은 자아비판을 하고 자신들의 주장을 부정하도록 강요받았다.

나융기는 "모주석과 당 지도부, 그리고 수만의 (민주)동맹동지들의 기대에 부응하지 못한 것을 후회한다.… 나 자신을 철저히 개조하고 싶다. 그리고 이제부터는 중국인민과 사회주의 사업을 위해 정직하게 일하고 싶다."라고 자신을 비판하였고, 장백균은 "전국 인민이 우익분자인 나를 준엄하게 처벌하라고 요구하고 있다. 이는 당연히 그렇게 되어야 할 일이고, 나는 이를 받아들일 준비가 되어 있다. … 당과 모주석의 지도와 가르침 아래 새 생명을 얻고, 당과 사회주의를 사랑하는 위치로 돌아가기를 희망한다."라고 하였다.[43]

9월 22일 '8당대 3중전회'에서 등소평의 정풍운동에 관한 보고를 하면서, 이른바 부르주아 우파분자들의 행위를 다음과 같이 네 가지를 지적하였다.

첫째, 부르주아 계급의 경제정치제도와 문화를 선전·발양하였다.

둘째, 국가의 기본정책, 예컨대 외교정책, 통일구입·통일판매 정책, 사회주의 혁명, 6대운동(토지개표, 항미원조, 반혁명숙청, 3반·5반운동, 사상개조운동)을 반대하였다.

셋째, 인민민주혁명, 사회주의혁명, 사회주의건설의 성과를 부정하고,

---

43) 모리스 마이너스. 앞의 책. 260쪽.

당과 프롤레타리아계급이 국가의 건설을 지도할 수 있다는 것을 부정하고 있다.

넷째, 당의 국가공작, 당의 각부(특히 문교과학기술부문)에 대한 지도에 반대하여, 당의 약간의 기층단위(고등학교와 신문출판기관)에 대한 지도의 취소를 요구하였다는 것이다.[44]

여기서 확인할 수 있는 것은 중국공산당 중심의 정치·사회 구조에 관한 한 변경의 대상이 될 수 없다는 것이다. 즉 중국공산당이 민중으로부터 유리되어 있다는 지적이나, 혹은 구체적인 공산당원의 지도가 부적절하다는 비판은 받을 수 있지만, 중국공산당의 지도 그 자체를 부정한다던가, 국가·인민단체·학교·연구기관에 대한 당원의 정치지도를 부정하는 것은 허용할 수 없다는 것이다.

위의 사례에서 세 부류 모두 중국공산당의 태도변화를 촉구하거나 공산당의 일당지배를 부정하는 태도를 보이고 있지만, 그들의 어떤 주장에서도 특별한 이데올로기나 목표를 제시한 것은 찾을 수 없다. 그러한 이유가 중국공산당으로부터 내려 받은 기회였기 때문이고, 갑작스럽게 전개된 때문이기도 하겠지만, 애초에 세력을 조직화해서 중국공산당에 대항하려는 태도는 없었던 것으로 보는 편이 타당할 것이라 생각한다. 이 점은 현대 중국에서의 저항운동의 한계이자 특징이라고 하겠다.

우파분자로 지목된 사람은 대부분이 지식인들이었기 때문에 이후 지식인은 자산계급에 속하는 것으로 인식되어 신임을 받지 못하였을 뿐만 아니라 중용되지도 않았다. 또한 이러한 사회적 인식은 계급투쟁의 이론을 확대시키는 결과를 가져왔고, 긴장된 정치적 분위기를 조성하였으며, 그 결과 문화대혁명으로 치닫게 되었다고 하겠다. 결국 며칠 전까지 중국공산

---

44) 土井章 著. 1980. 『現代中國革命重要資料集 1卷』. 大同文化大學東洋硏究所. 501쪽.

당과 정권을 격렬하게 비판하던 지식인과 민주제당파 인사들은 스스로 단죄를 요청하며 비굴하게 공산당을 찬양하였다. 반우파투쟁은 중화인민공화국 초기 지식인의 권력에 대한 저항의 완전한 종말을 의미하였다.

V. 맺음말

중국공산당은 1956년에 생산관계에서의 사회주의화는 거의 완성되었지만, 생산력의 발전이 이를 뒷받침 해주지 못하는 모순을 해결하기 위해서 지식인들의 도움이 절실하게 되었다. 당해 9월에 열린 중국공산당 제8기 전국대표자대회에서는 그동안의 민주당파와 지식인에 대한 사상개조의 노선에서 벗어나 공식적으로 지식인에 대한 '백화제방, 백가쟁명', 민주당파에 대한 '장기공존, 상호감독'이라는 슬로건을 승인하였다. 물론 이러한 변화에는 국내적 요인뿐만 아니라 후르시초프의 스탈린 격하, 헝가리와 폴란드의 자유주의운동이 크게 영향을 미쳤다.

이러한 중국공산당의 방침에 대하여 의심의 눈초리를 거두지 못하던 지식인들은 1957년 봄 중국공산당이 정풍운동을 전개하자, 이에 편승하여 '大鳴大放'을 외치면서 국가권력에 저항하기 시작하였다. 중국공산당이 '쌍백' 방침을 내세우지만 그것은 철저히 사회주의건설을 목표로 하는 것이었다. 때문에 '단결-비판-단결'이라는 도식 속에서 비판은 허용하지만 반대는 용납하지 않았고, 애초에 공산당의 통치에 저항할 것이라고는 생각하지도 않았다.[45] 하지만 '명방운동'이 비판의 수준을 넘어 사회주의와 중국공산당을 부정하는 단계에 이르렀다고 판단한 모택동은 즉시 '우파'에 대한 투쟁을 독려하고 '독초'의 제거를 주장하였다. 이른바 반우파투쟁이 그것이다. 격렬하게 중국공산당을 비판하고 금방이라도 대규모의 투쟁으로 전개될 것처럼 보였던 '명방운동'은 1개월 남짓 화려하게 꽃을 피웠다가 믿을 수 없을 만큼 순식간에 사라지고 말았다.

지식인들이 저항하게 된 데는 중국공산당의 일당독재와 권위주의에 대한 반발, 소외의식, 그리고 공산당과의 소통 불능, 건국 직후부터 숨 돌릴 틈도 없이 진행된 사상개조운동에 대한 불만 등이 주요 요인으로 작용하였다. 급기야 저항운동은 지식인을 중심으로 전국적으로 확산되었을 뿐만 아니라 고등중학교에서까지 전개되었고, 공산당의 일당지배를 부정하려는 단계까지 이르게 되었다. 그럼에도 불구하고 어떤 집단도 특별한 이데올로기나 목표를 가지고 있었던 것은 아니고, 세력을 조직화해서 중국공산당에 대항하려는 모습도 없었다. 또한 특히 지식인들의 경우 자신들의 태도를 전통적 사대부의 모습에 기대어 자신들의 행위를 정당화하기도 하였다. 이러한 것은 중화인민공화국 초기 지식인 저항운동의 한 특질이라 하겠다.

목표도 없고 조직화되지도 못한 저항운동은 권력을 장악한 집단 즉 중국공산당에 의해서 무참히 제압당하고, 오히려 계급투쟁의 이론을 확대시키는 결과를 초래하였는바, 대약진운동과 문화대혁명이 그것이다. 중국공산당은 '명방운동' 이후 국가권력의 독점을 더욱 강화하였고, 연합정권이라는 형식 속에서 정권에 참여하였던 민주정당들의 외피는 더 이상 쓸모없게 되었다. 지식인들은 다시 긴 침묵에 빠졌고, 새로운 시기의 도래를 기다려야 하였다.

---

45) '쌍백' 방침에 대하여 '引蛇出洞'(뱀을 굴 밖으로 나오게 함) 즉, 우파세력을 제거하기 위한 陰謀論이 제기되자, 모택동은 '쌍백' 방침은 '陰謀'가 아니라 '陽謀' 였다고 맞받았다.(郭德宏 등 편. 1991. 『風雲七十年』 하. 解放軍文藝出版社. 635쪽 참조.)

| 참고 문헌 |

신승하 저. 2006. 『당대중국』. 대명출판사.

金益度·李大雨 공저. 2003. 『現代中國의 政治』, 부산대학교출판부.

모리스 마이너스 저, 김수영 역. 2004. 『마오의 중국과 그 이후 1』. 이산출판사.

『光明日報』.

『人民日報』.

『毛澤東選集1~5』.

中共中央文獻研究室 編. 1992. 『建國以來毛澤東文庫』. 中央文獻出版社.

中共中央文獻研究室 編. 1994. 『建國以來重要文獻選編』. 中央文獻出版社.

朱育和 등 편. 1997. 『當代中國意識形態情態錄』. 清華大學出版社.

戴知賢 편. 1989. 『文壇三公案』. 河南人民出版社.

林蘊暉 등 저. 1992. 『凱歌進行的時期』. 河南人民出版社.

郭德宏 등 편. 1991. 『風雲七十年』 상·하. 解放軍义藝出版社.

楊先材 주편, 1996. 『社會主義時期黨史』. 中共黨史出版社.

何沁 주편. 1999. 『中華人民共和國史』(제2판). 高等敎育出版社.

林志堅 주편. 1994. 『新中國要事述評』. 中共黨史出版社.

胡繩 주편. 1991. 『中國共産黨的七十年』. 中共黨史出版社.

丸山 昇 저. 2001. 『文化大革命に到る道』. 岩波書店.

R.마크 파커. 1963. 『THE HUNDRED FLOWERS CAMPAIGN and the
　　　Chinese Intellectuals』(60년, Stevens & Sons, London); 日譯, 中
　　　富三郎 역, 『中國の知識人』, ペリカン新書,

R. 마크 파커 외, 德田敎之 외역. 1992-1993. 『모택동の秘められた講話』 상·하.
　　　岩波書店.

朱正. 1998. 『1957年的夏季 從百家爭鳴到兩家爭鳴』. 河南人民出版社.

李維漢. 1986. 『回憶與研究』. 中共黨史資料出版社.

日本國際問題研究所中國部編. 1974. 『中國共産黨史資料集』. 勁草書房.

京都大人文科學研究所研究報告, 竹內實 編. 1992. 『中國近現代論爭年表』, 同朋社.

牛漢, 鄧九平 主編. 1998. 『記憶中的反右派運動』(『荊棘路』, 『六月雪』, 『原上草』
　　　3책으로 되어 있다), 經濟日報出版社.

黎之. 1999. 『文壇風雲錄』. 河南人民出版社.

中嶋領雄. 1983. 『現代中國論』. 靑木書店.

1994. 『中華人民共和國實錄』. 吉林人民出版社.

土井章 著, 1980. 『現代中國革命重要資料集 1卷』. 大同文化大學東洋研究所.

岡崎邦彦, 1980~1985. 「中國知識分子論序說 1~4」. 『東洋研究』67.

明治初 '創建神社' 건립의 의미와 傳統[*]

박수철^{**}

Ⅰ. 머리말

메이지(明治) 10년대 까지 메이지 국가의 초기 종교정책은 크게 두 시기로 나눌 수 있다. 첫 번째 시기는 메이지 국가가 신도(神道)를 마치 서양의 크리스트교와 같이 일본의 국교(國敎)로 삼고자 했던 신도국교화 정책기이다. 두 번째 시기는 이러한 신도국교화 정책이 당시 대내외의 갈등 속에서 사실상 좌절되고 메이지 국가가 새로운 통치 이데올로기의 구축을 모색한 교부성 시기이다.[1]

신도 국교화 정책기는 1868년 1월부터 1872년 3월(1872년 12월 3일을 태양력에 따라 1873년 1월 1일로 함. 이하 이 날 이전은 모두 음력으로 표

---

* 이 논문은 2005년 정부(교육인적자원부)의 재원으로 한국학술진흥재단의 지원을 받아 수행된 연구임(KRF-2005-005-J11501). 『민주주의와 인권』 2010년 제10권 1호에 실린 논문을 재록함.

** 서울대학교 동양사학과 교수.

1) 宮地正人, 『天皇制の政治史的研究』, 校倉書房, 1981. 同, 「國家神道形成過程の問題點」『宗敎と國家』(日本近代思想大系5), 岩波書店, 1988.

기)까지 약 4년간 지속되었다. 이 기간은 메이지 국가가 적극적으로 제정일치(祭政一致)를 모색한 시기로서 1869년 7월 8일 관제개혁을 통해 신기관(神祇官)을 태정관(太政官)의 상위에 두기도 하였다. 또 이 시기에 가메이 고레미(龜井玆監), 후쿠바 비세이(福羽美靜), 히라타 가네타네(平田鐵胤) 등의 국학자·신도가가 대거 정부에 등용되었고 이들은 강력한 신도국교화 정책을 펴나갔다.

교부성 정책기는 신기성(神祇省)을 폐지하고 교부성을 설치한 1872년 3월 이후부터 교부성이 폐지된 1877년 1월까지 약 5년간의 시기이다. 당초 교부성의 설치는 1871년 정토진종 계열에서 제안한 것이었다. 메이지 국가는 그리스도교의 확산을 저지하기 위해 민중의 인심을 수렴하는데 좀 더 효과적으로 기능하였던 에도 시대 이래의 전통적 불교세력을 다시 끌어들였다. 이는 신불분리와 폐불훼석 등을 통한 극단적 신도국교화 정책의 포기를 의미하였다. 메이지 국가 수립 초기부터 신도국교화정책과 관련하여 수정파·현실주의의 오쿠니파와 보수파·전통주의의 히라타파간의 노선 대립이 있었다. 이 과정에서 신정(神政) 국가적 제정일치를 주장하는 급진파인 히라타파가 신기관내에서 점차 배제되었고 좀 더 유연한 중도 성향의 후쿠바 비세이 등의 오쿠니파가 득세하였다.

그러나 신·불의 협력을 통한 천황제 이데올로기의 재구축을 모색했던 교부성 정책기는 1877년 교부성의 폐지와 관련업무의 내무성 이관으로 새로운 전개를 맞았다. 종교계와 민중들이 신앙의 자유를 요구하는 움직임은 더욱 거세졌고 자유민권 운동도 영향력을 확대시켜 나가고 있었다. 그 귀결점이 1889년 2월 11일 제국헌법 제28조에 규정된 신교(信敎)의 자유라 할 수 있다. 물론 이 경우는 일본신민이 안녕질서를 방해하지 않고 신민으로서의 의무를 위반하지 않는 한 신교의 자유를 갖는다는 상당한 제약을 전제로 한 것으로, 오늘날의 신앙 자유와는 크게 달랐다.[2] 이처럼 불완전한 신앙 자유가 된 이면에는 종파신도와 신사신도의 분리, 신사신도와 황

실제사의 결합 등을 통해 모습을 갖추어 나간 국가신도가 존재한다.[3]

국가신도에 관한 연구가 매우 많이 축적되어 있는 것은 사실이나 신도 국교화 단계의 '창건신사' 문제는 종래 상대적으로 소홀히 다루어왔다. 특히 본고는 새로운 형식의 신사가 건립된 의미를 메이지 근대국가 성립과 관련지어 전통의 창출과 계승이란 측면에서 분석하고자 한다. 본고에서는 이를 '창건' 신사로 통칭하고자 하는데, 여기서 말하는 창건신사란 주로 메이지 국가가 '국가신도'의 창출이란 목적 아래 의도적으로 새로 창건하거나 부흥시킨 신사를 지칭하는 용어로 사용한다.[4] 근래 메이지 국가가 전통을 가장하여 각종 행사를 기념화하고 공적인 의례를 창출해 나갔다는 입장이 주류를 이루고 있다.[5] 이러한 '창출'이란 측면과 더불어 에도시대 이래의 전통적 요소의 계승이란 측면에도 주의를 기울려야 할 것이다. 물론 이 두 가지 요소가 서로 완전히 대립하는 것이 아니며 서로 연결되고 상호 혼재된 측면이 존재하는 것이 사실이지만, 본고에서는 가능한 한 종래 지적되어 왔던 '창출'이란 측면보다는 전통적 요소의 '계승'이란 측면에서 검토하고자 한다.[6]

---

2) 安丸良夫, 「近代轉換期における宗敎と國家」 『宗敎と國家』(日本近代思想大系5), 岩波書店, 1988.
3) 村上重良, 『國家神道』, 岩波書店, 1970. 박수철, 「明治初 민중저항의 특질과 '국가신도'」 『민주주의와인권』 8-2, 2008.
4) 현재까지 엄밀히 개념화된 용어는 아니지만, 하가쇼지(羽賀祥二)가 이 시기 많은 신사의 창설을 지칭하는 용어로서 '신전창건'(神殿創建)이란 개념을 쓰고 있다. 또 하가(羽賀)는 메이지 유신 후 별격관폐사가 급속히 증가한 사실을 지적하면서 '창건신사의 시대'라는 용어를 쓰고 있으며, 요네자와(米澤)와 가네자와(金澤)에서 구 영주의 선조를 받드는 신사가 만들어졌는데 이것도 '창건신사라 지칭하였다.(羽賀祥二, 『明治維新と宗敎』, 筑摩書房, 1994).
5) 다카시 후지타니 지음, 한석정 옮김, 『화려한 군주―근대일본의 권력과 국가의례』, 이산, 2003.
6) 여기서 말하는 전통적 요소란 주로 유교적 가치와 개념을 지칭한다. 물론 일본의 유교를 한국과 중국의 유교와 동일시할 수는 없다. 유학이란 용어도 고려하였으나, 본고에서는 일단 일반적으로 통용되는 '유교'라는 용어로 통일하여 사용한다.

Ⅱ. 신도국교화 정책의 추이

'왕정복고'를 달성한 직후 메이지 국가는 제정일치의 이념에 입각하여 외래 종교인 불교를 배제하고 신도를 적극적으로 옹호하려 하였다. 일찍이 1868년 3월 신기(神祇) 사무국은 제국(諸國) 신사의 불교식 복식과 승위·승관을 폐지할 것을 지시하여 신사와 사원을 분리시키고자 하였다.[7] 동월 28일에는 불상을 신체(神體)로 삼는 것과 신사 앞에 불상·불구(佛具)를 두는 것을 금지하고, 신호(神號)가 불어(佛語)인 경우(某權現, 牛頭天王)에는 신사가 그 유서를 적어 제출하도록 하였다. 물론 메이지 국가는 신사의 불상·불구를 제거하는 과정에서 발생할지도 모를 분쟁을 우려하고 있었고,[8] 실제 급작스런 신불분리 정책에 따른 폐단도 각지에서 나타났다.[9]

그럼에도 불구하고 메이지 국가는 신도국교화 정책을 지속적으로 추진해 나갔다. 1868년 4월 13일 히에 신사(日吉社) 마쓰리(祭)에 대한 산문(山門) 연력사(延曆寺)의 간여 금지, 동월 17일 궁(宮)·당상(堂上)의 서자(庶子)를 승도(僧徒)로 삼는 것의 금지, 동월 24일 하치만 대보살(八幡大菩薩)의 호칭을 하치만 대신(八幡大神)으로 개명할 것, 윤4월 4일 별당(別當)·사승(社僧)은 환속 후에 신주(神主)·사인(社人)이란 칭호를 사용할 것, 불교신앙을 계속 지닌 채 환속하지 않는 자를 퇴출시킬 것 등등 신도와 신사 속에 오랜 기간 남아있던 불교적 요소를 계속 배제시키는 정책을 펴 나갔다.[10]

---

7) 『宗敎關係法令一覽』『宗敎と國家』(日本近代思想大系5), 425쪽(이하 특별한 언급이 없는 한 『宗敎法令』으로 약칭함).

8) 『宗敎法令』, 425쪽. 1868년 4월 10일 태정관은 "옛날부터 社人·승려 사이가 좋지 않아 氷炭과 같은데 금일에 이르러 社人이 갑자기 권위를 얻어 의기양양하게 '나라님의 뜻'(御趣意)이라 칭하면서 실은 私憤을 푸는 것 같은 행위를 함으로써 正道를 어지럽힐 뿐만 아니라 분규를 일으키는 것이 必至"라 하였다.

9) 安丸良夫, 『神々の明治維新』(岩波書店, 1979, 52-55쪽)에 소개된 日吉社 神官과 延曆寺 승려간의 분쟁.

동년 11월 14일과 15일 신상제(新嘗祭)와 관련하여 승니(僧尼)의 참내(參內) 금지와 불사류(佛事類)·종(鐘)의 사용을 금지시키면서, 신사(神事)만이 중세에도 청정한 고대의 모습을 그대로 유지하면서 조금도 외래의 것과 섞이지 않고 순수하다고 주장하였다. 나아가 양일간 교토 및 야마시로 국(山城國)은 이 날부터 다음 날 아침까지 범종·독경을 금지하고 서인(庶人)에 이르기까지 신기(神祇)를 숭상할 것을 지시하였다. 메이지 국가는 불교를 외래 종교라 배척하고 신도를 내세워 민중을 장악해 나가고자 하였다.

그러나 1869년 이후가 되면 메이지 국가도 점차 격렬한 민심 이반에 직면하여 정책을 변경하게 되었다. 오랜 기간 민중 속에 남아 있던 불교적 색채를 제거하는 일은 그리 간단한 작업이 아니었기 때문이다. 『신교조직물어(神敎組織物語)』는 이러한 메이지 국가의 정책방향의 선회를 잘 말해주는 자료이다. 이는 히라타파 국학자인 도코요 나가타네(常世長胤)가 1885년 문인에게 구술한 자료로서, 1869년 10월 선교사 설치부터 1884년 8월 신(神)·불(佛) 교도직 폐지에 이르는 기간의 선교사·교도직 활동의 역사가 '신교(神敎)'의 성립·전개의 관점에서 축차적으로 기록되어 있다.[11] 비록 회고록 형식의 구술물이지만 메이지 초기 신도를 매개로 국민 교도에 나선 정책 실무 당사자가 이처럼 자세히 서술한 사례는 전무하다는 점에서 사료적 가치가 매우 높은 것으로 평가되고 있다.[12]

1869년 메이지 국가가 종교 정책을 추진하는데 있어 주된 실무 책임자는 후쿠바 비세이(福羽美靜)와 오노 주쓰신(小野述信)이었다.[13] 도코요에

---

10) 7월 19일에는 石淸水放生會를 中秋祭로 개명하였고 7월 25일 北野天滿宮 神饌에 魚味를 새로 貢進하였다. 『宗敎法令』, 428쪽.
11) 『神敎組織物語』『宗敎と國家』(日本近代思想大系5).
12) 同上, 해설 참조.
13) 동년 10월 신기관 장관은 神祇伯 나카야마 다다야스, 차관은 신기소부 福羽美靜, 권판관이 바로 小野述信으로 이후 福羽와 小野가 초기 신도국교화 정책을 주도하였다. (『神敎組織物語』, 363쪽).

따르면 1870년 12월 신기관에 소속된 많은 선교사가 나가고 이노 히데노리(伊能穎則)·와타나베 겐호(渡辺玄包) 등도 면직되어 신기관(神祇官)은 후쿠바 비세이가 좌지우지하고 선교사(宣敎使)는 오노가 마음대로 처리하여 이에 대한 불만이 적지 않았다고 한다.[14] 이는 신도 세력 내부의 권력 투쟁에서 히라타 파가 패배하고 후쿠바 등의 오쿠니 파가 득세한 결과였다.

그런데 도코요는 조슈 번(長州藩) 출신 오노 주쓰신의 신도부흥의 업적은 평가하면서도 "원래 유학자의 관점에서 생각해 낸 교지(敎旨)로 조화삼신에 기초하지 않고 아마테라스 오미카미를 지존으로 삼고 신귀(神魂) 귀착도 선하면 다카마하라에 승천하고 악하면 요미국으로 간다는 사설(私說)을 주장"[15]하였다고 비판하였다. 여기서 주목되는 점은 도코요가 당시 오노를 '유학자의 관점'에 선 인물로 규정하고 있는 부분이다. 1870년 11월 14일 오노는 부번현의 선교 담당자와 만나 실무적인 일을 상의하였는데, 도코요에 따르면 이들 "많은 제번인(諸藩人)은 한학자로서 공맹(孔孟)의 교(敎) 이외에 어떤 교화의 방법을 몰랐고 이 때문에 정사(政事)는 고식에서 나와 천하는 한학의 기운을 면할 수 없었고 그 밖에 교화할 수 있는 방법을 몰랐다"[16]고 하듯이, 메이지 초기 신도 정책에 있어 유교가 차지하고 있는 비중은 매우 크다. 도코요가 "오노씨는 학문도 없으면서 신도의 조사(祖師)를 도모"한 인물이라 폄하하고, "한학에는 조예가 있었지만 황학(皇學)에는 신의 이름도 모르는 사람을 박사로 선발하여 선교사에 인재가 없음을 폭로"[17]한 것이라 비판한 점도 메이지 초기 신도 정책 속에 내재되어 있는 유교적 전통을 잘 보여주는 대목이다.

---

14) 「神敎組織物語」, 374쪽.
15) 「神敎組織物語」, 364쪽.
16) 「神敎組織物語」, 373쪽.
17) 「神敎組織物語」, 375쪽. 大野의 神學사상은 敬神과 明倫의 二代 綱目에 집약되어 있다.(羽賀祥二, 『明治維新と宗敎』, 168쪽).

1870년 1월 3일 신기관이 제성(諸省)에 〈선교사의 마음가짐〉에 대해 지시할 때도, "자신이 진실로 황조의 대도(大道)를 밝히고 황조의 대교(大敎)를 믿고 삶과 죽음의 불혹을 신명(神明)에 의뢰하고 자신의 언행을 삼가고 몸소 실천함으로써 천하중서(天下衆庶)의 선도가 될 마음가짐을 갖추는 것이 가장 중요하다"고 하면서, "유불을 배척하고 도를 논함은 학교에서 학문을 논할 때는 옳지만, 금일 포교함에 있어 이를 비방하고 논쟁을 하면 인민이 복종하지 않아 교화의 큰 해가 될 것"이라 하여 불교와 유교가 갖는 현실성을 인정하고 있었다.[18] 무엇보다 메이지 국가가 교관에게 "근검 실행으로 인망을 얻도록 할 것"과 "순행할 때 효자(孝子), 의복(義僕), 절부(節婦) 기타 가덕(嘉德)·선행을 들으면 그 부번현에 통달할 것"을 지시하고 있듯이,[19] 이른바 유교적 가치가 크게 강조되고 있었다. 이처럼 신도를 강조했던 신도국교화 정책은 외견상 좌절되었지만, 그 속에 내재되어 있는 충효와 같은 유교적 관념은 그 후로도 변함없이 계속 존속하였다.[20]

---

18) 『宗敎法令』, 429쪽.

19) 『宗敎法令』, 432쪽.

20) 津田左右吉도 메이지 정부내의 유교적 제왕관(천황은 民의 부모) 존재를 지적하고 있다.(津田左右吉, 「文學に現れたる國民思想の研究5」『津田左右吉全集』8권, 岩派書店, 1964). 또 孝明三回忌를 신도의식으로 거행하면서도 그 거행 명분을 메이지 천황의 '追孝'에서 찾고 있는데, 이 역시 유교의 전통과 관련지어 파악할 수 있는 부분이다. 龜井玆監도 천황이 역대 천황을 제사지내는 것을 인민충효의 모범으로 파악하고 있다. 이른바 大忠과 小忠이란 충의 이원론을 제시한 大國隆正도 봉건적 질서인 신분상위자에 대한 '충'(小忠) 위에 천황에 대한 '충'(대충)을 설정하고 있는데, 이 역시 유교적 가치의 재해석이라 할 수 있다.(羽賀祥二, 『明治維新と宗敎』, 59쪽, 65쪽, 68쪽) 다만 복고 신도를 평가하여 유교적 규범을 神의 권위를 빌어 神의 가르침으로 규정한 것이란 보는 시각이 있다.(羽賀祥二, 『明治維新と宗敎』, 68쪽) 이에 해당하는 대표적인 인물은 平田派의 矢野玄道이다. 矢野는 조화삼신, 이자나기, 이자나미, 이세 양천신 등의 天神地祇, 神武천황 이래의 역대 천황을 합사한 神殿을 궁중에 창건하여 황국의 본궁으로 삼고, 또 一國에 國社 하나씩를 건립하여, 중앙, 지방의 신전을 국가제사의 거점으로 삼으려 하였다. 이러한 矢野 역시 "隨神의 道로써 億兆의 臣庶를 恤養하고"(矢野玄道, 「獻芹詹語」, 『國學運動の思想』(일본사상대계), 岩派書店, 1971, 549쪽)라고 하여 신을 강조하면서도 유교적 요소(인민휼양)도 중시한다. 이러한 유교사상은 메이지 시기에 그대로 계승되어, 明治2년 5월 神祇官은 上申을 올려, 천황이 천신지기, 皇靈 제사를 통해 臣民의 충효 실천을 촉진해야 한다고 주장하고 있다.(羽賀祥二, 『明治維新と宗敎』, 84쪽).

신도국교화 정책이 확실히 포기되어 누구나 명확히 알게 된 것은 대략 1871년으로, 도코요는 이에 대해 "신기성과 선교사는 점차 쇠퇴하여 비유하면 지금 죽기 직전 사람의 숨쉬기와 같았다"[21]고 평가하고 있다. 여기에는 1871년 7월 단행된 폐번치현(廢藩置縣)이 크게 작용하였다. 도코요는 제번(諸藩)에 선교계(宣敎係)를 두려고 한 것이 수포로 돌아갔다고 한탄하고,[22] 이는 국교신도화정책의 근본이 흔들려 "의지할 수 없는 시대"[23]로 된 것으로 인식하였다. 보수파 신도세력에 의해 신불분리·폐불훼석 등의 신도국교화 정책이 실시되었지만, 격렬한 민중의 저항에 직면하여 이들 강경파가 메이지 정부 내에서 배제되고 유교적 가치를 중시하는 온건파 신도 세력이 권력을 장악하였다. 그러나 신도국교화 정책을 계속 추진하려는 강경파의 시도는 그 후로도 계속 이어졌다.

1872년 3월 14일 신기성을 대신하여 교부성이 설치되고 에토 신페이(江藤新平)가 특별 어용계로 취임하였다. 당시 후쿠바는 교부 대보(大輔)였으며 오노는 교부 소승(少丞)이었다. 교부성의 설치에 대해 도코요는 "유신 이래 세상을 버린 승려 무리가 다시 때를 얻"었다고 비판하면서도, 에토가 4월 3일 발포한 ① 경신애국(敬神愛國)의 취지를 체현할 것, ② 천도(天理)·인도(人道)를 드러낼 것, ③ 황상을 받들고 조정의 뜻을 준수할 것 등으로 구성된 삼조교칙에 대해서는 "교도경이 잘 강구한 이 교칙을 지킨다면 승려는 즉각 옷을 벗고 신도 교직에 복직하는 길 이외에 없다. 진실로 통쾌한 교헌이다"고 평가하였다.[24] 에토는 궁중 내에 조화삼신(造化三神)을 받드는 신전(神殿)을 창건하고 이를 중심으로 신정(神政)정치를 구현하

---

21) 「神敎組織物語」, 378쪽.
22) 「神敎組織物語」, 376쪽.
23) 同上.
24) 「神敎組織物語」, 382쪽.

려 한 인물이다. 이러한 구상은 에도 후기 경학자이자 사토 노부히로(佐藤信淵)의 계획과 동일한 것이었으나,[25] "태정관의 미움을 사 4월 중순 경 면직"되고 말았다.[26] 이렇듯 에토와 같이 '경신애국'을 통해 신국의 '신성성(神聖性)'' 순수성'을 강조 강조하는 세력은[27] 신기관내에서 결국 배제되어 나갔다. 그러나 그 와중에도 '충' '효'의 유교적 가치는 계속 존중되었다. 가령 교도직(敎導職)에게 내린 십칠겸제(十七兼題) 속의 애국(愛國)은 수신제가치국평천하(修身齊家治國平天下)의 유교 사상이 전제된 것이었다.[28] 하가(羽賀)에 따르면 메이지 시기 천황의 위상과 관련하여, 천황의 제1천직을 '민의 부모'에 둘 것인가(政敎一致·유교적 발상), 신기(神祇)·황령(皇靈)의 제사에 둘 것인가(복고신도·제정일치)의 대립이 전개되고 있었다.[29] 양자의 대립 속에서 메이지 정부는 '충군애국'의 유교식 슬로건을 기반으로 신도와 유교적 요소가 혼재된 새로운 형태의 '국가신도'를 만들어 나갔다.

그런데 이러한 변화과정은 순수 신도를 강조하는 강경 보수파 신도계 측의 일방적인 패배의 결과가 아니라 당시 신도계가 처한 위기 극복이란 측면도 있다. 즉 강경 보수파나, 현실 수정파나 신도세력은 크리스트교라는 외부 세력의 대두에 적극적으로 대응할 필요가 있었다. 이 점은 도코요의 주장에서 잘 나타난다.

1869년 10월 9일 신기관내에 새롭게 선교사가 설치되자, 도코요는 교법(敎法)의 기본을 일으키려 한 것이라 높이 평가하였다. 그것은 "당시 외

---

25) 羽賀祥二, 『明治維新と宗敎』, 7쪽.
26) 「神敎組織物語」, 383쪽.
27) 羽賀祥二는 경신애국이란 신국의 신들에게 적대하는 신과 교의를 배척하는 것으로 신국의 신성성, 순수성을 끝까지 지켜 내는 것이라 규정하고 있다(羽賀祥二, 『明治維新と宗敎』, 291쪽).
28) 羽賀祥二, 『明治維新と宗敎』, 298쪽.
29) 羽賀祥二, 『明治維新と宗敎』, 118~119쪽.

국과 교제가 왕성하게 됨에 따라 그들의 국교인 야소교도 필히 일본에 들어오겠지만 이를 엄금할 수 있는 길은 없고, 따라서 우리 국교를 활발히 일으켜 인민이 저들의 교법을 추구하지 않도록 하여 국체를 유지하는 것 이외에 다른 방법이 없"[30]기 때문이었다. 외국세력의 이면에 크리스트교가 있고 이에 대한 대항이야말로 일본 국체의 확립 과정이며, 신도가 여기에 기여해야 한다고 인식하고 있는 점이 주목된다. 이는 당시 메이지 정부 당국자가 갖고 있던 보편적 인식이기도 하였다.[31] 그런데 도코요가 메이지 정부가 외국 정부에 제대로 대응하지 못하고 있다고 비판하면서 "우리나라의 신도(神道)는 즉 국체에 의거하여 일어난 근원을 갖는 것으로 천하를 다스리기 위한 대도(大道)이며 교법(敎法)이 아니다"고 주장하였다. 나아가 신도는 치국평천하(治國平天下)를 하기 위한 정도(正道)이며 외국의 교법(크리스트교)를 거부하기 위한 것이 아니라고 하면서, "고전을 인용하여 사례를 변별한다면 황조의 대전을 땅에 떨어뜨릴 우려가 있겠는가? 예전에 견당사는 누구라도 박학영재를 보냈는데 지금은 학식을 가진 자를 선별하지 않고 단지 그들에 아첨하고 일시 무사함만을 상도(常道)로 하니 이런 큰 일을 다룰 수 있겠는가? 어찌 한탄스러워마지 않겠는가?"[32]고 울분을 토하였다. 도코요가 '치국평천하'라는 유교의 가치를 원용하면서 신도가 교법(종교)이 아니라 대도(즉 종교와 무관한 정치 도리)라는 주장을 펴고 있는 점이 주목된다. 이러한 도코요의 논리는 종교와 제사의 분리, 다시 말해 신사신도와 교파신도의 분리의 형태로 전개되는 '국가신도'의 원형이라 할 수 있다. 이렇듯 신도국교화 정책은 외형상 불교세력을 끌어들임으로서 좌절되었지만, 사실 신도를 종교가 아닌 대법으로 간주하는 논리는

---

30) 「神敎組織物語」, 363쪽.
31) 박수철, 「明治初 '浦上탄압사건' 과 '國家神道'」『민주주의와 인권』 7-2, 2007.
32) 「神敎組織物語」, 378쪽.

초기부터 존재하고 있었다.[33] 이러한 움직임이 계승·발전되어 그 후 '국가 신도'로 수렴되어 나갔던 것이다. 또한 그 속에는 신도가라 하더라도 '치국평천하'와 같은 유교적 가치의 중요성을 중시하고 있었다는 사실 또한 간과해서는 안 될 것이다.

Ⅲ. 창건신사와 전통의 연관성

1. 두 가지 계열의 신사와 유교

메이지 국가는 다양한 세력이 갈등하는 가운데, 또 개국 이래 서양세력의 압력 아래 복고성향의 신도만을 중심으로 한 체제(신도국교화)를 고수할 수 없었다. 현실적으로 서양식 문명개화를 추진하려는 세력도 포섭해야 했으며 전통적으로 민중에게 큰 영향력을 갖고 있던 불교 세력도 배제하기 어려웠다. 메이지 국가는 이반된 민심을 주스르고 근대 국가를 달성해 나가기 위해서 현실적으로 민중에게 친근한 불교세력과 충·효와 같은 유교의 전통적 이념을 이용하는 쪽으로 방향을 전환하였다. 다만 이 경우의 충은 중국과 조선에서 통용되는 유교적 가치와는 다소 달라 에도시대 이래의 일본의 전통적 요소를 바탕으로 한 '충'이었다.[34]

이 점을 잘 보여주는 것이 메이지 초 새로 건립된 창건신사이다. 그 중

---

33) 이는 메이지 정부 내 당국자들도 공감하고 있었다. 1873년 정한론의 여파로 많은 참의가 사직한 이후 관성(官省)의 사무를 장관 1인이 행하게 되었다. 교부성도 장관(卿) 없이 대보(大輔) 시시도 다마키(宍戸璣)가 전권을 행사하였는데, "신도는 천하를 다스리는 대도이며 종교가 아님"라는 입장이었다.(『神敎組織物語』, 391~393쪽).

에서도 14세기 전반 남북조 시대 고다이고(後醍醐) 천황을 도와 건무중흥 (建武中興)을 이룩하는데 공헌한 구스노키 마사시게(楠木正成)를 신으로 모신 미나토가와(湊川) 신사는 그 대표적 사례이다. 여기에는 유교적 요소 가 어떻게 일본의 전통적 가치와 결부되었는가가 잘 드러나 있다.

1336년 효고(兵庫) 미나토가와(湊川)에서 패사한 구스노키는 후대에 고 다이고(後醍醐) 천황에게 칠생보국(七生報國)을 서약한 명장으로 점차 전 설화되고 미화되어 나갔다. 에도 시대 중기 남조를 정통으로 하는 『대일본 사』의 편찬사업을 주도한 미토(水戶) 번의 도쿠가와 미쓰쿠니(德川光圀)가 1692년 구스노키 마사시게를 기리는 묘비를 미나토가와에 건립한 것도 마 사시게의 천황에 대한 충절을 높이 산 것이었다. 묘비 앞면에는 미쓰쿠니 가 새겨 넣은 '오호(嗚呼) 충신(忠臣) 남자지묘(楠子之墓)'라는 자필 문자가 있고,[35] 그 뒷면에는 명나라 사람으로 일본에 귀화한 주순수(朱舜水)가 찬 한 "내가 들으니 남공(楠公) 휘(諱) 마사시게는 충용절렬(忠勇節烈), 국토무 쌍"이란 명문이 있다.[36] 그 후에도 1834년 미토 번(水戶藩)의 아이자와 야 스시(會澤安)는 '천고충신(千古忠臣)의 제일등(第一等)'이자 '인륜(人倫)의 모범'으로 천하 후세에 의사(義士)의 기개를 격려하는 마사시게를 존중해 야 한다고 하였으며, 유신지사들의 존왕사상에 커다란 영향을 준 야마자키 안사이(山崎闇齋) 학파나, 라이 산요(賴山陽)의 『일본외사(日本外史)』에서 도 마사시게는 극찬의 대상이었다.[37] 이렇듯 에도 시대에 이르러 점차 천

---

34) 메이지 초기에는 애국이 강조되었으나 明治十年代에 새롭게 忠君의 논리가 등장하여 교육칙어 속에 愛國(근대논리)과 忠君(봉건논리)이 결부된 충군애국사상이 성립된 것으로 이해하는 주장 이 있다(石田一良, 「明治の精神と國民道德の形成」, 『日本思想史講座』 6·近代の思想1, 雄山閣, 1967). 그러나 후술하는 바와 같이 메이지10년대에 충군의 개념이 갑자기 돌출된 것이 아니라 에도시대 이래의 전통적 유교적 가치로서의 '충'이 계승·발전된 것으로 보아야 할 것이다.
35) 村上重良, 『慰靈と忠魂』, 岩波書店, 1974, 14쪽. 以下 신사창건 과정의 구체적인 경위와 배경은 특별한 언급이 없는 한 이에 의거한다.
36) 村上, 前揭 『慰靈と忠魂』, 15쪽.

황에 충성을 다한 전형적인 인물로 마사시게가 부각되었는데, 특히 필자가 주목하고 싶은 것은 에도시대 이래 충과 의란 유교적 가치가 크게 현창되고 있는 점이다.[38] 이는 마사시게를 받드는 행사가 신도의 외형을 띠면서도 그 속에 유교식 요소가 농후하게 남아있다는 점과도 연관성이 있다.

1848~54년경에 미토학(水戶學)을 추종하는 무리들이 각지에서 마사시게의 기일(忌日)에 맞추어 남공제(楠公祭)를 개최하였고 천황을 위해 비명을 간 지사를 마사시게와 합쳐 초혼(招魂)하고 제사지냈다. 개항 후에도 이러한 움직임은 이어져 1862년 5월 25일 사쓰마 번(薩摩藩)의 마키 이즈미(眞木和泉)는 마사시게의 기일에 맞추어 데라다야(寺田屋) 사건으로 사망한 아리마 신시치(有馬新七) 등 8명의 넋을 위로하는 초혼제를 거행하였다. 마키는 이미 1858년 조정에 헌책을 올려 고래(古來)의 충신·의사에게 신호(神號)를 하사해야 한다고 주장한 인물이었다. 충신과 의사를 신으로 모셔야 한다(神號수여)는 주장 자체는 지극히 일본적인 발상이다. 그렇지만 마키 등이 마사시게를 숭배하는 방식은 1852년경부터 매년 마사시게 기일에 유교식으로 제(祭)를 올렸듯이 유교와 밀접한 관계를 맺고 있었다.[39] 즉, 신을 숭배하는데 유교의 제사의식을 이용한 것이다. 이러한 사례는 비단 미토 번에 국한되는 것이 아니며 다른 번에서도 확인된다. 조슈 번(長州藩)의 경우 1864년 5월 마사시게의 기일에 번주 모리 다카치카(毛利敬親)가 제주(祭主)로서 야마구치(山口)의 명륜관(明倫館)에서 최초로 '남공제(楠公祭)'를 집행할 때 제문(祭文)을 올리고 시가(詩歌)의 헌사하였으며, 『대일본사』의 남공(楠公) 논찬의 강독, 검·창의 시합, 장병의 조련 등

---

37) 同上.
38) 메이지 초기에도 충과 의가 동시에 강조되었다. 1868년 5월 10일 東山에 一社를 세워 올 봄 후시미 전투 이래 전사자의 영혼을 제사지내도록 하라는 포고가 내려졌다. "忠敢義烈 실로 士道의 표준"이라 하여 충과 의의 가치를 중시하고 있다.
39) 村上, 前揭『慰靈と忠魂』, 16~17쪽.

을 주재하였다. 이 때도 그 형식은 사쓰마번과 마찬가지로 공묘신제(孔廟神祭: 釋尊)에 준하는 유교식이었다.[40]

　존왕파가 에도 막부를 타도하고 권력을 잡게되자 마사시게로 대표되는 충과 의의 유교적 가치는 새로운 신사의 건립으로 나타났다. 1867년 11월 12일 오와리 국 나고야 번주 도쿠가와 요시가쓰(德川慶勝)는 조정에 남사(楠社: 구스노키 마사시게를 모신 신사) 건립을 건의하였다.

> 구스노키 마사시게 일가는 충절을 황가에 다함으로써 무공(武功)을 고금에 밝혔고 나라(國)를 위해 죽었으니 실로 신하(臣子)의 귀감이며 마땅히 사전(祀典)에 배열해야 합니다. 그러나 아직도 널리 이를 현창하지 않으니 유감스럽게 생각합니다. 부디 새로 신호(神號)를 내려주시어 제전에 배열하게 하여 황도(皇都)내에 적절한 땅을 찾아 일사(一社)를 건립하고 싶습니다(중략). 또 근고(近古)이래 국사(國事)를 위해 죽었으나 아직 수습되지 않는 자가 적지 않아 측은한 마음에 견딜 수 없습니다. 이들 유혼(幽鬼)은 의탁할 곳도 없으니(중략), 이들 정령(精靈)을 위로하여 합사하여 하나의 섭사(攝社)를 세워 남사(楠社) 경내에 안치하도록 해 주십시오.[41]

　국가를 위해 사망한 충신의 충절을 기리고 이를 제사지내는 것은 조선·중국과 동일하지만 그 인물의 영(靈)을 합사(合祀)하고 신호(神號)를 하사

---

40) 다수의 존양파 지사를 배출한 佐賀藩에서도 1850년 마사시게의 기일에 藩士 枝吉平左衛門 등 십 수 명에 대해 義祭라 칭하며 유교식 楠公祭를 거행하였다. 이들은 같은 뜻을 지향하는 사람들을 모아 義祭동맹을 결성하였는데 여기에 枝吉次郎(副島種臣)·江藤新平 등 수 백 명이 참가하였으며 충과 의라는 유교적 가치가 祭의 형식을 빌려 부각되었다. (村上重良, 前揭 『慰靈と忠魂』, 17~18쪽).

41) 村上, 前揭 『慰靈と忠魂』, 20쪽.

하는 점에서 독특한 일본식 형태가 관철되고 있다. 그렇지만 동시에 그 이면에는 '충'이란 유교적 가치가 작용하고 있음도 간과해서는 안 된다.

구스노키 신사(楠社)의 착공은 메이지 유신 등으로 인해 조금 늦어져 1870년에 본격화하였고 1872년 봄에 대략 완공되었는데 최종 명칭은 지명을 본 따 미나토가와(湊川) 신사로 하였다. 신사는 시종 메이지 국가의 주도로 추진되었고 메이지 유신 이후 최초의 본격적인 '창건신사'였다. 메이지 국가는 이를 통해 일반 민중에게 천황에 대한 충성심을 고양시키는 도구로 이용하였다. 도요쿠니(豊國) 신사를 창건한 것도 이와 비슷한 맥락에서 이해할 수 있다.

다만 도요토미 신사와 미나토가와 신사는 각각 강조점이 다소 다르다. 가령 도요쿠니(豊國) 신사는 도요토미 히데요시(豊臣秀吉)를 제신(祭神)으로 하는 신사로서 1867년 윤4월 6일에 그 부흥(再興)이 결정되었다. 태정관(太政官)은 "공이 있음을 드러내고 죄가 있음을 벌하는 것은 나라를 다스리는 대강(大綱)이다. 국가에 대훈과 노고가 있는 자를 드러내지 않으면 (천황이) 어찌 천하를 다스릴 수 있겠는가"라고 당위성을 설파하면서, 히데요시에 대해 "천하의 어려움을 극복하고 상고 열성(列聖)의 위업을 계승하고 황위를 해외에 펼쳤다"고 그 업적을 평가하고, "우내(宇內) 각국이 서로 웅비(雄飛)하는 때를 맞아 풍태합(豊太閤) 그 사람과 같이 영지웅략의 사람을 얻고 싶다는 (천황의) 뜻에 의거 새로 사우(祠宇)를 조성"한다고 신사 건립의 이유를 밝히고 있다. 마사시게를 추앙한 이유가 천황에 대한 '충'에 있다면, 히데요시의 경우는 '황위(皇威)'의 '해외 웅비(雄飛)'라는 점에서 엄밀히 말하면 강조점은 서로 다르다. 또 "국가에 공(功)이 있는 무가에게 조정은 모두 신호(神號)를 추증하였는데 불행히 이에야스(家康)가 계승하여 풍태합(豊太閤)의 대훈이 잊혀졌다"고 하여 조정이 신호를 추증한 사실을 다시 지적하고 있듯이, 메이지 초에 새로 창건된 미나토가와 신사와 달리 도요쿠니 신사는 전통적으로 존재하던 신사를 새로 부흥시킨 점에서 반드시 동일하다고 볼 수 없다. 미나토가와 신사나 도요쿠니 신사의 창건·부흥이 "국민에게 천황에 대한 충성심을 흥기시키려는 신정부의 의도"[42]가 내포되어 있는 것은 틀림없지만, 각각의 신사가 갖고 있는 차별성도 동시에 주목할 필요가 있다.

여기서 생각해 볼 문제가 천황에 대한 충성심 고취와 민중의 '인심수렴'의 관계이다. 1867년 5월 10일 히데요시의 공적을 기리어 도요쿠니 산(豊國山)에 묘당(廟祀)을 복원시킨다는 포고가 내려졌다.[43] "메이지 유신(大政御一新)에 즈음하여 상벌을 바로하고 절의를 표방하여 천하의 인심을 흥기시키고자 하시어 이미 풍태합(豊太閤)·남중장(楠中將)을 추상(追賞)하도록 지시"한다고 하듯이, 창건신사의 목적이 천하 민중의 '인심' 수렴으로 표현되고 있었다. 즉 신사창건 → 충신·열사의 제사 → 민중의 인심수렴이란 도식인데, 동년 7월 18일 메이지 정부가 가토 기요마사(加藤淸正)의 제사를 지시할 때도 그 이유를 가토의 "위업(偉業)탁월 토민앙모(土民仰慕)"에서 찾았다.[44] 여기서 주목되는 점은 '토민앙모'의 논리로, 엄밀히 말해 가토나 히데요시는 기쿠치나 구스노키 마사시게처럼 천황가의 충신으로 분류할 수 있는 인물은 아니다. 따라서 기존 연구가 메이지 초 신사창건에 대해, "천황에 대한 충성의 모범 사례를 보여주는데 아주 효과적인 교육수단이었기 때문"에, "정부가 적극적으로 장려"[45]한 것은 틀림없지만, 가토를 제사지낼 때 내세운 천하 민중의 '인심수렴'의 논리도 또 다른 중요한 계기였음을 간과해서는 안 된다.[46] 이처럼 메이지 초 신사 건립에는 충신을 매개로 충과 의를 민간에 현창하려는 움직임과 도요토미 히데요

---

42) 村上, 前揭 『慰靈と忠魂』, 29쪽.
43) 『宗敎法令』, 428쪽.
44) 同上.
45) 村上, 前揭 『慰靈と忠魂』, 69쪽.

시처럼 민중에게 인기 있는 인물을 내세워 인심을 수렴하여 안정적인 천황제 이데올로기를 창출하려는 움직임이 존재한다.

그런데 메이지 초 창건신사에는 이와는 달리 천황가의 인물을 제신(祭神)으로 하는 신사도 존재한다. 이 경우도 민중에게 '충성'을 강조하는 움직임으로 해석할 수 없다.

가령 야마토 국(大和國)의 고조 현(五條縣)은 태정관에게 고다이고(後醍醐) 천황을 모시는 제를 열고 싶다고 요청하였다. 종래 천황의 임시 거처였던 요시노 산(吉野山) 긴푸센 사(金峰山寺) 깃스이 원(吉水院)에는 고다이고 천황상(像)이 안치되어 있어 사승(寺僧)이 매일 공양을 올리고 있었다. 고조 현은 황실 제사가 모두 신도식으로 고쳐졌다는 것을 근거로 이 천황상을 신체로 하는 신사를, 인근 유지(有志)와 민중의 손으로 새로 건립하고 싶다는 뜻을 밝혔다. 그런데 태정관은 민간에서 천황을 제신으로 하는 신사를 창건하는 것은 모양이 좋지 않고 이러한 종류의 제사는 아직 방칙이 정해지지 않았다고 하여 허가하지 않았다.[47] 일견 메이지 국가라면 민간이 자발적으로 천황을 앙모하는 신사를 세우려고 노력하는 행위를 적극 장려했을 것으로 보이지만, 실제 메이지 국가는 이를 수용하지 않았다.

1873년 3월 나라 현(고조 현을 통합하여 성립)은 태정관에 거듭 요청하였으나 역시 거부되었다. 태정관은 교부성이 깃스이 원과는 별도로 요시노에 청정한 토지를 택해 새로 신사를 조영하려 한 교부성의 계획을 근거로 그 조영의 준비를 지시하였다. 신사 건립의 주체는 어디까지나 중앙 정부이며 지방이나 민간이 천황과 관련된 신사에 간여하는 것을 용납하지 않

---

46) 이러한 人民敎化의 출발을, 18세기 후기 細川平洲로 대표되는 유학자의 활동에서 찾는 羽賀祥二의 지적에 유의할 필요가 있다. 메이지 시기 인민교화의 뿌리는 유교적 가치와 밀접한 관련이 있으며, 더욱이 에도후기 유교와의 연관성도 확인된다.(羽賀祥二, 『明治維新と宗敎』, 筑摩書房, 1994, 8쪽).

47) 村上, 前揭『慰靈と忠魂』, 71쪽.

았다. 그런데 동년 신불분리와 관련하여 긴푸센 사와 깃스이 원이 폐사되자, 나라현은 깃스이 원을 신사로 고쳐 고다이고 천황사(後醍醐 天皇社)라 칭할 것을 다시 청원하였다. 이윽고 동사(同社)는 익년 1874년 깃스이(吉水) 신사로 개칭하면서 일단 고다이고 천황을 주제신(主祭神), 구스노키 마사시게(楠木正成)를 배사(配祠)의 제신으로 정하였다. 그러나 메이지 국가는 깃스이 신사가 이른바 폐사원을 신사로 고친 것이라는 이유에서 별도로 고다이고 천황을 모신 신사의 창건계획을 수립하였고 1892년에 이르러 요시노 궁(吉野宮, 후일 吉野神宮)의 진좌제를 행했다.[48]

이처럼 메이지 초 창건신사는 충신을 매개로 인심을 수렴하고 충과 의를 민간에 적극적으로 현창하는 움직임과 천황을 신격화하여 지방과 민중의 직접적인 간여를 배제하는 두 가지 계열이 존재하고 있음을 알 수 있다. 따라서 미나토가와(湊川) 신사 등 메이지 초 신사창건을, 충의 강조 → 천황제 이데올로기의 확립과정이란 식의 단선적 구조로만 해석할 수 없고 근세초 무가정권이 스스로 신격화를 도모한 것과 대비되는, 메이지 시기 천황가의 신격화 움직임이란 관점에서도 고찰할 필요가 있다.[49] 전자의 계열은 그 후 초혼사(靖國신사)로 계승되어 나갔으며, 후자의 계열은 이세신궁과 황실제사 체계의 구축을 통한 '천황(天皇) 신격화(神格化)'의 움직임으로 계승되어 나갔다.

---

48) 村上, 前揭 『慰靈と忠魂』, 72쪽.
49) 메이지 유신 정부 성립 후 諸제사의 중심이었던 天神地祇 제사의 권위는 점차 저하되고, 神器와 합사된 皇靈 제사가 국가제사의 중핵으로 위치되었다. 다만 이 경우도 유교적 요소는 계속 남아 있었다. 메이지 정부는 神武 천황이하 역대 天皇靈에 대해 천황이 '孝敬'을 다하는 제사 체계를 수립하였다. 이는 조상에 대한 '효'를 매개로 천황이 일반 민중에게 모범을 보이기 위함이었다. (羽賀祥二, 『明治維新と宗敎』, 127쪽).

2. 人神숭배의 계승

  메이지 초기 대표적 창건신사는 대개 전통적 인신 숭배 신앙을 바탕으로 한 것이며, 초혼사(招魂社: 후일 야스쿠니 신사)도 결국은 사자(死者)의 혼령 제사를 핵심으로 한다는 점에서 이와 공통된다.

  무라카미에 따르면 근대 이전의 신도 속에는 인간의 영혼을 움직이는 타마후리 · 후리타마(鎭魂) 등의 관념은 있지만 각 유파가 ‘초혼’이란 말을 사용하지 않았다. 또 에도시대 이전에는 피아를 막론하고 조문하는 전통이 있었다. 무라카미는 피아를 함께 조문하는 행위가 다타리를 두려워하는 절실한 동기에서 비롯된 것이지만, 동시에 일본인의 마음에 인간의 생명을 존중하고 다른 자의 죽음을 애석히 여기는 풍요로운 휴머니즘이 내재되어 있는 것으로 해석하였다.[50] 또 메이지 시대의 국가신도는 죽고 난 이후 적도 아군도 없다는 피아쌍방의 ‘휴머니즘’과는 전혀 이질적인 새로운 관념의 초혼사상을 창출하였다고 주장한다. 즉 에도 막부 말기의 초혼 사상은 신도의 전통과 멀리 떨어진 아주 이질적인 영혼관으로, 오직 존양파만이 국사순난자로서 조문 및 제사(弔祭)의 대상이며 반대파는 일고의 가치도 없는 적(敵)으로 간주된다. 초혼의 사상, 야스쿠니(靖國)의 사상 속에서는 천황에 적대한 자는 죽어도 미래 영겁도록 ‘적’이며 그 혼령을 공양하거나 조문한다는 것은 생각할 수 없다는 것이다.[51] “이처럼 특이난 인간관, 영혼관은 일본인이 역사와 함께 내부에서 키워 온 휴머니즘을 파괴해 버릴 뿐만 아니라 근대 천황제 아래 70여년에 걸쳐 일본국민의 인간성을 왜곡하고 인류애를 적대시하여 타민족, 타민족과의 사이에 인간으로서 공

---

50) 村上, 前揭 『慰靈と忠魂』, 54쪽.
51) 同上.

감을 키우는 것을 저해한다는 두려워할 역할을 수행하"였다고 평가한
다.[52] 일본 중세의 사령관(死靈觀)을 과연 '풍요로운 휴머니즘'으로 볼 수
있는가도 의문이지만,[53] 무라카미가 강조하듯이 일본 역사상 인신숭배라
는 측면에서 볼 때 에도시대 이전과 메이지 시대가 명확히 구분되는가도
재고의 여지가 있다.

원래 원시 신도의 신관념에서는 인간을 신으로 제사하는 경우는 없었
는데, 고대국가가 성립하고 신도가 불교, 유교, 음양도와 습합하여 신관념
이 발달하고 복잡화하는 과정에서 특정 사자의 영(靈)을 신으로 제사지내
는 일이 널리 행하게 되었다.[54]

실제로 고사기와 일본서기에는 원령사상이 보이지 않으며,[55] 8세기에
이르러 격화되던 정치항쟁 속에서 사자의 영혼과 재앙(祟り)을 연계하여
죽음과 사자에 대한 외경감이 싹트게 되었던 것으로 보인다.[56] 그 후 헤이
안(平安) 중기가 되면 정쟁이 격화되는 과정에서 병의 유행과 자연재해가
빈발하여 역신(疫神) 등을 진정시키기 위해 어령회(御靈會)가 빈번히 행해
졌다. 또 특정 인간의 원령이 가져다 준 저주를 진정시키기 위해 원령을 신
으로 모시는 신앙이 널리 퍼졌다. 정치적 항쟁과 전란, 사고, 자연재해, 발
병 등 원한에 찬 죽거나 비명횡사한 자의 혼령이 그 상대를 비롯하여 불특

---

52) 村上, 前揭 『慰靈と忠魂』, 55쪽.
53) 임진전쟁 시기 각종 침략 행위를 자행한 일본 측의 '만행'을 사상한 채, 단순히 조문행위를 했
    다는 사실 하나만을 근거로 "풍요로운 휴머니즘"이라 해석할 수 있는지는 지극히 의문이다.
54) 村上, 前揭 『慰靈と忠魂』, 51~52쪽.
55) 新谷尚紀, 前揭 「慰靈と軍神」, 149쪽. 억울하게 죽은 崇峻, 山背大兄王, 蘇我入鹿 등이 있지만
    원령이나 어령으로 지칭되지 않고, 이들이 원령으로 이야기되기 시작한 것은 8세기 후반 이후
    이다.
56) 746년 승 玄昉의 죽음에 "世相傳云, 爲藤原廣嗣靈所害"(『續日本紀』天平 8년 6월 12일조)라고
    하고 있으며, 805년 4월 5일 桓武천황의 병에 諸國에 崇道천황(廢太子 早良親王)을 위해 小倉
    을 세워 '怨靈'을 위로했다는 기록(『日本後紀』延曆24년 4월 5일조)이 있고 863년 5월 20일 神
    泉苑에서 御靈會를 열었을 때 "所謂御靈者, 崇道천황(중략)等是也"(『三代實錄』, 貞觀5년 5월
    20일조)라는 기록이 있다.(新谷尚紀, 「慰靈と軍神」, 148~149쪽).

정 다수에게 피해를 주는 것으로 널리 믿어졌기 때문이다.[57]

어령(御靈) 신앙이 민간에 널리 보급됨에 따라 재해, 해난 등의 사고로 죽은 자를 후장(厚葬)하고 사령(死靈)을 불러 위로하는 현상이 정착되어 갔다. 그 중에서도 전쟁으로 많은 사망자가 생기자 사람들은 죽은 혼령이 피아의 구별 없이 원령이 되어 해를 끼친다고 두려워했다. 고대말기부터 중세에 거쳐 전사자(戰死者)의 다타리(崇:해악)를 두려워하게 되고 이들에 대한 공양이 이루어졌다. 무라카미에 따르면 불교의 원친평등(怨親平等) 사상이 침투되어, 전사자의 경우에는 피아를 막론하고 공양되었다. 원구 침공 때 몽고총(蒙古塚)이 만들어진 것이나, 남북조 동란기에 아시카가 다카우지(足利尊氏)가 피아 전몰자의 공양을 위해 전국 각지에 안국사(安國寺)와 이생탑(利生塔)을 건립한 것도 이 때문이었다. 또 전국시대에도 피아 공양비가 각지에 세워졌고 승리한 측이 적의 사자(死者)를 모신 사례도 적지 않았다. 이러한 경향은 '임진전쟁' 시기에도 이어져 시마즈 요시히로(島津義弘)는 1599년 고야 산(高野山)에서 조선침략과 관련하여 피아 피아의 명복을 비는 행사를 가졌다.[58]

이러한 어령관에 커다란 변화가 나타난 것은 중세에서 근세로 넘어가는 시기이다.[59] 야나기타 구니오(柳田國男)에 따르면 중세 이전에는 행복하게 죽은 사람은 제사의 대상이 아니었고 사후에 억울함이 남아 강한 노여움과 기쁨을 표시할 수 있는 사람만이 신으로 숭배되었다. 즉 나라시대 이후 원령(怨靈)이 숭배되기 시작하였으나 "사람을 신으로 제사드리는 풍습이 한정되었는데 근세에 그 범위가 널리 확대"되어 갔다.[60] 근세 초 도

---

57) 村上, 前揭 『慰靈と忠魂』, 52쪽.
58) 村上, 前揭 『慰靈と忠魂』, 53쪽.
59) 人神사상 및 怨靈사상의 전개에 대해서는 고마쓰 가즈히코 지음, 김용의 외 옮김, 『일본인은 어떻게 신이 되는가』(민속원, 2005), 小松和彦, 『神になった日本人』(NHK知るを樂しむこの人この世界)(NHK, 2008)를 참조할 것.

요토미 히데요시와 도쿠가와 이에야스 등 무가의 최고 수장이 신의 반열에 올랐고, 이후 에도시대에는 의민(義民) 등 일반 백성까지도 신이 되었다. 근대 일반 군인의 영을 받들어 모시는 초혼사는 에도시대 성립된 '의민(義民)' 어령사상의 변형에 불과하다. 따라서 초혼사와 미나토가와(湊川)신사 등의 창건신사가 전근대 시기의 인신숭배와 완전히 다른 근대의 새로운 창출이란 측면에서만 바라볼 수 있는가는 의문이다.

미나토가와 신사를 비롯하여 충신을 제신(祭神)으로 하는 신사가 새로 건립되었을 때 사격(社格)이 문제로 되었다. 대표적인 충신의 현창이 국민에게 주는 교육적 효과로 볼 때 이러한 종류의 신사는 높은 사격을 줄 필요가 있고 그렇다면 최고 사격인 관폐사가 적합하였다.[61] 그러나 옛날부터 관폐사는 인간을 제신으로 하는 사례는 없었고 더욱이 제신(祭神)이 '신하'에 불과하다는 점도 문제였다. 여기에 별격관폐사라는 새로운 사격이 발안되었고, 별격 관계사의 인원과 경영은 관폐소사에 준하게 하였다.

1872년 4월 29일 미나토가와 신사가 최초의 별격관폐사로 되었고, 1873년에는 도쇼궁(東照宮)과 도요쿠니(豊國) 신사가, 1874년 12월에는 후지와라노 가마타리(藤原鎌足)을 모신 담잔(談山) 신사와 와케노 기요마로(和氣淸麻呂)의 고오(護王) 신사가 별격관폐사로 올랐다. 1875년에는 오다 노부나가(織田信長)의 겐쿤(建勳)신사, 1876년 닛타 요시사다(新田義貞)의 후지시마(藤島)신사, 1878년 기쿠치 다케토키(菊池武時)의 기쿠치(菊池) 신사와 나와 나가토시(名和長年)의 나와(名和) 신사가 각각 별격관폐사의

---

60) 新谷尚紀, 「慰靈と軍神」, 『人類にとって戰いとは』3·戰いと民衆, 東洋書林, 2000, 147~148쪽.
61) 고대 신기제도에서는 신기관이 관장하는 신사를 관사라 하고 이 중 畿內와 그 주변에 소재하여 신기관이 직접 봉폐하는 신사를 관폐사, 교통 등의 이유로 신기관의 대리로서 국사(國司)가 봉폐하는 신사를 국폐사라 하였다. 메이지 초년의 사격제도는 이것을 답습하여 신사를 관사(신기관 小官)과 諸社(지방관 소관)으로 나누었다. 관사에는 관폐사(대甦塞소), 국폐사(대甦塞소)가 있고 제사는 각각 부사, 번사, 현사, 향사로 구성되었다. 천황을 모시는 신사는 신궁, 황족을 모시는 신사는 궁이라 하여 일반 신사와 구별하였다.

지위를 얻었다.[62] 별격관폐사는 신하라는 특정 개인을 모신 이례(異例)의 관사(官社)였을 뿐만 아니라 초혼 사상을 배경으로 하는 특정 인간의 강한 혼령을 진정시켜 모시는 어령(御靈)신앙의 전통을 계승한 특이한 성격의 신사였다. 이들 구사(九社)의 공통점은 도쿠가와 이에야스를 모신 도쇼궁을 제외하면 모두 천황에 대한 충성을 척도로 선정된 대표적 인물로 사실상 창건신사였다는 점, 거의 대부분이 제신의 묘소 혹은 사몰지에 만들어진 영사(靈祠)라는 점에 있었다.[63] 즉 이에야스 이외는 모두 막말에 존양파 지사 초망이 열광한 역사상 인물이라 할 수 있다. 이에 대해 무라카미는 "천황의 고대적 종교적 권위를 기반으로 성립한 신정부는 국민의 모든 행동의 궁극적인 가치기준을 천황에 대한 충성에 둔 국민교화를 강력하게 추진"하였고 "남조의 충신을 모시는 각사에 열격(列格)할 때 각각의 전몰 장수를 배사하는 조치는 메이지 유신의 내전에서 천황측 군전몰자를 모시는 초혼사와 상통하는 성격을 이들 별격관폐사에 부여"[64]한 것으로 해석하고 있다. 이 점은 기본적으로 타당하다.

그러나 그와 동시에 이들과 전혀 성격이 다른 도쿠가와 이에야스의 도쇼궁(東照宮)이 여기에 포함되어 있는 점에도 주목할 필요가 있다. 도쇼궁(東照宮)은 무로마치의 아시카가 씨(足利氏)만큼은 아니지만, 메이지 유신 당시 조적(朝敵)이었던 도쿠가와씨의 수장 도쿠가와 이에야스를 모신 신사이다. 이는 단순히 미나토가와(湊川) 신사 등 천황에 대한 충성을 기준으로 창건된 신사와 크게 성격을 달리한다. 무엇보다 이에야스는 이미 에도시대에 조정으로부터 도쇼다이곤겐이란 '신호(神號)'을 받고 있었다. 이 점은 도요쿠니다이묘진이란 신호를 받은 도요쿠니 신사도 마찬가지이다. 따

---

62) 村上, 前揭 『慰靈と忠魂』, 76~80쪽.
63) 村上, 前揭 『慰靈と忠魂』, 82쪽.
64) 村上, 前揭 『慰靈と忠魂』, 82~83쪽.

라서 도쇼궁이나 도요쿠니 신사의 별격관폐사 임명은 단순히 천황에 대한 충성이란 측면에서 볼 것이 아니라, 전술한 바와 같이 창건신사의 중요한 목적 중 하나인 민중의 '인심수렴' 과도 관련지어 파악할 수 있다. 가토 기요마사의 신사를 '토민앙모' 라는 이유에서 창건하였듯이, 신군(神君)으로 추앙받던 에도시대 이래 무가의 신 도쿠가와 이에야스의 신격을 메이지 국가가 최대한 이용하려 한 측면도 있다.[65] 즉 이는 도쇼궁의 위에 천황이 존재하고 있음을 부각하기 위한 방법이기도 하였다. 이와 더불어 이에야스나 히데요시가 모두 사후에 신으로 추앙되었다는 점도 고려의 대상이다. 구스노키 등이 신으로 추앙받게 된 것은 메이지 시대에 갑자기 만들어진 (창출) 것이 아니라, 무가의 수장이 신이 되고(근세초), 이후 일반 서민까지 신으로 받들어 진(근세중후기의 義民사상) 전근대 이래의 인신사상의 확산과 밀접한 관련이 있다. 이러한 전통을 바탕으로 구스노키 등과 보신(戊辰) 전쟁에서 사망한 일반 군인까지도 신(초혼사)이 될 수 있었다. 에도시대부터 존재하고 있었던 어령신앙에 새로운 요소가 가미되면서도 인신숭배라는 전통적 요소도 일정부분 메이지 시대에 계승된 것이다. 이처럼 '창출' 이란 새로운 요소뿐만 아니라 '전통' 의 계승이란 요소도 아울러 고려할 때 메이지 시기 창건신사의 성격을 보다 정확히 자리매김할 수 있을 것이다.

---

65) 이는 지역민심의 수렴이란 차원에서도 적용된다. 가령 우에스기 겐신(上杉謙信)의 모신 우에스기 신사를 새로 만들었을 때도 많은 지역민이 참가하였다. 이 때 上杉家의 당주와 구 가신들이 '조상의 神靈' 앞에서 祖宗의 유훈을 잘 지켜 황실을 잘 받들고 충효근검에 힘쓸 것을 맹세하고 있다.(羽賀祥二, 『明治維新と宗教』, 340쪽).

Ⅳ. 맺음말

이상에서 논의된 사항을 정리하면 다음과 같다.

첫째 초기 신도국교화 정책의 추진과 관련하여 강경파(히라타 파)와 온건파(오쿠니 파)가 대립한 사실은 종래 연구에서 지적한 대로이다. 본고에서는 그와 동시에 온건파는 물론이거니와 일부 강경파도 유교적 가치 관념에 입각해 있었다는 사실에 주목하였다.

둘째 신도국교화정책의 좌절에도 불구하고 강경파의 주장은 일부 계승되었다. 즉 크리스트교의 확산과 외국 세력의 압력을 극복하기 위한 방법으로 제시된 신도를 교법과 분리하여 대도(大道)로 보려는 주장은 여전히 메이지 정부의 정책으로 살아남았다.

셋째 메이지 국가에게 충성스런 인물의 영(靈)을 신사에 모시는 의례 방식은 일본만의 독특한 형식인데 구스노키 마사시게의 미나토가와(湊川) 신사에서 시작하여 초혼사로 연결되었다. 메이지 초기의 '창건신사'는 미나토가와 신사와 같이 충을 매개로 민중에게 충성을 강조하는 계열과 요시노궁(吉野宮)과 같이 천황을 신비화하고 장엄화하는 계열이 있었다. 후자의 경우 메이지 국가는 민중이 직접 건립 등에 간여하는 것을 제지하였다. 또한 주의할 점은 도쿠가와 이에야스를 모신 도쇼궁(東照宮)이 별격관폐사로 되었다는 점에서 알 수 있듯이 메이지 국가가 민중의 충성만을 위해 신사를 창건한 것은 아니고, 민중의 인심 수렴에도 주의를 다하고 있었다. 가토 기요마사를 모신 신사를 건립한 것도 "토민앙모" 때문이었다. 따라서 기존 연구에서처럼 단순히 국민교화(충의 강제)라는 측면으로만 메이지 초기 신사 건립 과정을 이해하는 것은 타당하지 않다.

넷째 메이지 초기 신사(神社) 창건은 유교식 초혼제, 인신숭배라는 전통에 입각하여 전개되었다. 따라서 근대 메이지 국가의 '창출'이란 측면만을 지나치게 강조하는 것은 타당하지 않으며 전통성의 계승이란 점에도 유의해야 한다. 특히 전근대이래의 '인신숭배' 라는 일본의 독특성을 염두에 두어야 한다. 이 점을 고려할 때만이 독자적인 근대적 추모시설을 갖지 않고 야스쿠니(靖國) 신사라는 인신사상에 기반한 독특한 추모시설을 창출시킨 일본의 근대적 특질도 이해할 수 있을 것이다.

| 참고 문헌 |

다카시 후지타니 지음, 한석정 옮김, 2003, 『화려한 군주 – 근대일본의 권력과 국가의례』, 이산.

고마쓰 가즈히코 지음, 김용의 외 옮김, 2005, 『일본인은 어떻게 신이 되는가』, 민속원.

『宗敎關係法令一覽』(『宗敎と國家』(日本近代思想大系5), 岩波書店).

『神敎組織物語』(『宗敎と國家』(日本近代思想大系5), 岩波書店).

村上重良, 1970, 『國家神道』, 岩波書店.

安丸良夫, 1974, 『日本の近代化と民衆思想』, 靑木書店.

村上重良, 1974, 『慰靈と忠魂』, 岩波書店.

村上重良, 1977, 『天皇の祭祀』, 岩波書店.

安丸良夫, 1979, 『神　の明治維新』, 岩波書店.

宮地正人, 1981, 『天皇制の政治史的硏究』, 校倉書房.

鈴木正幸, 1993, 『皇室制度』, 岩波書店.

阪本是丸, 1994, 『國家神道形成過程の硏究』, 岩波書店.

羽賀祥二, 1994, 『明治維新と宗敎』, 筑摩書房.

武田秀章, 1996, 『維新期天皇祭祀の硏究』, 大明堂.

山口輝臣, 1999, 『明治國家と宗敎』, 東京大學出版會.

小澤 浩, 2004, 『民衆宗敎と國家神道』, 山川出版社.

子安宣邦, 2004, 『國家と祭祀−國家神道の現在』, 靑士社.

阪本是丸, 2005, 『近代の神社神道』, 弘文堂.

村上重良, 2006, 『國家神道と民衆宗敎』, 岩波書店.

小松和彦, 2008, 『神になった日本人』(NHK知るを樂しむこの人この世界), NHK.

中島三千男, 1972, 「大敎宣布運動と祭神論爭−國家神道體制の確立と近代天皇

制國家の支配イデオロギー」, 『일본사연구』 126.

中島三千男, 1974, 「明治國家と宗敎−井上毅の宗敎觀·宗敎政策の分析−」, 『역사
　　학연구』 413.

安丸良夫, 1976, 「天皇制下の民衆と宗敎」, 『岩波講座日本歷史』, 岩波書店.

中島三千男, 1976, 「大日本帝國憲法第二八條「信仰自由」規定成立の前史−政府官
　　僚層の憲法草案を中心に」, 『日本史研究』 168.

中島三千男, 1977, 「『明治憲法體制』の確立と國家イデオロギ−政策−國家神道體
　　制の確立過程−」, 『日本史研究』 176.

宮地正人, 1988, 「國家神道形成過程の問題點」, 『宗敎と國家』(日本近代思想大系
　　5), 岩波書店.

安丸良夫, 1988, 「近代轉換期における宗敎と國家」, 『宗敎と國家』(일본근대사상
　　대계 5).

新谷尚紀, 2000, 「慰靈と軍神」, 『人類にとって戰いとは』3·戰いと民衆, 東洋書林.

"결코 잊지 못할 1984년"[*]
-시크 사이버 민족주의의 전개와 성격

김경학[**]

Ⅰ. 들어가는 말

인도 국내외 시크들에게 1984년은 종교적으로나 종족적으로 가장 치욕적이고 치명적인 한 해였다. 1984년 6월 인도 정부군의 소위 '블루스타 작전'(Operation Bluestar)으로 성지 황금사원이 침탈되고 빈드란왈레를 비롯한 분리주의 운동원 및 분리운동과 무관한 성지순례자가 살상되었다. 같은 해 10월 31일부터 4일 동안에 걸쳐 공식적 집계로 약 3천명에 이르는 시크들이 델리를 비롯한 일부 도시에서 집단 학살되는 피해를 입었다. 1985년부터 시크들이 천명한 칼리스탄 독립을 목표로 한 시크 분리주의운동이 본격적으로 전개됨에 따라 시크 게릴라와 이를 진압하는 인도 정부

---

* 이 논문은 2005년 정부(교육인적자원부)의 재원으로 한국학술진흥재단의 지원을 받아 수행된 연구임(KRF-2005-005-J11501). 『민주주의와 인권』 2008년 제8권 3호에 실린 논문을 재록함.
** 전남대학교 인류학과 교수(문화인류학).

군경과의 유혈 사태는 약 10여 년 동안 양측의 수많은 인명피해를 가져왔다. 특히 시크 분리주의운동 진압과정에서 펀잡 시크에 대한 인도 정부 군경의 다양한 유형의 인권침해가 있었다. 인도 정부 군경의 대대적인 소탕작전에 의해 대략 1990년대 초반부터 인도 국내의 칼리스탄 운동은 약화되기 시작하여 1990년대 중반에는 인도 내에서 거의 소멸되었다.[1]

인도 시크 집단들에 의한 1984년 델리 시크 대학살에 대한 책임자 처벌 요구가 있었지만 2005년 마지막 진상조사위원회 '나나와티(Nanavati) 보고서'가 나오기까지 인도 정부 측의 구체적인 대책이 나오지 않았다.[2] 1984년 사건 이후 매년 6월과 11월이 되면 황금사원 침탈과 델리 시크 대학살 사건을 추모하고자 하는 일부 시크 집단들의 시도가 있었지만 인도 경찰의 철통같은 감시 때문에 공식적인 기념행사는 생각지도 못했다. 인도 정부의 시크 희생자들과 시크교단에 대한 공식적 사과는 2004년 시크 출신 만모한 싱이 수상직에 오르면서 시크 대학살로 인해 피해를 입은 당사자와 유가족에 대한 공식적 사과와 나나와티 보고서에서 제기한 보상책을 충실히 이행하겠다는 말을 덧붙였다.

아직 인도 국내의 오프라인에서의 시크 참사에 대한 직접적이고 공식적인 기념화 작업은 거의 이루어지지 않았다. 약 1998년부터 2004년까지 인도 정권을 잡았던 힌두보수정당 인도국민당(Bharatiya Janata Party, BJP)의 집권 시기를 제외하고 1984년 시크 핍박부터 현재까지 대부분 시기의 정권을 잡고 있는 인도국민회의(Indian National Congress) 정부의

---

1) 1984년 시크 성지 침탈과 델리 시크 대학살에 관한 구체적인 내용은 김경학(2007)을 그리고 인도 국내의 칼리스탄 운동의 성격과 그 진압과정에 대해서는 김경학(2008)을 참고바람.
2) 시크 집단들은 2005년의 나나와티 보고서조차 거부하였지만 현재 인도 수상인 시크출신 만모한 싱(Manmohan Singh)은 2005년 당시 '재외 인도인 장관직'을 맡고 있었던 타이틀러(Tytler)를 1984년 델리 시크 대학살에 관련하여 책임을 물어 사임시키는 선에서 책임자 처벌을 마무리 짓고자 하였다.

입장에서 시크에게 진실로 사죄하고 사건 주모자를 처벌하고 희생자에게 보상하고 이들 사건을 기념화 해주는 일은 거의 불가능하였다.[3]

한편 인도 펀잡 내 칼리스탄 운동이 거의 약화될 무렵인 1990년대 중반 무렵 해외 시크 디아스포라에 의해 운영되는 시크 관련 인터넷 웹 사이트와 동영상 사이트들이 등장하기 시작하여 2008년 현재까지 지속적으로 늘어갔다. 이들 웹 사이트들은 시크의 역사, 시크교, 시크 정체성, 특히 1984년에 시크에게 닥친 일련의 시련을 담은 멀티미디어 자료를 이용하여 시크의 아픔과 시련을 기억시키고 있다. 사이버 상에서 운영되고 있는 이들 사이트들은 특별히 1984년 인도에서 시크가 경험한 핍박에 대한 기억을 재현시키고자 다양한 유형의 자료들을 세계 도처에 거주하는 시크들을 대상으로 유포시킴으로써 전 지구적 수준에서 칼리스탄 운동이 건재함을 과시하고 있다. 현재 시크 분리주의 운동과 직접적으로 관련된 웹 사이트 수는 약 50개 이상이며, 여기에 시크 역사와 문화를 소개하면서 특별히 칼리스탄 운동을 주요 항목으로 소개하고 있는 사이트를 포함시키면 그 수는 엄청나게 늘어난다. 게다가 개인이 운영하는 분리주의 운동 관련 웹 사이트나 블로그를 포함시킨다면 시크 관련 웹 사이트 수는 거의 헤아릴 수 없을 만큼 많다.

시크 관련 웹 사이트는 나름의 뚜렷한 목적을 지니고 운영되기 때문에 그 내용이 매우 정교하게 구성되어 있는 것이 일반적이다. 사이트 개설 시기와 운영의 목적 등이 명시되어 있을 뿐만 아니라 시크 사회와 관련한 뉴스와 다양한 종류의 멀티미디어 자료실 등이 준비되어 있어 방문자로 하여금 문서, 음성, 이미지, 동영상 등을 손쉽게 이용할 수 있도록 구성되어 있

---

3) BJP 역시 시크 사건을 직접적으로 다루지 않은 것은 최근에 있었던 극우 힌두 세력들에 의한 무슬림 집단학살 사건, 예컨대 2002년의 구자라트 고드라 사건에 대한 책임을 지지 않으려는 자신들의 입장과 인도국민회의의 입장이 동일하기 때문이었다.

다. 또한 웹 사이트 외에도 구글(Google)에서 운영하는 '유튜브' (YouTube)는 사이버 상에서 시크의 역사적 경험을 매우 생생하게 동영상으로 재현해 주고 있는 대표적인 동영상 공유 사이트이다.

사이버 공간에서 운영되는 시크 관련 웹 사이트는 성격에 따라 종교적이고 문화적인 것, 지역의 구체적인 뉴스를 제공하는 것, 시크 디아스포라 전반적인 사항을 다루고 있는 웹 블로그, 칼리스탄 운동과 펀잡의 인권침해를 다루고 있는 정치적 성격의 것으로 구분될 수 있다(Sokol 2007). 본 연구가 관심을 두고 있는 사이버 공간에서의 시크 관련 웹 사이트는 칼리스탄 운동과 관련을 맺고 있는 정치적인 성격을 띤 것들이다. 이들 웹 사이트들은 사이버 공간을 통해 1984년의 블루스타작전, 델리 시크 대학살, 약 10년 동안의 시크에 대한 인권침해를 동영상, 문자 텍스트, 이미지 사진, 음성자료 등의 멀티미디어 자료를 통해 재현하고 있다. 본 연구는 사이버 공간에서의 웹 사이트들을 통해 직접적으로는 세계 도처에 있는 시크집단을 향해 그리고 광범위하게는 세계인을 향해 시크들이 전개하고 있는 '기억의 정치'의 성격과 그 내용을 규명하고자 한다. 이 연구에 이용되고 있는 자료들은 다국적 인터넷 포탈 사이트의 검색을 통해 얻을 수 있었다. 시크 사이버 민족주의 관련 연구로 대표적이라 말할 수 있는 연구(Gunawardena 2000)가 주로 웹 사이트 내용에 관한 분석에 치중한 반면, 본 연구는 이들 웹 사이트를 포함하여 2005년 이래 영어권에서 가장 인기 있는 무료 동영상 사이트인 유튜브(YouTube)[4]의 관련 자료들도 분석하였다.

---

4) 유튜브는 인기 있는 무료 동영상 공유 사이트로 사용자가 영상 클립을 업로드하고, 보고, 공유할 수 있다는 특성이 있기 때문에 시크 관련 웹 사이트가 운영자들에 의해 일방적으로 구성되어 메시지를 전달하는 것과는 달리 관련 동영상에 대해 댓글을 게시함으로써 자신들의 의사를 적극적으로 표출할 수 있는 쌍방적인 성격이 있다. 2005년 이후 유튜브를 통해 게시된 일련의 시크 핍박과 관련한 일부 동영상들은 기존 웹 사이트에서도 발견될 수 있는 것들이지만 세계 도처에 거주하고 있는 시크 개인들도 관련 자료를 업로드 시키고 이를 개인적 활용을 위해 공유할 수 있기 때문에 메시지 유포의 효과 면에서는 웹 사이트보다 더 크다고 볼 수 있다.

Ⅱ. 사이버 공간과 '비 국가적 정치행위' (non-state political acts)

새롭고 혁명적인 통신수단과 과학기술의 등장 및 발전으로 영토성에 기반을 두고 형성되었던 공동체와 국민 국가 등의 개념은 도전을 받고 있다. 대표적으로 인터넷은 사이버 공간을 통한 상호연결을 가능하게 함으로써 오프라인 정치에 큰 영향력을 행사하고 있다. 인터넷과 같은 새로운 통신수단의 등장은 시크처럼 구체적인 영토성을 가지지는 못하지만 정치적으로 칼리스탄(Khalistan)이란 독립 국가의 열망을 품고 있는 정치적 소수집단에게 새로운 정치적 공간을 제공하고 있다. 이들 소수집단은 가상공간에서 자신들의 정치적 아젠다를 선전하고 집단적 결속감을 쟁취하고자 한다.

이러한 가상공간은 영토적인 한계를 극복하여 자신들의 정치적 목적을 위해 투쟁하는 표상적인 공간이자 전자적인 토론광장 아고라로서 기여하는 공공적인 공간이 되고 있다. 영토에 토대를 두지 못한 정치적 집단들 예컨대 시크나 위구르(Uighur) 집단들에게 웹 사이트와 같은 가상공간은 자신들의 정치적 입지와 다양한 정치적 전략을 전개시킬 수 있는 유익한 공간이 되고 있다.

구나와르데나(Gunawardena 2000)는 해외 거주 시크들의 주도하에 운영되고 있는 인터넷 웹 사이트들이 시크 결속을 강조하는 가상민족주의(cybernationalism)공간으로 활용되고 있음을 강조하고 있다. 그는 9개의 대표적인 시크 관련 웹 사이트를 분석하여 이들 사이트들이 시크들에게 칼리스탄에 관련된 아젠다를 유포하고 가상공간에서의 시크 민족주의 고취에 기여하고 있다고 주장한다.[5]

페티센(Petersen 2006)은 중국정부의 신장지역 위구르 분리 독립주의자들에 대한 탄압이 거세지자 해외로 도피하여 디아스포라가 된 위구르들이 운영하는 인터넷 웹 사이트들을 연구하였다. 그는 위구르 웹 사이트들이 위구르 종족집단에 대한 중국의 인권침해와 탄압의 실상을 알리고 자신들이 열망하는 독립국가인 '동투르키스탄' 건설을 세계에 널리 홍보하고 세계 도처에 거주하는 위구르인의 정체성 강화와 결속에 기여하고 있다고 주장한다.

또한 소수의 연구들(Fandy 1999; Friedlander 1999; Kitchin 1998)은 정보통신기술의 혁명적인 발달로 인해 이론적으로는 모든 집단과 개인들이 동등하게 접근 가능한 새로운 초국가적인 영역이 창조되었으며, 이러한 변화는 국가의 주권성과 영토성이라는 전통적인 개념에 근본적인 도전을 제기하고 있음을 주장한다. 특히 후리드랜더(Friderlander 1999)는 영토적 경계(boundary)의 개념은 한정된 영토 내에서의 주권, 권위, 통제의 개념을 구체화함으로써 국민국가 개념의 핵심적 위치를 차지하여왔다고 주장한다. 그러나 그는 인터넷과 이메일과 같이 즉각적인 의사소통이 가능하고 거의 장소에 구애받지 않고 정보가 흐르며, 보다 광범위하게 보급된 통합정보체계가 등장함으로써 전통적 개념의 국민 국가의 경계가 약화되고 있음을 주장한다. 즉 그는 새로운 유형의 '비 국가적 정치행위자들'(non-state political actors)이 등장하고 있음을 강조한다.

사실 교통과 통신수단의 발달은 모국을 떠나 해외에 거주하는 디아스포라를 대량 생산하였다. 또한 이러한 발달은 해외 거주 디아스포라 간의 긴밀한 연결을 가능하게 만드는 초국가주의 시대의 도래를 가져왔다. 특히 모국을 떠나 있는 디아스포라 가운데 망명자나 정치적 소수자들은 인터

---

5) 국내에서 시크 사이버 정치를 언급하고 있는 이광수(2006)의 연구는 시크 사이버 민족주의를 본격적으로 다루고 있지 않지만, 영국의 시크에 의해 운영되는 다양한 웹 사이트가 새로운 칼리스탄 공동체(카움)의 대체제로 부상하고 있음을 강조하고 있다. 이 글은 사이버 공간에서 칼리스탄 지지자들이 1984년의 폭력을 계속해서 기억해 내고 확대 재생산하고 있음을 강조하고 있다.

넷과 같은 과학기술을 통해 새로운 유형의 정치적 공간과 조직을 만들어 가고 있다. 인터넷과 같은 새로운 기술을 통해 비 국가적 정치행위자, 국가, 국제적인 조직들 간의 새로운 유형의 체계적인 상호작용의 영향과 역동성이 나타나는 그 전형적인 사례는 멕시코 반군으로 알려진 치아파스의 농민 반란에서 알 수 있다. 전통적인 국민국가의 영토성과 국가의 정보 통제를 무너뜨린 대표적인 사례로 언급되고 있는 치아파스의 자파티스타 게릴라들은 인터넷을 이용하여 멕시코 정부에 의한 소수자들에 대한 부당한 대우와 자신들이 하고 있는 투쟁의 정당함과 이념을 세계적으로 홍보하였다. 이로써 이들은 세계로부터 동정심을 얻어내고 자신들의 대의에 대한 국제적인 지지를 얻어냈으며 이를 통해 국내와 국제적인 정책에 영향력을 얻어낸 바 있다. 지방의 열악한 원주민 농민군들인 자파티스타 게릴라 반군은 인터넷 힘을 적절하게 이용함으로써 자신들을 가시적인 정치적 존재로 만들어 냈다(Cleaver 1996; Froehling 1997; Kellner 1997).

Ⅲ. 사이버 공간에서의 시크 기억 투쟁

2007년 기준으로 대략 해외에는 3백만 이상의 시크가 거주하고 있으며, 이 가운데 미국, 캐나다, 영국에 이들의 약 2/3가 거주하고 있다. 인도 국내에 거주하는 약 2천만 명 이상의 시크는 주로 편잡 주와 인근의 하리야나 주에 밀집되어 있으며 수도 델리에도 상당수가 거주하고 있다. 그러나 1990년대 중반 이후 인도 국내 시크집단에 의해 주목할 만한 시크 분리주의 운동의 조짐은 거의 보이지 않는다.[6] 그러나 국내의 사정과는 달리 해외 시크 디아스포라에 의한 칼리스탄 운동은 일부 급진파 시크 디아스포라 집단에 의해 해외에서 여전히 진행 중이다.[7]

1. 시크 관련 웹 사이트와 기억의 정치

대부분 시크와 관련한 웹 사이트들은 해외에서 활동 중인 공식적인 조직이나 개인에 의해 운영 관리되고 있다. 그러나 대부분의 이러한 사이트들은 인도 국내인에게도 개방되어 있다. 대략 1990년대 중반부터 본격적으로 등장한 시크 관련 웹 사이트들 가운데 정치적 성격을 띤 사이트들에는 인도 정부에 의해 인도라는 국민 국가를 위협하는 주범으로 이미지화된 '터번을 두르고 수염을 기른 시크 남성'[8]이 주로 등장한다.

시크 정체성은 흔히 터번을 두른 남성 시크로 표상화 되고 있으며 (Singh, H. 2006), 1984년 6월 시크 황금사원 공격, 11월 델리 시크 대학살, 1985년부터 약 10년 동안의 인도 정부군에 의한 인신 구속, 고문, 살해 등으로 신체 불구가 되거나 처참히 살해당한 터번 두른 남성의 이미지들은 시크의 핍박과 고통의 상징으로 다양한 웹 사이트들 사이에서 순환되고 있다. 이들 정치적 성격의 웹 사이트들은 1984년의 일련의 사건들과 편잡에

---

6) 현재 인도 편잡주는 인도 중앙 정부와 특별한 갈등이 없는 평화로운 인도 주의 하나이다. 다른 어느 곳보다 국제이주의 문화가 강하며, 특히 젊은 시크들은 유럽과 북미행 이주를 꿈꾸고 있다. 국제이주에 따른 부족한 농업노동력은 주로 비하르(Bihar) 주에서 온 농업 노동자들에 의해 충원된다. 20여 년 전 가족원과 재산을 상실하는 고통을 경험한 노년 세대 시크들은 여전히 과거의 고통을 기억하고 있지만, 편잡이 인도의 한 부분으로 남아 있는 데 대한 거부감은 없다. 사실 그간의 각종 테러와 인권유린에 겁을 먹은 시크들은 여전히 마음속에 아픔을 간직하고 있는데, 이들의 아픔은 1984년 시크대학살 등을 자행한 책임자들이 처벌된다면 경감될 수 있을 것으로 본다(Mohanka 2005, 594~5).
7) 해외 칼리스탄운동에 대해서는 김경학(2008)을 참고 바람.
8) 시크의 전통에 의하면 입문식을 거친 칼사단에 속하는 남성 시크는 5K를 준수하고 터번을 착용한 남성이다. 특히 입문식을 거행한 정통 시크를 '암므리트다리'(ammritdhari)라 부르며 입문식을 거행하지 않았거나 시크로서 준수해야 할 결정적인 계율을 외형적으로 준수하지는 않았지만 시크교의 이념을 따르는 사람을 '사하즈다리'(sahajdhari)라 부른다. 인도 정부는 시크 분리주의 운동이 한창일 때 암므리트다리든 사하즈다리든 머리 터번을 착용한 소위 '케스다리'(kesdhari)를 분리주의에 참여여부와 상관없이 분리주의를 지향하는 시크로 낙인찍은 바 있다(김경학 2008).

서의 시크 인권침해에 관한 동영상, 사진, 증언 등으로 다양하게 구성되어 있다.

사이트 방문자들은 몇 번의 클릭으로 1984년 당시와 그 이후에 시크가 경험한 아픔과 핍박을 사이버 상에서 간접적으로 느낄 수 있다. 또한 1984년 블루스타 작전시에 희생된 분리주의 운동의 지도자였던 빈드란왈레와 그 추종자들은 인도 정부로부터는 극악한 테러분자로 취급되지만, 대부분의 시크 웹 사이트에서는 시크 순교자로 미화되고 있다. 대부분의 웹 사이트들은 빈드란왈레가 1984년 블루스타 작전으로 사망하기 전에 시크 대중을 대상으로 하였던 연설 내용과 외국 언론과의 인터뷰 광경 등을 당시의 동영상, 이미지 사진, 음성, 문자 텍스트 등의 멀티미디어 자료들을 통해 투쟁과 분리독립의 정당성을 강조하고 이를 진압한 인도 정부를 비난하고 있다.

대표적인 정치적 성격의 웹 사이트들은 칼리스탄 카운슬(the Council of Khalistan)의 www.khalistan.com, 칼리스탄 어페어스 센터(the Khalistan Affair Center)의 www.khalistan-affairs.org, 달 칼사(Dal Khalsa)의 www.dalkhalsa.com, 바바르 칼사(Babbar Khalsa)의 www.khalistan.demon.co.uk, 시크 청년연맹(Sikh Youth Federation)의 http://syf.jaj.com, 세계시크조직(World Sikh Organization)의 www.world-sikh.org, 펀잡의 변호사가 운영했던 '뜨거운 펀잡'(Burning Punjab)의 www.burningpunjab.com, 시크 투쟁을 종교적인 시각에서 강조하는 '시크 국가의 성'(Fort Panth Khalsa)의 www.panthkhalsa.org, 또 다른 칼리스탄 조직의 www.khalistan.net 등이다.[9] 또

---

9) 본문에서 언급되는 시크 조직들 가운데 세계시크조직, 국제시크청년연맹, 바바르 칼사, 칼리스탄 카운슬 등에 대한 보다 자세한 설명은 김경학(2008, 124~174쪽)을 참고하기 바람.

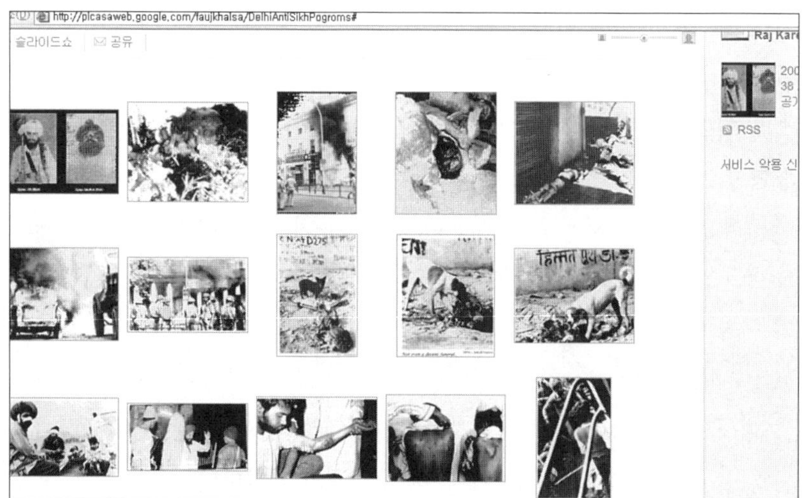

〈그림 1〉 웹 사이트에는 상처받은 시크 남성 이미지들이 순환되고 있다.

한 '시크 라이온즈'(SIKHLIONZ)의 www.sikhlionz.com, '네버 포겟 1984'(NEVER FORGET 1984)의 www.neverfor get84.com, Sikh Massacre Remembrance의 www.sikhnation.net와 같이 개인이 운영하고 있는 웹사이트도 있다.

이들 대부분의 웹 사이트들은 시크 정체성을 강조하기 위해 공통적인 상징물을 사이트에 올려놓고 있다. 예컨대 시크 칼사(Khalsa)[10]와 시크 사원인 구르드와라(Gurdwara)를 상징하는 '칸다'(khanda)와 '니산 사힙'(nisan sahib)은 모든 웹 사이트에 배경으로 드려져 있다. 칸다의 문양은 수평으로 이중 칼이 세워져 있고 이를 양측으로 시크 5K의 하나로서 상징적으로 몸에 착용하고 다니는 단도(短刀)인 키르판(kirpan)이 감싸고 있다. 양측으로 감싸고 있는 두개의 단도는 세속적인 권위인 미리(meeri)와

---

10) 17세기 말에 10대 구루인 고빈드 싱(Gobind Singh)이 세운 시크 종교집단을 말함.

영적인 권위인 피리(peeri)를 각각 표상함으로써 시크의 종교적인 의무와 사회적인 의무의 중요성을 강조하고 있다. 니산 사입은 사프론 색상의 삼각형 깃발로서 그 안에는 칸다 문양이 그려져 있으며 모든 시크 사원인 구르드와라 앞에 세워진 깃대 꼭대기에 걸려 있다.

이들 웹 사이트는 시크교와 시크의 역사에 관련된 자세한 소개를 통해 시크의 고유한 정체성을 강조하고 있다. 즉 시크는 문화적으로 독자적인 집단임을 강조하고 있다. 한편 이들 웹 사이트들은 시크가 독립국가 건설 과정에서 인도 정부로부터 역사적으로 받아 왔던 정치적 핍박들을 텍스트, 동영상, 이미지 사진, 음성자료 등의 형식으로 갤러리에 올려놓음으로써 시크 정체성이 자신들이 직면해 온 정치적 상황의 산물임을 강조한다. 이들 사이트들은 1984년 이래 시크가 겪었던 '시크 홀로코스트'(Sikh Holocaust)의 내용들을 게재하고 있으며, 홀로코스트 내용을 클릭하면 개별적인 사건의 전말과 이와 관련된 참혹한 사진과 동영상 등의 멀티미디어 자료들이 연결된다.

특히 인도정부에 의해 수행된 시크 무장단체에 대한 군사작전들, 예컨대 1984년의 블루스타작전 등 일련의 군사작전들을 수행하는 과정 속에서 야기된 시크 인명피해와 인권침해 관련 사진과 동영상 자료가 사이트에 게재되어 있다. 1984년 델리에서 자행된 시크 대학살 사건은 사건의 전말을 알리는 상세한 설명과 이 사건에서 살해된 시크와 그들의 재산피해 관련 멀티미디어 자료도 올려놓고 있다. 시크 대학살 사건 관련 직접적인 피해자의 훼손된 신체뿐만 아니라 이들을 두고 통곡하는 가족들의 멀티

〈그림 2〉 웹 사이트에 올라와 있는 칸다와 니산 사입

미디어 자료를 게재함으로써 인도 정부의 인권침해와 그 잔혹성을 고발하는 동시에 분리주의 운동의 필요성을 강조하고 있다.

대부분의 웹 사이트는 1984년의 일련의 사건들 후 편잡을 중심으로 전개되었던 칼리스탄 운동의 참여 과정 속에서 숨진 사람들을 순교자로 묘사하여 그들 사진과 그 활약상을 자세히 소개하고 있다. 특히 인도 정부로부터 테러리스트 수장으로 낙인찍힌 빈드란왈레를 '시크 공동체의 위대한 순교자'로 묘사하고, 그와 그의 행적을 기념하기 위한 멀티미디어 공간이 별도로 준비되어 있다. 사이트에 따라서는 1985년부터 본격화된 시크 무장 게릴라들과 인도 정부 군경과의 무력 투쟁 과정 속에서 희생된 시크들의 명단을 올려놓고 이들을 순교자로 칭송하고 있다. 이들 이름에 커서를 올려 클릭을 하면 그의 개인 사진, 개인적 배경, 투쟁의 활약상이 소개된다. 또한 무력 투쟁의 희생자 명단 외에도 인도 정부 군경에 의해 인신구속, 행방불명, 고문 등의 인권침해를 당한 가족들에 대한 증언들이 텍스트 형태로 준비되어 있어 클릭 한 번으로 이들의 경험을 생생하게 들을 수 있다.

대부분의 웹 사이트는 북미와 영국에 기반을 두고 있는 시크 디아스포라 조직과 개인[11]에 의해 운영·관리되고 있지만, 드물게 인도 편잡에 거주하는 시크[12]에 의해 웹 사이트가 운영된 사례도 있다. 가장 대표적인 사례는 인도 편잡의 찬디가르(Chandighar)에 거주하는 변호사 수크비르 싱

---

11) 칼리스탄 시크 독립국가 건설을 위한 웹 사이트 가운데 대표적인 사례로 언급되는 '칼리스탄 카운슬'의 웹 사이트는 미국 워싱턴 디시의 아우락 싱(Aulak Singh) 박사에 의해 설립되어 성공적으로 운영되고 있으며, 주로 칼리스탄 건설의 정당성을 강조하고 있다. 칼리스탄 어페어스 센터(Khalistan Affairs Center)에서 운영하는 웹 사이트는 워싱턴 디시의 아마르지트 싱(Amarjit Singh) 박사에 의해 운영되며, 칼리스탄 카운슬처럼 칼리스탄 건립의 당위성뿐만 아니라 편잡에서 인도 군경에 의해 자행되는 잔학상에 관한 멀티미디어를 갖추고 있다. 특히 대략 10분 정도 상영하는 비디오는 1984년 황금사원공격과 델리 시크대학살 관련 해외 언론들의 보도들을 토대로 만들어졌다. 비디오 내용은 당시 사건 전후 내용을 소개하고 편잡에서 자행되는 시크에 대한 인권유린에 대해 강조하고 있다.

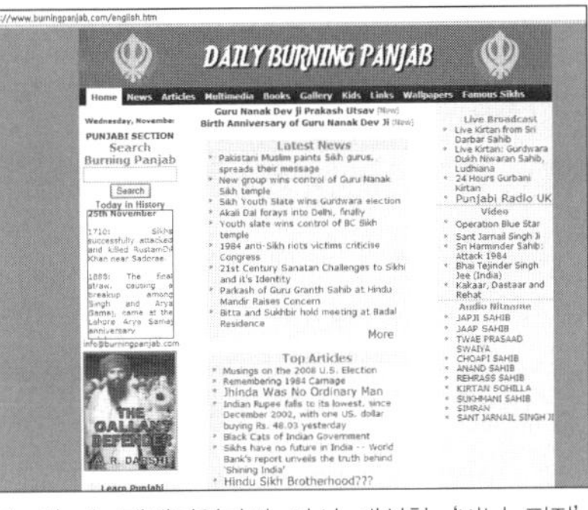

〈그림 3〉 분리주의 운동 관련 웹 사이트 첫 페이지, 중앙의 칸다와 상단의 니산 사힙이 있다

〈그림 4〉 폐쇄되었다가 다시 개설한 '버닝 편잡' 웹 사이트 홈 페이지

오산(Sukhbir Singh Osan)에 의해 야후 포탈 사이트를 이용해 운영되었던 '타오르는 편잡'(Burning Punjab)의 www.burningpunjab.com 사이트이다.

비록 그는 2002년에 30세의 나이로 편잡에서 심장마비로 사망하였지만[13], 그의 기본적인 관심은 칼리스탄 운동이 전개된 후 편잡 지방에서 자행된 시크들에 대한 다양한 형태의 인권침해에 대한 고발에 있었다. 이런 목적으로 이 사이트에는 고문당한 시크의 사진들, 칼에 찔린 시크 사신, 불타는 시크 사진 등 매우 자극적인 사진들이 게재되어 있었다. 사이트의 하

---

12) 인도 내에서 특히 시크 관련 인터넷 활동이 다른 집단보다 활발한 이유를 소콜(Sokol, 2007)은 다음의 세 가지로 요약한다. 우선 시크 디아스포라가 해외에서 웹 사이트를 활발히 운영하고 있기 때문이다. 두 번째는 인도 다른 주에 비해 해외에서 들어 온 자본에 의해 통신수단 인프라가 편잡에 양호하게 구축되어 있어 인터넷에 접근 가능한 인구가 상대적으로 높다. 마지막으로 인도 정부가 아시아와 아프리카의 다른 국가들보다 표현물 검열을 상대적으로 강하게 하지 않는 점이다. 필자는 2007년 편잡의 루디아나(Ludhiana) 군의 촌락에서의 현지조사 과정에서 두 번째 관련 근거를 발견할 수 있었다. 시골 학교임에도 컴퓨터 교실 내의 60여대 컴퓨터는 인터넷이 연결되어 있었다. 이들 시설에 필요한 자본은 해당 마을 출신으로 북미와 유럽에 거주하는 시크 디아스포라로부터 유입되었다.

13) 그의 웹 사이트가 인도 정부를 비난하고 자극하는 내용이 많아 사이트 운영자 오산은 인도 정부의 정보기관원들과 극우 힌두단체로부터 평소 위협과 협박을 받아왔기 때문에 타살되었다고 믿는 사람들이 많다.

위 범주들은 뉴스, 시크 제노사이드, 칼사 통치, 블루스타작전, 인권침해 등 다양한 내용을 담은 텍스트와 동영상, 이미지 사진 등으로 구성되어 있었다. 특히 이 웹 사이트는 1984년 블루스타작전과 같은 해에 델리에서 야기된 시크 대학살에 많은 관심을 보이고 있다. 이들 사건에 관한 사진 등 멀티미디어를 통해 이를 직접 경험하지 못한 시크 세대로 하여금 이 사건을 이해시키고 기억시킴으로써 시크 독립의 당위성을 강조하고 있었다. 1984년 시크 대학살 관련 사진들에는 눈뜨고 보기 힘든 정도의 자극적인 사진들, 예컨대 힌두들에 의해 처참히 살해되는 장면들, 부패한 시신을 개가 먹는 장면 등이 있어 이를 보는 사람들로 하여금 당시의 사건을 다시 떠올리게 할 뿐만 아니라 이런 만행을 저지른 당사자를 자연스럽게 비난하도록 만들고 있다.

2. '유튜브'와 시크 기억의 정치

사이버 상에서의 시크의 기억의 정치는 다양한 형식의 이미지 사진, 동영상, 음성, 문서 등의 멀티미디어 자료를 이용한 웹 사이트를 통해 수행되어 왔다. 2005년부터 개시된 다국적 인터넷 포탈 사이트 구글이 운영하는 유튜브(YouTube)와 같은 무료 동영상 공유 사이트를 활용한 사이버 상에서의 기억의 정치는 그 효과가 매우 크다. 웹 사이트가 운영자가 게재한 자료들을 일방적으로 제시하고 있는 반면 유튜브를 이용하는 시크들은 자신들이 원하는 동영상 클립을 업로드 시키고, 감상할 수 있으며 또한 이를 본인을 비롯한 타인과 공유할 수 있다. 즉 유튜브를 이용하는 익명의 사람들은 스스로가 게재자가 되면서 감상자가 될 수 있을 뿐만 아니라 관련 동영상에 대해 활발한 댓글 달기를 통해 의사소통을 쌍방적으로 활발하게 할 수 있다.

유튜브 검색 창에 'khalistan', 'khalistan movement', 'sikh', '1984 Sikh massacre', 'blue star operation', 'sikh human right abuse' 등의 시크 관련 키워드를 치면 해당 키워드마다 많은 수의 동영상 클립이 검색된다. 예컨대 키워드 'operation blue star'를 입력하면 '블루스타작전'과 관련된 약 40~50개의 동영상 클립이 검색되고, 이를 클릭하면 화면에 시크 분리 독립과 관련된 역사적 사건들이 소개된다. 1970년대 말부터 시작된 시크 분리주의 지도자 빈드란왈레의 도발적인 강연내용부터 시작하여 1984년 블루스타작전 직전의 그의 모습과 그를 추종하는 전사들, 인도 정부군의 블루스타작전 수행과정, 이로 인해 처참히 살해된 저항군 등의 동영상이 눈앞에 펼쳐진다.

영상자료가 흐르는 동안 장중한 음악이 흐르고 다음과 같은 특정 자막이 반복적으로 등장한다.

> "결코 잊지 말자, 블루스타작전 과정과 델리 시크 대학살 그리고 위장된 인도 군경과의 전투에서 인도 정부에 의해 처참하게 살해당한 수많은 부고한 남녀 그리고 아이늘을 기억하자. 20여년 이상이 흐른 지금에도 당했던 고문과 치렀던 희생이 우리의 마음에 생생하게 와 닿기 때문에 우리는 일상적 기도 속에서 당신들을 영원히 기억할 것이다."

또한 검색 창에 키워드 '1984 delhi sikh massacre'를 입력하면 '델리 시크 대학살', '1984년을 결코 잊지 말자', '1984년 델리 시크 대학살: 3살 시크 아이까지 살해하는 힌두', '1984년 델리 시크 대학살 이후' 등의 제목의 동영상 클립들이 검색된다. 이들 동영상에는 델리 시크 대학살에서 경찰이 시크를 구타하고, 폭도들이 버스를 세우고 시크를 끌어내 불태우는 장면, 길거리에 시크 시신이 널브러져 있는 장면, 가족을 잃고 실신해

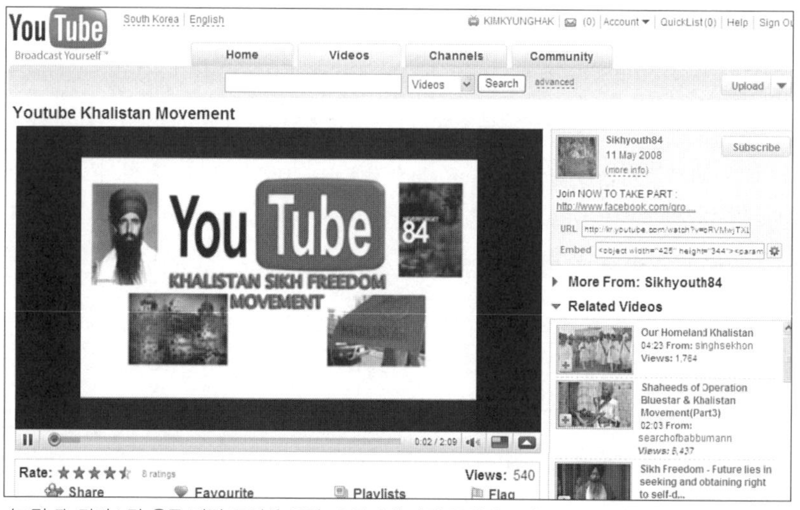

〈그림 5〉 칼리스탄 운동 관련 동영상 클립, 오른편에 관련 동영상 클립들이 제시되어 있다.

있는 시크 여성과 집단 강간당한 후 정신을 차리지 못하는 시크 여성' 등의 참혹한 내용이 담겨 있다. 그리고 검색 창에 키워드 'sikh human right abuse'를 입력하면 수십 종의 시크 인권침해 내용이 담겨 있는 동영상 클립이 검색된다. 이들 동영상에는 1984년 이후 편잡에서 진행된 시크 무장 게릴라 진압과정 속에서 일반 시크들이 경험한 다양한 형태의 인권침해 예컨대 고문, 구타, 인신구속의 사례를 증인들이 직접 등장하여 회술 하고 있다. 또한 가족원의 일부가 행방불명되거나 경찰과의 교전에서 살해되었다는 유가족의 슬픔과 그들의 증언들에 관련한 내용도 동영상에서 발견할 수 있다.

이들 동영상은 유튜브에 회원 가입 후 업로드 시킬 수도 있고 이를 무료로 공유할 수 있기 때문에 특정 시크 단체나 개인이 쉽게 접근 가능하며 자신들이 무료로 공유하여 시청한 동영상에 대한 개인적인 의견과 느낌이 댓글의 형태로 남아 있다. 특히 1984년 시크에 가해진 일련의 정치적 핍박의 내용이 담긴 자극적인 동영상에는 유난히 댓글이 많다. 댓글 달기에 참여한 사람들 대부분은 시크이며, 이들은 당시의 피해자를 위로하면서 인도 정부에 대해서는 신랄하게 비판하고 있다. 이들 대부분은 자신들의 피해를 절대 잊지 말고 칼리스탄 독립 국가를 건설하자고 주장하고 있다. 그러나 자신의 종교적 정체성을 밝히지 않는 일부 댓글 참여자들은 시크를 위로하고 인도 정부의 무자비한 태도를 비판하지만, 이제 그만 잊고 화합하여 살자는 권유를 하는 댓글도 있다. 또한 자신이 무슬림임을 밝히고서 무슬림도 인도 내에서 소수집단이기 때문에 늘 인도 힌두세력으로부터 핍박을 받고 있으며, 시크의 피해에 대해서 동병상련하는 내용의 댓글을 달고 있다.

3. 시크 사이버 민족주의와 인도정부의 대응

다국적 인터넷 검색엔진을 이용하여 검색할 수 있는 시크에 대한 핍박과 시크 정체성을 강조하는 웹 사이트와 무료 동영상 사이트의 공통점은 십난석 희생에 대한 집합석 기억을 보존하는 일을 배우 중요하게 생각하고 있다는 것이다. 이들 사이트에서 제공되는 멀티미디어 자료들은 시크들의 '기억의 정치'(politics of memories)의 토대가 되고 있다. 따라서 대부분의 사이트들이 1984년 블루스타작전과 델리 시크 대학살 사건을 '망각하지 말고 기억하자'는 메시지와 함께 이들과 관련된 멀티미디어 자료들에 상당한 공간을 할애하고 있다. 특히 사이버 상에서 이 두 사건은 인도 정부의 핍박과 그 잔혹성의 표상으로 부각되어 시크의 집단 심성(collective psyche)을 구성하는데 결정적 계기로 작용하고 있다. 1984년 사건들과 관련된 일련의 동일한 사진들, 예컨대 인도 정부군의 폭격으로 일부가 파괴된 황금사원, 군경의 공격으로 황금사원 내부에서 몰살당한 시신의 행렬, 군경의 고문으로 불구가 된 머리를 풀고 있는 시크 남성, 남편과 부모를 상

〈그림 6〉 델리 시크학살이 인도정부의 조직적인 계
획에 의해 자행되었음을 강조한다. 오른편의 관련
영상 클립 역시 시크 홀로코스트를 다루고 있음을
알 수 있다.

〈그림 7〉 1984년 정치적 사건을 망각하지 못하도
록 편성된 유튜브 동영상 클립

실한 시크 부인과 아이들, 화염에 몸부림치는 시크 남성 등의 이미지들
은 웹 사이트와 동영상 공유 사이트의 갤러리에 순환되고 공유되고 있다.
이러한 사진 이미지들은 시크들로 하여금 고통스런 당시의 기억을 재생시
키고 절대망각을 저지하는 작용을 하고 있다. 이들 웹 사이트와 유튜브의
자료들은 시크들로 하여금 기억을 통한 정치를 가능하게 하고 정치적 동원
을 위한 가장 우호적인 발판이 되고 있다.

한편 인도 국내외에서 운영되는 시크 관련 웹 사이트가 인도 정부를 정
면으로 비판하고 공격하자 인도 정부는 이들 웹 사이트를 차단시킬 수 있
는 방법을 고안하기 시작했다. 쉽지 않는 방법이지만 인도 국내에서 운영
되는 사이트를 검열하여 이를 차단시키거나 해외에서 들어오는 인터넷 흐
름을 차단시키는 방법이 사용되었다. 인도 정부는 언론과 표현의 자유를
보장하고 출판물에 대한 사전 검열을 허용하지 않고 있지만, 2001년에
'테러방지규정'(the Prevention of Terrorism Ordinance)을 확대 해석
하여 반국가적인 내용을 담고 있는 일부 웹 사이트를 차단한 바 있다. 차단
을 시도한 가장 대표적인 사례는 1997년 사이트가 만들어진 후 1984년 일
련의 정치적 사건과 시크 인권유린을 멀티미디어 자료를 통해 신랄하게 비

〈그림 8〉 1985년부터 시작된 분리주의 진압과정 속에서 자행된 인권침해가 소개되고 있다. 오른쪽의 관련 영상 역시 인권침해 목격담 등 인권침해와 관련한 것들이다.

판한 '타오르는 펀잡'(Burning Punjab) 사이트였다. 이 사이트 운영자 수크비르 싱 오산은 인도 정보 당국으로부터 2000년 초반부터 웹 사이트를 폐쇄시키라는 협박에 시달려 왔는데 이를 수용하지 않자 결국 2001년 10월에 인도 정부는 강제로 차단시켰다. 이 과정에서 쏘날 사이트 야후에 협조를 요청하였으나 사정이 여의치 않자 인도 정부는 시크들이 밀집되어 거주하는 펀잡 주, 하리야나 주, 델리로 들어오는 야후 사이트를 일괄 차단시킨 바 있었다(Burton 2001).[14]

---

14) 그러나 이런 방식의 사이트에 대한 일괄 차단방식은 공공적 비판의 대상이 되기 때문에 쉬운 일만은 아니었다. '타오르는 펀잡' 사이트 사건 외에도 인도정부는 2003년 10월에 인도 동북부 메갈라야(Meghalaya) 주에서 전개되고 있는 분리주의자가 운영하는 웹 사이트가 문제가 되자 같은 방식으로 해당 사이트 차단을 야후측에 협조 요청하였으나, 야후사가 이를 수락치 않자 인도로 들어오는 모든 야후 웹 사이트 전체를 폐쇄시킨 바 있었다. 그러나 야후를 통한 다른 사이트 이용자들의 불만이 커지자 원상복귀 시킨 바 있었다. 인도 정부는 아시아와 아프리카 일부 국가들 예컨대 중국보다 웹 사이트 차단 조치를 심하게 하지 않는다고 평가된다(Dikshit 2003).

Ⅳ. 탈 영토화된 글로벌 시크 공동체 지향

　시크 관련 웹 사이트들의 대부분은 시크를 펀잡이라는 특정 영토를 근거지로 한 고유의 신념을 지닌 독자적인 종교 집단으로 재현시키는 일에 사이트의 상당한 공간을 할애하고 있다. 따라서 많은 사이트들은 시크교의 역사, 시크란 누구인가, 시크 구루들, 시크 경전 '구루 그란티 사힙' (Guru Granthi Sahib), 경전어인 구르무키(Gurmukhi), 시크 철학과 신념, 시크 행동규율 등에 대한 내용이 게재되어 있다. 특히 이들 사이트들은 시크의 문화적 정체성을 펀잡이라는 구체적인 영토성과 관련짓고 있기 때문에 펀잡지역이 시크 국가인 칼리스탄으로 분리 독립되어야 하는 당위성을 강조하고 있다.

　1984년 인도 정부군에 의한 황금사원의 공격과 델리 시크 대학살 사건을 계기로 칼리스탄 운동이 해외 시크 디아스포라와 연결되고, 운동에 필요한 재원과 인원의 충원이 해외 시크로부터 활발하게 이루어졌다. 이에 따라 칼리스탄 건설의 목표에서 펀잡이라는 구체적인 장소성이 반드시 요구될 필요는 없게 되었다. 또한 1990년대 중반부터 인도 국내의 칼리스탄 운동이 거의 소멸되고 오히려 해외 시크 디아스포라 중심으로 칼리스탄 운동이 유지되는 것이 현실이 되었다. 이에 시크 관련 웹 사이트들은 전 지구적으로 흩어져 거주하고 있는 시크 인구들을 포함할 수 있는 소위 '탈 영토화된 시크가 상상하는 모국으로서의 칼리스탄' (Khalistan as a fictitious homeland of the deterritorialized Sikhs) 건설을 강조하기 시작하였다(Appadurai 1996, 172).

　정보통신 기술의 발달은 시크 분리주의 운동에 변화를 야기하고 세계 도처에 있는 시크들이 자신들이 거주하고 있는 장소에 구애받지 않고 '탈 중심화된 동원' (decentralized mobilization) 운동에 참여 가능하도록 만들었다(Axel 2005). '칼리스탄-네트' 의 사이트(khalistan.net)와 '달 칼

사' 조직의 사이트
(dalkhasa.com)처럼
일부 웹 사이트들은 칼
리스탄 건설을 펀잡이
란 영토성을 벗어나 전
지구화된 실체의 하나
로 간주할 것을 주장하
고 있다. 이들 웹 사이
트 상에서 이들이 내세

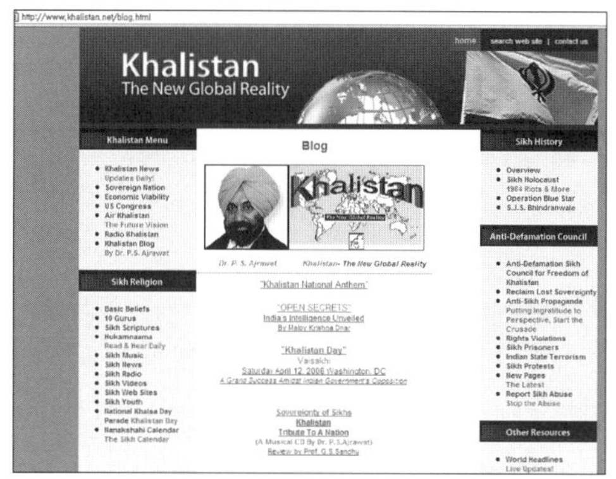

〈그림 9〉전 지구적 실체로서의 칼리스탄을 강조하는 웹 사이트

우는 주요 슬로건은 '새로운 전 지구적 실체로서 칼리스탄'(Khalistan, the new global reality)이다. 이들 사이트들은 칼리스탄 운동을 통해 펀잡이라는 구체적인 장소를 독립국가로 회복하자는 주장보다, 전 지구적으로 산재해 있는 시크 디아스포라를 포함할 수 있는 시크들의 상상 속에 있는 모국으로서의 칼리스탄 건설을 주장하고 있다. 따라서 이들 사이트들은 인도정부로부터 당하고 있는 펀잡에서 시크 인권유린뿐만 아니라, 해외 도처에 살고 있는 시크들이 거주 국가에서 종교적인 이유로 경험하는 인권침해의 사안에도 큰 관심을 보이고 있다.

V. 맺음말

2005년 8월 11일 시크출신 인도 수상 만모한 싱은 인도국회에서 1984년 델리 시크대학살사건과 관련하여 공식적인 사과를 하였다. 인도 수상의 공식적 사과에도 불구하고 황금사원 공격과 시크 대학살에 책임질 당사자들이 법정에 서고 피해 입은 시크들이 정상적인 보상을 받고 이들 사건들을 기념해 주는 일들은 현재의 인도 정치적 상황으로는 거의 기대할 수 없을 것 같다. 인도 정부의 미온적인 태도에 대해 시크 조직에 의한 추모행사를 거행하고자 하나 이것 또한 현실적으로 가능하지 않다.

오프라인과는 달리 앞서 살펴본 것처럼 1984년의 시크 관련 정치적 사건들은 온라인상에서는 기억되고 있으며, 이러한 기념과 기억은 시간과 장소의 구애를 받지 않고 가능하게 되었다. 웹 사이트와 유튜브와 같은 동영상 사이트에서 1984년의 사건 관련 주요 시크 인물들과 그 행적들이 재현되고 위대한 순교자로 다시 태어난다. 이들 웹 사이트들은 칼리스탄 건설을 명시적으로 강조하고 있다. 그러나 이들이 열망하는 칼리스탄은 점차 인도 펀잡이라는 영토성을 벗어나 세계도처에 흩어져 살고 있는 시크들로 구성된 상상의 공동체인 '새로운 지구적 실체'(new global reality)로 이해된다. 흔히 이들은 '시크성'(Sikhness)을 공유하고 있는 것으로 상상되고 있다.

통신수단의 획기적인 발전과 이의 대표적인 산물인 인터넷이 세계도처의 시크들과 세계인들을 대상으로 인도 국내외 시크가 처한 상황을 이해시키는데 크게 기여하고 있다. 특히 시크교 내의 종파와 독립국가 건설의 열망이란 점에서 동질적이지 않은 국내외 시크의 현실과는 무관하게, 이들 웹 사이트들은 단일한 정체성을 지닌 시크가 칼리스탄이란 독립 국가 건설을 열망하고 있는 것으로 상상하게 만들고 있다. 대부분의 웹 사이트가 공유하고 있는 1984년 블루스타작전과 시크 대학살, 인권침해 등에 관련된 유사한 텍스트, 이미지 사진, 동영상, 음성자료 등은 모든 시크가 '고문당한 신체'(tortured body)(Axel 2001)와 동일시되도록 그들 사건들을 기억시킴으로써 시크 민족주의를 강화시키는 역할을 하고 있다.

| 참고 문헌 |

김경학. 2006. "정체성의 정치: 캐나다 시크사회를 중심으로" 『한국문화인류학』, 제39집 2호.

김경학. 2007. "국가폭력의 양상과 그 성격: 1984년 인도 시크 대학살 사건을 중심으로" 『민주주의와 인권』, 제7권 1호.

김경학. 2008. "델리 시크 대학살 이후 시크의 저항: 인도 국내외 칼리스탄 운동을 중심으로" 『민주주의와 인권』, 제8권 2호.

김경학. 2008. 『터번의 문화정치: 시크 초국가적 민족주의』, 광주: 전남대학교출판부.

이광수. 2006. "'1984년 폭력'과 디아스포라에서의 시크 종족 정체성의 변화: 런던 사우스올 지역을 중심으로" 『국제지역연구』, 10권 2호.

Appadurai, A. 1996, *Modernity at large: Cultural Dimensions of Globalization*, Minneapolis: University of Minnesota Press.

Axel, B.K. 2001, *The Nation's Tortured Body*, Durham: Duke University Press.

______. 2005, "Diasporic Sublime: Sikh martyrs, internet mediations, and the question of the unimaginable", *Sikh Formations: Religion, Culture, Theory*, 1(1): 127~54.

Burton, D. 2002, Remembering Sukhbir Singh Osan, Washing D.C. THOMAS Legislative Information on the Internet, Congressional Records, Retrieved November 11, 2006, from: http:..thomas.lo c.gov/

Cleaver, H. 1996, Zapatistas and the Electronic Fabric of Struggle, 〈http://eco.uteaxs.edu/faculty/Cleaver/zaps.html〉.

Dikshit, S. 2003, "Bid to block anti-India website affects users", *The Hindu*, 23 September.

Fandy, M. 1999, Cyberresistance: Saudi Opposition Between Globalization and Localization, *Comparative Studies in Society and History*, 41(1):124~46.

Friedlander, A. 1999, Focus: Are there Boundaries in Cyberspace? *Information Impacts* Magazine(May).

Froehling, O. 1997, The Cyberspace "War of Ink and Internet" in Chiapas, Mexico, *The Geographical Review*, 87(2):291~307.

Gunawardena, 2000, "Constructing Cybernationalism: Sikh Solidarity via the Internet, *International Journal of Punjabi Studies*, 7(2): 263~322.

Kellner, D. 1997, "Intellectuals, the New Public Spheres, and Techno-Politics", *New Political Science*,(fall):169–88.

Kitchin, R. M. 1998, "Towards Geographies of Cyberspace", *Progress in Human Geography*, 22(3):385~406.

Mohanka, P. S. 2005, "Religion and Conflict in India: A Sikh perspective", *The Round Table: Commonwealth Journal of International Affairs*, 94(382):589~98.

Petersen, K. 2006, "Usurping the Nation: Cyber-Leadership in the Uighur Nationalist Movement", Journal of Muslim Minority Affairs, 26(1):63~73.

Singh, Harleen, 2006, "Turbanned Masculinities: Terrorists, *Sikhs, and trauma in Indian cinema*", *Sikh Formations: Religion, Culture, Theory*, 2(2):115~124.

Sokol, D. 2007, "The Sikh Diaspora in Cyberspace: The Representation of Khalistan on the World Wide Web and Its Legal Context", *Masaryk University Journal of Law and Technology*, 2:219~30.

Tatla, D. S. 2006, "The morning after: Trauma, memory and the Sikh predicament since 1984", *Sikh Formations: Religion, Culture, Theory*, 2(1):57~88.

제2부
아시아
시민사회와
참여민주주의
DEMOCRACY AND
HUMAN RIGHTS
IN ASIA

한국의 자주관리기업 연구[*]
-버스운송기업 사례

박해광[**]

1. 들어가며

자주관리(self management)란 '노동자에 의한 기업 또는 공동체의 관리' 혹은 '노동자 스스로 개별 기업 혹은 전체 산업, 전체 사회의 자기 통제를 수행하는 것'을 지칭한다. 노동자 자주관리는 경영참여, 그리고 산업 민주주의의 가장 높은 형태로 볼 수 있다. 참여민주주의의 한 형태로서 노동자 참여의 핵심은 의사결정 과정에의 실질적인 참여를 통해 수평적인 소통의 통로를 만들고 경영자의 독단적 권위를 해체하는 것에 있으며, 소유적 측면에서 노동자 참여는 소유의 일부 혹은 전부를 담당하는 것이다. 경영참여와의 관계에서 자주관리는 '민주주의의 기본 원리인 자기결정·자기

* 이 논문은 2005년 정부(교육인적자원부)의 재원으로 학술진흥재단의 지원을 받아 수행된 연구임 (KRF-2005-005-J11502).
** 전남대학교 사회학과교수.

지배·자기규율을 정치·경제·사회·문화의 모든 면에 걸쳐 철저히 적용·관철함으로써 치자와 피치자, 관리자와 피관리자 사이의 지배·종속이나 착취관계 그 자체를 근원적으로 폐절하려는 것이기 때문에 민주주의 특히 참가민주주의의 궁극적인 최종·최고의 단계'라고도 볼 수 있다(배손근, 1988: 99). 또한 자주관리는 소유에 있어서의 노동자 공동 소유, 그리고 의사결정에 있어서 노동자에 의한 결정이라는 원칙을 견지하기 때문에, 생산수단의 소유자로서의 자본가 혹은 기업가의 역할을 인정하지 않고 노동자 스스로가 경영과 산업의 운영을 담당하고 그 책임을 진다는 점에서 사회주의적 기업소유 형태를 지향하는 것이라 할 수 있다(김상곤, 1988: 7).

또한 소유와 의사결정의 실질적 참여와 함께, 자주관리를 특징짓는 또 하나의 요소는 노동자 통제(workers' control)다. 이것은 노동자 스스로에 의한 결정, 통제, 자기 지배, 자기 규율의 원칙을 의미하는 것으로, 자주관리가 얼마나 실질적으로 이루어지고 있는가를 가늠하는 지표로 볼 수 있다. 아래 그림은 경제민주주의 및 산업민주주의 수준에 따른 기업 형태를 표시한 것이다.

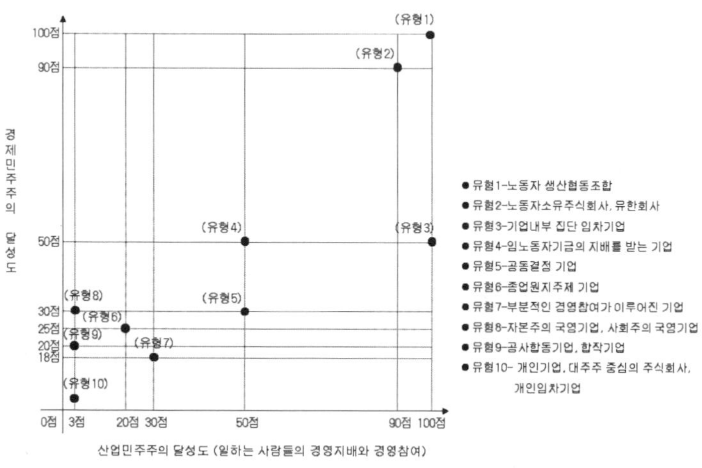

〈그림 1〉 기업 형태별 경제민주주의와 산업민주주의의 수준

자주관리의 역사적 경험은 1871년 파리 꼼뮨 시기의 노동자 평의회(conseillisme ouvrier), 1905년과 1917년의 러시아 노농평의회(soviet)에까지 거슬러 올라갈 수 있다. 이후 이탈리아의 공장평의회 운동, 독일의 노동자 평의회, 그리고 1950년대 유고슬라비아의 자주관리 사회주의 등의 흐름으로 연결된다. 그런데 이러한 역사적 경험은 공상적이거나 공동체주의적인 사회주의 운동에 연결되어 있기 때문에, 이 경험이 자본주의 사회에서의 기업 혹은 소유 형태로서 현실성을 가지는가라는 의문이 제기될 수 있다. 실제로 자본주의 사회에서 자주관리기업의 전통은 현저히 약한 것이 사실이다. 그것은 노동자들이 기업을 소유, 인수, 설립할 수 있는 경제적 능력이 부족하며, 시장질서 하의 경쟁에서 우위를 확보하는 것이 그렇게 쉽지 않기 때문이다. 더구나 자본주의적 시장경제는 대체로 자주관리기업이나 생산자 협동조합과 같은 조직에 대해 적대적인 태도를 보인다. 그럼에도 불구하고 자본주의 사회에서 자주관리기업은 꾸준히 증가해왔다. 그리고 현실 모델로서의 가능성을 보여준 스페인 몬드라곤(Mondragon) 시의 경험은 자주관리기업이 단지 공상적 대안이 아님을 증명해 주었다.

우리 사회의 자주관리기업의 역사는 해방 후로까지 거슬러 올라간다. 일본의 패망 후 전평이 주도한 노동운동은 남겨진 일본인 기업에 대한 자주관리를 주요 운동 노선으로 설정하였다. '(기업) 관리권을 전취, 인민위원회의 지도와 양심적 민족자본가·기술자·공장노동자들로 구성된 공장관리위원회에 보관·관리케 해야 한다'(「노동자 신문」, 1946년 1월 1일)는 원칙 하에 전평은 기업 자주관리를 본격적으로 벌인 바 있다. 또한 1988년 마산의 광동택시, 1989년 평택의 협성생산공동체 등 자주관리기업의 경험은 최근까지 꾸준히 이어져 왔다. 한편 한국의 자주관리기업의 특징 중 하나는, 자주관리기업으로서의 전환이 노동조합에 의한 도산기업 인수의 형식으로 이루어진다는 점이다. 기업 도산과 노동자 인수는 특히 IMF 이후 상당히 증가한 추세다. 노동자기업인수 지원센터가 1998년에서 1999년까지 지원한 기업의 자주관리기업 전환의 원인에서도 기업의 부도가 59.6%로 가장 높다. 이 연구의 사례인 2개의 버스운송 기업 역시 도산한 기업을 노동자들이 인수한 경우다.

이 연구는 노동자 경영참여의 가장 높은 형태로서의 자주관리기업의 실태와 그 특징, 그리고 가능성과 문제점을 2개의 버스운송 기업 사례를 통해 짚어 보고자 한다. 갈수록 친기업적 환경으로 변화하고 있는 산업 영역에서 자주관리기업의 경험이 던지는 함의는 매우 중요하다. 그것은 노동자들이 산업민주주의의 실질적 주체로 성장할 수 있는가, 그리고 이를 통해 우리 사회의 참여민주주의를 실질적인 것으로 만들 수 있는가를 가늠해보는 시금석이 될 것이기 때문이다.

2. 자주관리기업의 역사적 경험들

1) 유고슬라비아의 자주관리 사회주의

유고슬라비아의 자주관리 사회주의는 구소련과의 관계적 특수성에 의해 많은 부분 규정되었다. 유고슬라비아의 초기 경제계획, 1947~1951년 동안은 소련의 중앙집권식 모델을 그대로 수용하였다. 이 기간의 경제 성장은 1939년과 비교할 때 72%나 성장하는 성과를 보였다. 하지만 이념적으로 티토(Tito)의 자주노선과 스탈린주의는 점점 충돌을 일으키게 되고, 결국 1947년 유고슬라비아는 코메콘(COMECON)을 탈퇴하고, 1948년 코민포름(Cominform)에서 축출됨과 동시에 스탈린에 의해 경제봉쇄를 당하게 되었다. 이를 계기로 유고슬라비아는 독자적인 노선을 모색하게 되고, 1950년 노동자 자주관리법을 공식적으로 채택하게 된다.

자주관리를 뒷받침하는 사상은 '자유롭고 평등한 직접생산자들의 연합'이라는 공상적 사회주의의 이상을 반영하고 있으며, 그 단위를 기업으

로 설정하고 있다. 유고슬라비아의 자주관리기업의 일반적인 조직구조는
다음과 같은 형태를 띤다.

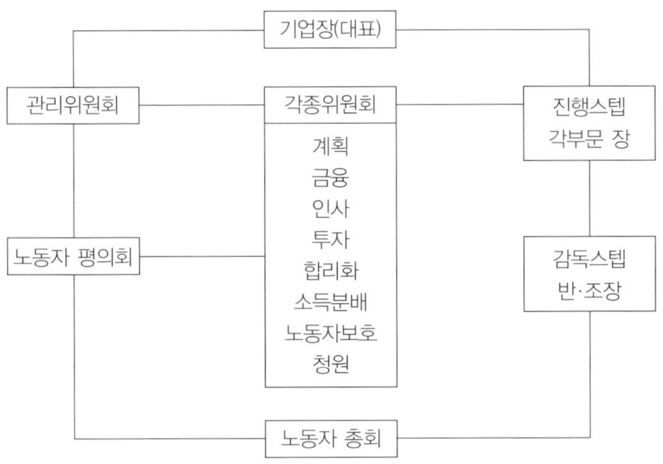

〈그림 2〉 유고슬라비아의 자주관리기업 조직도

　　노동자 총회는 기업의 모든 노동자로 구성되며, 총회를 통해 기업을 실
제 운영하는 노동자평의회의 의원을 선출을 통해 구성하게 된다. 노동자
총회는 생산과 재정 계획, 노동자평의회의 정기보고, 대차대조표·손익계
산서 심의, 기업확장 계획, 기술변경 제안 등의 문제를 다룬다. 노동자 총
회는 평균 1년에 5회 정도 개최된다(조우현, 1995: 289). 기업의 운영과 관
련한 대부분의 일상적인 결정은 노동자 평의회에서 이루어진다. 유고슬라
비아는 70인 이상의 기업에는 노동자 평의회의 설치를 의무화하였는데,
평의회에서 다루는 안건은 기업의 기본계획과 결산의 승인, 기업관리와
경제계획 실현을 위한 의사결정, 관리위원회 구성원 선출·해임·교체, 관리
위원회의 활동보고의 심의와 승인, 기업 또는 노동집단이 처분할 수 있는
소득의 분배 등이다. 노동자 평의회는 관리위원회를 구성하여 기업의 일

상적인 경영을 책임지도록 하였다.

자주관리 시스템이 정착되는 50년대 중반 이후 유고슬라비아는 기업의 소득 배분을 자율화했고, 또한 1960년대에는 시장 원리를 도입했다. 그래서 전체 자주관리 시스템은 국가에 의한 경제계획은 가이드라인만을 제시하고, 기업은 시장의 수급관계를 자주적으로 판단하여 계약을 체결한다. 투자, 제품의 종류와 수량, 가격, 임금과 보너스, 노동자의 고용과 해고, 기업의 합병과 해산 등은 원칙적으로 기업자치의 대상이 되도록 했다(김상곤, 1988: 309). 물론 이러한 자치는 개인 이익을 극대화하려는 동기로 인해 임금 인플레를 불러올 수 있기 때문에 유고슬라비아는 과다한 임금분배를 억제하는 정책을 지속적으로 폈다. 그 결과는 1970년대 후반까지 유고슬라비아의 자주관리 사회주의는 경제적으로도 GDP 성장률은 7% 이상을 웃돌았을 정도로 성공을 거둔 것으로 평가된다. 하지만 80년대 이후 많은 기업들이 파산에 직면하고, 더 높은 임금을 찾아 이직하는 노동자들이 급증하고, 최상층과 최하층의 소득 격차는 더욱 커지는 한계를 드러내었다.

유고슬라비아의 자주관리 사회주의의 문제점에 대해서는 많은 논의가 이루어졌다. 그 내용을 간략히 검토해 보면, 우선 현실적으로 노동자의 실질적인 의사결정 참여가 가능한가에 대한 의문이 제기되어 왔다. 형식적으로는 기업의 의사결정권이 노동자에게 있지만, 노동자들의 무관심과 경영이해 능력의 부족으로 인해 실제 중요한 의사결정은 기업장(長)과 스텝에 의해 주도되었다는 비판이 존재한다. 3년간 20개 자주관리기업의 노동자 평의회 의결과정을 관찰한 한 연구에 의하면 중앙집행부인 경영인단이 현장노동자에 비해 훨씬 큰 영향력을 행사하는 것으로 조사되기도 했다(Bertsch & Obradovic, 1979). 또한 노동자들은 단기적 개인 이익이나 복지에 대한 관심이 큰 반면 장기적인 투자나 경영과 관련된 것은 경영진에 일임에 버리는 태도가 문제점으로 지적되기도 했다. 빈번히 열리는 평의회와, 사소한 결정을 위해 소비되는 장시간의 회의는 노동자들의 참여 흥미를 떨어뜨렸다. 그래서 심지어는 노동자 평의회가 최고관리층의 이익에 반하는 의사결정을 관철시킬 수 없다는 의견이 한 조사에서 다수로 나타난 것으로 보고되기도 했다(조우현, 1995: 295). 이러한 결과 실제로 유고슬라비아에서 최고경영자의 지위는 자본주의 기업과 다를바 없이 큰 것으로 보고되고 있다. 전문지식의 독점, 집단적 이기심, 기업간 경쟁 등으로 인해 경영인과 경영인단은 새로운 관료집단, 엘리트 집단을 형성하여 권력을 과점하고 민주적 의사결정을 저해하는 계급으로 변모했다(강정구, 1990: 114).

또한 노동자 평의회, 경영진, 그리고 공산당과 노동조합으로 분할된 권력구조 역시 문제점으로 지적되었다. 기업의 투자와 자원 배분을 국가가 독점하는 국가사회주의와 달리 유고슬라비아의 자주관리제는 투자의 결정권을 시민사회로 이전시켰다. 하지만 엄격한 제한조치와 무정부적 투자를 방지하는 제도적 장치가 갖추어지지 않아 결국 전체 사회의 기본요구에 대한 투자를 중시하기보다는 시장 기제에 잘 적응하고 수익성이 좋은 부분에 투자가 집중되는 자본주의적 투자 관행이 정착되었다. 이것은 당이 지도역할을 독점할 때 국가주의적 폐해가 발생한다는 인식 하에 업무와 권한을 대폭 지방인민위원회, 주자치정부, 노동자 평의회, 은행 등으로 이관함으로써 초래된 것이었다. 결과적으로 권력기반이 약한 현장노동자나 민중은 보호되지 못한 채 무정부적인 시장의 힘에 휩쓸리는 결과가 초래되었다(강정구, 1990: 117).

하지만 유고슬라비아의 자주관리 사회주의는 실패라는 이유로 그 의미가 부정되지는 않을 것이다. 인간적 사회주의를 목표로 중앙집중적 계획경제와는 다른, 노동자들의 자주관리를 핵심으로 하는 분권화된 자치 사회주의를 건설하고자 했던 이념은 여전히 유효한 이념이기 때문이다.

2) 자본주의 사회의 자주관리기업: 몬드라곤의 경험

자본주의 시장경제 내에서도 자주관리기업의 전통은 상당한 역사를 갖고 있다. 영국에서는 19세기 이래로 노동자 협동조합의 전통을 가진 기업들이 꾸준히 있었으며, 미국에도 1970년대까지 약 800개의 기업이 노동자 협동조합적 조직 형태를 갖고 있다. 소비자 협동조합이나 생산자 협동조합의 형태는 자주관리기업으로 향하는 가장 이상적인 경로로 이해된다. 그 이유는 일하는 당사자가 기업에 대한 소유와 경영을 완전하게 지배함으로써 모든 일에 대해 책임있는 참여를 가능하게 하기 때문이다. 이 중에서도 가장 대표적인 성공 사례로 꼽히는 것이 바로 스페인의 몬드라곤(Mondragon)이다. 스페인 바스끄 지방의 몬드라곤 시는 인구 3만명 정도의 작은 도시로, 여기에는 100여개의 협동조합과 지원기관이 19,500명 이상의 전일제 고용을 보장하는 지역경제를 형성하고 있다(화이트 & 화이트, 1992). 1920년대까지 소규모 생산자협동조합이나 어부조합 등의 경험이 있었던 몬드라곤시는 1956년 100여명이 자본금을 모아 개인 기업을 매입하는 형태로 최초의 생산자 협동조합 기업 울고르(ULGOR)을 탄생시켰다. 이후 협동조합은행인 '노동인민금고'를 설립하고, 이를 통해 필요한 자본금을 대부함으로써 수많은 협동조합을 탄생시킬 수 있었다. 이렇게 많은 단위 협동조합은 다시 '협동조합 복합체'를 통해 연대, 소통, 상호지원 등의 방식으로 사업을 수행함으로써 놀라운 성장을 보였다. 특히 몬드라곤 협동조합이 전세계적인 주목을 받은 것은 1980년대 초 전세계적인 불황기 동안 한 기업도 도산하지 않았고, 또한 매우 낮은 실업률을 기록했기 때문이다. 1992년 현재 몬드라곤 협동조합 복합체는 노동자 생산협동조합 95개, 농업·식품협동조합 8개, 그리고 지원 협동조합 등으로 구성되어 있다.

몬드라곤의 노동자협동조합은 모든 조합원들이 참여하는 총회, 최고의 사결정기구인 이사회, 경영평의회, 조합평의회, 그리고 전무이사 등으로

구성되어 있다. 단위 협동조합의 조직은 대개 다음과 같은 구조를 가진다

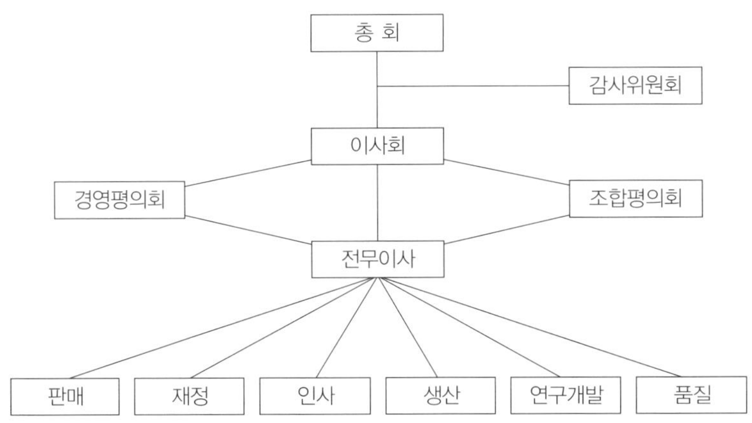

〈그림 3〉 몬드라곤의 단위 협동조합 조직구조

　　참여적 측면에서 자주관리기업이 가지는 특징은 소유와 경영이 모두 노동자에게 위임되어 있다는 점이며, 따라서 노동자 협동조합과도 동일한 형태라 할 수 있다. 기업에 대한 지배는 조합원 모두에 의해, 1인1표의 투표에 의해 관리된다. 자본주의 기업의 일반적인 소유구조가 1주식 1표로, 기업에의 참여와 상관없이 재산소유 정도에 의해 규정되는 것과 달리, 몬드라곤의 협동조합 원칙은 동일한 출자금과 함께 협동조합의 성원이 되며, 이에 따라 무조건 1인 1표의 권리가 주어지는 것이다. 협동조합의 이익 배분은 두가지로 이루어지는데, 하나는 임금의 형식을 갖추어 월별로 지급되는 '장려 수입 선수금'(advance on patronage receipts)과, 다른 하나는 연말 결산 후 배당되는 조합원 배당금이다. 장려 수입 선수금은 연말에 벌어들일 것으로 기대하는 수입에 대해 선불하는 것을 말하며 현금으로 지급되며, 연말 배당은 조합원들의 자본 계정으로 들어간다.

몬드라곤 단위협동조합의 운영의 특징을 간략히 살펴보면, 총회는 모든 조합원이 참여하는 최고의 의사결정기구이자, 또한 개인 조합원은 총회에 반드시 참석해야 하는 의무를 가진다. 정당한 이유없이 총회에 결석한 조합원은 다음 회의 때 투표권을 갖지 못한다. 투표는 1인1표의 원칙이 반드시 지켜진다. 이사회는 정책결정기구로서 조합원 중에서 선출되어 4년의 임기동안 일을 하지만, 이사회의 직무에 대한 별도의 보수는 지급되지 않는다.

몬드라곤의 이념은 몬드라곤 협동조합 경험의 원칙(Principios Basicos de la Experiencia Cooperativa de Mondragon)에 잘 드러나 있다. 그 원칙을 살펴보면 다음과 같다.

1. 자유로운 가입: 몬드라곤 협동조합 경험은, 기본원칙에 동의하며 배치될 직무에 알맞은 전문능력을 갖춘 모든 남자와 여자에게 열려 있다. 따라서 협동조합에 채용되는 데 종교, 정치, 인종, 성별을 이유로 차별을 받지 않는다. 오직 내규에 대한 준수만이 요구된다. 자유로운 가입은 협동조합의 발전과정에서 인간 사이의 관계와 실천을 이끄는 원칙이다.

2. 민주적 조직: 몬드라곤 협동조합 경험은 존재하고 소유하고 인식할 권리를 존중한다는 점에서 노동자 조합원들의 기본적 평등을 선언한다. 할을 행사한다.

3. 노동자 주권: 몬드라곤 협동조합 경험은 노동을 자연, 사회, 인간존재 자체를 변화시키는 중요한 요소로 파악한다.

4. 자본의 도구적·종속적 성격: 몬드라곤 협동조합 경험은 자본요소를 기업의 발전에 필요하지만 노동력에 종속되는 도구로 간주했다.

5. 경영에 대한 참여: 몬드라곤 협동조합의 경험은 협동조합의 민

주적 성격이, '조합원의 샘' 속에서 말라버리지 않고, 자주경영 및 이에 따른 기업경영 영역에서 조합원의 참여라는 진보적인 발전으로 이어진다는 것을 보여준다. 기 위한 통로로서 내적 촉진책을 수립한다.

6. 임금에 있어서의 연대: 몬드라곤 협동조합 경험은 '충분한 임금, 연대 임금'을 경영의 기본 원칙으로 선언한다.

7. 상호협력: 몬드라곤 협동조합 경험은 기업 효율을 위한 필수요건이자 연대의 구체적 적용으로서 상호협력의 원칙이 선언되어야 한다고 간주한다.

8. 사회 변혁: 몬드라곤 협동조합 경험은 일반 민중과 연대함으로써 사회 변혁을 이루어 낼 것임을 천명한다. 이를 통해 좀 더 자유롭고 정의로우며 서로 연대하는 바스크 사회를 건설함은 물론 경제·사회적 재건을 이룩하기 위해 함께 노력한다.

9. 보편적 성격: 몬드라곤 협동조합 경험은 그 보편적 대의명분으로서 사회경제의 영역에서 경제민주주의를 위해 일하는 모든 사람들과의 연대를 천명했으며, 국제 협동조합운동의 고유한 목적인 평화, 정의, 진보를 자기 것으로 받아들였다.

10. 교육: 몬드라곤 협동조합 경험은 앞에서 언급된 제원칙을 실현하기 위해서 교육에 인적·경제적 자원을 충분히 쏟아 부어야 한다는 점을 여러 자료에서 밝히고 있다.

3) 한국의 자주관리기업의 형성: 도산 기업의 노동자 인수

한국에서 자주관리기업이 만들어지는 방식은 크게 두가지가 있다. 하나는 자발적으로 노동자 생산협동조합의 형태로 자주관리기업을 형성하는 경우로 협성생산공동체나 일꾼두레 등이 대표적이다. 다른 하나는 도산한 기업을 노동자들이 인수하는 경우라 할 수 있다.

경영난으로 인한 기업 도산에는 임금체불이나 퇴직금 체불과 같은 노동자들에 대한 채무 문제가 심각하게 대두되는 것이 보통이다. 도산한 기업을 노동자들이 인수하는 것은 노동자들의 고용안정성과 직업 유지를 위한 목적이 가장 크다. 한편으로 본다면 노동자들의 기업 인수는 다른 선택 대안이 없기 때문에 강제되는 측면도 크다. 경영 악화나 채무 누적에 따라 기업의 가치는 현저히 떨어지고, 도산이 되어도 인수하고자 하는 기업이 없는 경우 결국 직업을 유지하기 위해 노동자들이 인수에 나서게 되는 것이다. 한국에서 도산기업의 노동자 인수가 본격화된 것은 1997년 IMF 체제 하에서 기업 도산이 빈번해지면서부터이다. 대개의 경우 인수되는 도산 기업은 비교적 소규모이고 종업원 수가 그리 많지 않으며, 기업 자본금이나 부채 규모가 작은 기업이 대부분이다. 산업민주주의의 차원에서뿐만 아니라, 실업문제의 해결, 그리고 경제적 손실의 방지라는 측면에서 도신 기업의 노동자 인수는 상당한 사회적 의미를 가진다. 그래서 IMF 직후인 1998년 「노동자기업인수지원센터」가 설립되고 도산기업을 대상으로 한 지원사업을 활발히 전개하기도 했다. 이 단체가 제시한 자료에 의하면 1998~1999년 동안 기업 인수를 지원한 기업은 127개 업체이며, 이 중 104개 업체가 실제 인수된 것으로 조사되었다. 또한 기업인수를 위한 자금원은 대부분 체불임금과 퇴직금으로 구성되며, 그 외 개인의 출자금 형식으로 자금을 더하는 방식이 일반적이었다.

한편 우리 사회는 노동자들이 기업을 인수하게 될 때 세제를 비롯한 지원책이 전무할 뿐만 아니라 심지어는 파업 등을 거치면서 노동자나 노동조합의 기업 인수에 대해 적대적인 환경이 형성된다. 은행 대출이 원활히 이루어지지 않는 것은 물론이고, 행정적인 지원도 오히려 철회되는 것이 현실이다. 1998년 2기 노사정위원회는 도산 기업의 노동자 인수를 지원하는 것은 실업문제에 대한 효과적인 대안이 될 수 있다는 취지에 따라 '노동자 인수기업 및 경영자인수기업에 대한 지원대책 합의문'을 채택하고 노동부 등에 대한 지원대책을 마련했으나, 실제 이루어진 대책은 대부분 실효성이 없는 것으로 드러났다. 노동자기업인수지원센터가 조사한 바에 따르면 1998년과 1999년 동안 오직 1개 기업만이 '특별경영안정자금 대출' 지원을 받은 것에 불과한 것으로 조사되었다.

이런 사정 때문에 한국에서의 자주관리기업의 생존과 성공은 확률적으로 매우 희박할 뿐만 아니라 그 성공 뒤에는 모든 노동자들의 희생과 헌신이 과도하게 요구되는 것이 현실이다.

3. 사례 자주관리기업의 특징: 달구벌 버스와 우진교통[1]

자주관리기업이 버스 회사에서 활성화된 것에는 몇가지 이유가 있다. 우선 대부분의 시내버스 노선을 운영하는 기업들의 소규모 영세성이라는 조건이 있다. 버스 회사는 그 규모의 영세성 때문에 도산 기업들이 빈번하며, 이를 인수하여 운영하다 다시 부도가 나는 일이 빈번하다. 그런데 이런 과정에서 그 피해는 고스란히 노동자들이 떠안게 되는 것이 보통이다. 체불 임금이나 퇴직금을 받지 못하는 일도 자주 발생한다고 한다.[2] 이런 경험들이 쌓이면서 노동자들 스스로 기업을 운영하는 것이 더 낫다는 의식이 자연스레 성장할 수 있었다. 두번째로, 노동조합의 수가 적절하다는 점이다. 조합원 수가 200명 정도만 되어도 현실적으로 이들이 단결해 임금 지불을 유예하고 초기 출자금을 내어 기술을 인수하는 것은 어렵다고 얘기한

---

1) 사례기업 조사는 2008년 7월과 8월 두달 동안 주요 조합원들에 대한 심층인터뷰를 통해 이루어졌다.
2) 임금채권보장법에 의해 지급되는 채당금도 임금은 3개월, 퇴직금은 2개월분 밖에 지급되지 않으며, 그 상한액 역시 120만원에 불과하다. 이를 초과하는 부분은 기업이 지불하지 않을 때 결국 개인의 손실로 끝나 버린다.

다.[3] 마지막으로 운송 사업이 가진 특수성이 작용했다. 만약 생산업체를 노동조합이 인수한다면 개발, 생산, 유통에 이르는 복잡한 일들을 감당하기 힘들었을 것이다. 반면 버스회사는 정해진 노선을 따라 손님을 실어 나르는, 비교적 노동과정이 단순하고 결과의 예측가능성이 높다는 장점이 있다. 이러한 비슷한 조건에서 노동자들이 도산 기업을 인수하여 자주관리기업으로 전환한 대구 달구벌 버스와 청주 우진교통 사례를 검토해 볼 것이다.

1) 달구벌 버스

대구의 달구벌 버스는 전신인 국일여객을 인수하면서 2006년 출범한 자주관리기업이다. 자동차 보급의 증대로 시내버스 운송업체의 수익성이 급격히 악화되면서 국일여객은 2004년 당시 자산가치가 11억 정도인 반면 체불임금과 퇴직급여 등의 채무액이 80억에 이르는 심각한 경영난에 처해 있었으며, 2004년 8월 30일 만기 도래된 어음을 결재하지 못함으로써 최종 부도 처리되었다. 노동조합은 2004년 7월 한국노총 소속이던 지부를 민주노총으로 조직변경하였고, 2006년 1월 기존의 부채 42억원을 인수하여 달구벌 버스를 설립하고, 2006년 2월 19일 운행을 개시했다(달구벌버스, 2006: 27). 기업 인수에 참여한 노동자는 126명이며, 개별 출자금은 800만원이었다. 이 출자금은 노동조합이 관리하고 있다. 이 자금은 퇴직 시 반납하도록 하고 있으며, 경영 상 필요할 때 경영진이 노동조합에서 빌려가고 갚는 형식으로 운영하고 있다. 이것은 경영자금을 은행에서 빌릴 때 발생하는 이자 비용까지도 줄이려는 노력의 일환이기도 하다. 현재 이

---

3) 실제로 청주 우진교통은 현재 일부 노동자들이 기업을 상대로 임금 및 퇴직금 지불을 요구하는 등 이해관계의 분열 모습을 보이고 있다.
4) 지역 인사는 대학 교수, 목사, 회계사, 민주노동당 최고위원 등이다.

출자금은 10억 정도가 된다고 한다.

달구벌 버스의 자주관리 원칙은 경영과 소유, 노동을 분리하는 것이다. 경영은 전문경영인에게 위탁하고, 소유는 지역인사들에게 주식을 무상 양도하며, 노동자는 버스 운행에만 전념하겠다는 것이 출범 당시의 결정이었다. 주식회사 체제로 전환하면서 달구벌 버스는 10,000부의 주식을 발행했고, 이것의 소유권을 지역의 인사 4명에게 조건없이 맡겼다.[4] 또한 관리단과 승무단을 조직적으로 구분하여, 초기 기업인수에 참여한 노동조합의 조합원들은 모두 승무단에서 노동에 전념하도록 했다.

한편 대구시는 2004년부터 버스 운행의 준공영제를 실시하였는데, 준공영제란 모든 버스업체 수입금을 지자체가 설립한 공동관리기구에서 관리하여, 업체에서 적자가 날 때는 시에서 보충해주고, 흑자가 나면 시내버스 인프라에 재투자하는 제도이다. 이 경우 노동자들에 대한 임금은 지자체에서 지급한다. 이 준공영제는 업체의 경영 투명성을 제고하고 최소한의 경영 안정성을 보장함으로써 대중교통의 공공성을 강화하는데 그 목적이 있다.

달구벌 버스는 현재 부채 42억 중 20여억을 상환하고, 빠르게 경영을 정상화하고 있는 상황이다. 달구벌 버스의 조직 구조는 아래와 같다.

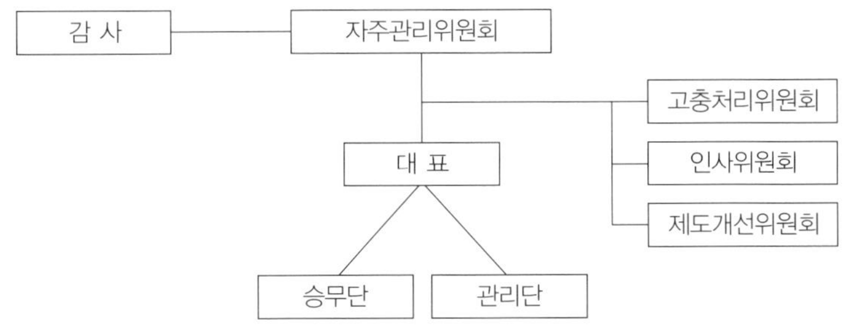

〈그림 4〉 달구벌 버스의 조직구조

주요한 기업의 의사결정은 자주관리위원회에서 이루어지는데, 2007년 단체협약서는 자주관리위원회의 위상을 '경영전반에 걸친 정책 수립을 위해 경영에 대한 일상적 기구'로 정의하고 있다. 자주관리위원회 하에 현재 3개의 위원회가 구성되어 있는데, 특히 고충처리위원회의 신설에 대한 노동자들의 만족도가 상당히 높은 것으로 조사되었다. 기업의 대표는 총회를 통해 추대, 선출되었으며, 임기는 3년이다. 대표 밑에 승무단과 관리단이 구분되는데, 승무단은 모두 버스를 운행하는 노동자들이며, 관리단은 경영 업무를 주로 책임지고 있다. 개인 출자를 통해 자주관리기업을 형성했던 모든 노동자들은 현재 승무단에 소속되어 있다.

2) 우진 교통

청주시의 버스여객 기업인 우진교통은 버스기업 중 최초의 자주관리기업이다. 우진교통은 현재 차량 103대, 종사원 259명, 자본 총액 29억의 규모로 운영되고 있다. 우진교통은 이전의 동원교통과 충일고속을 통합하여 2001년 1월 주식회사로 출발했다. 하지만 경영악화로 2004년 1월부터 임금이 체불되기 시작했고, 2004년 7월 24일 노동조합은 임금체불과 관련한 총파업을 실시했다. 사측은 이에 대해 2004년 8월 26일 직장폐쇄로 대응하였다. 2004년 10월에는 노동조합의 조직을 한국노총 지부에서 민주노총 지부로 변경하였고, 171일에 이르는 장기 파업 끝에 2005년 1월 10일 청주시청의 중재로 노조가 부채 147억을 떠안는 조건으로 회사측과 '노조 측에 경영권 일체와 소유권 50% 양도'를 합의하였다. 이로써 노동조합은 회사를 인수하여 자주관리기업으로 새롭게 출발하게 되었다. 2007년까지 부채 147억 중 66억을 상환하는 등 모범적인 기업 운영을 보여 왔지만, 2008년 일부 노동자들의 집단 퇴직과 기업에 대한 체불임금 압류조치로 재정적인 위기를 여전히 넘어서지 못하고 있는 실정이다. 우진교통 역시 달구벌버스와 마찬가지로 여전히 노동조합이 존재하며, 경영단과 노동조합(승무단)의 이중적 구조로 유지되고 있다.

4. 한국 자주관리기업의 특성과 쟁점

1) 조직구조의 특징

(1) 소유, 경영, 노동의 분리

소유를 분리하는 것은 일견 자주관리기업으로서 모순적으로 보이지만, 이것은 현재의 기업체계 내에서 불가피한 선택일 수 있다. 주식을 노동자 개개인들이 소유하게 되면 소유권의 개인적 처분의 가능성이 항상 존재하기 때문에 이럴 경우 개개인의 출자에 의해 유지되는 자주관리기업은 그 근본에서 무너질 가능성이 있다. 이를 방지하는 한가지 방법이 개개인의 소유 지분의 이탈을 막는 것이다.

> "(주식을) 팔려면 네 명 다 동의가 되어야 팔 수 있는데, 2,500주 가지면 개인별로 팔 수도 있겠지요. 그렇지만 서로간에 믿음과 신뢰가 있기 때문에 네 사람(에게 맡기는 것)이 가능하구요. 그래서 우리가 조합원들한테 결의 모은 게 '주식을 네 분한테 맡기자.' 조합원들이 처음에는 이해를 못했지요. 그렇지만 지도부를 믿고 신뢰가 가니까 뭐 전적으로 동의를 해 줬고."
>
> – 달구벌버스 노동조합 지회장

달구벌 버스는 외부 채무를 갚아가는 과정이기 때문에, 노동자들의 급여와 운영비용을 제외한 실질적인 수익은 없다. 따라서 아직은 주식소유에 따른 이익 배당의 문제가 크게 발생하지 않고 있다. 지금은 주식이 가치를 발생시킬 경우 공익적 목적으로 사용하는 것에 합의한 상태이지만, 기업이 부채를 모두 상환하고 수익 배분이 이루어질 시점이 되면, 이 구조는 변화를 겪을 수 밖에 없을 것이다.

우진 교통 역시 소유와 경영을 분리하고 있다. 우진교통을 인수하는 과정에서 노동조합은 주식의 50%만을 인수하였는데[5] 전 경영주의 경영권 확보를 방지하기 위해 50%의 주식을 지역의 한 인사(서원대 총장)에게 무상양도하는 형식으로 위탁 관리하도록 하였다. 개인에게 소유를 배분했을 때 발생할 수 있는 주식의 매매와 경영권 이전을 사전 예방하는 조치이다.

> "저희 조합원들에게 주식을 분산해서 줄 때, 경영정상화를 시켜 놓으면 (전 경영자가) 한 10년만 주식을 사도 51% 주식으로 다시 이 회사를 뒤찾겠다는 그런 생각을 가지고 있었죠. 그게 저희들한테 직접 확인이 된 거구요. 그래서 저희 비상대책위원회나 당시 조합원들도, 그래서 주식을 나눠주면 안되고 주식을 어떻게든지 한 곳에 모아놔야 한다는 데는 의견을 같이 한 거죠."

– 우진교통 노동조합 사무국장

한편 경영진은 노동자들의 추천을 받아 총회에서 찬반투표를 통해 결정되었다. 대표의 임기는 3년이며, 임기가 만료되면 다시 연임을 할 것인지를 마찬가지로 총회에서 결정하게 된다. 긍정적으로 평가한다면 이런 경영과 소유의 분리는 소유를 집단적 소유나 개인적·자본주의적 소유가 아닌, 사회적 소유 혹은 공공적 소유로 전환하려는 노력으로 볼 수 있다. 소유의 가치는 존재하되, 그것이 공공적인 목적이 아닌 집단 혹은 개인적

---

5) 그 정확한 내부 사정은 공개되지 않았다.

으로는 가치를 발생시킬 수 없는 소유 형태가 지금의 소유구조라 할 수 있다. 하지만 이것이 실질적인 사회적 소유가 되기 위해서는 주식이 가치를 발생시키고, 그 이익을 사회적으로 실현할 여건이 만들어져야 할 것이다. 그렇지 않다면, 현재의 소유와 경영의 분리 구조는 노동자들의 이탈을 막고 경영권을 방어하는 소극적 의미 이상을 가지지 못할 것이다.

(2) 노동조합의 역할

자주관리기업은 노동자들이 소유와 경영을 책임지는 것이기 때문에 논리적으로 노동조합의 존재가 무의미해진다. 그렇지만 두 회사 모두 여전히 노동조합이 여전히 존재하는데, 여기에는 몇가지 이유가 있다.

첫번째, 노동조합 혹은 노동자들이 가진 경영능력의 부재로 인해, 직접 경영을 책임지기 어렵다는 점이다. 도산 기업의 인수를 통해 자주관리기업으로 전환되었기 때문에 경영을 빠른 시간에 정상화시키는 것이 필요한데, 여기에는 상당한 전문적 능력이 요구된다. 따라서 노동조합이 택할 수 있는 최선의 선택 중의 하나가 경영 부문을 독립, 전문화시키는 것이다. 달구벌버스나 우진교통이 모두 승무단과 관리단을 구분하고 있는 것은 그러한 이유에 기인한다. 따라서 형식상 대표자와 경영진이 있으며, 여기에 대한 협상의 주체로서 노동조합이 여전히 유지되고, 또 양자간의 단체협상이 해마다 갱신되고 있는 것이다.[6]

둘째, 상급단체와의 관계라는 현실적인 측면이 있다. 달구벌 버스나 우진교통 모두 한국 노총 소속이었고 상급단체를 민주노총으로 조직변경한 공통점을 갖고 있다. 임금 및 퇴직금 체불로 인해 장기간의 파업과 점거 농성에 돌입했을 때 두 기업 모두 공통적으로 한국노총이 파업지원이나 문제

---

6) 이는 경영진과 노동조합이 공존했던 유고슬라비아의 자주관리 경험과도 유사하다.

해결을 위한 그 어떤 노력도 하지 않았음을 토로하였다. 이런 경험으로 인해 민주노총으로 상급조직을 변경하면서 투쟁 과정에서 민주노총의 지원을 크게 받았다. 우진교통의 경우는 자주관리기업으로의 전환과 함께 민주노총에 경영진 구성을 요청하였다. 이것은 두 기업 모두 외부의 조직적 연관 없이는 스스로 자주관리기업을 구성, 운영해 갈 능력이 미비하다는 사실을 의미한다. 이런 이유 때문에 노동조합은 상급단체의 지원을 받으면서 여전히 현존하고 있는 것이며, 이것은 자주관리위원회(노동자 평의회)의 역할과 중복되면서 조직 기능 상의 모호함을 보이고 있다. 하지만 자주관리기업으로서 정상화된다면 상급단체의 역할도 축소되고, 점차 노조의 기능도 축소, 조정될 것으로 여겨진다.

셋째, 자주관리기업의 성공 여부를 결정하는 가장 중요한 요인은 무엇보다 노동자들 내부의 단결과 인식의 공유다. 노동조합은 자주관리기업으로의 전환 과정에서 파업을 주도하고 내부 단결을 이끌어내는 데 결정적인 역할을 하였으며, 그러한 실질적·상징적 의미 때문에 여전히 내부 단결을 위한 중요한 역할을 수행하고 있다. 두 기업 모두 현재 노조 가입을 클로즈드 샵(closed shop)으로 운영하고 있다. 즉 기업 입사와 함께 노조에 의무적으로 가입해야 하고, 노조탈퇴와 함께 자동 해고되도록 하고 있다. 이것이 또한 내부 단결을 높이는 방향으로 작용하고 있다.

그렇지만 유고슬라비아의 경험에서도 보았듯이 노조의 역할과 자주관리위원회 및 노동자 총회의 역할이 중복되고 있고, 또 노동자 소유·경영의 기업임에도 형식적이지만 단체협약이 존재하는 등 조직 상의 불균형은 하나의 위험 요소로 남는다. 결국 노동과 경영을 분리하여, 또다른 새로운 집단 혹은 계급을 만들 위험이 상존하기 때문이다.

2) 경영 합리화

자주관리기업으로의 전환과 함께 아이러니컬하게도 두 기업은 모두 본격적인 경영합리화에 돌입했다. 두 기업 모두 부채를 떠안고 출발했기 때문에 모든 낭비 요소를 제거하고 경영을 합리화하는 것은 곧 부채 상환을 그만큼 앞당기는 것이다. 그런데 이것은 정확히 기업적 혹은 자본주의적 방식이기 때문에, 노동자들의 지위에 대한 침해 없이, 그리고 노동자들의 경영참여를 최대한 보장하는 내에서 이루어져야 하는 긴장과 갈등을 내포하고 있는 것이다. 특히 달구벌 버스와 달리 우진교통이 위치하고 있는 청주는 아직 버스 공영제 혹은 준공영제가 실시되고 있지 않아, 경영의 모든 책임을 고스란히 기업이 떠안아야 하는 상황이다. 그런 까닭에 우진교통의 경우는 자주관리기업 전환 두달동안 오히려 적자가 4억이나 발생하는 문제점을 드러내기도 했다.

하지만 자주관리기업으로의 전환이 1년 이상의 기간을 거치면서 상당한 성과들이 가시화되고 있다. 분임조회의의 활성화와 경비절감을 위한 제안제도 등을 통해 구체적으로 공회전 줄이기, 경유차의 LNG차로의 전환 등의 방법을 통해 실질적인 효율을 달성하기도 했다. 우진교통은 경영진·관리직 임금 조정과 차고지 매각 등 경영합리화 조치를 통해 2007년 말까지 은행대출금 15억3000만원, 개인어음채권상환 19억원, 미지급퇴직금 10억원, 차량할부금 상환 11억원 등 모두 66억원의 부채를 상환하는 성과를 거뒀다(「충청타임즈」, 5월 27일자).

또한 가시적으로 드러난 가장 큰 차이가 바로 서비스의 질이 높아졌다는 점이다. 자주관리 버스기업은 서비스나 친절 등에서 다른 버스 기업들과 확연히 다르다는 인식을 심어주고자 노력한다. 가장 먼저 시작된 서비스 중 하나는 유니폼을 깨끗하게 착용하고, 승객 한사람 한사람에게 웃으며 인사하는 것이다. 달구벌 버스는 매년 어린이날이면 버스에 사탕을 준비해 놓고 어린이들이 자유롭게 먹을 수 있도록 하고 있다. 또 양심우산을 비치하여, 비가 오면 승객들이 자유롭게 이용하고 반환하도록 하고 있다. 우진교통 역시 제복을 전원 착용하고, 승객들에 대한 서비스를 강화하는 노력부터 시작했다.

> "저희가 최초에 넥타이 (매는 것을) 시작했잖아요. … 이 복장으로
> 승객에게 따뜻하게 다가가면서 인사를 하고, 그래서 청주시로부터 친
> 절서비스 상도 타고 이렇게 했습니다."
>
> – 우진교통 승무단

> "작년에 (대구시내 버스업체) 서비스 평가에서 일등을 했는데, (33
> 개 항목 중) 25개 항목에서 일등을 했을 정도로, 월등한 일등이죠. 또
> 한번만 한게 아니라 계속해서 일이등을 했으니까 거의 월등하죠. 자
> 주관리기업의 핵심적인 의미인데 자주적으로 참여한다는 것이 얼마
> 만큼 큰 힘을 발휘하는가 이런 것들을 보여주죠."
>
> – 유○○, 달구벌 버스 관리단 실장, 파업 미참여

자주관리기업의 경영합리화는 노동자들의 이익에 대한 침해 없이 이루어져야 한다는 전제로 인해 그 범위가 상당히 제약되어 있다. 그럼에도 불구하고 이 노력이 효과를 보이고 있는 것은 두가지로 생각해 볼 수 있다. 하나는 전환 이전의 기업이 지나치게 비효율적으로 경영되었다는 것을 함축한다. 실제로 달구벌 버스나 우진교통 모두 자금 집행이 투명하지 않았고, 주식 소유에 교묘한 편법을 동원하거나 심지어 고의적인 부도를 내기도 했을 정도로 정상적인 경영 상태가 아니었다. 단기적으로는 이러한 낭비를 제거했을 때 일정한 성과를 낼 수 있는 것이다. 다른 한 요인은 아직까지 유지되고 있는 파업의 경험과 그로 인한 노동자들간 단결의 유지가 주는 효과라 할 수 있다. 많은 자본주의적 경영합리화 기법들은 다양한 방식에도 불구하고, 기본적으로는 노동자들의 자발적인 헌신에 기대고 있다. 일본의 QC써클이나 제안제도, 독일의 반자율적 팀작업, 미국의 노동

의 인간화 등은 모두 노동자들에 대한 동기부여나 심리적 만족감의 제공이라는 것에 집중하고 있다. 자주관리기업의 건설 경험은 여전히 노동자들의 단결과, 경영정상화를 위한 일관된 의지의 원천이 되고 있다. 덧붙이자면, 경영보고를 통한 기업 정보의 완전한 공개, 총회, 자주관리위원회, 분임조, 노조 회의 등을 통한 지속적인 회의와 교육의 효과가 이를 뒷받침하고 있음으로서 유지는 부분도 매우 크다.

하지만 이런 긍정적 분위기가 계속 지속될 것인지에 대해서는 낙관하기 어려운 것이 현실이다. 뒤에서 살펴보겠지만, 이는 무엇보다 구성원의 변화, 상황의 변화, 그리고 자주관리기업에서의 참여가 주는 피로감 등이 발생하고 있기 때문이다.

3) 연대와 소통

부도난 기업을 인수하는 과정에서 두 회사가 보여준 공통점은 자주관리기업으로의 전환, 즉 기업 인수에 이르기까지의 과정에서 장기간의 노사 투쟁이 있었다는 점이다. 임금 및 퇴직금 체불, 기업의 외부 부채 등과 관련해서 기업의 비정상적인 경영이 밝혀지고, 이 때문에 파업을 비롯한 노사간 싸움이 장기간 지속되었다. 이러한 파업이나 투쟁 경험은 자주관리기업을 탄생시키는 상당히 긍정적인 작용, 특히 노동자들간 연대와 단결에 영향을 미친 것으로 여겨진다. 이들 기업 내부의 노동자들 간 연대의식은 매우 높다. 특히 부채를 해결하는 과정에서 외부 부채를 제외한 체불임금이나 퇴직금을 스스로 포기하기로 합의하는 과정에서 강한 연대의식이 발생했다. 몇달 혹은 몇년간의 노동의 댓가를 포기하는 대신에 얻게 된 자주관리기업에 대한 의식, 그리고 그것을 함께 결의한 노동자들간의 연대 의식은 당연히 강할 수 밖에 없다.

"어차피 회사가 부도가 나고, 우리 체불된 임금이 약 35억인데 없

는 걸로 하자. 그러면 순수부채는 은행권하고 해봐야 약 42억이 순수
부채인데, 외부의 부채 그거는 우리가 임금을 가장 적게 받으면서 충
분히 해 나갈 수 있다. …이렇게 흔쾌히 조합원들이 승낙을 했구요."

– 달구벌 버스노조 지회장

또한 버스운동 기업 내 자주관리기업 간 연대도 상당히 중요한 역할을
했다. 현재 버스 기업들 중 대구 달구벌, 진주 삼성, 진주 시민, 청주 우진
이 자주관리기업으로 전환했는데, 이 기업들은 1년에 3~4회의 정기적인
교류를 통해 자주관리기업의 현안들을 토론, 공유하고 있다. 또한 자주관
리기업 전환 과정에서 파업이 발생했을 때 서로 투쟁 지원을 나갈 만큼 상
당히 친밀한 관계를 유지하고 있다. 심지어 장흥에서 버스 준공영제를 요
구하며 파업을 벌였을 때 달구벌 버스와 우진교통은 모두 이 파업을 지원
하기 위해 장흥으로 가기도 했다. 이것은 모두 기업도산과 자주관리기업
으로의 전환이라는 특별한 경험을 서로 공유하고 있기 때문에 가능한 것이
다. 실제로 최초로 자주관리기업으로 전환한 우진교통은 이후의 자주관리
기업의 모델로서 영향을 미치기도 했다.

또한 이러한 기업 내·외부의 연대의 중심에 있는 것은 민주노총, 특히
민주버스노조다. 그리고 이 기업들은 동일 상급단체 소속 지부로서 이러
한 연대를 유지하고 있다. 그렇지만 앞서 보았듯이 점차 상급노조와의 관
계를 정리하게 될 때 이들 기업들 간의 연대를 지속하는 것이 그리 쉬운 일
만은 아닐 것이다.

4) 한국 자주관리기업의 문제와 쟁점

(1) 더 참여할 수록 더 배운다?: 피로감

자주관리기업은 자본주의적 고용관행이 주는 단순한 편안함, 즉 고용

되어 수동적으로 일하고 그 댓가로 임금을 받는 방식에 비해 더 많은 참여를 해야 하고, 더 많은 고민을 해야만 한다. 더구나 도산기업 인수의 경우는 상당기간 동안 채무를 갚아야 하는 부담을 안고 있기 때문에 항상 이탈하거나 무임승차하려는 움직임이 발생할 수 밖에 없다. 이를 방지하는 것은 회의, 결의, 교육 등을 통해 책임지도록 만들어야 한다. 여기에서 자주관리기업의 피로감이 발생한다.

> "…저희 회사를 빼놓고는 다른 회사 사람들은 그렇게까지 하지 않
> 죠. (고객) 서비스를 꼭 해야 한다 이런게 없단 말이에요. 경영설명이
> 니 자주관리위원회, 인사위원회 그렇게 많이 안한단 말이에요."
>
> – 유○○, 달구벌 버스 관리단 실장, 파업 미참여

특히 자주관리기업으로 전환한 후 새로 입사한 노동자들의 경우는, 전환 과정에서의 파업이나 분위기를 공유하고 있지 않기 때문에 이런 피로감을 호소하는 경우들이 눈에 띈다. 달구벌 버스의 경우는 이를 방지하기 위해 상당히 강한 입사 교육을 실시하고 있다. 채용 후 교육은 이틀간 실시되는데, 그 교육 내용도 「노동자 철학」, 「노동법 개정」, 「청소부 체험」 등 일반 기업과 그 내용도 다르고, 강도도 센 편이다. 그럼에도 불구하고 자주관리기업의 경험은 이런 피로감으로 인한 참여의 저하가 실제 발생한다. 미국의 퍼지 사운드의 경우도 생산자협동조합 기업이었음에도 불구하고 노동자들의 무관심과 참여 저하로 조합원이 아닌 일반 노동자를 고용할 수 밖에 없었고, 이는 결국 노동자 내부의 계층화, 조합원과 일반 고용 노동자 간 차별을 만들어냈던 것이다(김성오·김규태, 1993: 106).

물론 인터뷰를 했던 대부분의 노동자들은 달구벌 버스나 우진교통이 다른 기업과 달리 매우 자유로운 기업 분위기와 투명한 경영, 자기계발의 기회 제공 등으로 인해 만족스러운 근무 환경을 제공하고 있으며, 스스로

소유와 경영에 참여한다는 사명감 때문에 여전히 참여의 정도는 높은 편이다. 이런 점에서 자주관리기업은 참여가 주는 양날의 효과에 직면해 있는 셈이다.

(2) 집단 이기주의의 문제

유고슬라비아를 비롯한 자주관리의 경험은 노동자들의 집단이기주의라는 문제를 드러내기도 했다. 유고슬라비아의 경우 이익의 분배에서 재투자와 저축 보다 이익을 더 가져가려는 단견을 보이기도 했고, 협동조합 기업의 경우 이익의 배분을 꺼리면서 새로운 지분을 창출하는 것에 부정적으로 반응하기도 했다. 특히 이런 모습은 나이 많은 조합원, 기업 초기부터 참여했던 노동자들에게서 두드러지게 나타난다.

사례기업의 경우에도 이런 모습이 포착되었다. 달구벌 버스의 경우 노동자들의 임금은 지자체에서 지급되기 때문에 이익을 둘러싼 이기주의는 드러나지 않았다. 대신 업무와 관련하여, 노동자들 내부의 '도덕경제적 형평성'을 추구하려는 경향이 드러났다.

> "이제 우리가 고생을 해 가지고 이런 회사를 만들어 났으니까 그 다음부터는 늦게 들어온 느그들이 고생을 안했으니까 좀 집회라든가 모든 부분을 맡아서 해라 이런, 쉽게 얘기하자면. 그런 식으로 얘기하니까 늦게 들어온 사람들은 계속 집회에 불려 다니고 어디 다니고, 교육하고 이러면서 자기네들은 안하면서 왜 우리한테만 이렇게 하냐, 고생을 한건 알지만 자기가 고생을 해가지고 출범을 시켰으면 더 열심히 앞서서 해야 하는데 왜 우리한테 이렇게 하냐 생각을 하는 사람이 많았죠."

> — 달구벌버스 승무단 김○○, 자주관리기업 전환 후 입사

물론 이런 일의 균등한 분배는 이익 분배에 비해 사소한 것일 수 있다. 하지만 같은 경험을 공유하지 않은 신규 노동자들에게 이런 암묵적 강제는 또다른 불평등한 강압이 될 수 있으며, 이것은 앞으로 계속 신규 노동자들이 들어옴에 따라 더 확대될 가능성이 있다. 또한 위탁한 주식의 문제도 여전히 불씨로 남는다.

반면 우진교통의 경우는 이런 집단 이기주의가 완전히 전면적으로 드러난 경우다. 2008년 5월 250여명의 조합원 중 60여명이 집단 퇴사하면서 이전의 체불임금과 퇴지금을 포함하여 지급을 요구하면서 교통카드 수익의 가압류를 신청했다. 이들은 「우진교통을 사랑하는 모임」이라는 단체를 결성하고 현재의 경영진 및 노동조합에 반대 의견을 가진 사람들로, 이들은 자주관리기업으로의 전환 과정에서도 계속 현재의 집행진과 갈등을 일으켰다. 이들은 가압류 신청을 하기 전에도 위탁한 주식의 개인 지분을 요구하기도 했다.

> "지금도 그 50% 주식에 대해 자기 몫을 달라는 사람들이 있다구요. 그런네 김○○ 총장님이 조합원 전체 3분의 2의 사람들의 동의를 받아갖고 와라. 그러면 우진교통에서 해달라는 대로 해 주겠다."
>
> – 우진교통 노동조합 사무국장

이들이 요구하고 있는 체불 임금 및 퇴직금 총액은 46억으로, 이는 현재의 우진교통이 지불할 수 없는 액수로, 우진교통은 자주관리기업 전환 이후 가장 힘든 상황에 처해 있다. 이런 형태의 갈등은 현재의 자주관리 기업의 구조 상 지속적으로 나타날 가능성이 높다.

5. 맺으며

　도산 기업의 노동자 인수라는 독특한 조건 하에서 이루어진 자주관리 버스기업의 사례들을 통해 한국에서 자주관리기업의 가능성과 한계를 확인할 수 있었다. 그렇지만 이 모든 평가는 아직은 잠정적이다. 두 기업 모두 아직 부채 문제를 해결하지 못한 상황이어서 기업 경영이 정상화되었다고 보기 어려우며, 또한 전혀 다른 기업의 경험을 반영하지 못한 상태에서 다양한 토론을 통해 지속적으로 새롭게 '구성' 되어 가고 있기 때문이다. 한국의 자주관리기업은 여전히 현재진행형이다. 달구벌 버스나 우진교통이 성공적인 자주관리기업이라 단언할 수도 없고, 또 많은 문제점을 드러내기도 했지만, 참여민주주의는 기업 수준에서 얼마든지 현실화될 수 있다는 사실을 보여주었다는 사실에 주목하고 싶다.

　유고슬라비아의 자주관리 실험이 실패했다고 많은 학자들이 이구동성으로 외칠 때 스페인의 몬드라곤은 자주관리가 여전히 유효하며, 심지어 자본주의적 시장환경에서도 성공할 수 있음을 보여주었다. 유고슬라비아의 실패나 몬드라곤의 성공 원인을 그 사회의 독특한 역사나 환경에서 찾아야 할지도 모른다. 그러나 정작 중요한 것은 여전히 자주관리기업의 실험이 지속되고 있고, 이를 통해 노동자들의 참여와 민주주의라는 목표가 추구되고 있다는 점이다. 자본주의 시장경제에서 노동자 소유·경영의 자주관리 실험이 실패할 수 밖에 없다고 생각한다면, '왜' 그러한지에 대한 이유에 주목해야 할 것이다. 그 이유들을 통해 우리는 좀더 나은 대안과 방향을 고민할 수 있을 것이기 때문이다.

| 참고 문헌 |

강정구, "벼랑에 선 페레스트로이카: 유고슬라비아의 자주관리제", 『경제와 사회』 제5권, 1990.

김규두, "유고슬라비아 노동자 자주관리제도에 관한 연구", 연세대학교 석사학위논문, 1986.

김상곤, "산업민주화와 노동자 자주관리에 관한 연구", 『한신논문집』 제5권, 1988.

김성오·김규태 엮음, 『일하는 사람들의 기업』, 나라사랑, 1993.

김영두·김유선·이민영·정건화·정이환·주진우. 1996. 『노동조합의 경영 참가』. 한국노동사회연구소.

김용원, "노동자 자주관리기업의 성공가능성에 관한 연구: (주)달구벌버스의 사례를 중심으로", 『한국협동조합연구』 Vol.27, No.2, 2009.

김준환, "사회적 자본과 사회적 기업에 관한 고찰", 『한국사회』 제5집, 2004.

김창근, "유고슬라비아의 노동자 자주관리에 대한 이론들", 『진보평론』 제30호, 2006.

배손근, "자주관리 사회주의의 이념과 체계", 한국기독교산업개발원 엮음, 『한국노동운동의 이념』, 정암사, 1988.

이홍윤, "유고의 자주관리형 경제체제", 대구가톨릭대학교 사회과학연구소, 『경영경제』 Vol.7, 1990.

장훈, "프랑스 사회당의 자주관리 사회주의 등장의 정치과정", 『한국정치학회보』 28권 2호, 1984.

윤형근, "사회적 협동 경제와 대안적 기업의 모색", 『환경과 생명』 46호, 2005.

조우현, 『세계의 노동자 경영참가』, 창작과비평사, 1995.

한정현, "유고의 노동자 자주관리제", 한국법학원, 『저스티스』 15권 1호, 1978.

홍성찬, "해방직후의 농장자주관리운동과 그 귀결: 황해도 옹진군 성업사 말영

농장의 사례", 연세대학교 국학연구원, 『동방학지』 70권, 1991.

Dahl, R.(안승국 역). 1999. 『경제민주주의』. 인간사랑.

Greenberg, E.S. 1986. Workplace Democracy: The Political Effects of Participation. Cornell University Press.

Mason, R. 1982. Participatory and Workplace Democracy: A Theoretical Development in Critique of Liberalism. Southern Illinois UP.

Pateman, C., Participation and Democratic Theory, Cambridge University Press, 1970.

White, W.F. & K.K. White, 『몬드라곤에서 배우자』, 나라사랑, 1992. (김성오 옮김)

일본 시민사회의 구조와 법인화[*]
- NPO법인 제도를 중심으로

민병로[**]

Ⅰ. 서문

일본에서는 1980년대 후반부터 '작은 정부'를 실현하기 위해 메이지유신과 전후개혁에 이은 제3의 개혁이 정치, 행정, 지방, 경제 등의 영역에서 광범위하게 이루어지기 시작하였다. 즉 규제완화와 민영화를 기축으로 하는 신자유주의의 '공공축소-시장확대' 전략을 구조개혁의 궁극적 목표로 삼은 것이다. 그러나 '官에서 民으로', 내지는 '民이 할 수 있는 것은 民으로'라는 신자유주의적 구조개혁의 귀결은 장기간의 경기침체, 양극화의 심화, 경쟁원리의 만연으로 인간성 말살, 범죄·마약·자살 등의 사회병리현상의 급증 등 사회시스템의 붕괴 위협을 초래하였다.[1] 즉 신자유주의적 구

* 이 논문은 2005년 정부(교육인적자원부)의 재원으로 한국학술진흥재단의 지원을 받아 수행된 연구임(KRF-2008-005-J01402). 『민주주의와 인권』 2010년 제10권 2호에 실린 논문을 재록함.
** 전남대학교 법학전문대학원 교수.

조개혁으로는 정부실패를 극복할 수 없다는 것을 말해준다. 따라서 일본에서도 후술하는 바와 같이 시장과 정부의 실패 등과 같은 사회의 정치적·경제적 상황의 변화에 따른 제3섹터로서의 민간비영리단체가 사회에서 담당하는 공익 활동의 범위가 점차적으로 증가하게 된 것이다.

경제기획청 보고서(1997년)에 따르면, 1980년대 이후 설립된 제3섹터의 담당자인 소규모의 시민활동단체의 수는 8만 5천여개에 이른다. 이는 법인격이 없기 때문에 등록이나 등기가 되어 있지 않아 그 수를 정확히 파악하기 힘들다는 점을 감안하면 훨씬 많은 수의 단체들이 임의단체로 활동하고 있었음을 추정할 수 있다. 이것은 기존의 행정부문과 영리부문만으로는 탈산업화 이후 급격한 사회적 경제적 변화로 인한 시민들의 다양한 요구에 적절하게 대응할 수 없었다는 것을 말해준다. 그러므로 다양한 공공 분야에서 시민사회단체가 정부나 시장이 충족시켜 줄 수 없는 시민들의 사회적 요구에 유연하고 신속하게 대응할 수 있는 제3섹터의 주역으로 등장한 것이라 할 수 있다.

그러나 '새로운 공공'[2]의 담당자로서의 시민사회단체가 안정적이고 활력 있는 사회를 구축하고 불특정 다수의 이익을 증진시키기 위한 비영리공익활동을 전개해 나갈 수 있는 제반 조건이 갖추어진 것은 아니었다. 즉 시

---

1) 神野直彦, "新しい市民社會の形成 官から民への分權", 神野直彦·澤井安勇編著, ソーシャルガバナンス, 東洋 濟新法社, 2004년, 2면. 가미노(神野直彦)에 의하면, Social Governance의 길이야 말로 시장실패와 정부실패를 극복하는 길이라고 제안하다. Social Governance란 정부실패를 시장영역의 확대에 의해 극복하려고 하는 것이 아니라, 시민사회를 강화함으로써 극복하려고 하는 전략이다. 즉 '공공축소–시장축소'의 전략이 아닌 '정부축소–시민사회확대'라는 전략이다. 동 4면.

2) 종래의 공공은 행정에 의해 전적으로 담당되어져 왔지만, 지금은 시민·사업자·행정이 협동하여 과제를 해결해가는 「새로운 공공」의 역할이 그 중요성이 더욱 커지고 있다. 소자화·고령화가 진행되고 있는 가운데 국민이 안심하고 생활할 수 있는 사회를 실현하기 위해 교육이나 양육, 마을만들기, 방범이나 방재, 의료나 개호, 복지 등의 공익활동에 시민들이 적극적으로 참가할 수 있도록 사회전체가 뒷받침해 갈 필요가 생긴 것이다.

민사회단체들은 대부분 법인격 없는 소규모의 임의단체(법인격을 취득하지 못한 구성원의 집합체)로 일상적인 운영자금이나 신규활동 자금의 부족, 정부나 지방자치단체로부터의 불안전한 지원금, 활동가 및 활동거점의 확보, 시민사회단체 상호간의 정보교류 및 네트워크 등의 문제를 안고 있었다. 따라서 시민활동단체들이 안고 있는 이러한 제반 문제점을 극복하고 시민들로부터의 신뢰를 높이기 위해 무엇보다 법적 제도적 정비의 필요성이 제기된 것이다. 직접적인 계기가 된 것은 1995년 한신·아와지 대지진이다. 대지진 복구에 개인, 시민단체, 기업 등의 대대적인 봉사활동으로 인해 NPO의 역할의 중요성이 인식됨으로써 근본적인 법적 제도적 정비에 박차를 가하게 된다.

그 성과로 특정비영리활동을 하는 단체에 법인격을 부여함으로써 자원봉사 활동을 비롯한 시민들이 참가하는 자유로운 사회공헌활동으로서의 특정비영리활동의 건전한 발전을 촉진시켜 공익증진에 기여할 것을 목적으로 1998년 특정비영리활동촉진법(NPO법)이 제정·시행되었다. 뿐만 아니라, 시민활동단체와 더불어 ‘새로운 공공’의 담당자인 공익법인에 대해서도 일본민법이 제정된 지 약 100년만인 2000년 12월, 특수법인개혁, 공무원제도개혁과 함께 공익법인개혁이 3대 행정개혁의 하나로 시작되었다. 그 결과 행정청의 간섭 없이 등기만으로 법인설립을 할 수 있는 일반사단·재단법인과, 공익성이 있다고 인정받아 세제혜택을 받을 수 있는 공익사단·재단법인으로 2단계화된 신공익법인제도 관련 법률들이 2006년 5월 26일 국회에서 가결되었으며, 2008년부터 시행되고 있다.[3]

위와 같은 법인제도의 혁신적인 개혁으로 인해 그동안 임의단체로 활동해 온 시민사회단체들이 법인격을 부여받을 수 있는 길이 대폭 열림으로써 대대적으로 시민사회단체의 ‘법인화’의 경향을 촉진하고 있다. 더욱이 2009년 정권교체를 통해 집권한 민주당은 시민사회단체들이 ‘새로운 공공’의 담당자가 될 수 있도록 세제혜택을 받을 수 있는 인정NPO법인의 인정절차 등의 간소화나 소득세의 기부금 공제뿐만 아니라, 기부문화 활성화를 위한 법인관련 세제 등을 검토하는 프로젝트팀을 구성하여 개선방안을 모색하도록 하였다. 그 결과 지난 4월 발표된 중간보고서에는 향후 공공의 패러다임의 변화를 예고하는 소득세 '세액공제' 제도의 도입 등 획기적인 내용이 담겨져 있었다.

따라서 본고에서는 전후 일본시민사회의 변용 즉 '시민운동'에서 '시민활동'으로 이행된 과정과, 이행 이후 현재 시민사회의 주요 구성원인 자치회·정내회, 시민단체, NPO단체들의 현황과 특징을 살펴본 뒤, 새로운 법인제도의 시행 후 몇 년간의 운영과정에서 나타난 제반 문제점과 그 개선방안을 NPO법인 제도를 중심으로 살펴보고자 한다.

2. 일본 시민사회의 변용과 구조

1) 일본 시민사회의 변용

일본에서 전후 사회운동의 큰 흐름은 한마디로 1960년대 안보투쟁 이후의 '시민운동'에서 1990년대 이후의 '시민활동'으로의 변용이라 할 수 있다. 세부적으로는 이른바 55년 체제의 확립에서 안보투쟁까지의 보수

---

3) 우리나라도 법무부가 민법 전면개정 작업을 진행하고 있는 가운데, '법인'과 시효제도에 관한 개정시안이 2010년 6월 한국민사법학회와의 공동학술대회에서 그 윤곽을 드러냈다. 개정시안 중 법인과 관련해서는 비영리법인의 설립을 '허가주의'에서 '인가주의'로 하고 있다. 현행 민법 제32조는 비영리법인은 주무관청의 허가를 얻어 설립할 수 있도록 규정하고 있는데, 개정시안은 이러한 '허가주의' 대신 일정한 요건을 갖춘 경우 주무관청에 인가를 신청해 비영리법인을 설립할 수 있도록 하고 있다. 또한 그동안 판례와 학설로만 인정되어 왔던 '법인 아닌 사단과 재단'에 관한 규정을 신설하여(민법제39조의 2), 법인 아닌 사단과 재단에도 주무관청의 인가나 등기를 전제로 한 규정을 제외하고는 제3장 법인편의 규정을 준용할 수 있도록 하고 있다. 김대정, "법인에 관한 민법개정위원회의 개정시안", 한국민사법학회 2010년도 하계학술대회 자료집, 민법개정의 방향, 2010년 6월, 9-78면 참조.

·혁신 대립구조 하의 저항운동의 시기(제1시기), 안보투쟁이후 베트남 전쟁을 계기로 한 평화운동에서 고도경제성장기의 공해, 재개발, 환경, 소비 등의 문제를 제기하는 '새로운 사회운동=시민운동' 의 시기(제2시기), 1980년대 중반이후 시민활동단체들이 사회복지 등의 다양한 분야에서 다양한 단체들이 행정과 독립적으로 공익활동을 수행하는 제3섹터로서의 시민활동=NPO의 시기(제3시기)로 나누어 볼 수 있다. 이러한 사회운동의 변화는 시대적·정치적 배경과 무관하지 않다.[4]

먼저 제1시기의 특징은 대규모 대중운동으로서 저항운동의 성격을 나타낸다. 전후 급속히 증가한 단체들과 군소정당들이 보수 대 혁신으로 양극화되면서, 다양한 자발적 결사체들도 각 정당 아래 계열화되기 시작하면서 전후 일본의 커다란 전환점인 이른바 '55년 체제' 가 확립된다.[5] 지배권력에 의한 강력한 체제개편 움직임에 대응하여 저항세력은 혁신정당과 노조, 특정 정치적 이데올로기와 계급을 넘어서는 무당파 소집단들뿐만 아니라 비조직 영역이 서로 연대하여 입체적인 광범위한 통일전선의 구축을 도모한다.[6] 특히 55년 보수합동을 계기로 정권의 기반을 강화한 하토야마 수상은 점령하에서 만들어진 헌법 무효론 및 자위대 해외파병론까지

---

4) 일본 시민운동의 시기구분을 연대별로 60~70년대(이원·대립형), 80~90년대(다원·중층형), 2000년대~ (분절정치)로 나누어 그 특징과 주요운동을 중심으로 파악하기도 한다(勝田美穗, 2008: 105~110, 115). 본고에서의 시기구분은 운동의 성격의 변화에 주목하여 필자가 독자적으로 획정한 것이다.
5) '55년 체제' 란 1955년 10월 일본사회당이 그 때까지 분열되어 있던 좌우양파를 통합하자, 동년 11월 보수정당간에 대립관계에 있던 자유당과 일본민주당이 합동하여 자유민주당을 결성함으로써, 이후 일본정치가 자유당과 사회당이 대표하는 보수와 혁신의 대결이라는 구도를 전개하게 된 것을 말한다. 이것은 양당제라기보다는 자민당의 압도적 우위 하에서의 「1과 1/2」정당체제였다. 이러한 '55년 체제' 는 1993년 7월 총선거에서 자민당이 과반수를 넘지 못하면서 38년 만에 붕괴되었다. みんなの知惠藏 http://chiezou.jp/ 참조.
6) 한영혜, 2004: 52~54. 이러한 통일전선이 바로 '국민운동' 이라는 용어로 표명된다. 즉 국민운동은 이데올로기, 계급, 조직을 넘어서는 다양한 주체들의 연대에 기초한 평화운동으로 저항운동의 성격을 띠고 있었다. 동 55~56면.

주장하면서 헌법개정을 추진하고자 하였다. 이에 통일전선 세력은 대중적인 호헌운동을 전개하였으며, 55년 중의원선거와 56년 참의원선거에서 사회당을 중심으로 한 호헌세력이 의석의 1/3 이상을 획득함으로써 개헌을 저지할 수 있었다.

그러나 하토야마내각에 뒤이어 등장한 기시내각은 1951년 체결된 미일안보조약을 미일상호방위조약으로 전면 개정하려고 하였다. 즉 양국이 상호 원조하여 자위력의 유지 발전에 힘쓸 것과, 일본의 시정 하에 있는 영역에서 미일 어느 한 쪽에 대한 무력공격에 공동으로 대처하고 행동할 것을 규정한 것이다. 이러한 신안보조약은 일본의 무력포기를 규정한 헌법 제9조에 배치될 뿐만 아니라, 중국 등을 적대시하고 있으며 일본이 미국의 군사행동에 휘말려들 위험이 증대한다. 그러한 이유로 대국민적인 반대운동이 일어난다(김세걸·김웅희, 2008: 42~43).[7]

그러나 안보투쟁 이후의 시민운동론은 신안보조약의 성립과 기시 내각의 총사퇴로 중대한 정치적 쟁점이 해소되고, 기시내각의 뒤를 이은 이케다 내각이 '소득배증계획'을 발표하게 되면서 국민적 관심사가 정치에서 경제로 넘어감에 따라 대규모 대중운동 즉 국민으로서의 시민운동은 기대하기 어려운 상황에 처하게 된다(한영혜, 2004: 76). 또한 안보투쟁을 계기로 자민당 정부는 보수본류 노선으로 선회하게 되었고, 사회당은 다시 좌·우파로 분열되어 우파가 탈당하여 민사당을 결성함으로써 야당 다당화 시대를 열게 된다.[8] 그리고 여러 사회운동들은 중앙지향형의 정치운동에서 풀뿌리 민주주의를 지향하는 지역운동으로 전환하는 커다란 변화를 보인다(김세걸·김웅희, 2008: 43~44).

---

7) 일본의 사회운동에서 안보투쟁은 미군기지 반대투쟁, 호헌운동, 근평반대투쟁, 경직법 반대투쟁 등 평화와 민주주의를 옹호하기 위한 1950년대 사회운동의 역량을 총괄한 대규모 대중운동이었다고 할 수 있다((김세걸·김웅희, 2008: 43).

　제2시기의 특징은 고도경제성장기에서 나타난 개발, 재개발, 공해, 환경, 주민자치 등 생활에 밀착한 문제를 매개로 한 주민운동과 소비자운동 등 다양한 형태의 '새로운 사회운동'이 등장하였다.[9] 특히 그 중에서 '베트남에 평화를! 시민연합'(이하, '베헤렌'〈ベ平連〉이라 함)과, '주민운동' 및 '생활그룹'은 주요한 시민운동으로 등장한다. 본격적인 시민운동의 태동이라 할 수 있는 베헤렌은 1965년 안보투쟁 때 조직된 '소리 없는 소리 모임'을 모태로 하여 탄생하였다. 베헤렌은 어디까지나 전쟁을 중단시키는 것이 운동의 목적이었기 때문에 규약이나 회원제·회비를 두지 않았다. 즉 시민들이 일상의 생활 속에서 강력하게 느끼는 문제에 대해 자각적으로 실천한 새로운 형태의 시민운동이었다고 할 수 있다[10](한영혜, 2008: 76~77).

　그리고 주민운동은 학생운동이 약화되기 시작한 60년대 후반부터 70년대 전반에 걸쳐 전국적으로 확산되었다. 초기의 주민운동에는 학생운동 출신들이 대거 참여하여 지역의 공업단지 건설반대, 공해병, 주거환경의

---

8) 안보투쟁은 교원에 대한 근무평정 강행에 대한 교원노조의 '근평 반대투쟁' 및 안보투쟁을 억압하기 위해 경찰관의 권한을 대폭 강화하는 법안인 경찰관직무집행법 이른바 '경직법 반대투쟁' 등과 결합하여 대대적인 반정부투쟁으로 전개되었다. 그렇지만 안보투쟁은 동경을 중심으로 한 도시에서만 격렬하게 전개되었을 뿐, 농촌에선 별로 움직이지 않았고 직장인들도 방관적인 태도를 보였으며, 당시의 비조직 영역 내 운동은 계몽적 지식인들이 주도했다는 한계를 드러냈다(한영혜, 2004년, 76면). 결국 안보투쟁은 소기의 목적을 달성하지 못한 채 1960년 7월 21일 실시된 제21차 공동시위를 끝으로 막을 내렸다.
9) 일본의 '새로운 사회운동'의 특징으로는 ① 운동의 주체가 계급이나 노동자가 아닌 소수자나 청년, 여성 등 고도산업사회의 주변부에 위치하고 있다는 것, ② 운동의 쟁점이 노동운동에서 전형적으로 보이는 것과 같은 생산점의 문제가 아닌 환경이나 인권, 평화 등 살아가는데 전체성에 관련된 과제에 있으며, 거기서 키워드는 「소수자」, 「자주관리」, 「자기결정」 등이라는 것, ③ 운동조직의 방법이 일부 리더층에 의해 통솔되는 피라미드형 조직이 아닌 한 사람 한 사람이 책임을 지는 선에서 행동하는 개인간 네트워크형 조직이라는 것을 들 수 있다(天野正子, 1996: 171).
10) 한영혜에 따르면, 시민운동은 집단 논리보다는 사상을 중시하고 이데올로기보다는 직접 행동을 중시하며, 관료화된 조직 대신 행동하는 시민들의 횡적 연대를 추구하는 것이 기본적인 특징이다(한영혜, 2004: 77).

훼손 등의 문제제기를 통해 지역주민들의 의식 향상에 크게 기여하였다. 주민들의 의식향상으로 혁신자치단체가 등장하게 되었고, 이것이 다시 주민들의 참여의식을 활성화시킴으로써 지역운동의 확산으로 이어졌다(정진성, 2001: 28~31). 뿐만 아니라, 안보투쟁의 경험으로부터 기성 정당이나 노조와는 달리 지역에 뿌리를 둔 시민운동을 만들려고 한 청년들이 주부들을 대상으로 '생활그룹' 운동을 시작하였다. 생활그룹 운동은 처음에는 양질의 식자재 구입 등에서부터 시작하였지만, 1968년 생활협동조합으로 재출발한 이후에는 환경과 관련한 생활용품·식품, 리사이클, 반핵평화 등에 이르기까지 그 활동범위를 점차 넓혀갔으며, 전국적으로 확산되었다(雨森孝悅, 2007: 214).[11]

제3시기의 특징은 보건·의료·복지, 마을 만들기, 환경보전, 국제협력 등의 다양한 분야에서 사회적으로 책임을 자각한 개개인이 자발적으로 참여하는 자원봉사 활동의 증가와 소규모의 조직화된 '시민활동단체' 즉 NPO(Non-Profit Organization)의 등장이다.[12] 시민활동 즉 시민공익활동[13]은 일본사회가 탈산업사회 단계로 들어가면서 안게 된 새로운 과제에 대응하는 과정에서 속속 등장하게 되었으며, 보편적인 이념에 기초한 개별 시민운동들의 연대, 나아가 국경을 넘어서는 시민운동의 연대를 추구

11) 생활협동조합 운동을 상세히 소개하고 있는 국내문헌으로는 정진성, "생협운동의 형성과 전개", 동저, 현대일본의 사회운동론, 나남출판, 2001년, 255~274면 참조.
12) 미국의 존스 홉킨스 대학의 살라몬 교수에 의하면 NPO란 ① 정식적인 조직형태를 가지고 있으며, ② 정부조직의 일부를 구성하지 않고, ③ 이익배분을 하지 않으며, ④ 자율적으로 활동하며, ⑤ 공익목적을 위해 활동하는 것을 특징으로 한다(M. サラモン, 1999: 14).
13) '시민활동'이라는 용어는 기업이나 행정에 의하지 않고, 풀뿌리로부터의 다양한 활동을 분야를 초월한 포괄개념으로 1980년대 중반부터 사용되기 시작하였다. 시민활동은 시민운동과는 다른 뉘앙스를 가진 용어이다. 즉 시민운동에서는 권력을 가진 측 예를 들어 정부, 대기업 등에 대해 반대나 요구를 하는 경우가 많지만, 시민활동의 경우에는 타자를 움직이고 변화시키려는 것만이 아니라 시민이 먼저 스스로 뭔가를 한다는 의미가 있다. 그러나 '시민활동'은 넓게 보급되었지만, 활동을 담당하는 단체 그 자체를 표현하는 '시민활동단체'라는 용어는 정착하지 못하고 'NPO'라는 용어가 일반적으로 사용되고 있다(雨森孝悅, 2007: 217).

하였다(한영혜, 2004: 77~78). 즉 고도경제성장기에 부각된 공해반대, 개발, 재개발 등과 같은 쟁점들은 상대적으로 중요성이 감소되고, 여러 분야의 운동그룹들의 네트워킹을 통해 사회복지, 환경운동, 정보공개운동, 분권·자치운동, 반차별·인권운동 등과 같은 새로운 문제를 제기하는 운동들이 증대한다. 또한 지역에서는 마을만들기, 농촌살리기, 고향만들기 등과 같이 각 지역에서 지역의 특성을 살리고 소득을 높이고, 생활환경을 개선하려는 운동이 주를 이룬다.

이 시기의 이러한 운동들은 시민들의 자원봉사 활동과 다양한 소규모의 단체들이 필요에 의해 연대하거나 공동의 활동을 전개하는 '네트워킹' 운동의 형태를 띤다. 여기에는 시민뿐만 아니라 행정과 기업도 참여하고 있다. 이러한 시민, 행정, 기업이 함께 참여하는 일본 시민운동의 1990년대식 주요 개념은 '새로운 공공'이었다. 즉 공공성의 공간은 더 이상 정부의 독점물이 아니라, 지역사회와 시장을 포함한 광범위한 사회 전체가 그 기능을 분담해 간다는 것이다(민현정, 2009: 302~309). 공공성에 대한 패러다임 전환으로 인해 시민들의 자원봉사 활동과 민간비영리부분, 즉 NPO 또는 NGO의 활동이 활발해졌으며 이에 대한 관심도 급속히 증가한다.

2) 일본 시민사회의 구조

전후 일본사회의 급격한 경제성장은 물질적으로 풍요로운 고도의 대중소비사회를 만들었지만, 동시에 시장의 세계화와 맞물리면서 사람들에게 생활의 불안을 증대시켰다. 즉 시장자본주의경제의 세계화에 의해 빈곤문제, 남북문제, 인구문제, 식량문제, 환경문제, 실업문제, 고용불안 등의 많은 문제가 초래되었다. 이러한 문제는 국경을 초월한 문제인 동시에 국내의 문제이기도 하다. 이러한 문제를 일으키는 배후에는 시장자본주의경제의 논리인 공리주의적인 목적합리성이 있으며, 나아가 그 합리성에 내재하는 윤리성의 결여와 그에 따르는 '타자(자연, 사회, 인간)에 대한 배려의 결여'가 있다(佐藤慶幸, 2002: 1~4).

이러한 시장의 세계화에 수반하여 사회전반에 걸쳐 발생하는 제반 문제를 해결하는데 있어서 효율성과 이윤만을 추구하는 '시장'이나, 비대화된 관료조직과 생산성이 낮은 공적 서비스를 제공하는 '정부'의 대응만으로는 불가능하게 됨으로써, 시장도 정부도 아닌 제3섹터로서 '시민사회'가 형성된 것이다.[14] 즉 시장실패와 정부실패 등과 같은 사회의 정치적·경제적 상황 변화에 따라 제3섹터로서의 시민사회가 정부보다도 소비자의 요구에 적합한 양질의 서비스를 보다 낮은 비용으로 효율적으로 공급할 수 있는 주체로 떠오른 것이다(표 1참조).

<표 1> 3개의 사회섹터와 고유의 사회적 가치·규범·서비스특성

섹터	사회적 주체	체현·추구하는 사회적 가치	행동규범, 서비스 특성	서비스 목표, 테마	서비스 이미지 (俯瞰)
제1 섹터	정부·자치단체 (행정)	공평·평등	균일·획일	납세자와 선거민을 위해	격자 (바둑판 창문)
제2 섹터	기업	이윤추구·경쟁	대가성·give and take	가진 자는 풍부하게	꿀벌(꿀이 있는 곳으로)
제3 섹터	NPO (시민활동단체)	생활·생명·공생 (비공평성·비평 등)·개성	개별·자주·선택 ·다양 ·교대가능성	과제와 의제가 있는 곳에	patchwork (다양한 형태)

출전: 山岡義典編著, 基礎講座「新版」, ぎょうせい, 2005年, 210면

---

14) 시민사회란 공동체적인 집단으로부터 해방된 개인이 자신의 생각이나 의견을 언설과 행위를 통해 자기 표출하는 공개적인 사회공간인 시민적 공공권에서 복수의 시민이 어떤 과제에 대해 상호의견을 교환하면서 토의와 대화를 통해 연결된 언설공간이 단체(association)를 형성하며, 이러한 다종다양한 단체의 개체군으로 형성된 시민적 공공권의 집합체를 말한다(佐藤慶幸, 2002: 149).

위와 같이 시민운동의 자발성과 정부나 기업으로부터의 정치적 독립성을 전제로 하는 시민사회의 개념에서 보면 일본에 시민사회는 분명히 존재한다.[15] 즉 시민적 공공권에서 사람들이 자유롭고 대등한 입장에서 나아가 자유의사에 근거하여 자발적으로 어떤 공통목적을 위해 결합된 비영리·비정부의 민주적인 협동네트워크형 집단을 구성하여 활동하고 있는 것이다. 이러한 관점에서 일본의 시민사회를 구성하는 주된 단체를 살펴보면, 자치회·정내회(이하 「자치회」라 함), 각종 사회단체, NPO단체를 들 수 있다.

우선 자치회는 자발적인 발생과 보급, 정부에 의한 통괄, GHQ에 의한 폐지, 재생, 현재의 활동이라는 긴 역사를 가진 일본에서 가장 일반적인 시민사회조직의 하나이다. 이는 일정한 거주 지역을 단위로 통상 100에서 300세대로 구성된다. 그 명칭에 약간의 차이가 있지만, 약 30만의 자치회가 활동하고 있다.[16] 일본에서는 거의 모든 사람들이 하나 이상의 자치회의 회원으로 활동하고 있으며, 회원은 회비를 지출하고 회장을 선출하며 다양한 활동에 참가하고 있다. 그 활동은 거주구역을 중심으로 공원청소, 방범, 지역운동회, 지역축제, 아동을 위한 행사 등 다양하다. 자치회는 정부나 지방자치단체로부터의 보조금이나 대행 업무를 수행하기 때문에 독립한 시민사회단체가 아니라 오히려 정부의 창조물 내지는 지방자치단체의 하부조직밖에 되지 않는다는 비판도 있을 수 있다. 그러나 국가가 회원

---

15) 그러나 시민사회라는 개념에 정부와 시장을 견제하는 성찰적, 비판적 역할을 부여하게 되면 과연 일본에 시민사회가 있는 것인지 의문이 있다는 지적도 있다(이숙종 엮음, 2004년, 서장 17면). 또한 김장권에 따르면, 일본의 시민사회는 전후 개혁과 자본주의 발달 과정에서 이익주의 공동체가 분출하면서 시민사회는 국가나 시장에 의해 포획됨으로써 주체성과 자립성이 결여되어 합리적 개인주의에 기초한 근대적 시민사회로 발전하지 못하였다고 분석하고 있다(김장권, 1999: 199~215).
16) 가장 일반적인 명칭은 「自治會」(32.8%), 「町內會」(25.7%)이다. 그 밖의 명칭으로는 「町會」, 「區會」 등이 있다. 이러한 명칭의 차이는 단체의 활동내용이나 조직의 차이와 관계하고 있지 않다. 中田實, 町內會·自治會の新展開, 自治体研究社, 1996年, 276면.

권유에 개입할 우려가 있지만, 자치회는 지역에 뿌리를 둔 보수적 경향의 시민사회단체이며 지역참가의 확실한 형태라 할 수 있다(ペッカネン, 2008: 138).

다음으로 각종 사회단체에는 민법상의 공익법인 외에 학교법인, 의료법인 노동조합, 공동조합, 사립학교법인, 지연단체 등이 있다. 현재 일본에는 수많은 법인제도가 존재하고 있는데, 1998년 법인제도연구회의 조사에 따르면 신설·폐지를 포함해 법개정이 빈번하게 이루어지기 때문에 정확한 숫자 파악이 어렵지만 약 250개가 존재하는 것으로 나타났다.[17] 이중에는 이른바 특수법인 등 전국적으로 1개밖에 설립할 수 없는 법인유형이 상당수 포함되어 있으며, 이것을 제외하면 약 130개의 법인유형이 존재하는 것이다. 이들 유형 중에는 학교법인, 사회복지법인, 갱생보호법인 등과 같이 공익을 목적으로 한 법인(표 2참조)과, 특정목적회사, 증권투자법인 등과 같은 영리법인 및 농업협동조합, 소비생활협동조합과 같은 양자의 중간적 성격을 갖는 법인유형이 있다.

마지막으로 NPO단체는 1990년 전후에 시민들이 주체가 된 자발적인 소규모 단체들이 비영리공익활동을 활발히 전개하면서 관심을 끌게 되었다. 그러나 민법상의 공익법인에는 재단법인과 사단법인이 있는데, 이러한 공익법인이 되기 위해서는 비영리이면서 공익성이라는 목적에 충실한가에 대해서 주무관청의 허가를 받아야 했기 때문에, 비교적 소규모의 NPO단체들은 법인격을 부여받기 힘들었다. 따라서 대부분의 공익활동을 추구하는 비영리민간단체들이 임의단체인 권리능력 없는 사단으로 활동할 수밖에 없었다. 그러다가 1995년 발생한 한신·아와지 대지진 때 비영리민간단체가 대거 자원봉사활동에 참여하게 됨으로써 비영리민간단체에

---

17) 법무성홈페이지 「第2 現行法人法制の概要等」(http:www.moj.go.jp/PRESS/990903/02.html)

대한 법제도의 정비가 본격화되기 시작하였다. 그 결과 1998년 특정비영
리활동촉진법(이하, 'NPO법' 이라 함)이 제정되었다.

<표 2> 공익법인의 종류와 수

법인명	근거법	법인 수
학교법인	사립학교법	7,884법인 (2007년 4월 1일 현재)
		문부과학성소관: 669법인 道都府縣소관: 7,215법인
사회복지법인	사회복지법	18,634법인 (2007년 3월 31일 현재)
		후생노동성소관: 222법인 道都府縣소관: 18,412법인
종교법인	종교법인법	182,868법인 (2006년 12월 31일 현재)
		문부과학성소관: 1,029법인 道都府縣소관: 181,839법인
의료법인	의료법	41,720법인 (2006년 3월 31일 현재)
		노동후생성소관: 695법인 道都府縣소관: 41,025법인
갱생보호법인	갱생보호사업법	163법인 (2008년 4월 1일 현재)
특정비영리활동법인 (NPO법인)	특정비영리활동촉진법	31,116법인 (2007년 3월 31일 현재)
		내각부소관: 2,459법인 道都府縣소관: 28,657법인
공익법인(사단·재단)	민법	24,648법인 (2007년 10월 1일 현재)
		정부소관: 6,720법인 道都府縣소관: 18,056법인

출전: 總務省編, 2008年版 公益法人白書 公益法人に關する年次報告, 51면.

위에서 본 바와 같이 일본 시민사회는 주로 자치회, 사회단체, NPO단
체들이 정부에 대한 견제와 감시보다는 시장실패와 정부실패로 등장한 제
3섹터 영역에서 불특정 다수의 이익을 증진시키기 위한 비영리공익활동을
활발히 전개하고 있음을 알 수 있다. 쯔지나카 등의 제2차 사회단체조사
(J-JIGS2: Japan Interest Group Survey)에 따르면(辻中豊ほか, 2007:

22~23), 자치회는 지역에 밀착한 다양한 활동을 수행하고 있으며, 지역환경 유지 등과 같이 지역서비스의 기능이 높다. 반면에 넓은 범위의 시민과 관련한 리사이클, 선거에서의 지원, 남녀공동참가 등은 다소 비율이 낮다. 사회단체는 영리계열에 관심이 높다. 즉 산업진흥, 농림수산, 노동, 지역개발, 후생·복지·의료·환경 등이 상위를 차지하지만, 여성이나 사법, 인권정책 등 시민정책제언 정책은 낮다. 반면 NPO단체는 후생·복지·의료·교육 등의 비영리공익분야 계열이 매우 높으나, 사법, 인권, 여성 등 시민정책제언 정책은 낮다.[18]

단체유형으로는 자치회는 대부분이 법인격 없는 단체로 활동하고 있으며(292,227단체/1998년 시점), 그 중에 극히 일부 규모가 큰 자치회가 법인격을 취득(8,691단체/1998년 시점)하여 활동하고 있다. 그리고 사회단체의 경우 대부분이 민법상의 공익법인 즉 재단·사단법인의 형태나 특별법에 의한 특수법인의 형태로 활동하고 있는 반면, 제3섹터에서 비영리공익활동을 수행하는 약 60여만개의 NPO단체들의 대부분은 법인격 없는 임의단체로 활동해왔다(ペッカネン, 2008: 53). 그러다가 1998년 NPO법이 시행되면서 그 중 일부가 법인등록을 하고 있음을 알 수 있다. 이 법률에 의해 등록하여 법인격을 부여받은 NPO단체는 2010년 7월 기준으로 38,526단체이며, 이 중에서 세제우대조치를 받을 수 있는 인정NPO법인은 2010년 7월 16일 기준으로 173단체이다.

---

18) 베칸네에 의하면, 일본 시민사회의 특징은 사회복지단체를 제외하면 지역에 밀착한 다수의 소규모단체에 의해 형성되어 있지만, 전문직화한 대규모 단체는 극히 일부라는 것이다. 즉 일본의 시민사회의 특징은 많은 단체들이 있지만, 적은 회원 수, 적은 전문직원 수, 적은 예산액, 좁은 지역에서의 활동이다. 이러한 현상을 베칸네는 일본 시민사회의 '이중구조'라 명명하고 있다(ペッカネン, 2008: 18, 51).

3. 비영리법인제도의 근본적 개혁

1) 법인제도의 개혁과 유형

일본 민법상의 공익법인에는 사단법인과 재단법인이 있는데, 이러한 공익법인이 되기 위해서는 비영리이면서 공익성이라는 목적에 충실한가에 대해서 주무관청의 허가를 받아야 한다. 따라서 공익과 영리의 사이에 존재하는 많은 비영리단체의 법인화에 대해서는 특별법을 제정함으로써 법인격을 부여하는 방식을 사용하고 있다. 그렇지만, 이러한 법인제도로는 시대적 변화에 따른 비영리민간단체의 공익활동의 증가에 적절히 대응하지 못한다는 비판의 소리뿐만 아니라, 민법상의 공익법인인 사단법인과 재단법인만으로는 그 설립 요건이 엄격해서 수많은 공익활동을 추구하는 시민활동단체들이 소규모의 임의단체나 '권리능력 없는 사단'[19]으로 활동할 수밖에 없었고, 제도정비의 필요성도 거의 제기되지 않았다.

그러나 1995년 대지진 때 대대적인 자원봉사활동이 이루어지면서 자원봉사 단체나 시민활동단체에 관심이 높아지면서 제도정비의 요구가 커진 것이다.[20] 즉 대지신 이후 급승한 소규모의 다양한 임의단체들이 사회 곳곳에서 비영리공익활동을 하는데 있어서 시민들로부터의 신뢰나 재정 등

---

19) '법인격 없는 사단' 이란 법인의 실체를 갖추고 있으면서도 법인격을 취득하지 못하고 있는 단체를 말한다. 이러한 '권리능력 없는 사단' 이 생기는 이유는 ① 민법이 법인설립에 관하여 허가주의를 취하므로, 단체가 설립행위를 하고 이미 사회적 활동을 하고 있으나, 주무관청의 허가를 받지 못하는 경우, ② 주무관청으로부터 법인설립허가를 받았다 하더라도, 법인설립등기신청은 구성원 또는 설립자의 자유의사에 맡겨져 있으므로, 법인설립등기를 하지 않는 경우, ③ 단체의 구성원이나 설립자가 행정관청으로부터 법인에 대한 감독, 기타의 법적 규제를 받기 원하지 않음으로써 부득이 설립 허가신청 자체를 하지 않는 경우가 있다(김상용, 2003: 274).
20) 볼런티어와 NPO의 차이는 첫째, 개인으로 활동하는 볼런티어는 사무소가 없어도 되지만, NPO는 사무소와 스탭이 필요하다는 것, 둘째, 개인으로 활동하는 볼런티어는 무보수이지만, NPO는 보수를 받는 스탭이 일을 한다는 것, 셋째, 개인 볼런티어는 여가 범위에서의 활동이 중심이지만, NPO는 일상적·계속적으로 활동한다는 것이다.

의 측면에서 한계에 봉착하기 시작하면서 법인격 획득의 필요성이 절실해
진 것이다. 법인격이 없는 시민활동단체들은 임의단체로 활동하기 때문에
단체의 명의로 계약을 맺거나 재산을 소유할 수 없으므로 대표자나 구성원
개인의 명의로 법률행위를 할 수밖에 없다. 때문에 어떤 문제나 사고가 발
생할 경우에는 대표자나 개인이 과대한 부담을 질 수밖에 없다. 또한 시민
활동단체의 활동이 증가함에 따라 사업주체로서 다른 기관과의 교섭의 증
대나 높은 신뢰를 바탕에 둔 원활한 활동여건 조성 등을 위해 법인격이 필
요하다 할 수 있다. 따라서 법인격이 없는 시민활동단체뿐만 아니라 학계,
정계에서도 법인격 부여의 필요성이 제기된 것이다.[21]

시민활동단체가 법인격을 부여받음에 따라 가질 수 있는 최대의 효과
는 대외관계의 주체가 될 수 있다는 점이다. 임의단체라면 대표자가 개인
의 책임으로 계약을 체결한다든지, 부동산 및 중요재산 등의 등기나 등록
을 하게 되지만, 법인격을 갖추게 되면 법인이 주체가 됨으로써 구성원의
개인재산으로부터 분리된 단체재산을 명확히 할 수 있다. 더욱이 시민사
회단체가 법인격을 부여받게 되면, 임대차, 예금, 거래, 위탁계약, 기부금
이나 지원금의 수수 주체가 될 수 있다. 이 뿐만 아니라, 시민사회단체의
사회적 신용도가 높아져 기부나 공적 원조를 비롯해, 행정기관의 업무를
쉽게 수탁 받을 수 있기 때문에 , 대표자나 단체의 구성원 부담이 가벼워질
수 있고, 단체로서도 안정적이고 계속적인 활동을 하기 좋은 여건이 갖춰
질 수 있다(표 3참조).[22]

그러나 대부분의 자원봉사 단체나 사회활동 단체들이 민법을 기초로
한 공익법인제도 하에서는 법인이 되기가 용이하지 않았다. 따라서 대지

---

21) 법인화의 필요성에 대해서 상세한 것은 座談會, "特集 NPO法の檢討 市民活動の法人化につい
て", ジュリスト1105号, 1997年, 6~8면.

진 직후 풀뿌리 시민활동단체들이 법인격을 취득하기 쉽도록 하기 위해 학
계, NPO관계자, 정부, 정계 등 각 방면에서 제도 개혁을 위한 검토가 본격
화되었다. 그 뒤 1998년 3월 19일 민법 제34조의 특별법으로서 NPO법이
제정되어 동년 12월에 시행됨으로써, 특정비영리활동을 수행하면서 공익
적인 규모가 작은 시민활동단체라도 간편하게 법인격을 취득할 수 있게 되
었다.[23]

<표 3> 법인화의 장단점

장 점	단 점
• 법인명의에 의한 예금구좌 개설, 임대차계약, 부동산 등기, 자금조달 등 가능, 자산보존과 재산관리가 용이함. • 재산상속의 문제가 발생하지 않음. • 사회적 신용이 높아짐. • 보조금이나 사업위탁을 받기 용이함.	• 관계서류의 정비, 열람, 보존이 요청 됨으로 시간이 소요됨. • 회계처리, 세무신고 등의 사무가 번잡함.

출전: 雨森孝悅, NPO 非營利組織の制度活動マネジメント, 東洋 濟新報社, 2007年, 22면.

이밖에도 일본에서는 민법상의 공익법인제도의 근본적인 개혁이 이루
어지게 된다. 일본민법 제34조가 규정하고 있는 공익법인제도는 약 100년
전에 비영리활동이나 공익활동은 국가가 중심으로 하고, 민간이 하는 것
은 국가의 보완적인 것이라고 간주되어 현재와 같은 비영리단체의 대두나

---

22) 실제로 경제기획청 조사보고서에 의하면(1997년), NPO법 시행 직후 자원봉사 단체나 시민활동
　　단체가 법인격을 취득하는 주된 이유로 대외적인 신용이 높아지기 때문이라는 응답이 81%로
　　가장 높고, 다음으로 영리목적이 아니라는 것을 명확히 하기 위해서라는 응답이 62%, 위탁사업
　　을 수주하기 쉽기 때문이라는 응답이 52%, 회원이나 협력자를 얻기 쉽기 때문이라는 응답이
　　50.1%, 계약을 단체명의로 할 수 있기 때문이라는 응답이 49% 등의 순으로 나타났다(経濟企畵
　　廳, 2000년, 図 第1-5-4).
23) NPO법의 제정과정을 상세히 분석하고 있는 문헌으로는 ペッカネン, 2008: 166~189 참조.

그 중요성이 인식되지 않은 시기에 만들어진 것이다. 더욱이 시대적 변화에도 불구하고 단 한 차례도 공익법인제도에 대한 재검토작업이 이루어지지 않았다. 따라서 시대적 변화에 적절하게 대응하지 못하는 공익법인제도에 대한 발본적인 검토와 시대적 요청에 부응한 제도로서의 재구축의 필요성이 제기되어 신공익법인제도 관련법률이 2006년 5월 국회에서 가결되었으며, 2008년부터 시행되었다(민병로, 2006: 180~187).

2) NPO법의 내용과 운영실태

NPO법은 특정비영리활동을 수행하는 단체에 법인격 등을 부여함으로써 자원봉사 활동을 비롯한 시민들이 행하는 자유로운 사회공헌활동으로서의 특정비영리활동의 건전한 발전을 촉진하고 공익증진을 목적(법 제1조)으로 제정되었다. 이 법률은 특정비영리활동을 12개 영역으로 규정하고 있으며, 2003년 법률개정에 의해 5개 영역을 추가하여 17개 활동영역을 규정하고 있다(법 제2조 제1항). 따라서 NPO법인이 되기 위해서는 17개의 특정비영리활동을 주요한 목적으로 하고, 영리를 목적으로 하지 않을 것 등의 요건을 충족하여야 한다.

이러한 요건을 충족한 단체는 소관관청에 소정의 신청서에 법률이 정한 필요서류를 제출하여야 하고 설립인증을 받아야 한다(법 제10조). 여기서 인증이란 민법상의 공익법인의 허가와는 달리 법정요건이 갖추어져 있으면 인증하지 않으면 안된다는 의미에서 '인가' 보다 소관관청의 재량이 보다 적기 때문에 준칙주의에 근접한 것이라 할 수 있다(표 4참조).

<표 4> 법인설립에 의한 허가주의, 인가주의, 인증주의

	허 가	인 가	인 증
설립요건의 명문화	법규에 성립요건이 거의 기입되어 있지 않음	법규에 성립요건이 모두 기입되어 있음	법규에 성립요건이 모두 기입되어 있음
소관청의 재량범위	• 법률이 정하는 요건을 갖추고 있더라도 설립을 허가할지는 주무관청의 자유재량에 의함. • 재량의 폭이 넓음.	• 신청이 법률이 정한 요건에 적합하면, 소관관청은 법인설립을 반드시 인정하지 않으면 안됨 • 소관관청의 재량의 폭이 좁음	• 신청이 법률이 정한 요건을 충족하고 있음을 소관관청이 확인함. • 소관관청의 재량의 폭이 인가보다 더욱 좁음
심 사	설립심사가 엄격함	허가와 인증의 중간	서류심사만에 의함 준칙주의에 근접함
법인의 예	종래의 공익법인	사회복지법인, 학교법인	특정비영리활동법인 종교법인

출전: 雨森孝悅, NPO 非營利組織の制度活動マネジメント, 東洋 濟新報社, 2007年, 23면.

위와 같이 NPO법인은 설립 시에는 규제가 완화되어 있으며, 정보공개를 통해 운영상황을 시민들이 감시할 수 있는 구조를 취하고 있다. 그러나 상당한 이유가 있을 때에는 소관관청이 NPO법인에 대해 업무 내지는 재산에 관해 보고를 요구하거나 출입검사를 할 수 있다. 그런데도 문제가 있으면 개선명령을 발할 수 있다. 또한 정령이나 법률에 위반사항이 있으면 벌금을 가하는 등의 처벌을 할 수 있으며, 극단적인 경우는 설립인증의 취소라는 수단을 취할 수 있다. 그렇지만 소관관청의 이러한 행위에도 절차의 투명성이 요구된다.

위와 같은 NPO법의 특징으로는 첫째, 설립절차에 인증주의를 채택한 것이다. 다른 법인격 부여 관련법에서는 정령이나 성령 등의 하위법령에 위임하고 있는 사항을 NPO법에서는 자기 완결적으로 규정하고 있으며, 법인요건의 투명성·명확성을 확보함으로써 소관관청의 재량을 원칙적으로 배제하려고 하고 있다. 둘째, NPO법인의 설명책임과 그에 근거한 '시민에 의한 체크'를 기본으로 한 것이다. NPO법인은 자신에 관한 정보를 가능한 한 공개함으로서 시민으로부터 신뢰를 획득하여 시민에 의해 육성되어야한다는 사고에 근거해, 다른 법인제도에 유례가 없는 광범위한 정보공개제도가 설정되어 있다(NPO法檢討會, 2003: 1).

그러나 그동안 NPO법인제도가 나름대로 정착하고 있지만, 운영과정에서 몇 가지 문제점을 드러내기도 하였다. 특히 서면심사를 원칙으로 하는 인증심사 때에 서면심사의 대상이 되는 서류에는 그 신청이 인증기준에 적합하다는 것을 적극적으로 제시하도록 되어 있지만, 법정요건을 충족하고 있는지에 대한 판단이 용이하지 않은 사례도 적지 않았다. 때문에 NPO법이 상정하고 있지 않은 활동을 하는 법인의 출현이 우려되는 '특정비영리활동이 주된 목적이 아닌 것'이나, '영리목적의 단체'에 대해 NPO법인격의 남용에 대한 적절한 대응으로서 법정요건에의 적합성을 한층 명확히 해야 할 필요성이 제기되었다. 이를 위해 인증단계에서의 운용판단기준과, 감독단계에서의 보고징수 등의 대상이 되는 운용판단기준을 명확히 할 필요가 생긴 것이다.

내각부의 보고서에 의하면(NPO法檢討會, 2003: 6~25), 인증단계에서의 운영판단기준을 명확히 하기 위해서는 첫째, NPO법의 「주된 목적」(제2조 제2항), 「지장이 없는 한」(제5조 제1항)의 규정의 취지를 합쳐 NPO법인이 수행하는 수익사업에 대해서는 특정비영리활동의 목적을 실현하기 위해 「지장이 없는 한」인정된 것이기 때문에, 수익사업의 사업규모는 과대한 것이어서는 안되며, 그 지출규모는 총지출액의 2분의 1 이하로 하지 않으면 안된다고 해석해야 한다. 이것은 수익사업의 비중이 크면 특정비영리활동에 관련된 사업 실시에 필요한 자금, 요원, 시설 등을 압박할 우려가 있으며, 나아가 수익사업경영이 악화되면 법인 운영자체가 곤란하게 될 위험성을 띠고 있기 때문이다. 둘째, 「충당하기 위해」(제5조 제1항)의 규정의 취지는 수익사업의 수익에 대해서는 당연히 특정비영리활동을 위해 사용할 필요가 있다고 해석된다. 따라서 이점에 대해서는 NPO법의 개정에 의해 특정비영리활동에 관련된 이외의 사업을 지금까지의 수익사업에 포함하여 「그밖의 사업」이라 재정의한 관계로부터 법문언도 「사용하지 않으면 안된다」고 개정한 것이다. 셋째, 「영리를 목적으로 하지 않을 것」(제2조 제2항 1호) 규정의 취지는 영리란 구성원의 경제적 이익을 추구하고 종국적으로 구성원 개인에게 수익이 분배되는 것이므로, 이와 같은 것을 목적으로 하지 않은 것이다. 따라서 「영리를 목적으로 하지 않을 것」과 「주된 목적」이라는 2개의 규정을 합쳐서 생각하면, 관리비에 대해서는 NPO법인의 운영에 필요한 기초적 경비이지만, 임원 및 직원의 보수 등 NPO법인내부에 환원될 경향이 강한 경비이기 때문에 총지출액에 점하는 관리비의 비율이 과대해지며, 특정비영리활동 사업을 압박해서는 안되기 때문에 최소한 2분의 1 이하가 적절하며 필요하다고 해석하여야 한다(NPO法檢討會, 2003: 6~9).

또한, 감독단계에서의 보고징수 등을 행하는 대상이 되는 운영판단기준을 명확히 하기 위해서는 NPO법인의 설립 후의 운영에서 상술한 운영상의 판단기준을 충족하고 있지 않은 경우, 법령 등에 위반하고 있다는 의심이 인정되는 상당한 이유가 있을 때 보고징수 출입검사를 하는 등 소관관청이 해당 NPO를 감독하는 것도 생각할 수 있다. 그렇지만 일시적인 요인이나 특수사정으로부터 인증단계에서의 운용판단기준을 충족하지 않은 사업연도가 어쩔 수없이 생기는 경우도 상정할 수 있다. 따라서 소관관청이 보고징수 등을 할 때의 구체적인 운용상의 판단기준은 인증단계보다 완화된 내용이 적절하다. 즉 ① 특정비영리활동 사업의 지출규모가 2년 연속하여 총지출액의 3분의 1 이하일 것, ② 수익사업이 2년 연속하여 적자 계상되고 있을 것, ③ 수익사업의 수익을 2년 연속하여 특정비영리활동 사업 회계에 전액 편입하고 있지 않을 것, ④ 총지출액에서 관리비가 점하는 비율이 2년 연속하여 3분의 2 이상일 것이다(NPO法檢討會, 2003: 10).

이밖에도 폭력단 등 배제의 실효성을 확보하기 위해 개정 NPO법에서는 폭력단 등의 범위를 "폭력단 구성원이 아닌 때로부터 5년을 경과하지 않은 자"의 통제 하에 있는 단체로 강화하였으며, 임원결격 사유로 폭력단의 구성원 등이 추가되었다. 이를 실효성 있게 담보하기 위해 소관관청으로부터 경찰당국에 의견청취(제43조의 2)나 경찰당국으로부터 소관관청에 의견진술(제43조의 3)을 할 수 있는 규정을 추가하였다. 또한 법인의 설명책임과 시민의 체크에 의한 감독의 근간을 이루는 정보공개제도의 실효성 확보를 위해서 2003년 제정된 행정절차온라인화법에 근거해 종람·열람 서류의 정보공개에서 전자매체(인터넷)를 활용하여 접근을 용이하도록 하였으며, 행정기관에 의한 간섭을 될 수 있는 한 배제하면서 시민에 의한 체크기능을 적극적으로 활용하기 위해 법령위반 등의 상당한 이유가 있을 때에는 해당 NPO법인에 대한 의심에 대해 자주적인 설명을 시민들에게 하도록 소관관청이 요청할 수 있도록 하였다(NPO法檢討會, 2003: 12~13).

3) 인정NPO법인제도

인정NPO법인이란 NPO법인 중에서 그 운영조직 및 사업활동이 적정하고 공익증진에 기여하는데 있어서 일정한 요건을 충족한 것으로 국세청장관으로부터 인정을 받은 단체를 말한다. 원래 NPO법에는 NPO법인에 대해 수익사업을 한 경우에만 법인세가 과세되는 '인격없는 사단' 과 동일한 취급을 하고 있으며, 지원금이나 세제우대 등에 대한 특별한 규정은 없다.[24] 따라서 시민이나 기업으로부터 NPO법인에 대한 기부를 촉진하기 위해 2001년 「조세특별조치법 등의 일부를 개정하는 법률안」이 2001년 3월에 국회를 통과함으로써 「인정NPO법인」에 기부한 개인이나 법인에 대해 기부금 공제를 받을 수 있게 되었다.[25] 이러한 인정NPO법인은 2001년

도입된 이후 수차례의 개정을 거쳐 public support test(이하, 'PST' 라 함) 등의 인정요건의 완화나, 인정유효기간의 연장, 신청절차의 부담 경감 등이 이루어졌다. 더욱이 2009년 세제 개정에서는 실적판정기간에 관한 경과조치 특례가 도입되었다.

인정NPO법인의 세제상의 조치는 크게 두 가지로 첫째, 기부자에 대한 세제상의 조치이다. 구체적으로 ① 개인이 기부를 한 경우는 소득의 40%를 한도로 하고, 기부금으로부터 2천엔을 뺀 금액이 소득금액으로부터 공제된다. ② 법인이 기부를 한 경우는 일반기부금 손금산입한도액은〔(자본금×0.25%+소득금액×2.5%)×0.5〕까지, 특별손금산입한도액은〔(자본금×0.25%+소득금액×5%)×0.5〕까지 손금산입할수 있다. ③ 상속 및 증여재산을 인정NPO법인에 기부한 경우는 기부한 금액을 상속세 및 증여세의 과세대상으로부터 제외한다(雨宮孝子, 2002: 47). 둘째, 인정NPO법인에 대한 세제상의 조치로 "기부금 간주제도"에 의해 세금혜택을 받을 수 있도록 하였다.[26]

NPO법인 중에서 인정NPO법인으로 인정받기 위한 요건은 매우 엄격하며 복잡하다. 그 중에서 주요한 요건은 경상수입금액에서 차지하는 기부금 등 수입금액의 비율(이른바 public support test)이 일정기준(1/5) 이

---

24) 비영리민간단체가 안고 있는 과제 중의 하나인 자금부족의 문제를 해결하기 위해서는 기부금에 대한 세제우대조치는 불가결한 요소이다. 그러나 세제우대를 법인화와 연동시키면 과세의 공평 확보라는 명목에서 법인화가 엄격해질 가능성이 있다. 따라서 NPO법제정시에는 세제우대보다 법인화 설립을 간편하게 하도록 하는 쪽을 우선하기로 하고, 기부금 공제에 관해서는 그 활동의 실태 등을 본 뒤에 검토하기로 한 것이다(雨宮孝子, 2002: 43).

25) 인정NPO법인을 희망하는 이유로는 기부자가 세제상의 우대조치를 받을 수 있는 것, 사회적인 신뢰도가 증가하는 것, 운영이 적정하게 이루어지고 있다는 증거가 되는 것, 공익성이 높은 활동을 하고 있다는 것을 어필하고 있다는 것 등을 들 수 있다(報告書, 2004: 48).

26) 기부금 간주제도란 수익사업으로부터 얻은 이익을 비수익사업에 사용한 경우에 그 금액을 기부금으로 간주하고 일정한 범위에서 손금산입할 수 있는 제도로(법인세법 제34조 제4항), 손금산입한도액은 민법상의 공익법인이 20%, 학교법인, 사회복지법인, 갱생보호법인이 50%이다.

상일 것, 사업활동에서 共益的 活動이 차지하는 비율이 50% 미만일 것, 특정비영리활동 사업비가 총사업비의 80% 이상일 것, 기부금의 70% 이상을 특정비영리활동 사업비에 충당할 것[27] 등이다(민병로, 2006: 179).

이러한 인정요건에 대한 실적판정기간은 원칙적으로 5년이지만, 경과조치 특례로 인해 2009년 4월 1일부터 2010년 3월 31일까지 신청한 NPO법인에 대해서는 실적판정기간을 5년 또는 2년으로 선택할 수 있도록 하였다. 국세청장은 실적판정기간 내에 NPO법인이 위의 요건을 충족한 경우에 인정을 담당하며, 인정기간은 종래 2년이었지만 법률개정으로 5년으로 연장되었다. 그러나 이러한 인정NPO법인의 인정요건의 완화나, 인정유효기간의 연장, 신청절차의 부담 경감 등이 이루어졌다고는 하지만, 아직도 일부 인정요건 등이 엄격해서 인정NPO법인을 희망하면서도 신청하지 못한 NPO법인이 대다수이다.[28]

실제로 인정NPO법인제도의 이용상황에 관한 실태조사에 따르면, PST요건 이외의 인정요건에 대해서는 대다수의 NPO법인이 개개의 요건에 대해 충족하고 있지만, PST요건에 대해서는 「5분의 1」이라는 시한적으로 완화된 기준이라 하더라도 충족하지 못한 법인이 9할 이상을 차지한다는 것이다. 또한 NPO법인에서 인정NPO법인제도의 이용을 희망하지 않은 법인이나 신청 준비를 하고 있지 않은 법인 중에 현재 PST요건 등의 인정요

---

27) 인정NPO법인의 인정요건은 공익법인 중에서 기부금 세제우대단체인 특정공익증진법인을 인정할 때와 마찬가지로 높은 공익성이 있는지 없는지를 한정적인 활동분야에서 국가가 판단하는 것이 아니라, 많은 사람들로부터 기부에 의해 지지를 받고 있는지를 체크하고 있는 데에 그 특징이 있다(雨宮孝子, 2002: 49).

28) 2010년 7월 현재 특정비영리활동촉진법에 의해 단체등록하여 법인격을 부여받은 NPO법인이 38,526단체이지만, 이 중에서 인정요건을 충족하여 세제우대를 받는 인정NPO법인은 극히 소수인 173단체에 불과하다. 이런 문제점은 2001년 인정NPO법인제도 시작 때부터 인정요건이 복잡해서 실제로 인정받을 수 있는 NPO법인은 극소수에 불과할 것이라는 지적이 있었다(雨宮孝子, 2002: 49).

건을 충족하지 못하고 있다는 이유를 든 법인이 많았다(報告書, 2004: 48~51). 결국 NPO법인의 실태에 비추어 볼 때 아직도 인정NPO법인제도의 인정요건이 매우 엄격하여 현실적이지 못함을 보여준다. 따라서 NPO법인의 인정NPO법인제도 이용 촉진의 관점에서 PST요건 등에 대한 재검토의 필요성이 있다 할 것이다.

이러한 인정NPO법인제도의 근본적인 재검토의 필요성이 제기되고 있는 상황 하에서 지난 해 정권교체로 탄생한 민주당의 하토야마 총리가 동년 10월의 국회연설에서 "사람과 사람이 서로 떠받치고, 서로 도움이 되는 「새로운 공공」을 선언한 후", 2010년 세제개정에서 「새로운 공공」의 담당자인 인정NPO법인의 인정절차 등의 간소화나 소득세의 기부금공제의 적용 하한액의 인하를 결정하였다. 더욱이 2010년 세제개정대강에는 「시민공익세제 프로젝트팀」을 설치하고, 기부세제나 공익활동을 짊어질 법인관련 세제 등에 대해 더욱더 검토하고, 4월말을 목표로 성과를 보고하기로 하였다. 동년 「시민공익세제 프로젝트팀」이 1월 28일 설치된 이래 10회에 걸친 검토회의를 거듭하여 그 성과물이 지난 4월 8일 중간보고서로 보고되었다.[29] 따라서 하기에서는 시민공익세제PT의 중간보고서 내용을 바탕으로 인정NPO법인 활성화 방안을 검토하고자 한다.

4. 시민공익세제 개혁의 움직임

1) 소득세 세액공제제도의 도입
현행 제도 하에서는 개인이 인정NPO법인에 기부를 한 경우, 기부금액

---

29) 市民公益税制PT, 市民公益税制PT 中間報告書, 2010年 4月 8日.

(소득의 40%가 한도)-2천엔을 소득으로부터 공제할 수 있는 소득공제제도를 시행하고 있다. 예를 들어 연간 200만엔의 수입자가 그 40%인 80만엔을 기부한 경우 79만 8천엔이 소득공제의 대상이 된다. 이러한 소득공제제도는 공익사단·재단법인, 학교법인, 사회복지법인 등에 대한 기부에 적용되고 있다. 그러나 PT중간보고서에 따르면, 소득공제는 고소득자에게 유리한 제도이며, 소득이 낮은 사람에 대한 기부촉진효과가 약하기 때문에 풀뿌리 기부를 촉진하기 위해 새로운 「세액공제」를 도입하고, 소득공제와 선택제로 하여 기부자가 선택하도록 한다는 것이다. 또한 세액공제의 도입에 있어서는 기부가 자선(charity)정신에 근거한 점에도 유의하면서 기부세액의 일정 비율을 공제할 수 있도록 한다는 것이다(PT中間報告書, 2010: 3).

그동안 일본에서는 기부문화가 정착되지 못했을 뿐만 아니라, 소득공제제도만으로는 시민들의 기부 참가를 촉진시켜 NPO법인의 재정을 확충하기 어려운 상황이었다. 즉 일본에서의 연간 기부금 총액이 미국의 100분의 1에 불과하며, 연간 기부를 전혀 하지 않는 사람이 4할, 나머지 6할의 기부자도 500엔 이하가 5할을 넘는다는 것은 기부가 극히 제한적으로 이루어졌다는 것을 말해준다(月刊公益法人, 2010: 25, 28). 이런 상황에서 「세액공제」제도가 도입되면 저소득층의 기부 참여가 용이하게 되면서 기부문화의 획기적인 변화를 기대할 수 있을 것이다.[30] 뿐만 아니라, 시민공익세제가 정착된다면 종래의 정부·자치단체에 시민들이 납부한 세금 중 일부가 NPO법인 등에 보조금 형식으로 지급된 구조에서, 시민들이 지금

---

30) 세액공제제도가 보다 실질적으로 풀뿌리 기부문화와 연결되기 위해서는 기부한 금액을 쉽게 환급받을 수 있도록 시스템을 간소화시켜야 한다. 현재와 같은 연말 확정신고방식은 고소득자나 자영업자들은 주로 이용하겠지만, 저소득자들은 사실상 별로 이용하지 않으므로 별도의 환급방식이 강구되어져야 할 것이다. 월간공익법인, 30면.

까지 국가·지방자치단체에 세금으로 지급했던 세금의 일부가 시민들이 선택한 인정NPO법인에 직접 기부금으로 제공되는 구조로 바뀌게 된다(月刊公益法人, 2010: 26). 즉 시민공익세제는 풀뿌리 기금문화를 촉진시킬 뿐만 아니라, 시민들의 세금 흐름의 패러다임을 바꿈으로써 일본 시민사회의 획기적인 변화를 예고하고 있다.

그러나 시민들은 정부나 지방자치단체의 공익서비스가 불만족스러울 경우 이를 보완하는 인정NPO법인에 세금의 일부를 기부하게 될 것이므로, 시민들에게 필요한 양질의 공익서비스를 제공하는 법인은 많은 기부를 제공받겠지만, 그렇지 못한 법인은 당연히 도태되어 갈 것이다.[31] 문제는 다종다양한 시민활동단체들이 존재하는데, 시민들의 관심이 전적으로 자신들과 직접적인 관련이 있는 후생·복지·의료서비스 분야로만 집중될 수 있다는 것이다. 또한 시민들로부터 많은 기금을 획득하기 위해 시민활동단체들이 자신들의 본래의 활동을 통해 시민들에게 신뢰를 받고 뿌리내리기보다는 다른 단체와의 경쟁에서 홍보 등 다른 형태로 자신들의 단체명을 브랜드화하거나, 중소규모의 활동단체들이 기부금을 모집하지 못해 침체될 우려도 있다.

2) 인정NPO법인의 인정기준의 재검토

(1) PST요건의 재검토

시민공익세제의 혜택을 볼 수 있는 것은 엄격한 인정요건을 충족한 극소수의 인정NPO법인뿐이다. 따라서 PT중간보고서는 인정요건 중 하나인

---

31) 시민공익세제PT의 중간보고서에 따르면, 「새로운 공공」의 담당자인 인정NPO법인 이외에 학교법인, 사회복지법인 등에 대한 기부에 대해서 세액공제를 도입할 지는 해당 법인과 시민과의 관련 정도나 운영의 투명성 등을 고려하여 검토한다는 입장이다(PT中間報告書, 2010: 3).

PST요건을 완화하여 NPO법인 중에서 보다 많은 단체들이 인정NPO법인
이 될 수 있도록 문호를 개방하여 시민공익세제의 혜택을 받을 수 있도록
해야 한다고 제시하고 있다. PST요건이란 NPO법인이 기부우대 등을 받
을 수 있기 위한 인정요건 중 하나인 기부금 등의 비율이 경상수지에서 차
지하는 비율이 일정 이상일 것을 말한다. 이러한 산술방식에 의하면, 사업
수입이 많은 NPO법인들은 이 요건을 충족시키기가 매우 곤란하다.

따라서 중간보고서에 따르면, 첫째, 사업수입이 많은 NPO법인이라도
폭넓게 시민의 지지를 얻고 있으면 인정을 받을 수 있도록 PST에 일정금
액 이상의 기부자의 절대수로 판정하는 방식을 도입한다는 것이다. 나아
가 현재의 PST도 존치시키고(선택제), 기부자의 절대수가 적은 NPO법인
이라도 현재의 PST로 계산하여 5분의 1 이상이면 충족할 수 있도록 하고
있다. 둘째, 지방의 자주성을 존중한 시스템을 도입한다는 것이다. 생활에
밀접한 과제에 전념한 NPO법인을 지원하기 위해 NPO법인과 가까이 접
하고 있는 지방자치단체가 개인주민세의 기부금세액과제의 대상으로 한
조례에 근거하여 독자적으로 지정한 NPO법인에 대해서는 해당 지방자치
단체의 판단을 PST나 NPO법인의 활동범위에 관련한 요건 등에 대체하는
것으로 하고, 인정NPO법인의 인정에 반영시켜야 한다는 것이다(PT中間
報告書, 2010: 4~5).

문제는 PST에 기부한 「일정금액 이상」이 어느 정도의 금액이 타당할
것인가이다. 소액의 기부금액이 대부분을 차지하고 있는 상황에서 적정한
금액의 수치를 정하는 것이 쉽지 않다는 것이다. 향후 현실적으로 타당한
금액의 수치를 정하는 것이 매우 중요한 과제로 남아 있다 할 수 있다.

(2) 「가인정」제도의 도입

그러나 위와 같이 인정기준을 완화하면 지금보다 많은 인정NPO법인
이 될 수 있겠지만, 현재의 PST는 기부금 모집을 쉽게 할 수 있도록 하기

위한 테스트임에도 불구하고, 다액의 기부를 모집한 실적이 없으면 인정을 받을 수 없다는 점에 문제가 있다. 즉 PST는 기부실적이 없으면 요건을 충족시키기 대단히 힘들다. 따라서 PT중간보고서에 따르면, 이러한 점을 고려하여 PST를 충족하고 있지 않더라도 다른 인정요건을 충족하고 있으면 기부 우대를 인정하는 이른바 「가인정」제도를 도입한다는 것이다. 이때 제도의 악용을 방지하기 위해 「가인정」을 받았으면서 「본인정」을 받지 못하거나 받지 않은 경우에는 일정한 조치를 취하도록 하고 있다. 구체적으로 일정기간은 가인정 및 본인정 신청을 할 수 없도록 하는 등 적정한 제도운영을 위한 필요한 조치를 검토해 나간다는 것이다(PT中間報告書, 2010: 5).

(3) 사후체크·불이익의 개선안

현재 인정NPO법인으로 인정된 단체들은 정보개시, 재무, 사업활동 등에서 높은 수준을 유지하고 있다. 이를 위해 인정NPO법인이 불적정한 경리(허위 기재 등)나, 임원 등에 대해 특별한 이익을 부여하는 등의 인정요건을 위배했을 때는 인정을 취소할 수 있도록 하고 있다. 그러나 인정이 취소된 경우에 인정에 의한 세제우대를 받으면서 벌어들인 수익 등에 과세하는 등의 제도는 없다.[32] 따라서 중간보고서는 인정NPO법인제도에 대해서는 본래 지원해야 할 새로운 싹을 꺾는 일이 없도록 인정 문호를 넓게 하는 한편, NPO법인의 신뢰성이나 질의 유지·향상, 운영의 투명성 확보가 중요하다는 의견을 반영하여, 예를 들어 인정이 취소된 경우 등에 인정에 의한 세제우대를 받으면서 벌어들인 수익 등에 과세하는 방안 등 사후적인

---

32) 공익사단·재단법인은 공익인정이 취소된 경우 공익목적사업재산을 다른 공익사단·재단법인 또는 국가 등에 귀속시키도록 규정되어 있다.

시정조치의 정비를 검토한다는 것이다(PT中間報告書, 2010: 6~7).

문제는 사후적인 시정조치 뿐만 아니라, 시민으로부터의 신뢰성을 확보하기 위한 사후체크 제도의 정비도 중요하다. 그러나 아직 NPO법인에 익숙하지 않은 시민들에 의한 NPO법인의 사후체크는 현 단계에서 기대하기 힘들다(月刊公益法人, 2010: 29). 결국은 경과조치로 시민들을 대신해 사후체크를 담당할 기관이 필요할 것이다.

(4) 인정기관의 개선안

인정NPO법인의 인정사무는 국세청에서 담당한다. 한편 공익사단·재단법인의 공익인정은 내각부 또는 도도부현(都道府縣)의 제3자 기관(공익법인 등의 제도나 실정에 정통한 학식있는 경험자 등이 위원)이 실시하고 있다. 국세청이 하고 있는 인정사무에 대해서는 한편으로는 신속화를 도모한다는 평가도 있지만, 국가의 세무당국의 위세가 높아 심리적 저항감이 있다는 의견도 있다. 또한 실제 인정을 받으려고 하는 NPO법인이 신뢰를 받고 있는지를 적절하게 인정할 수 있는 것은 NPO법인과 가까이 접하고 그 활동 내용을 보다 정확하게 파악할 수 있는 지방자치단체 등이라는 의견이나 지방자치단체 등은 수치기준만이 아니라 실제로 활동을 지켜보는 시민들이 인정에 참가할 시스템을 설계하는 것도 가능하다는 의견도 있다. 따라서 PT중간보고서는 이러한 점을 반영하여 새로운 공공의 담당자로 기대되는 인정NPO법인의 인정을 NPO법인의 인증을 하고 있는 지방자치단체 등이 할 수 있는 시스템에 대해 지방자치단체 등과 협의하면서 검토한다는 것이다(PT中間報告書, 2010: 6~7).

이 밖에도 PT중간보고서는 인정NPO법인의 간주기부금한도액의 인상안이나, 지역에서 활동하는 NPO법인에의 기부금을 조례에 근거해 지정함으로써 개인주민세의 기부금 세액공제를 할 수 있는 제도의 창설 등을 제시하고 있다.

　　이상의 제반 시책에 대해서는 2011년 세제개정에서 실현될 수 있도록 구체적인 제도설계 등을 진행한다는 것이다.

5. 향후 과제

　　전후 일본의 시민사회는 저항적 성격의 ‘시민운동’에서 안보투쟁 이후 급격한 고도경제성장에 의해 발생한 사회 제반 문제에 대해 시장과 정부가 제대로 대응하지 못함으로써 점차적으로 형성된 제3섹터에서 자율적이고 실천적인 시민들이 다양한 분야에서 자발적으로 공익을 실현하는 ‘시민활동’으로 자연스럽게 변용되었다 할 수 있다. 시민활동을 전개하는 자생적인 소규모의 시민활동단체들이 대거 등장하기 시작한 것은 1980년대 중반부터이다. 그러나 이들 풀뿌리 시민단체들이 사회 곳곳에서 비영리공익활동을 전개하는데 있어서 기존의 공익법인제도의 틀 내에서는 법인격을 부여받기가 쉽지 않아 임의단체로 활동할 수밖에 없었기 때문에 전체적으로 조직기반이 약하고, 인지도나 사회적 신용도가 낮았다. 여기에 시민사회의 획기적인 변화를 가져온 것이 1998년 NPO법의 제정과 2008년부터 시행된 신공익법인제도이다.

　　위와 같은 법인제도의 근본적인 개혁으로 인해 그동안 임의단체로 활동해왔던 시민활동단체들이 대거 법인으로 전환하고 있다. 여기서 임의단체인 시민활동단체들이 법인으로 이행하는 데에는 NPO법에 의한 법인화와, 신공익법인제도에 의한 법인화 중에서 양자택일하여 법인화 절차를 밟을 수 있다. 그러나 시민활동단체들이 어느 쪽의 법인화를 선택하는 것이 유리할지는 성급히 판단하기가 이른 면이 있다. 현재로서는 NPO법이 신공익법인제도보다 먼저 제정·시행됨으로써 현재는 시민활동단체들이 NPO법에 의해 법인화하는 것이 추세라 할 수 있다.[33] 다만 신공익법인제도가 2008년 12월 1일부터 시행되어 얼마 지나지 않았으므로 현재는 기존의 공익법인이 일반사단·재단법인이나 공익사단·재단법인으로 이행 신청할 수 있는 5년간 경과기간 중이기 때문에 섣부른 판단은 이르다.

본고에서는 현재 시민활동단체들이 NPO법을 이용하여 NPO법인으로 전환하는 것이 추세이기 때문에 NPO법을 중심으로 그 문제점과 개선방안 등을 고찰하였다. 그동안의 NPO법 시행과정에서 나타난 문제점들을 개선하기 위해 본문에서 지적한 바와 같이 몇 차례의 법률개정을 통해 인증서류 및 절차의 간소화, 특정비영리활동 영역의 확대, 사업의 구체화, 폭력단 배제를 위한 조치의 강화, 허위보고·검사기피에 대한 벌칙규정의 강화 등이 이루어졌다. 그러나 아직도 NPO법인들이 운영과정에서 직면하고 있는 과제가 적지 않다. 즉 NPO법인의 열악한 재정문제를 해결할 수 있도록 주민세의 1%를 주민이 선택한 NPO법인에 지원할 수 있도록 '시민활동 1% 지원제도'를 법제화할 것, 소규모의 NPO법인이 수익사업에 대한 법인세 등 세무신고서를 작성·제출하기에는 업무부담이 크다는 점에서 간이신고제도 창설을 통해 소규모 NPO법인이 활동하기 쉬운 환경정비 등의 과제가 남아 있다.

시민사회가 변화된 제도의 틀 내에서 활성화되기 위해서는 무엇보다도 중요한 것은 인정NPO법인의 인정요건의 완화라 할 수 있다. NPO법인 중에서 인정NPO법인수가 불과 0.449%라는 것은 PST요건이 대단히 엄격하다는 것을 말해준다. 따라서 시민공제세제PT의 중간보고서에서 지적하듯이, 사업수익이 많은 NPO법인이라도 폭넓게 시민의 지지를 얻고 있으면 인정을 받을 수 있도록 일정금액의 기부자의 절대수로 판정하는 방식이

---

33) 기존의 공익법인은 100년이 걸려 불과 약 2만 4천개 밖에 되지 않지만, NPO법인은 불과 10년만에 3만 8천개를 넘어섰다.

나 가인정 제도를 시급히 도입해야 할 것이다. 그러나 일정금액을 얼마로 정하는가에 따라 그 실효성 여부가 달려있으므로 금액설정에 있어 소액기부가 많은 현실을 감안해야 할 것이다. 또한 기존의 PST요건도 대폭 완화하는 방안을 모색해야 할 것이다.

마지막으로 시민공제세제PT의 소득세 세액공제제도의 제안은 시민사회의 획기적인 변화를 예고하고 있다. 이것은 PST요건의 완화와 셋트가 되어 NPO법인들이 세제혜택을 받을 수 있는 인정NPO법인으로 이행의 길이 대폭 열릴 것이 전제되어야 한다. 그래야만 국가·지방자치단체에 납입되었던 국민들의 세금이 인정NPO법인으로 상당부분 직접 납입됨으로써 기존의 국가·지방자치단체의 보조금 중심의 사업에서 벗어나 '새로운 공공'의 담당자로 국가·지방자치단체와 경쟁적으로 공익사업을 다양한 영역에서 시민들의 요구에 부합한 서비스를 제공할 것이다. 다만 시민활동단체가 제도화됨으로써 복지·의료·교육 등의 분야에서 활동하는 단체들은 지속적으로 증가하겠지만, 정부나 지방자치단체에 대한 감시와 견제의 기능을 담당하는 시민제안형 NPO는 오히려 제약될 수밖에 없을 것이다(권혁태, 2005: 153~154).

| 참고 문헌 |

권혁태, "일본의 시민운동은 시민사회를 어떻게 인식하고 있는가", 『아시아의
　　　시민사회 현재와 전망』, 아르케, 2005년
김상용, "민법총칙(전정판증보)", 법문사, 2003년
김장권, "일본 시민사회의 구조 1868~1999: 국가·시장·공동체의 상호관련 구조
　　　에 대한 거시 역사적 조망", 『한국정치학회보』 33집 2호, 1999년
김대정, "법인에 관한 민법개정위원회의 개정시안", 『한국민사법학회 2010년도
　　　하계학술대회 자료집』, 민법개정의 방향, 2010년 6월
김세걸·김웅희 공저, "현대일본정치의 이해", 한국방송통신대학교출판부, 2008년
민병로, "비영리법인제도에 관한 한·일비교연구", 『NGO연구』 4권 2호, 2006년
　　　12월
민현정, "일본 시민사회 성장과 공공성 재편 논의", 『민주주의와 인권』 9권 2호,
　　　2009년
정진성, "생협운동의 형성과 전개", 동저, 『현대일본의 사회운동론』, 나남출판,
　　　2001년
이숙종, "공공서비스 제공자로서 일본 시민단체의 대두", 이숙종엮음, 『작은 정
　　　부와 일본 시민사회의 발흥』, 한울아카데미
한영혜, "일본의 지역사회와 시민운동", 한울아카데미, 2004년
天野正子, "'生活者'とはだれか－自律的市民像の系譜", 中公新書, 1996年
雨宮孝子, "NPOと法", 山本啓·雨宮孝子·新川達郎編著, NPOと法·行政, ミネル
　　　ヴァ書房, 2002年
勝田美穂, 『市民運動史のなかのNPOの活動』, 法政大學大學院紀要, 2008年
神野直彦, "新しい市民社會の形成－官から民への分權", 神野直彦·澤井安勇編
　　　著, ソーシャルガバナンス, 東洋経濟新法社, 2004年
齊藤永幸, "社會を変えるか, 市民公益税制の可能性", 月刊公益法人, 41卷 6号,

2010年

辻中豊ほか, 本の市民社會構造と政治參加, レヴァイアサン41卷, 2007年

山岡義典編著, NPOの基礎講座(新版), ぎょうせい, 2005年

矢澤修次郎編, 講座社會學15-社會運動, 東京大學出版會, 2003年

レスターーM. サラモン(山內直人譯·解說), NPOの最前線-岐路に立つアメリカ市
　　民社會, 岩波書店, 1999年

辻中豊他, "日本の市民社會構造と政治參加-自治會, 社會団体, NPOの全体
　　像とその政治關号", 「特集」現代日本社會と政治參加, レヴァイアサン
　　41号, 2007年

雨森孝悦, NPO-非營利組織の制度活動マネジメント, 東洋経濟新報社, 2007年

佐藤慶幸, NPOと市民社會-アンショーション論の可能性, 有斐閣, 2002年

中田實, 町內會·自治會の新展開, 自治 研究社, 1996年

ロバート·ペッカネン著, 日本における市民社會の二重構造, 木鐸社, 2008年

市民公益税制PT, 市民公益税制PT中間報告書, 2010年 4月 8日.

非營利法人, 783号, 2010年 5月

NPO法の適切な運用等に關する檢討會, 市民活動の一層の發展を目指したNPO
　　法の運用のあり方について-論点整理, 2003年 2月

座談會, "特集 NPO法の檢討-市民活動団体の法人化について", ジュリスト
　　1105号, 1997年

內閣府國民生活局「報告書」, NPO法人の實 及び認定NPO法人制度の利用狀況
　　に關する調査, 2004年 11月

経濟企畵廳, 2000年 國民生活白書, 內閣府홈페이지(http://www.cao.go.jp/)

法務省홈페이지, 「第2現行法人法制の概要等」(http:www.moj.go.jp/PRESS/
　　990903/02.html)

みんなの知恵藏 http://chiezou.jp/

지역협동 사례를 통해 본
일본 로컬 거버넌스의 성공과 한계요인[*]

민현정[**]

Ⅰ. 들어가며

행정개혁과 시민사회 성장은 정부부문의 민간에의 개방 나아가 시장을 비롯한 시민사회와의 연대와 협동을 확장시키고 있다. 특히, 공익이라는 공통된 목표를 가진 정부와 시민사회단체간의 참여와 협동을 통해 공공서비스 수요에의 적절한 대응과 지방자치의 실천 등 긍정적 효과를 기대할 수 있다. 로컬 거버넌스와 협동의 논의는 지속적으로 이루어져 왔으며, 최근에는 실천적 영역에서 전략적 요인과 구체화된 방식이 활발하게 고민되고 있다.

경제위기극복과 정부의 효율성 강조, 자율과 경쟁이라는 가치가 지배

* 이 논문은 2005년 정부(교육인적자원부)의 재원으로 한국학술진흥재단의 지원을 받아 수행된 연구임(KRF-2005-005-J11502). 「한국거버넌스학회보」 2009년 제16권 1호에 실린 논문을 재록함.
** 전남대학교 5·18연구소 학술연구교수.

적인 패러다임으로 자리잡으면서 민간영역의 역할이 커지고 있으나, 과연 민간과의 파트너십을 통해 공공성을 담보하고, 적절한 공적서비스를 제공할 수 있을 것인가에 대해서는 많은 쟁점과 의문이 남는다.

그럼에도 불구하고 행정과 시장, 시민사회의 연대와 역할정립에 대한 공감대는 갈수록 커질 것이고, 소통과 연대를 통한 협동영역도 확장될 것으로 생각된다. 특히, 참여민주주의를 통한 민주성 제고라는 규범적 의의와 지역의 자원과 역량을 살려 지역경쟁력을 강화하려는 지역사회 공통의 목표가 궤를 같이 하면서 로컬 거버넌스의 구축 그리고 지역협동의 실천은 계속되어질 것이다.

이 글은 이러한 문제의식에서 출발하여 일본의 지방정부–시민사회단체간 연대와 협동사례를 로컬 거버넌스 시각에서 바라보고, 협동사례로부터 성공과 한계요인을 도출해 보고자 한다.

로컬 거버넌스의 핵심요소이자 구체화된 형태인 지역협동 사례를 분석하여 그 특성과 요인을 도출하고, 우리에게 시사점을 제공할 수 있는 내용을 정리해 보는데 그 목적을 둔다. 사례분석은 크게 협동을 전체적으로 조망하는 실태분석과 이로부터 성공과 한계요인 도출하는 내용분석 두 가지 영역으로 구분된다. 실태분석은 지방정부와 NPO의 협동전개과정, 협동사업, 실태조사 자료가 중심이 되고, 성공과 한계요인 분석은 환경적 조건, 구조적 조건, 운영과 전략이라는 3가지 측면으로 나누어 시도하였다.

자료의 시기적 범주는 2000년 이후부터 현재까지의 자료들이며, 협동사례는 내각부 국민생활국 자료와 자치단체에서 수행한 연구보고서 등의 문헌연구, 광역과 기초자치단체를 대상으로 실시된 설문 및 면접자료를 재정리·해석하였다. 추가적으로 원활한 협동사례로 선정된 자치단체 관계자들의 면접자료를 종합하여 반영하였다.

분석에 활용한 자료를 구체적으로 보면, ① 자치체와 NPO의 기본 현황과 각종 협동사례는 내각부 국민생활국(内閣府 國民生活局)의 내부자료를

기본으로 하며, ② 자치체와 NPO를 대상으로 한 설문조사 자료는 내각부에서 1996년과 2000년 이후에 발표한 시민활동 레포트, (재)NPO서포트센터 내부자료, 2003년 치바현에서 위탁조사한 「자치체와 NPO지원에 관한 기초조사보고서」(自治体とNPO支援に關する基礎調査報告書), (재)관서사회조사연구소·동북생활연구센터가 NIRA의 위탁으로 실시한 「커뮤니티 활성화 연구보고서」의 데이터를 활용하였다. 설문 및 면접조사의 내용은 기본 데이터를 재정리하였고, 필요한 경우 통계 프로그램을 활용하여 재분석하였다. 그리고 ③ 자치체와 NPO간의 협동을 전제로 한 각종 조례(총 27개 단체)와 사업내용은 전국조례데이터베이스(全國條例データベース)와 자치체에서 운영하고 있는 홈페이지 및 정보공개가 이루어지고 있는 자료와 문헌을 수집하여 성격별로 유형화를 시도하였다. ④ 그밖에 추가로 보완이 필요한 사항에 대해서는 방문 및 면접조사와 기존 연구 자료를 통하여 보충하였다.

Ⅱ. 일본 로컬거버넌스와 지역협동

1. 일본의 지역협동과 협동형 재편

로컬 거버넌스의 중요성은 크게 경제적 효율성과 민주성의 제고로 설명할 수 있다. 로컬 거버넌스는 지역사회 운영의 새로운 대안으로 제기되면서 경제학적 능률성 중심의 마인드를 갖고 국정운영의 생산성을 제고하는 입장과 대의민주주의를 보완하는 사회적 연결망이나 사회자본, 시민협력, 지역협동을 통해 지역을 활성화하자는 입장에서 이해할 수 있다. 이는 시민과 민간조직, 민관협동과 참여를 촉진하는 거버넌스의 실현을 통해 지역발전을 기대한 것이라 할 수 있다. 따라서 로컬 거버넌스는 직접민주주의 체제로의 전환을 위한 실천적 연습과 훈련이며, 대의 민주주의 하에서 힘의 균형이라는 점에서 특별한 중요성을 갖는다.

민주성 제고 차원에서는 지역구성원들로 하여금 상호 경험과 관심을 나누고 공유함으로서 지역 문제에 스스로 책임과 권한을 갖고 참여하는데 거버넌스적 접근이 중요한 의미를 갖는다. 그리고 이러한 환경을 조성하는 주요 주체인 의식 있는 주민과 자발적 결사체, 시민단체 등이 시민사회를 성장케 하고 이를 통해 지방정부의 권력구조를 전환하는 대안으로서의 의미도 갖는다. 또한 토론 민주주의의 정치를 활용함으로써 지역사회에서 대중적 단결과 참여를 지속시키는 중요한 민주적 대안이다(이은구 외, 2003: 35).

최근 일본에서는 '협동 신드롬'이라 불릴 만큼 협동이라는 개념이 흔히 사용되고 있는데, 실제로 지방정부 차원에서 제정된 조례를 보면, 협동의 개념과 차원, 범위가 매우 다양하게 사용되고 있음을 알 수 있다.

지역협동의 개념은 지역의 구성원들이 행정활동에 공동으로 참여하여 함께 문제를 해결하고, 서비스를 공급하는 일련의 과정과 이를 통해 도출된 성과를 포괄하는 범주에서 해석할 수 있을 것 같다. 특히, 협동은 조직과 조직 간의 관계성에 비중을 둔 개념으로 이해된다.

일본의 지역협동은 로컬 거버넌스의 핵심적인 요소이자 로컬 거버넌스의 실제적인 형태이기도 하다. 여기서 '협동'이란 서로 평등한 입장에서 힘을 합쳐 가치를 갖는 재화나 서비스를 생산하기 위한 활동 또는 조직이라 정의할 수 있다.

협동을 이해하기 위해서는 '파트너십'에 대한 이해가 필요한데 그 이유는 각 주체간의 협동관계는 파트너십으로 설명될 수 있기 때문이다. 따라서 파트너십의 특성을 고려하여 지역협동의 정의를 내리자면, 일정 지역을 전제로 그곳의 주민이 참여하는 다양한 조직체가 지역의 수요에 대응하여 서비스와 문제해결을 위해 협력하는 상태로서 공유된 목표와 대등한 참여, 상호연대를 전제로 한다.

이러한 지역협동의 모색은 로컬 거버넌스의 의의와 같은 맥락에서 설명될 수 있는데, 지방분권과 행정개혁을 통한 정부의 효율화 전략이 적극적으로 실천되는 과정에서 지역협동에 대한 논의와 실천 또한 활발해졌다. 다른 한편으로 시민사회의 성장과 민주성 제고라는 차원에서 주민이 스스로 지역의 문제에 관심을 갖고 참여하며, 책임을 공유하는 적극적 의미의 협동이 확대되고 있다.

일본의 경우, 지방분권과 행정효율화라는 정부개혁의 실천이 구체적으로는 NPO 등 시민섹터와의 협동을 통해 구체화되고 있다. 정부권한과 재원의 이양을 추진하고, 이를 통해 주민자치에 의한 지역의 유지관리를 실현시키는 것이 효과적이고 효율적인 지역의 자원이용이라는 의도에서이다. 이는 주민자신이 자조와 공조를 실현하는 것을 목표로 하면서 지방정부와의 협동관계를 통해 그 목표를 보다 능동적으로 달성해 가게 되는 것이다. 지방정부는 공공의 담당주체로서 자조와 공조를 지원하고 공조를 역할분담과 연대협력을 통하여 진행하는 것이 바람직하다는 의견이 실천되고 있다(NIRA, 2004: 106~108).

지역협동의 구체적인 목표들로 제시된 내용을 요약해 보면, ① 자치체 자립에 대응한 협동사회 추구와 확립, ② 자치체 슬림화와 민간화, 권한이양의 추진, ③ NPO 역할의 추구, ④ 공공서비스의 협동형 재편, ⑤ NPO형 공동체 조직 활성화, ⑥ 지방자치 재편과 제도적 보장, ⑦ 커뮤니티 비즈니스, ⑧ 새로운 협동형 지역사회 만들기의 구체화 등을 제시할 수 있다.

2. 지방정부-NPO간 협동의 전개

중앙집권적 성향이 강한 일본에서의 시민참여는 근대국가의 성립이후로도 오랜 동안 활성화되지 못했다. 1960년대 후반부터 1970년대에 걸쳐 고도경제성장에 따른 다양한 사회문제와 공해문제, 소비자운동, 개발과 환경 등을 이슈로 한 시민운동이 전개되면서 전국적으로 확산되게 되었다. 이러한 분위기는 시민이 스스로 사회문제에 대해 관심을 갖고 의견을 표명하는 활동을 하게 되었음을 반영한 것이고, 이 시기에 행정과 시민사회는 대립적 관계로 대치되는 경우가 많았다(世古 一穗, 1999: 4).

그러나 1990년대 버블경제의 붕괴에 따른 경제의 공동화로 일본의 자본주의 경제의 당사자인 금융, 산업계가 스스로 존재기반 그 자체를 붕괴시키는 뿌리 깊은 문제가 사회전반에 영향을 미쳤다. 이에 대한 대처과정에서 '정부실패, 시장실패'는 행정의 입지를 더욱 악화시켰고, 행정의 부패와 비효율의 문제, 재정악화 등은 행정개혁에 대한 필요성을 강하게 대두시켰다. 이런 상황에서 행정에 대한 감시와 참여를 통한 행정개혁의 주체로서 정부실패와 시장실패에 대한 대안으로서 NPO 등을 포함한 시민사회 주체들의 중요성이 증대되었다. 1990년대 초이후, 정보기술 혁명이 급속히 전개되고 정보의 유통이 거리나 시간을 초월하게 되면서, 정보개시의 질과 양의 충실, 접근성의 비약적인 발전이 낮은 비용으로 실현된 결과 정보의 격차도 해소되기 시작했다.

이것을 계기로 시민활동의 글로벌화가 진전되고, 평화와 환경, 인권의 분야에서 NPO의 활동이 확산되게 되었다. 국내에서는 고령화 사회의 전개에 따른 복지정책의 재구축과 산업 정체 등에 대응하여 지역에 뿌리를 둔 비영리조직인 NPO 등의 새로운 시민사회조직(커뮤니티-지연조직-NPO)이 의료, 복지, 교육, 환경, 마을 만들기 등의 구체적인 과제에 있어서 시민의 다양한 수요에 대응해 가고 있다. 그러나 인력의 부족과 사업계획의 미약함, 사업자금조달능력의 미정비 등으로 인해 행정의 보조 또는 위탁사업을 맡는 의존상황은 개선되지 않고, 광범위하면서도 효과적인 활동이 아직 많지 않은 한계를 안고 있다(山口 定, 2004: 2).

한편, NPO법의 성립이후 최근까지 NPO에 대한 행정과 기업의 '협동'에 대한 사고방식의 근저에 흐르는 잘못된 인식에 대한 문제제기가 계속되고 있다. NPO를 사회조직 중의 하나로 보고, 관리형 NPO를 만드는 등 행정의 하청기관이 되거나, 값싼 노동력을 사용할 수 있는 자원봉사조직으로 생각함으로써 NPO 독자의 정치활동을 억제시키면서 선거에 이용하는 등의 구도가 빈번히 이루어지고 있는 것이다. 이러한 근시안적 사고가 중요한 '협동'으로의 진전을 방해하고 있다(山岸 秀雄 등, 2004: 13~14).

그러나 이러한 우려와 한계에도 불구하고, 보건복지, 주민생활공간과 연결된 마을만들기 등의 영역에서 민관협동은 지속적으로 성장하고 있으며, 지방정부 차원에서 공공서비스의 파트너로서 '커뮤니티 비즈니스'와 같은 지역경제 활성화의 동력으로서 NPO가 주민자치조직들과 함께 긍정적 역할을 수행하고 있는 점은 중요한 의의를 갖고 있다.

3. 로컬 거버넌스의 전제조건과 전략

로컬 거버넌스는 지방정부의 정당성 위기라는 정치적 측면과 서비스전달체계의 재구축이라는 행정적 측면 등 여러 각도에서 이해할 필요가 있는데 그 특성과 요소들에 대한 기존 연구자들의 논의를 통해 보다 쉽게 접근할 수 있을 것으로 생각된다.

Stoker(1996)는 개방성(openness)과 참여(participation), 각 부문간의 지속적 상호협력을 그 특징으로 언급했고, Curtis(1999)는 보조성과 특정성, 공공재, 서비스전달체계에서의 공급결정자와 생산자의 구별, 시민의

식의 함양, 지역 공동의 소유의식과 의무감 등을 Peters& Pierre(1998)는 네트워크의 중시, 통제지양과 영향력 확대, 공공자원과 민간자원의 혼합, 다양한 도구의 활용 등을 핵심 요소로 제시한 바 있다.

이런 맥락에서 로컬 거버넌스는 정부와 자율적 비정부조직간의 상호협력을 통해 상생의 편익을 공동으로 달성하는 것으로 이들간의 지속적 상호작용을 전제로 하여 공유된 목적과 가치체계를 통해 지역의 제반문제들을 해결하는 것으로 개념화할 수 있다.

또한 이를 구축하고 실천하기 위해서는 전통적 관료제 구조의 탈피와 권력의 다원성을 존중하고, 지역구성원들이 공통의 이익을 공유한다는 조건이 전제되어야 한다. 지방정부는 변화된 환경과 역할을 수용하고 개방적 참여체제를 모색하고 다양한 행위주체들이 상호연계하여 기반을 구축하고 상호 협력할 수 있도록 지원과 조정의 역할을 실천해야 한다.

최영출 등(2003)은 로컬 거버넌스를 실제 적용하는 경우 이것이 성공하기 위한 조건들을 환경적 조건, 외부적인 네트워크 구조화 전략과 내부적인 운영관리전략으로 구분하여 검토하고 있다.

환경적 조건에는 재정적 물적 자원을 의미하는 자원(resource), 파트너의 특성, 파트너들간의 관계, 파트너십의 특성, 외부환경 등을 언급하고 있으며, 네트워크 구조화 전략으로는 이 분야의 연구들(Kickert, et al., 1999; OECD, 2001; Leach&Percy-Smith, 2001; Lasker, et al., 2001)에서 논의되고 있는 거버넌스 전략으로 네트워크 관리주체, 이해관계자의 범위, 네트워크 형태, 책임 소재, 참여방식, 정책분야, 참여단계, 사회자본의 축을 제시하고 있다. 마지막으로 내부 운영의 룰 구성전략으로는 네트워크 활성화, 상호작용의 주선과 중개, 상호작용 촉진, 조정과 중재 등을 들 수 있다.

최근의 연구들(Putnam, 1995; Lowndes&Wilson, 2001; Leach&Percy-Smith, 2001)은 사회자본이 로컬 거버넌스의 효과성 및 전략선택에

영향을 미친다는 점을 강조하고 있으며, 현실적으로 사회자본의 측정이 이루어진 후 로컬 거버넌스의 전략을 선택하는 것이 바람직하다는 시사점을 제공한다.

이 연구에서는 로컬 거버넌스의 구체적 실천으로서 지역협동 사례를 통해 그 성공과 한계요인이 무엇인지 실증적 분석을 시도하고자 한다. 주요한 분석의 대상은 지역협동의 중심주체인 지방자치단체와 NPO를 비롯한 주민조직으로서 자치체의 변화와 역할재정립에 좀 더 무게를 두고 있다. 이것은 다양한 지역의 주체들이 상호협력과 연대를 통해 공통의 목표를 달성하는데 자치체의 지원과 조정, 그리고 체제개편이 매우 중요한 요인이기 때문이다.

성공과 한계요인은 로컬 거버넌스의 성공적 조건에서 제시된 요인들과 일본사례의 특성을 반영한 요인들을 포괄하는 범위에서 환경적 조건, 구조적 조건, 운영과 전략이라는 3개의 범주를 제시하고자 한다.

사례분석을 통해 설명될 요인들을 세분해 보면, 환경적 조건으로서는 자원과 환경적 특성, 자치체의 정보력, 파트너십의 유형을, 구조적 조건으로서는 주체의 다양성과 개방성, 네트워크의 유형, 역할과 책임분담, 참여방식과 분야에서 해석을 시도하고자 한다. 마지막으로 운영과 전략은 제도적 장치, 지원 및 육성방안, 상호작용의 촉진전략 측면에서 살펴보고자 한다.

Ⅲ. 지역협동의 실태 및 현황

1. NPO 현황과 활동내용

1) NPO의 개념 정의

일본의 광역(도도부현)과 기초(시정촌)의 경우, NPO[1]에 대한 개념에 있어서 특정비영리법인을 포함한 자원봉사조직, 지역조직의 일부를 포함한 협의의 NPO개념으로 인식하고 있다. 일본 민법34조에서는 재단법인, 사단법인이나 특별법을 근간으로 하는 의료법인, 학교법인 등을 포함하는 광의의 개념으로도 NPO를 해석하고 있다.

2) NPO 관련 현황

일본의 NPO는 한신대지진을 계기로 그 역할과 인식이 새롭게 확산되었고, 1998년 특정비영리활동촉진법이 제정되면서 활동단체와 활동 내용, 활동범위가 확대되고 있다. 최근 자료에 의하면 2009년 3월말 현재 NPO의 수는 법인의 수가 37,196개소로 해마다 증가하고 있는 것으로 파악되고 있다(내무부 국민생활국 NPO 홈페이지).

NPO관련 현황을 활동분야, 형태, 범위, 운영관련 내용들로 정리하면 다음과 같다.

(1) 활동내용

주요한 활동분야의 분포[2]를 보면, 보건·의료·복지 부분이 2009년 현재

---

1) 이 글에서의 NPO는 특정비영리활동법인 및 법인격을 갖지 않는 시민활동단체를 포함하는 개념으로 사회적 활동을 지속적이며 자발적으로 행하고, 영리를 목적으로 하지 않는 민간조직을 가리킨다.

21,510개소(57.8%)로 2008년말 대비 523개소가 증가하여 가장 많은 부분을 차지하고 있다. 다음으로 사회교육이 17,101개소로 46.0%, 마을만들기가 15,177개소 40.8%, 아동교육 및 육성이 15,078개소 40.5% 순으로 나타났다.

다음으로 NPO들의 주요 활동방식 즉 활동형태를 보면, 친목과 교류의 기회를 제공하는 방식이 41.3%로 가장 많았으며, 서비스 제공이 35.5%, 이벤트 및 심포지움 개최가 24.1%, 기관지·광고지 발간이 19.0%, 자료와 정보수집 및 제공이 16.5%, 인재육성 및 사회교육이 13.2% 등의 순으로 나타났다.

이어서 NPO의 주요 활동범위를 보면, 한개의 시정촌 구역내에서의 활동 단체가 전체의 61.7%로 가장 많았다. 복수의 시정촌 범위의 활동단체는 16.6%로서 도도부현의 수준이 아닌 시정촌 수준에서의 활동단체가 78.5%로 압도적인 비율인 것으로 나타났다. 상대적으로 복수의 도도부현 수준의 NPO는 3.3% 수준인 것으로 나타난 것을 볼 때, 일본의 NPO의 주요 활동범위는 시정촌단위인 것으로 해석된다.

그밖에 NPO의 설립 언노를 보면, 1995년부터 2000년 이후의 시기에 활동을 시작한 단체가 전체의 26.8%로 가장 많았고, 1990년부터 1994년 사이에 설립된 단체도 22.0%인 것으로 나타났다. 1980년대 이전에 설립된 단체도 23.7%수준인 것으로 나타났다.

인구 1,000명당 NPO 수를 보면, 도도부현보다 시구정촌 수준에서의 NPO수가 훨씬 많은 것으로 나타났다. 도도부현의 경우는 兵庫縣(효고현)

---

2) 일본은 특정비영리활동법인의 활동분야를 특정비영리활동촉진법에서 17개 분야로 분류하고 있으며, 위의 분야별 비율은 한 법인이 복수의 활동분야의 활동을 정관에 밝히고 있는 경우가 있기 때문에 전체 합 100%기준이 아니다. 내각부 자료에 의하면 대체로 1개에서 5개까지 활동분야가 중복되는 사례가 다수인 것으로 나타났다.

과 石川縣(이시가와현)이 각각 1.44와 1.38단체로 가장 많은 NPO가 활동하고 있는 것으로 나타났다. 시정촌의 경우에는 島根縣 美都町(시마네현 미토쵸)가 8.92단체로 인구 1,000명당 가장 많은 NPO가 활동하고 있는 것으로 나타났다.

NPO 활동가들의 연령층을 보면, 50대가 40.5%로 가장 많았으며, 60대의 경우도 39.8%로 나타나 전체 활동가 중 50대 이상이 80.3%를 차지하고 있는 것으로 나타났고, 직업 분포를 보면, 가정주부가 48.5%로 가장 많고, 이어 연금생활자 및 정년퇴직자가 31.4%를 점하고 있다.

(2) 재정구조

수입 및 지출 구조를 보면, 수입 부문에 있어서 회비가 전체 수입의 34.3%로 가장 많은 것으로 나타났다. 다음으로 행정으로부터의 보조금이 17.2%, 사업 수익이 10.3% 순이다. 지출 부문을 보면, 사업비와 활동경비가 77.2%로 가장 많은 부분을 차지했으며, 인건비와 사무국 운영비 등은 각각 5.8%와 5.4%로 나타나 상대적으로 적은 부분을 차지하고 있다.

행정으로부터의 보조금을 비롯한 인·물적 지원을 받고 있는가의 여부를 보면, 기초자치단체로부터의 지원을 받는 경우가 가장 많은 것으로 나타났고, 사회복지협의회 등의 지원과 광역자치단체로부터의 지원이 다수였다.

NPO에 대한 외부 지원의 내용을 보면, 중앙정부의 경우, 활동을 위한 자금 지원이 가장 많은 것으로 나타났고, 도도부현의 수준에서는 활동을 위한 자금 지원과 활동멤버의 능력향상을 위한 연수 등의 지원이 많았다. 시정촌의 경우는 활동에 필요한 자금지원과 활동을 위한 장소제공이 많았다.

그밖에 NPO와 관련된 자치단체의 예산 순위를 보면, 도도부현의 경우 高知縣(코지현)이 일반회계 100만엔당 1,183엔으로 가장 많았으며, 시구정촌의 경우는 沖繩縣 北谷市(오키나와현 키타다니시)가 일반회계 100만 엔당 9,614엔으로 가장 많은 것으로 나타났다. 예산에 있어서는 시구정촌 수준에서의 예산지원이 월등히 많았다.

2. 지방정부와 NPO 협동 현황

1) 지방정부의 NPO에 대한 이해

일본의 경우, 자치단체와 NPO간의 파트너십의 필요성이 증대되면서 자치단체 내에서도 NPO관련 담당부서가 별도로 설치되는 등의 조치가 진행되고 있다. 실제로 도도부현의 95.7%, 시정촌의 71.5%에 NPO관련 부서가 설치되어 있는 것으로 파악되고 있다.

이들 부서에서는 도도부현의 경우, 각 부서로부터의 문의사항에 대응하고, NPO 관련 시책의 기획과 검토, NPO에의 위탁사업에 대한 전반적인 상황파악을 주요 역할로 소개하고 있다. 시정촌의 경우도 각 부서로부터의 문의사항에 대응하고, NPO관련시책의 기획과 검토, 직원의 연수 등을 통한 NPO에의 이해의 촉진을 그 역할로 소개하고 있다.

담당부서의 NPO에의 보조금과 위탁사업에 대한 전반적인 파악정도에 있어서 도도부현의 경우, 보조금은 57.8%, 위탁사업은 68.9%를 파악하고 있었으나, 시정촌의 경우는 보조금의 경우 20%를 밑돌고, 위탁사업에 있어서도 30%를 밑도는 정도인 것으로 나타나 정보력에 있어 편차가 큰 것으로 보인다.

2) 자치체-NPO간 협동 현황

(1) 협동 현황

자치체의 입장에서 장래에 NPO와의 협동을 고려하고 있는가에 대한 조사내용을 보면, 도도부현 차원에서는 이미 검토하고 있는 경우가 76.6%인 것으로 나타난 반면, 시정촌 수준에서는 검토하고 있는 단체와 예정에 있는 단체 그리고 위원회나 간담회의 제언을 받고 있는 단체가 전체의 59.7%로 검토하고 있지 않은 단체의 경우도 32.3%나 되는 것으로 나타났다.

협동의 형태를 보면, 도도부현의 경우는 NPO에의 사업위탁이 전체의 93.2%로 가장 많았으며, 사업의 공동개최가 88.6%, 자치체에의 정책입안과 사업기획에의 참가가 86.4%, 정보교환 및 의견교환 등이 81.8%, 사업협력이 77.3%인 것으로 나타났다. 시정촌의 경우를 보면, 도도부현과 마찬가지로 NPO에의 사업위탁이 74.3%로 가장 많은 것으로 나타났고 이어서 정보교환 및 의견교환이 67.0%, 사업의 공동개최가 60.1%인 것으로 나타났다.

협동이 이루어지고 있는 분야를 보면, 도도부현의 경우, NPO등의 활동지원이 76.1%로 가장 많았으며, 이어서 환경보전 분야가 67.4%, 보건·의료·복지 분야가 56.5%, 건전 육아가 54.3%인 것으로 나타났다. 시정촌의 경우는 보건·의료·복지 분야가 47.0%로 가장 많았으며, 마을 만들기의 추진이 33.9%, 환경보전이 30.7% 등으로 나타났다.

협동분야의 확대 또는 축소 계획을 보면, 확대할 계획이라는 입장이 도도부현이 95.7%, 시정촌이 87.0%로 도도부현차원에서 협동에 대한 추진이 적극적인 것으로 보인다.

나아가 NPO와의 협동을 확대하고 싶은 분야는 도도부현의 경우 공공서비스의 위탁이 82.2%로 가장 많았으며, 정책의 기획 및 입안에의 참가가 80.0% 등으로 나타났다. 시정촌의 경우는 공공서비스의 위탁이 전체의

56.1%로 가장 많았고, 이어서 NPO의 커뮤니티 활동 지원이 53.0%로 나타났다.

(2) 광역-기초별 협동 유형

지방자치단체가 NPO와의 협동을 추진한 결과, 성공적으로 운영되고 있는 사업이 있는가를 조사한 자료를 보면, 도도부현의 경우는 전체의 72.3%(34개 단체)가 성공적인 사례[3]가 있다고 응답한 반면, 시정촌의 경우는 성공사례가 없다는 응답이 전체의 55.5%(405개 단체)인 것으로 나타났다.

광역자치단체인 도도부현 총 47개중 29개 단체에서 실시되고 있는 56개 사업을 유형별로 분류하여 정리하면 다음과 같다.

광역자치단체인 도도부현 차원에서의 협동사업은 크게 3가지 성격으로 나누어 볼 수 있는데, 가장 많은 것이 각종 강좌나 포럼과 같은 의견교환과 논의 프로그램, 각종 지원·육성관련 사업(총 23개 사업, 41.0%)이다. 이것은 ① 광역자치단체 입장에서는 행정개혁 차원에서 행정직원들의 NPO에 대한 이해를 돕고, NPO와의 파트너십 형성을 위해 필요한 매뉴얼 및 지원지침 등을 고안하는 사업과 ② 시민들로 하여금 NPO에의 참여를 촉진하거나 볼룬티어 육성 및 정보수집·교환을 위한 사업, ③ NPO의 지원·육성을 위한 사업 등을 그 내용으로 하고 있다.

다음은 NPO에 의한 위탁사업의 운영 및 공공서비스 제공(총 22개 사업, 39.2%)이다. 이는 민간위탁 차원에서 NPO에 기존 자치단체 사업을 위탁하여 보다 효율적인 운영과 공공서비스 제공을 목적으로 하는 것이

---

3) 특히, 광역자치단체 중 홋카이도, 미야기현, 동경도, 니이카타현, 미애현 등 5개 단체가 성공적인 사례의 대표 단체로 언급되고 있다.

다. 주요 내용을 보면, ① 공공도서관이나 현민활동지원센터와 같은 자치
단체의 공공시설 및 공원·하천 등의 환경정화 등에 관한 운영·관리를 위탁
하는 사업과 ② 고령자, 장애인, 청소년, 육아, 외국인 등에 관한 각종 지원
및 교육 등의 서비스 제공 등이다.

끝으로 시민활동 교류 및 커뮤니티 활성화 관련 사업(총 11개 사업,
19.8%)이다. 이는 개개인의 시민과 단체들이 서로 대면접촉을 통하여 지
속적인 유대와 의견교환을 할 수 있는 공간과 기회를 제공함으로써 교류의
지속화와 나아가 지역 커뮤니티를 활성화시키는 목적에서의 사업을 주요
내용으로 한다.

기초자치단체인 시구정촌에서는 183개 단체에서 227개 사업이 성공사
업으로 제시되었다. 협동사례들은 광역과 내용 면에서 공통적 성격을 갖
고 있는 반면 마을 만들기(마찌쯔꾸리 총 10개 사업, 4.4%)나 환경사업 및
운동(총 37개 사업, 16.3%), 축제 및 이벤트 개최(13개 사업, 5.7%)와 같이
보다 구체화된 사업들이 상당 부분을 차지하고 있는 특징이 있다. 또한 시
정촌 차원에서는 자치회 및 정내회와 같은 주민자치조직의 활동내용이 광
역에 비해 많은 부분을 차지하고 있다는 점도 주목할 부분이다. 특히, 고령
화 인구의 증가로 복지서비스에 있어 지역 내의 주민자치조직과 NPO 지
원 및 교육 등의 협동이 증가하고 있음을 확인할 수 있다.

(3) 관련 제도

자치단체와 NPO의 협동에 있어서 공식화된 제도나 행정내부의 지침
이 있는가에 대해서는 도도부현의 경우, 작성을 검토 중인 곳이 42.6%로
가장 많았고, 사무방침이 있는 경우가 36.2%로 나타났다. 반면에 시정촌
의 경우는 예정이 없다는 단체가 전체의 47.1%였으며, 작성을 검토 중이
거나 사무방침이 있는 경우가 33.2%인 것으로 나타났다.[4]

NPO 관련사업에의 시민참가에 대한 도도부현과 시정촌의 의견을 보

면, 도도부현의 경우, 시민참가 방식이 있는 경우가 전체의 57.4%인 것으로 나타났다. 반면, 시정촌의 경우 시민참가 방식이 없다고 응답한 단체가 62.6%나 되는 것으로 나타나 대조를 보이는 것으로 해석된다.

참여방식에 있어서는 도도부현은 간담회 형태가 46.2%로 가장 많았고, 심의회 42.3%, 퍼블릭 코멘트와 시민공모위원제도가 각각 34.6%로 나타났다. 시정촌의 경우는 시민공모위원제도가 75.0%로 가장 많았고, 워크샵과 간담회가 각각 47.7%와 46.0%인 것으로 나타났다.

NPO의 정책과정에의 참여가 보장되는 제도로서는 심의회, 간담회, 공청회, 모니터 제도, 워크샵, 옴브즈만제도, 퍼블릭 코멘트 등이 대표적이다.

지방자치단체가 NPO와의 협동을 통하여 구하고자 하는 사항으로 전문지식과 노하우의 축적이 가장 많았으며, 시민의 수요와 지역과제를 잘 파악하는 것, 위탁사업 등에 관한 실적, 시민참가를 촉진하는 것, 경제적 독립 등이 있었다.

3. 성공적 협동사례

성공적 협동의 모델이 되고 있는 대표적인 사례를 도도부현과 시구정촌 차원으로 분류해 보면, 도도부현 차원에서는 협동의 가이드라인이나 협동 추진을 위한 참고자료의 제공에 있어 모델이 되고 있는 오사카부와 미야기현 등이, 기초 차원에서는 센다이시나 고베시의 협동추진관련 조례

---

4) 도도부현과 시구정촌별로 건수가 가장 많은 자치단체를 조사한 결과, 도도부현의 경우, 高知縣(코지현)이 10건으로 가장 많았고, 이어서 岩手縣(이와테현), 山口縣(야마구찌현), 長崎縣(가와사키현), 東京都(동경도)가 각각 9건으로 나타났다. 다음으로 시구정촌의 경우를 보면, 岐阜縣 中津川市(기후현 나카즈가와시)와 埼玉縣 志木市(사이타마현 시키시)가 10건으로 가장 많은 것으로 나타났다.

만들기나 지침, 시민활동센터나 NPO서포트센터, 위원회와 같은 협동관련 조직의 활성화 관련 사례가 주로 언급되고 있는 것을 확인할 수 있었다.

구체적인 지역협동의 운영에 대한 이해를 위해 광역과 기초로 분류하여 몇 가지 구체적인 지역사례를 조사해 보았다.

1) 광역 차원에서의 협동사례

(1) 미야기현(宮崎縣)의 NPO와의 파트너십에 의한 사회 실현

미야기현은 다양한 주체가 누구나 참가하여 협동하는 사회의 실현을 목표로 NPO와의 파트너십 형성에 주력하고 있다. 기본 방향으로는 NPO 활동의 지원 및 촉진을 통하여 NPO와 행정간의 파트너십을 확립한다는 취지로 다양한 제휴를 실천, 모색하고 있다. 특히, NPO 활동 촉진의 거점 설치를 통해 재정적 지원, 정보제공, 각종 심의회 등에의 참가 촉진, NPO에의 업무 위탁의 추진 등과 관련한 사업을 전개하고 있다. 또한 청내에 NPO활동 촉진 연락조정회의를 설치하고, 직원연수를 실시하는 등 환경정비를 통한 파트너십 확립을 추진하고 있다.

구체적으로는 NPO프라자를 개설하여 접수, 상담 코너 운영, 간단한 협의의 공간과 공동작업실, 연수실, NPO 사무실 등을 설치하고, NPO프라자 이용에 있어서의 기획제안은 공모를 통해 선택하고 있다.

NPO프라자는 정보제공, 각종 조사연구, 참가·창조·만남 기능의 촉진, 조성금 마련 및 NPO포럼, NPO 운영의 노하우와 네트워크를 통한 평가와 대응의 기능을 수행하고 있다.

현 내에 워킹 그룹을 설치하여 NPO에의 업무위탁을 추진하기 위한 NPO추진사업발주 가이드라인을 2001년 3월 책정하였다. 가이드라인에서는 NPO의 본래 사업과 수익사업으로 분류하여 수익사업의 경우는 일반 기업과 같은 수준의 발주제도에 의해 취급하되, 계약 보증금의 면제와 선

금불제도 등을 통해 NPO의 입장을 고려하고 있다.

　NPO의 자주성, 개별성, 선구성이 필요하다고 인정되는 사업을 선정하고 지역 내에 한정된 활동이 필요한 사업, 커뮤니티 비즈니스의 전개나 지역의 고용 창출 등의 효과를 기대할 수 있는 사업, NPO지원 및 촉진을 위한 상징적 사업이라 생각되는 사업 등을 우선적으로 파트너십의 대상으로 선정하였다.

　그러나 상호 주체간 이해의 폭이 좁다는 것과 정보가 부족하다는 등의 문제점이 지적되고 있고 서로의 차이를 이해하는 것이 무엇보다 중요하며, 정확한 정보 없이 사업을 발주하는 경우가 많다는 점, NPO에 대한 우대에 있어 설득력 있는 뒷받침이 부족하다는 등의 문제점이 지적되고 있다. 최근에는 직원들의 의식변화가 요구되며, 고령화 사회에 맞춰 이에 대응하는 NPO의 역할을 강화해야 한다는 의견이 제시되고 있다.

(2) 시즈오카현(靜岡縣)의 역할분담과 지원시책의 전환

　시즈오카현에서는 NPO를 사회적 역할을 담당하는 새로운 파트너로 평가하면서 NPO추진실과 NPO상담창구를 개설하여 집행체제를 확립함과 동시에 NPO활동에 관한 기본 지침을 통하여 협동을 형성하고 있다.

　시즈오카현의 경우, 자주성·자립성의 존중(행정에의 의존성이나 활동에 대한 유도, 간섭이 없는 지원), 간접성·측면성의 존중(보조금 등의 지급을 통한 직접적 지원이 아닌 활동을 위한 환경을 만드는 지원), 유연성·단계제의 존중(NPO의 발전단계에 대응한 유연한 지원), 유한성·시한성의 존중(성장을 유발하는 계기를 통해 역할을 명확하게 하는 유한적, 시한적 지원)이라는 기본방침 하에 다음과 같은 구체적인 사업을 실시하고 있다.

　먼저, 정보의 제공이다. 시기적절한 정보를 제공하여 시민간의 소통이 깊이 있게 이루어질 수 있도록 한다. 기초자치단체인 시구정촌 직원들의 연수를 통해 이해와 협동의식을 높이고, NPO를 대상으로 한 NPO 매니지

먼트 학원, 어드바이저, 대학원 강좌 등을 마련하여 NPO 육성을 지원하는 동시에 활동의 거점인 NPO활동센터를 정비하여 상호관계 구축의 장을 마련하고 있다.

그러나 이러한 역할을 담당할 NPO의 역량이 아직 부족하다는 한계가 있으며, NPO와의 협동추진에 있어 직원의식개혁과 조직체제의 개편이 요구된다는 점, 그리고 광역과 기초간의 역할분담을 통해 NPO에 대한 지원은 기초자치단체가 하되, 광역자치단체는 후방지원을 하는 방식의 체제를 구축하는 것이 요구된다는 평가가 있다. 또한 기업과의 제휴를 통해 기업의 기술, 자금, 시설, 인재 등의 제공을 통한 NPO활동의 지원도 모색되고 있다.

(3) 효고현(兵庫縣)의 시정촌과의 역할분담을 통한 협동 모색

효고현은 볼룬티어 활동 촉진 등에 관한 조례를 제정하여 현민 개개인의 자발적이고 자율적인 활동을 지지하고 있다.

이를 위해 볼룬티어 프라자를 설립하여 교류 살롱, 세미나실, 정보화 코너 등을 제공하고 있으며, 프라자 운영은 사회복지협의회가 수탁하여 NPO대표, 전문가 등으로 구성된 운영위원회를 설치하였다. 한편, NPO 등의 제안은 공개심사를 통하여 실천되고, 기부문화의 촉진에도 신경을 쓰고 있다.

교류와 네트워크, 정보제공과 상담, 활동자금 지원, 인재육성, 조사·연구 사업 등을 추진하고 있으며, NPO에 의한 다채로운 생활부흥 지원 사업도 실시하고 있다.

그러나 프라자에서는 개개의 활동단체를 지원하는 것이 아니기 때문에 중간 지원조직을 통한 지원을 기본으로 하고 있으나 구체적인 중간지원조직과의 관계만들기는 아직 초기 단계에 있다. 또한 농촌지역의 경우, 지역주민 자치조직인 자치회나 정내회 등과의 연대가 불가피하고 현과 NPO간의 의사소통도 아직 충분하지 않아 정보기능 강화라는 과제가 지적되고 있다.

2) 기초차원에서의 협동사례

(1) 고베시(神戸市)의 NPO를 비롯한 시민활동과의 협동

고베시는 종합지원창구와 각 지역마다 활동 거점을 설치하여 시민활동과의 협동을 도모하고 있다. 특히, 협동과 참가의 플렛폼을 개설하여 '정보제공'(정보지의 발행, 홈페이지에 의한 정보발신 등), 지원기능(파트너십 활동 조성, 스페이스 제공 등), 편집 기능(인적 물적 정보 등의 자원을 최적으로 편집, 제공)을 수행하고 있다.

파트너십 조성사업은 NPO에 한정하지 않고 시민전체를 대상으로 시민제안형태로 지역과제 해결을 목표로 사업을 조성하고, 시민활동지원에 관한기본방침에서는 중간지원조직을 통한 측면지원을 중시하고 있지만, 사업은 직접 지원을 원칙으로 하고 있다.

고베시는 사업의 위탁이나 공동실시를 통해 시민활동단체의 자립과 전문성을 촉진시키면서 시와의 파트너십 만들기를 꾀하고 있다. 또한 고베시 협동연구회를 통해 NPO와 행정이 정기적인 대화의 장를 마련하고 있으며, 공동으로 공익서비스를 실행하고 있다. 시민활동실태조사 및 스포츠 NPO를 육성 지원하는 등의 활동도 계속적으로 이루어지고 있는 등 시민에 의한 NPO 및 사업평가도 흥미롭다.

그러나 협동과 시민참가에 대한 견해차를 아직 줄이지 못하고 있어, 이념적인 부분에 대한 정리가 필요하다는 의견이 있으며, 정령지정도시의 경우, 구의 역할이 증대되고 있는 경향을 반영하여 이에 대한 정리가 이루어져야 할 것이다.

(2) 아비코시(我孫子市)의 자원봉사센터와 시민활동센터 통합을 통한 협동 추진

치바현 아비코시는 시민공익활동, 시민사업지원지침을 책정하고, 시민

·기업·행정과의 협동을 통한 지역만들기를 추진하고 있다. 특히, 시민의 손에 의한 수질정화와 봉사원 제도, 치매성 고령자 서비스 등 다양한 시민활동이 활발한 지역으로 주목받고 있다.

자발적 시민활동에 비중을 두고, 자주성·자립성에 근거한 활동, 시민의 생활향상이나 개선과 결합된 사회공헌활동, 계속적 활동, 비영리활동, 열린 활동이라는 지향점을 갖고 있다. 주요 추진 시책으로는 장소의 제공, 정보 및 기회의 제공, 활동 조성의 충실, 자치체 체제 정비 등 4가지를 들 수 있다. 먼저, 장소의 제공은 종합적 시민공익활동의 거점기능을 정비하는 시민활동지원센터의 정비를 말한다. 다음으로 정보 및 기회의 제공이다. 효과적인 정보를 제공하고, 강연회나 심포지엄 등을 통해 참가의 계기를 만들고 연수회나 강습회 등을 개최하여 시민사업을 활성화시키고 있다. 활동조성의 충실은 재정적 지원에 있어 보조금 공모제의 도입이나 융자 제도 등을 통해 효과적 지원에 만전을 기하고 있다. 마지막으로 시민활동지원과나 시민공익활동 및 시민사업지원체제를 정비하고, 시민활동 지원 조례를 책정하는 등 체제 정비를 적극적으로 추진하고 있다.

아비코시의 협동은 자주활동·제휴형, 시(市)사업 참가형, 공동 사업형 등의 유형이 있으며, 시민활동센터와 자원봉사센터를 통합하여 자원봉사·시민활동 서포트센터도 오픈하였다.

그러나 다양한 지역 주체들의 활동을 얼마나 조화롭게 조정하여 지역 활성화로 연결시킬 수 있을 것인가는 아직은 알 수 없는 부분이며, 이들 간의 연대와 역할분담, 상호이해의 폭을 넓히는 전제가 우선적으로 형성되어야 할 것이다.

(3) 야마토시(大和市의) 새로운 공공을 위한 협동의 모색

가나가와현의 야마토시는 시민활동과 내에 시민활동지원담당을 신설하여 협동의 지원책을 강구하기 시작했으며, 시민활동지원에 관한 방침

및 시민활동단체 실태조사 등을 통하여 본격적인 협동을 추진하고 있다.

최근 새로운 공공을 창조하는 시민활동추진조례를 제정하여 시의 시책이나 사업에 시민참가를 확대, 촉진토록 하고 있다. 그리고 NPO법인 지원 파일럿사업과 워커즈 컬렉티브 케어(worker's collective care)지원, 가나가와 환경교육연구회 지원 등의 사업을 통해 협동을 모색하고 있다.

그러나 구체적인 협동 과제의 도출에 있어 아직 초기단계에 있어 이를 어떻게 구체화할 것인가가 과제가 되고 있다. 또한 구체적인 지향점과 경험을 축적하여 노하우를 기를 필요가 있으며, 각각의 관점이나 사업의 평가에 대해서도 객관적인 합의점과 시스템을 갖추는 것이 중요하다.

(4) 미시마시(三島市)의 시·시민·기업간 제휴형 협동

미시마시는 오래 전부터 그라운드 워크 미시마라는 NPO와의 협동을 통해 지역환경개선 사업을 실시해 온 자치단체이다. 이는 행정에는 없는 노하우를 가진 NPO와의 연대를 통하여 다른 각도나 시점에서 다시 시의 시책을 체크하는 것은 물론 새로운 아이디어를 반영하여 보다 개선된 정책을 입안하는 것을 내용으로 한다.

이를 통해 역할분담과 협력사업을 분명히 하고, 많은 참가자를 통해 상호협력과 책임을 공유하도록 하고 있다. 따라서 막연한 협동이나 지원의 요구가 아니라 각각의 역할과 지원의 구체적인 형태를 가진다는 점이 특징이다. 이밖에도 미시마 육아 컬리지, 마을 만들기 컬리지 등이 실시되고 있다.

그러나 미시마시의 경우는 어느 정도 실적이 있는 NPO를 중심으로 협동이 이루어지고 있기 때문에 초기 단계에 있는 NPO와의 협동은 아직 미비한 수준이며, 이를 보안하고자 NPO자원봉사정보센터 등을 설치하는 등의 노력을 하고 있다.

<표 1> 광역과 기초차원에서의 협동사례

자치제 구분		미야기현(宮崎縣系)	시즈오카현(靜岡縣系)	효고현(兵高縣系)
광역 차원 (도도 부현)	중점 내용	• NPO 프라자를 중심으로 한 협동 촉진	• 현과 시정촌의 역할분담, 지원시책의 전환: 광역– 기초 지원, 기초–지역 NPO 지원	• 현과 시정촌의 역할분담 강조
	제 도 적 장 치	• 미야기현 민간비영리활 동촉진기본계획의 책정 • 민간비영리활동촉진을 위한 조례	• 신세기 창조계획 제2단계 실시 계획 • NPO활동에 관한 기본지침	• 볼룬티어 조례 제정 • 현민참가와 협동의 추진 에 관한 조례
	협동 형태	• NPO프라자 개설 • NPO추진사업발주가이드 라인	• NPO추진위원회 설치 • NPO추진실 • NPO상담창구개설	• 볼룬티어 프라자 설립: 교 류 및 네트워크, 정보제공 및 상담, 인재육성, 활동 자금지원, 조사연구 등
	협 동 의 지 침	• NPO활동촉진청내 연락 조정회의 설치 • 직원의 연수 실시 • NPO추진사업의 선정기준 • NPO활동의 지원, 촉진 • NPO와의 파트너십 확립	• 자주성, 자립성 존중 • 간접성, 측면성 존중 • 유연성, 단계제의 존중 • 유한성, 시한성의 존중 (NPO에의 정보제공 및 인재육성지원 등)	• NPO에 의한 다양한 측 면에서의 지원
	과제 와 향후 전망	• 차이를 인정하는 것 • 전체적인 위탁을 지양 접점이 없어질 우려가 있음 • 직원의 의식변화 기대	• NPO 자체의 역량이 부 족한 현실 • NPO의 제안을 충분히 발휘하는 직원의식개혁 • 조직체제의 정비	• 의사소통의 문제: 사회복 지협의회를 중심으로 한 네트워크를 살리면서 NPO에 대한 거점이 될 수 있는 중간 지원조직의 육성

구분		고베시(神戸市)	아비코시(我孫子市)	야마토시(大和市)	미시마시(三島市)
기초 차원 (시구 정촌)	중점 내용	• NPO를 포함한 시민활동과의 협동	• 자발적 시민활동 촉진 • 협동의 마을 만들기	새로운 공공을 목표로 한 시민과의 협동	• 시, 시민, 기업 등의 제휴에 의한 협동
	제도적 장치	− 파트너십활동조성사업 − 시민활동지원에 관한 기본방침	• 시민공익활동, 시민사업지원지침 책정 • 시보조금공모제도 (3년간 지원)	• 시민활동단체 실태조사 실시 • 시민활동추진조례 제정	
	협동 형태	• 종합지원창구 • 활동거점의 설치 − 정보제공, 지원 등 • 시민전체를 대상으로 한 시민제안형 협동사업 추진 • 사업위탁	• 시민사업지원 − 시 봉사원제도, 치매고령자 서비스 등 • 장소 제공 • 정보 및 기회의 제공 • 활동조성 • 조직체제 정비 • 자주활동 제휴형 • 시 사업에의 참가형 • 공동사업형	• NPO법인 지원 • NPO 연구회	• 그라운드 워크 미시마 연구회 • 그라운드 워크 미시마실행위원회 • 시민의 손으로 공원만들기 • 지구를 사랑하는 환경교육사업
	협동의 지침	• NPO의 능력을 살리고, 행정을 보완하는 상호이점 • 區의 역할에 비중 • 시민에 의한 NPO평가	• 자원봉사센터와 시민활동센터의 통합에 의한 협동 추진	• 시민, 시민단체, 사업가, 자치체 모두가 협동해 창출하는 공공	• 역할분담과 협력사항의 분명한 명시 • 문제의식 공유 • 장기적 관점에서의 신뢰를 중시 • 사무국 지원은 행정 직원이 담당
	과제와 향후 전망	• 협동과 시민참가에 대한 개념정리가 필요 • 시정촌의 역할분담	• 직원의 의식개혁 • 시민활동의 촉진 • NPO지원, 협동사업의 확대	• 협동의 구체화가 과제	• 정보제공 • 인재육성 • 활동거점의 제공 문제

Ⅳ. 성공과 한계요인 분석

로컬 거버넌스의 성공과 한계요인의 분석은 앞에서 개괄적으로 살펴본
자치체와 NPO간 협동현황을 대상으로 하고, 분석의 틀은 로컬 거버넌스
전제조건과 전략에서 살펴본 요소들을 고려하여 구성하였다. 환경적 조건
으로는 ①NPO와 주민자치조직 등 자원과 일본적 환경, ② 지방정부의 정
보력, ③ 파트너십의 유형을, 구조적 조건으로는 ①다양성과 개방성, ②네
트워크의 유형을, 운영과 전략으로는 ①제도적 장치, ②지원과 육성전략,
③상호작용의 촉진 등 3개 측면에서 8개 분야로 세분하여 일본사례가 갖
는 특징적 요소들을 도출하도록 한다.

1. 환경적 조건

환경적 조건의 주요 요인은 NPO를 비롯한 주민자치조직과 같은 공익
성이 강한 지역사회 자원과 환경적 특성, 자치단체의 정보력, 자치체와
NPO간 파트너십의 유형 등으로 압축하여 분석하고자 한다.

1) 자원과 환경적 특성

⑴ NPO자원과 특성

일본의 NPO는 수적인 면에서 서비스제공 기능을 중심으로 증가추세
에 있으나, 그 주요 구성원이 50~60대의 가정주부나 고령자 중심이며, 비
상근 스텝 중심의 자산규모도 소규모인 단체가 주류를 이루는 것으로 보인
다. 따라서 각종 서비스 제공 및 생활관련 이슈 창출에는 유리한 측면이 있
으나, 전문성과 개혁선도자로서의 기능은 뒤떨어지는 면이 있다 하겠다.

또한 NPO가 활동하고 있는 지역이 대도시 중심으로 형성되어 있어 가시적 성과를 보이고 있는 NPO가 하나도 없는 자치체가 있음을 생각할 때, 도시지역과 농촌지역의 편차가 매우 큰 것으로 판단된다. 이 중에는 정부와의 파트너십을 형성할 수 있을 만큼의 NPO적 특성과 전문성을 갖춘 단체도 드문 경우가 많다.

일본 NPO에게서 발견되는 또 하나의 특징은 NPO를 지원하는 NPO가 상당히 대규모로 조직되어 활동하고 있다는 점이다. 개개의 NPO들의 경우, 다소 열악한 측면이 있으나 주민과 NPO가 상호교류 할 수 있도록 중간지원단체의 성격을 갖는 NPO가 조직되어 있는 점은 정부와의 파트너십에 있어서 독립성과 고유성을 유지하고, 정부부문에 포섭되는 위험을 막을 수 있는 가능성이 높다는 점에서 주목할 만하다.

(2) 주민자치조직

일본의 경우, 지역 내의 커뮤니티 지원단체로서의 성격이 강한 자치회나 정내회와 같은 주민자치조직[5]이 활성화되어 있어 연대와 역할분담이 지역협농의 환경적 조건으로 매우 중요한 부분을 차지한다.

지역 커뮤니티 주체간의 관계를 보면, 주민자치조직과 부의 관계에 있다는 점을 확인할 수 있다. 즉, 자치회나 정내회는 NPO에게 어떤 영향을 주고 있다고 볼 수는 없지만, NPO는 자치회나 정내회가 확립되어 있을수록 활동이 어려운 경향을 보이고 있다는 것이다. 확실히, 자치조직과 NPO 간에는 전자가 압도적으로 오랜 역사를 갖고 있기 때문에, 그 영향력이 강

---

5) 1953년 이후 오랜 기간 동안 지역사회에 정착해 온 자치회를 비롯한 정내회 등의 주민자치조직은 NPO와 더불어 매우 중요한 역할 주체이다. 그러나 주민자치조직은 행정의 하청적 조직으로서의 이미지가 강하고, 현재도 과거와 별 다를 것 없는 기능을 수행하고 있는 경우가 많아 앞으로의 역할의 중요성을 생각할 때, 쇄신되어야 한다는 의견이 제기되고 있다(澤井勝 외, 2005: 46~47).

한 지역에서는 NPO가 활동할 수 있는 수요가 적어지는 경향이 있다.

일반적인 인식과는 달리, NPO의 활동기반이 도시에 집중되어 있기 때문에 대도시의 경우는 인구수와 NPO의 수가 정의 관계를 보이지만, 도시 이외의 지역에서는 NPO가 하나도 존재하지 않는 자치체도 많은 것으로 파악되고 있다. 실제로 NIRA보고서(2005)에 의하면 NPO가 하나도 없는 자치단체도 상당수 존재하고 있는 것으로 조사되었다.

시민사회의 새로운 선도자로서 NPO가 주목받기 시작하면서 상대적으로 기존 지역조직인 자치회와 정내회를 과거의 형식적 자치조직으로 생각하여 상호연대보다는 대립과 갈등을 경험하는 경우가 많다는 것이 문제이다(關西社會經濟研究所·東北開發研究センター, 2005: 147~149). 이는 단순히 주민자치조직과 NPO간의 관계만이 아니라 두 주체와 상호협동관계를 모색하고 있는 자치단체의 입장에서도 혼란을 주고 있다. 특히, 대도시를 중심으로 NPO가 밀집되어 있는 양상을 보이고 있어, 대도시 이외의 지역에서는 NPO 자원 자체에 한계가 있다. 오히려 오랜 기간 안정적으로 주민 공동의 장으로서 역할을 수행해 온 주민자치조직과의 관계가 가능성을 갖는다는 점(總務省, 2005)에서 주민자치조직의 새로운 역할 정립과 NPO와의 상호연대는 일본의 지역협동이 봉착한 가장 큰 문제 중의 하나라고 할 수 있다.

따라서 주민자치조직의 경우는 지역이 고민하고 있는 문제나 공공서비스에 대한 공론의 장으로서, 그리고 실천주체로서의 역할을 찾아가야 할 것이며, NPO는 그 특유의 선진성과 전문성을 살려 지역성을 초월한 지원과 개혁의 주체로서의 역할을 강화해야 할 것으로 생각된다.

2) 자치체의 정보력

지역협동의 파트너인 NPO에 대해 자치단체가 어느 정도의 정보력을 갖고 있는가는 자치단체가 어떤 NPO와 어떤 분야에서 어떤 방식으로 파트너십을 형성할 수 있을 것인가에 대한 기본 조건이 된다.

지역차원에서는 도도부현이 시정촌에 비해 정보력이 높고, 보조금과 위탁사업을 중심으로 어떤 NPO가 어떤 활동을 하고 있는가, 그리고 자치단체와 어떤 관계를 형성하고 있는가를 파악하고 있다. 그러나 시구정촌의 경우, 상당 자치단체가 지역 NPO에 대한 정보파악이 현저히 뒤떨어져 있어 시정촌을 중심으로 활동하는 NPO가 많은 실정과는 거리가 있는 결과를 확인할 수 있었다.

한편, NPO의 경우에도 자치단체에 대한 이해력이 부족하고, 공동사업이나 위탁사업 수행에 있어서 정부운영 및 시스템과의 괴리감이 커 온전한 협동을 실천하는데 한계가 많다. 그러나 NPO에 대한 실태조사나 담당 부서가 대부분 설치되고 있고, 상담창구를 운영하는 등 상호 접합점을 마련하기 위한 다양한 조치들이 실시되고 있음을 주목할 필요가 있다.

3) 파트너십의 유형

사례 연구를 함에 있어 정부 부문과 민간 부문 특히, NPO와의 파트너십의 특성을 환경적 조건으로 살펴보는 것은 매우 의미 있는 작업이라 생각된다. 특히, 정부가 독점해 온 '공공' 부문에 대한 민간과의 파트너십이 어떠한 특성을 보이고 있는가에 대한 유형화는 일본 로컬 거버넌스의 특성을 파악한다는 함의가 있으므로 환경적 조건으로서 살펴보고자 한다.

현재 추진되고 있는 지방자치단체와 NPO간의 파트너십의 유형을 협동사업을 바탕으로 정리해 보면, 가장 광범위한 범위에서 실시되고 있는 지원 및 육성형과 NPO에 의한 위탁사업 추진형, 그리고 분권·행정개혁형으로 제시할 수 있을 것 같다.

2. 구조적 조건

구조적 조건의 주요 요인은 주체의 다양성과 개방성, 네트워크의 유형, 역할과 책임분담, 참여방식과 분야 등의 측면에서 해석을 시도하고자 한다.

1) 주체의 다양성과 개방성

로컬 거버넌스에 있어서 중요한 것은 지역사회의 주체들이 얼마나 다양하게 참여하는가이다. 많은 NPO가 지방자치단체의 정책과정에 참여하고 있으나, 무엇보다도 공식적 참여와 이에 관한 신뢰할만한 기준의 마련이 중요하다고 생각된다.

대체로 참여주체의 다양성이 높을수록 개방성이 높다고 생각할 수 있으나, 이것은 네트워크 구조에 혼선을 야기할 수 있고, 네트워크 참여에 있어 그 대표성과 역할성이 낮은 주체의 참여 등 문제가 야기될 수도 있으므로 이에 대한 객관적인 기준의 마련도 중요하다 판단된다.

일본의 자치단체가 추진하고 있는 공공부문의 개방과 참여의 대상은 단체에 국한하지 않고, 개개인의 시민, 주민, 국민에게 열려 있는 공간이라는 점을 지향하고 있다. 따라서 참여주체의 개방성은 다양한 주체를 대상으로 하고 있는 만큼 매우 높은 수준임을 알 수 있다.

그러나 방문 및 면접조사의 결과를 바탕으로 분석해 보면, 개방성이 높은 반면, 참여에 있어서의 시민의식이 낮은 점을 공통적으로 지적하면서, 같은 단체와 같은 구성원의 중복 참여로 이들이 기득권층을 구성하고 있어, 새로운 시민참여를 막는 저해요인이 되기도 하고, 그 대표성과 객관성에 있어 문제점이 지적되고 있었다.

2) 네트워크의 유형

Koolman(1994)은 네트워크를 각 행위자들이 균형을 유지하는 가운데,

밀고 당기는 힘겨루기의 과정 속에서 형성된다 언급했고, Rhodes(1997)는 정책네트워크내의 행위주체들이 자원의존에 의해 서로 연결되어 있으며 연결된 정도를 기준으로 가장 견고한 정책 네트워크에서부터 이슈네트워크까지 다양하다고 말한 바 있다. 실제로 네트워크의 형태는 환경적 조건에 따라 매우 다양한 형태를 가질 수 있으므로 일본 사례의 특성을 고려하여 크게 두 가지 형태로 압축하여 살펴보도록 한다.

(1) 지역 커뮤니티 중심 네트워크

거버넌스의 주체들간의 네트워크는 공간적 측면에서 기초자치체를 중심으로 한 공동체형 네트워크를 형성하는 특징을 가지고 있다. 이는 NPO 등의 활동범위가 시구정촌 단위가 주류를 이루고 있음에서도 짐작할 수 있다. 커뮤니티 중심의 공유된 룰과 공동 목표를 지향하는 주체들이 '공론의 장'을 통하여 대면접촉 방식을 통하여 지속적인 관계를 형성하는 특징을 가지고 있다.

(2) 이슈 네트워크

이들 주체들은 대등한 관계로 한시적으로 협동하는데, 그것은 함께 해결해야만 하는 과제가 발생했을 때이다. 특히, 주민생활과 밀접한 관련이 있는 보건·복지·의료서비스분야와 육아, 청소년, 장애인과 관련된 이슈를 중심으로 이해관계와 전문성이 있는 주체들간의 네트워크가 형성되는 경향을 갖는다. 이는 NPO와는 다소 차이가 있으나 생협이나 마찌쯔꾸리 추진 협의회와 같은 조직이 일본의 경우, 매우 활성화되어 있음에서도 추측할 수 있다. 최근에는 환경만들기나 스포츠 등의 분야에 있어서도 다양한 네트워크가 형성되고 있다.

그러나 이러한 이슈들이 자치단체와의 정책에 있어 대등한 의존관계를 갖고 있다고 보기는 어려운데 적극적이며 공식적인 측면이 결여되어 있는 관계로 정책네트워크보다는 이슈네트워크에 가깝다고 생각된다.

3) 책임분담의 정도

다양한 참여주체들이 파트너로 참여하는 네트워크 안에서 결정된 정책과 사업에 대한 결과의 책임분담이 얼마나 구체적으로 명시되어 있는가에 대한 논의이다. 각 파트너와 행정기관 사이의 책임, 즉 NPO와 지방자치단체간의 책임분담에 대한 구체화 내지는 제도화 정도가 어느 정도 갖춰져 있는가를 살펴보고자 한다.

로컬 거버넌스에서의 참여주체간의 대등 관계는 역할분담과 책임원칙에 기본을 두고 있다. 그러나 현재의 제도로서는 실현되기 어렵다는 논의가 일반적이다. 大久保親子(2003)는 일반적으로 이야기할 수 있는 NPO와 행정과의『대등성』이라고 하는 이념을 이해할 수 있으나, 법적으로 보면『협동』의 의미는 반드시 명확하지 않다고 언급하고 있다. 그 이유는 NPO와의 합의에 기초한 행정이라 하더라도 그 공적임무가 행정업무로서 발생하는 한, 법률에 근거하여 권한을 부여받는 행정부가 최종적인 결정권과 책임을 갖게 되는 것이라는 점을 지적하고 있다. 위탁사업의 실행에 있어서 사고 등의 문제가 발생하고 손해에 대한 보장의 책임에 있어서도 현장에서의 최종적인 권한과 동시에 국가보상법 1조 1항에 의하여 민법 715조에 근거하여 손해배상책임의 소재가 행정 측에 있다고 언급하고 있다.

자치체와 NPO의 협동은 대등이라는 관계를 전제로 하고 있지만, 무언가 문제가 발생할 경우, 협동의 이름하에 책임은 행정이 전적으로 지는 구조로 되어 있다.

따라서 거버넌스 주체간 책임분담은 제도적으로는 어려운 상황이며, 협동 주체간 도의적 책임과 사명감에 의존하는 수준이라 할 수 있다. 그러나 위탁사업의 경우는 사후평가를 통하여 위탁사업 대상에서의 제외 등을 통한 제재조치를 생각해 볼 수 있다.

3. 운영과 전략

1) 제도적 장치마련

운영과 전략의 요인으로서 지방자치단체와 NPO의 협동이 공식적인 법적·제도적 장치를 통해 운영되고 있는가에 대해 살펴보고자 한다. 자치단체 차원에서의 법적·제도적 장치인 조례와 규칙 등을 통하여 공식적으로 표명되고 보장되는 협동의 내용 및 성격을 분석하는 것은 협동의 수준과 형태도 함께 파악하는데 매우 중요한 요소로 판단된다.

(1) 조례를 비롯한 규칙, 조약, 가이드라인

일본에 있어서 시민참가와 협동에 관한 제도적인 장치는 조례를 비롯한 규칙, 조약, 지침 가이드라인 등[6]이다. 분석을 위해 기초자치단체를 중심으로 제정된 시민참가조례를 중심으로 시민참가와 협동이 이루어지고 있는 범위와 이에 대한 시민참가방식이 어떤 내용으로 보장되고 있는가를 정리하면 다음과 같다.

시민참가 및 협동에 관한 조례는 1997년 오사카부의 시민참가조례를 시작으로 지속적으로 조례를 제정하는 자치단체가 늘고 있는 추세에 있으며, 다소 명칭에 차이는 있으나, 시민참가조례를 제정하여 공식적인 시민

---

6) 도도부현 차원에서는 北海道(홋카이도), 靑森縣(아오모리현), 岩手縣(이와테현), 宮城縣(미야기현) 등에서 시민활동촉진조례가 제정되었고, 지침으로는 千葉縣(치바현), 神奈川縣(가나가와현) 등의 NPO 및 시민활동추진지침 등이 있으며, 東京都(동경도), 京都府(교토부), 大板府(오사카부), 鳥取縣(돗토리현) 등의 사회공헌활동단체와의 협동 가이드라인 등을 통하여 시민활동의 촉진과 정부와의 파트너십을 도모하고 있다.

참가와 협동을 보장·촉진하고 있다. 내용은 크게 협동의 범위와 참여방식에 관한 사항을 규정하고 있는데, 초창기 시민참가조례는 의회활동의 공개와 민간위원의 참여를 보장하는 수준이지만, 공공부문의 개방이라는 상징적 의미를 갖고 있다고 할 수 있다. 이후 협동과 참여의 수준이 점차 향상되면서 의사결정에의 합의를 존중하고, 시민동향조사나 시민제언제도 등을 통해 시민의 의견을 적극적으로 수렴할 것을 보장하는 조례로 발전한다. 참가방식에 있어서도 내용이 구체화되면서 공청회나 심의회, 워크샵 그리고 퍼블릭 코멘트[7]와 같은 구체적 방식을 통한 참가가 정책의 형성, 실시, 평가과정별로 보장되고, 지역의 사업계획이나 범주에서 참여가 보장되는 방식으로 확대되는 양상을 보이고 있다. 최근에는 정보의 공유와 설명청구를 비롯하여 공익상 시민이 준수해야 하고, 부담해야 하는 역할 및 환경보전, 출자금액이 큰 자치단체 사업 등 그 범위를 확대하여 시민참가와 협동을 구하는 조례가 제정되고 있다.

(2) NPO 담당부서 설치 및 제도적 지원

일본의 자치체에서 실시하고 있는 가장 보편적이며, 기본적인 협동을 위한 조직개편의 형태가 NPO관련 담당부서를 설치한 것이다. 광역은 물

---

7) 일본에서 주민(시민)의 의견을 공식적으로 정책형성과정에서 수렴하고 반영하자는 목적으로 실시되고 있는 대표적인 제도가 퍼블릭 코멘트이다. 중앙성부 등의 개혁기본법(1998년)에서 정부는 정책형성에 민의를 반영하고, 그 과정의 공정성 및 투명성을 확보하기 위해서 중요한 정책의 입안에 있어서 그 취지, 내용 외에 필요한 사항을 공표하고, 전문가, 이해관계자를 비롯하여 광범위한 범위에서의 국민의 의견을 구하고, 그것을 고려하여 결정하는 구조의 활용 및 정비를 도모하도록 한다(제50조2항)라고 정하고 있다. 이를 위한 구체적인 절차로서 ① 행정기관이 규제의 제정에 걸쳐 정성령, 고시, 행정 수속상의 심사기준, 처분기준 등을 책정하고자 하는 경우, ② 당해 행정기관은 그것에 관한 안과 관계자료를 홈페이지와 다른 인쇄매체를 통하여 일반에게 공표하고, ③ 1개월 정도를 기준으로 광범위한 의견과 정보의 제출을 받아, ④ 받아들여야만 하는 의견과 정보에 근거하여 당초 안을 수정하거나, 반영할 수 없는 것에 대해서는 그 이유를 공표하도록 하는 제도이다.

론이고 기초의 경우도 일반화되고 있는 추세이며, 이 부서를 통해 자치체 전체와 NPO가 협동을 도모할 수 있도록 이해를 돕고, 정보의 수집과 교환, 정책의 기획 등을 수행하는 역할이 이루어지고 있다.

제도적 지원차원에서는 NPO를 비롯한 주민자치조직에 대한 예산을 별도 편성하고 있으며, NPO의 자원적 열악성을 감안하여 각종 면세제도 등을 마련하는 추세에 있다. 그러나 NPO에 대한 각종 지원제도는 아직 미비한 수준이며, 예산에 있어서도 위탁사업 단위를 제외하고는 편성금액이 적은 편이다. 그러나 사례분석에서도 알 수 있듯이, 금전적 지원과 같은 직접지원보다는 NPO의 독립성을 유지하면서 역량을 키울 수 있는 환경정비 방식의 간접지원을 지향하고 있다는 점도 주목할 사항이다.

2) 지원 및 육성방안

원활한 파트너십의 형성과 협동의 추구를 위해서는 NPO에 대한 지원과 육성이 현실적으로 중요하다. 물론 NPO의 하청기관화나 자립성결여 등 부정적인 시각도 있으나 그 역할의 중요성에 비해 현실적으로 인적·물적 어려움에 있는 NPO가 그 역량을 발휘할 수 있도록 지원과 육성은 매우 중요한 요소로 생각된다.

(1) NPO에 의한 NPO의 지원육성

NPO와의 본격적인 협동을 위해서는 상대적으로 열악한 조건에 있는 NPO를 육성하고 지원할 필요가 있다. 특히, NPO의 특성과 고유성을 유지하면서 역량을 키우기 위해, 그리고 자치단체와 근본적으로 이질적인 NPO에 적합한 지원 및 시민참여의 촉진 등을 함께 도모할 수 있도록 NPO를 지원하는 NPO를 통해 각종 교육 및 의식개혁 그리고 NPO운영을 위한 각종 지원, NPO의 평가를 통한 개선책 도출을 수행하고 있음은 매우 유의미한 시사점을 제공한다고 할 수 있다. 또한 NPO지원 NPO는 정기적이고 지속적인 정보수집을 통하여 적절한 아이디어와 의견을 교환하고 공유하는 창구로서도 기능하고 있다. 그리고 전문성을 살려 개별 NPO와의 네트워크를 구성하고, 기존 주민자치조직과의 연대도 추진하고 있다. 경우에 따라서는 복지서비스 제공주체로도 역할을 수행하고 있다.

(2) NPO 지원정책

NPO 정책에 있어 앞서가는 자치체에서 공통적으로 발견할 수 있는 것은 NPO관련 예산비율이나 시책 수, 그리고 NPO에 대한 지방세 감면제도 수 등이 많다는 것이다. 이는 NPO가 사회적으로 비약적으로 발전함에 따라 이에 대응한 정책과 지원에 있어서도 빠른 대응이 있었던 것으로 해석된다. 주민자치조직에 있어서는 상당수 정책이 정착되어 안정적인 운영이 이루어지고 있는 것으로 해석되는데, 이것은 다른 측면에서 보면, 변화된 환경과 역할에 부합하는 자치조직에 대한 정책 수행이 모색되고 있지 않다는 것으로 해석해 볼 수도 있을 것 같다. 인구수가 많은 자치단체일수록 NPO 관련 정책에 대한 평가치가 전반적으로 높게 나타난 것을 볼 때, 대도시지역의 NPO 정책이 상대적으로 활발하게 실행되고 있는 것으로 해석된다.

그러나 아직도 많은 자치단체가 지역 커뮤니티 및 NPO와 관련된 정보를 확실히 파악하지 못하고 있다. 특히, NPO에 대한 정보 및 예산에 관한 정보는 많은 자치체가 파악하고 있지 못한 것으로 해석된다. NPO 법인 수에 대한 파악은 어느 정도 되고 있으나, 임의단체를 포함해서는 거의 파악하고 있지 못한 것으로 판단된다. 만약 NPO와의 협동을 자치체가 생각하고 있다면, 어느 정도의 단체가 지역에 존재하고 있으며, 역량은 어떤가에 대해 구체적으로 파악할 필요가 있다.

3) 상호 작용의 촉진 전략

마지막으로 상호 이해 촉진 및 협동에의 목적 공유를 위한 전략들이 어떠한 형태로 운영되고 있는가에 대해 살펴보고자 한다. 이것은 원활한 로컬 거 버넌스의 운영을 위해 지속적으로 이루어져야 하는 작용으로 다양한 주체와 협동사안에 대한 이해와 목적에 대한 공유를 통해 운영의 원활화를 도모하는 것이다. 따라서 앞서의 제도적 장치와 NPO에 대한 지원과 육성을 기반으로 한 운영의 전략적 측면에 대해 살펴보고자 한다.

(1) 지향점으로서의 '새로운 공공성'과 '공공 공간' 제시

일본의 경우, 다양한 주체들간의 교류와 협동을 통한 로컬 거버넌스의 구현에 있어 하나의 지향점이자 출발점으로서 '새로운 공공성'에 대한 논의가 확대되고 있다. 그리고 그것이 이루어지는 공간으로서 '공공 공간'이 언급되면서 자치단체 입장에서도 NPO의 입장에서도 각각 함께 논의하며 공유된 룰과 목적을 도출함으로써 공공성을 창출한다는 하나의 지향점에 주목할 필요가 있다. 왜 협동하는가? 각각의 주체는 어떤 관계이며, 시민은 왜 사회적 사명감을 갖고 활동해야 하는가에 대한 의문에 해답을 제공함으로써 상호작용을 위한 중요한 가치를 제공하고 있다.

(2) 광범위한 정보수집 및 적절한 정보제공

자치체와 NPO상호간에 각각 광범위한 정보수집을 통해 시민과 민간단체에 적절한 정보제공을 함으로써 상호작용을 촉진시키고 있다. 특히, NPO차원에서의 정보수집과 정보제공은 다양한 주체들의 시기적절한 관계와 대응에 유의미한 가치가 있다. 그러나 기초의 경우, NPO에 대한 정보력에 한계가 있음을 확인한 바 있으며, 상호작용의 촉진을 위해서는 이에 대한 보완이 요구된다 하겠다.

그밖에 일본의 사례가 갖는 특징 중의 하나로 오프라인에서의 대면접촉적 관계를 형성하는 '장소'의 제공이 활발하다는 것이다. 이것은 공동체의 주민과 NPO가 정기적인 프로그램을 통해 만남으로서 상호이해와 관심

의 폭이 넓어지고, NPO등의 사회교육이나 각종 프로그램에 대한 홍보 및 계몽이 이루어지며, 관계가 지속성을 갖는다는 점에서 의미가 있다.

V. 결론 및 시사점

지방자치에 있어 로컬 거버넌스에 대한 논의가 증대되면서 무엇보다 중요한 과제로 지역 사회를 구성하는 주체들이 상호작용을 통하여 합의된 룰과 규칙을 만들고, '책임'과 '역할'에 대한 인식과 실천을 함께 고민해야 한다는 점을 가장 우선적으로 언급하고 싶다.

과거에 자치단체와 NPO간의 관계가 상호 비판적 관계로 이해됐다면, 현재는 공공서비스를 함께 제공하고, 정책을 고안하여 지역활성화를 촉진하는 파트너로서의 관계로 인식되고 있다. 따라서 시민사회의 중심에 있는 NPO는 역할정립과 역할수행을 위해 한계요인으로 지적되고 있는 정체성과 전문성을 우선적으로 강화해야 할 것이며, 스스로 활동할 수 있는 환경을 만들어 가야 한다. 또한 정부 부문은 열린 자세와 시스템을 갖추고, 대등한 관계로서 NPO를 이해하고 연대하는 접근이 선결적으로 이루어져야 한다. 이런 가운데 지역의 미래를 함께 고민하고 제시해가는 기회를 만들고 학습을 반복해야 할 것이다.

일본의 지역협동은 지방분권 추진에 따른 지방과 민간으로의 권한과 재원의 이양, 이를 통한 행정개혁과 효율성의 추구를 배경으로 한다. 이것이 한신대지진 이후 급격히 증대된 NPO를 비롯한 비영리민간조직에 대한 사회적 관심과 중요성에 대한 부각이 결합되면서 성립각인이 이뤄졌고, 지역활성화와 경쟁력강화라는 공동의 목표달성을 위한 구체화된 실천으로 확산되어 왔다. 우리의 경우도 일본과 유사한 환경 속에서 정부의 역할

재정립과 체제개편이 지역경쟁력강화를 위해 요구되고 있다.

그러나 일본의 지역협동은 중심주체인 NPO를 비롯한 주민자치조직의 활동범위가 주민의 생활권을 중심으로 형성되어 있고, 참여주민들간의 지속적인 연대와 정보공유가 용이한 구조를 가지고 있다는 점이 우리와 다르다. 거대담론보다는 생활과 관련된 주민과 직접적으로 연관된 주제들이 구체적으로 다루어지고 있다는 점에서 연대와 협력의 모티브를 제공한다고도 할 수 있다. 지방정부 차원에서도 중앙과 광역, 기초가 협동을 구체화시키는 사업에 있어 각각 차별화된 모습을 보이고 있어 각각의 역할재정립의 경향이 포착되고, 정보수집과 제공에 상당한 노력을 기울이고 있는 것도 주목할 부분이라 생각된다.

일본사례가 갖는 시사점으로서는 주민 중심의 운영을 주목하고 싶다. 일본 사례에서 발견할 수 있는 주민간의 대면접촉(만남)을 통한 상호교류와 협력, 지역의 '마쯔리(축제)'와 같은 전통 행사를 지역 주민이 중심이 되어 활성화시키고 있는 점 등은 커뮤니티 활성화 차원에서 긍정적 가능성을 보여준다. 따라서 대도시와 광역자치체를 중심으로 한 NPO 등과의 파트너십뿐만 아니라, 한 사람, 한 사람의 주민을 중심으로 지역의 문제에 관심을 환기시키고 있다. 지역 행사를 비롯하여 지역의 공공 문제에도 참여를 증대시키는 계기와 동기를 마련한다는 점에서 그 시사점을 발견할 수 있다. 이러한 분위기는 다양한 주체들이 상호 이해와 참여를 통하여 공공성을 창출함으로써 다층적, 다원적 사회수요에의 대응과 사회의 개성있고 균형 있는 성장이라는 미래로 연결될 수 있다.

그리고 로컬 거버넌스를 통한 지역사회의 활성화 방안으로 최근 활발히 논의되고 있는 '커뮤니티 비즈니스'와 같이 지역특성과 자원의 활용이 도모되고 있는 점도 시사적이다. 이는 민간위탁과 같은 형태로 정부의 공공서비스를 '주민단체 및 NPO'가 제공함으로써 지역에 적절한 서비스를 제공하고, 지역의 구성원들이 적극적으로 활동함으로써 그 에너지를 지역

경제의 활성화로 연결시키는 것이다. 이는 고령인구의 증가에 따른 복지 서비스에 대응하여 활용됨과 동시에 정년퇴직 이후의 고령자나 가정주부 등이 적극적으로 지역활동에 참여하게 함으로써 '볼룬티어 활동'을 넘어 '경제활동'으로 이어지는 하나의 출구로 기대가 모아지고 있다. 따라서 우리의 경우도 지역협동을 통한 활성화의 보다 적극적 방안으로서 이 부분에 대한 논의를 확산시켜 보는 것도 의미가 있을 것이다.

그러나 일본의 지역협동이 갖는 한계점들도 사례분석 과정에서 노정되었는데, 그 주요한 내용은 소규모의 NPO조직이 다수를 이루고 있어 광역이나 국가적 차원의 정책에 대한 참여나 문제제기가 어렵다는 것으로 우리와 다른 구조적 한계를 보인다. 그리고 협동사업의 내용을 보면, 경제적 능률성과 공적 서비스제공에 있어서의 협동이 대부분으로 정부의 책임과 비용을 민간에 떠넘기는 것이 아니냐는 문제제기가 계속되고 있다. 이런 맥락에서 지역협동이 지역사회 내에서 자발적으로 확대된다기보다는 정부 주도의 적극적인 정책수행으로 추진되고 있다는 점도 한계요인이라 생각된다.

정부와 NPO간의 소통과 이해의 부족, 협동의 실천에 있어 책임분담이나 소재의 불명확성, NPO의 전문성과 실행능력의 문제, 도시와 농촌간의 자원격차, 제도적 장치미비 등은 우리의 경험과 유사한 양상을 보이고 있다.

한 사회가 지향하는 파트너십과 이를 창출하는 주체들의 역할은 각자가 만들어 가는 것이기 때문에 다양한 형태와 의미를 가질 것이다. 그러나 다양한 가능성과 실천을 위해서는 정부부문과 NPO의 대등한 협동관계의 구축, 다양한 경험을 통한 학습, 그리고 NPO의 역량강화가 반드시 전제되어야 한다. 이 과정에서 지방정부의 체질개선과 지역사회에의 지원과 중재라는 역할재정립은 매우 중요한 성공에의 요인이 될 것이다.

| 참고 문헌 |

김광웅(2000), "협력체제와 효과적인 국정운영", 『정부와 NGO』, 한국행정학회
　　2000년도 기획세미나 발표논문집, 11~28

김석준·이선우·문병기·곽진영(2000), "뉴거버넌스 연구", 서울: 대영문화사

김정렬(2000), "정부의 미래와 거버넌스: 신공공관리와 정책네트워크", 『한국행
　　정학보』, 34(1)

민현정. 2006. "일본에 있어서의 공공성 재편논의와 지역협동에 관한 연구".
　　『지방정부연구』, 10(3).

이은구 외 9인(2003), "로컬 거버넌스", 서울: 법문사

전종섭(2000), "시민사회의 뉴거버넌스: 행정책임성의 변화", 김영섭 외, 『위대
　　한 사회를 위하여』, 서울: 법문사

정용덕 외(1999), "합리적 선택과 신제도주의", 서울: 대영문화사

최영출 외 6인(2006), "지역경쟁력강화와 로컬 거버넌스", 서울: 대영문화사

Curtis, Donald(1999), "Institutional Options for Local Governance or
　　Community Self-Management," *Local Governance*, 25(3):
　　153~166

Goss, Sue(2001), "Making Local Governance Work", Hampshire:
　　PALGRAVE

Kookiman, J.(1994), "Modern Govennce", London: Sage

Koolman, Jan(1994), "Modern Govennce: New Government-Society
　　Interactions", London: Sage

OECD(2001), "Engaging Citizens in Policy-making: Information",
　　Consultation and Public Partnership, PUMA Policy Brief No. 10.

Orr, Kevin(1998), " Rethinking the Purpose of Local Government," *Local
　　Governance*, 24(3): 225~236

Peter, B. G & John Pierre(1998), "Governance Without Government? Rethinking Public Administration," *Journal of Public Adminisyration Research and Theory*, 8(2): 223~243

Stoker, Gerry(1996), "Governance as theory : five propositions", Mimeo, Department of Government, University of Strathclyde.

Stoker, Gerry(1998), " Public-Privite Partnership and Urban Governance," in John Pierre(ed.), *Partnerships in Urban Governance*, London: Macmillan Press Ltd., 34~51

山口定. (2003). "新しい公共性－そのフロンティア". 東京: 有斐閣.

______. (2004). "新しい公共性: 狀況と課題". 『NIRA政策研究』. 17(11): 2~15.

山岸秀雄·管原民部·釟川一郎. (2004). "NPOと行政·協動の再構築 これまでの 10年, これからの10年". 東京: 第一書店.

山脇直司. (2004a). "公共性のパラダイム轉換: 公私二元論から政府の公·民の公 共·私的領域の相互作用三元論へ". 『NIRA政策研究』. 17(11): 16~22.

______. (2004b). "公共哲學は何か". 東京: ちくま新書.

粉川一郎. (2004). "新しい公共における官民の役割と協動關係の評価". 『綜合研 究開發機構』. 17(11).

佐々木毅·小林正弥·金泰昌 編. (2001). "公共哲學 シリーズ". 第1期·全10卷. 東 京: 東京大學出版會.

長谷川公. (2001). "NPOと新しい公共". 『公共哲學 シリーズ』. 東京: 東京大學 出版會.

世古一穗. (1999). "市民參加のデザイン". 東京: 學藝出版社.

______. (2002). "參加協動型社會へのパラダイムシフト". 『第179回都市經營フ ォーラム』.

篠原一. (2002). "市民的公共性のあるところに市民社會がある". 『月刊地方自治 職員研修』. 8月号.

今村都南雄. (2003). "新しい公共をめぐって". 『自治研究』. NO. 298.

______. (2006). "公共性の再編と自治体改革". 『月刊自治研』. 48(1).

日高昭夫. (2003). "市町村と地域自治會−第3層の政府のガバナンス". 東京: 山梨ふるさと文庫.

佐藤幸治. (2004). "法の支配と公共性の空間". 『司法改革』. NO.534.

五十嵐敬喜·小川明雄. (2001). "市民版 行政改革". 東京: 岩波新書.

太田雅幸·吉田利宏. (2006). "政策立法者のための條例づくり入門". 東京: 學陽書房.

今川晃·馬場健. (2005). "市民のための地方自治入門". 東京: 實務教育出版.

山岡義典·大石田久宗. (2001). "協動型社會のスケッチ". 東京: ぎょうせい.

人見剛·辻山幸宣. (2002). "協動型の制度づくりと政策形成". 東京: ぎょうせい.

(財)關西社會經濟研究所·(財)東北開發研究センター. (2005). "廣域地方政府化とコミュニティの再生に關する研究".

(材)自治總合センター. (2003). "NPOによる行政サビースの提供に關する調査研究報告書".

千葉縣. (2002). "自治体とNPO支援に關する基礎調査報告書".

綜合研究開發機構. (2004). "新しい公共のプラットフォーム". 『NIRA政策研究』. 17(11).

內閣府 國民生活局. (2001, 2002). "市民團體活動レポト".

 (2008, 2009). NPO 홈페이지 자료

澤井勝外 7人. (2005). "地方自治の現代用語". 東京: 學陽書房.

總務省. (2005). "分權型社會における自治体經營の刷新戰略".

總務省. (2005). "內部資料".

産業構造審議會議. (2002). "NPO 中間報告".

公共哲學ネットワーク. http://homepage2.nify.com/public.philosophy/network.htm

日弁連法務研究財團. http://www.jif.or.jp/link/link.shtml/

鹿兒島大學法政策學科「全國條例データベース」. http://joreimaster.leh.kagos
  hima-u.ac.jp/

필리핀의 정치적 현대성[*][**]
−시민사회 주체의 역사적 경험을 중심으로

신종화[***]

I. 들어가며: 시민사회론과 지역학, 그리고 필리핀

17세기 유럽에서는 권력과 재산권을 둘러싼 정치적 갈등이 국가와 의회라는 정치체제와 제도적 방향을 둘러싼 논쟁으로 발전한다. 계몽주의 시대라 일컬어지는 18세기 유럽의 지성사는 이러한 재산권 논쟁과 국가권력의 소유를 둘러싼 다양한 입장이 발전하여, 권력분립, 불평등, 시민사회 등과 관련된(이른바) 근대적인 사회·정치사상의 큰 틀을 형성한다

---

* 이 논문은 2005년 정부(교육인적자원부)의 재원으로 한국학술진흥재단의 지원을 받아 수행된 연구임(KRF-2005-005-J11502). 『민주주의와 인권』 2008년 제8권 2호에 실린 논문을 재록함.

** 이 글의 초고는 2007년 비판사회학대회(11월), 후기사회학대회(12월) 등에서 발표되었다. 토론자로서 조언을 해주신 박승우(영남대), 유석춘(연세대), 이정옥(대구가톨릭대) 선생님께 감사드린다. 아울러 『민주주의와 인권』의 익명의 심사자 분들의 날카로운 지적과 평가에 깊은 감사를 표시한다.

*** 서울과학종합대학원 레저경영 교수

(Furguson 1767/2006). 그리고 19세기의 유럽은 민족국가 담론의 확대 속에서, 시민권의 확대와 계급대립을 둘러싼 격렬한 이념논쟁을 경험한다. 제국주의의 세계적 영향력 확대 속에서 문명담론과 공산주의 혁명 담론에서는 시민사회론의 기초가 되는 사회적 갈등과 주체들의 형성에 대한 미시적인 연구가 발전한다. 20세기 들어서 시민사회담론은 자본주의의 성장과 계급갈등의 담론지형 속에서 정치적 의미해석이 주변화된다.

하지만 시간이 흘러 1980년대 이후 시민사회론은, 지구적인 차원에서 전개되는 민주주의의 환경 변화 속에서 새로운 담론구도를 형성하고, 중요한 정치개념으로 관심을 받게 된다. 미국의 패권적 영향력 아래에서 독재국가를 경험했던 아시아의 여러 국가들은 민주주의 운동이 꽃을 피우면서, 군부의 영향력 쇠퇴와 정권교체를 경험한다. 아울러, 1990년을 전후로 한 중부·동부 유럽지역의 사회주의국가 블록(bloc)의 와해와 소련연방의 해체는 동유럽 지역의 '민주주의 이식' 담론을 발전시켰다. 또한 여러 차례의 경제적 환란을 겪으면서, 중·남부 아메리카에서는 신자유주의 경제의 지구적 확산에 대항하는 다양한 형태의 사회운동이 발전하고, 여러 국가에서 독재권력이 교체되는 경험을 한다(Keane 1998a, 1998b; Wagner 2006). 1990년대 이후의 한국과 이 글의 연구대상인 필리핀은 이러한 세계사적 조류 속에서 시민사회를 발전시켜왔다.

사회과학에서 시민사회담론은 크게 보아 두 가지의 학문적 전통 아래에서 발전하고 있다. 첫째, 서양의 사회·정치사상사에 바탕을 둔 이론적 연구; 둘째, 지역학 차원에서 발전한 국가단위의 시민사회의 경험적 연구. 이 두 가지의 연구전통은 미국을 포함한 서유럽진영과 식민지 및 제국주의의 종속을 경험한 비서구지역의 시민사회 연구에 서로 다르게 영향력을 행사하고 있다. 18~19세기의 서양의 정치적 변화와 사회변동은 이론적 자원으로 시민사회론에 깊숙이 녹아있어서, 새로운 정치적 기획을 구상하는데 활용될 수 있는 가능성이 큰 반면에, 비서구지역의 시민사회론은 '문명적 단절’과 ‘외부로부터의 이식, 수용’ 등의 큰 틀을 벗어나기 어렵기 때문이다.

예를 들어, 시민사회의 기원과 관련한 다양한 설명에서 등장하는 ‘시민적 주체로서의 부르주아지의 경제적, 정치적 형성’, ‘행정 및 국가 운영 주체로서의 근대적 엘리트’, 또는 ‘국가에 대항하는 저항적 사회세력’의 경험은 대부분의 비서구 지역에서는 시간 또는 주체적 불일치로 인하여 파편적으로 등장한다.[1] 아울러, 학문공동체에서 다소간 모호하게 받아들여지는 ‘근대의 시작’이라는 시대적 기점과 결부되어 제시되는 경향이 많다. 이 글의 주제인 ‘시민사회의 역사적 형성’ 연구는 이러한 난제를 완전히 피해가기가 사실상 어렵다(Shin 2000). 이 글에서 시민사회는 ‘다양한 정치세력이 함께 생산하는 정치적 동학을 가진’ 사회로서, 그 개념을 한정시키고자 한다. 그리고 그 사회의 대상을 현재의 필리핀이라는 국가단위와 일치시킨다. 다른 말로 하면, 민족(국민)국가로서의 필리핀의 정치사회적 특징의 역사적 형성과정연구로 범위를 제한한다는 뜻이다.

특정 시민사회는 그 구성의 사회적 조건에 의해서 정치적 의제를 설정한다. 아울러 사회적 조건이 시민사회 구성원들의 정치적 태도와 이들 사이의 관계방식을 규정한다. 시민사회의 내용과 색깔은 때와 장소, 그리고 (내부의) 주체들과 (외부의) 반대자들에 의해서 평가·선택되며 결정된다. 초역사적으로 그리고 전 지구적으로 시민사회를 규정짓는 단일한 이데올로기는 없다. 시민사회는 때로는 개혁적 이데올로기를 실천하는 시민운동 조직 및 지지자들을 상징하기도 하고, 급진적 사회변화에 저항하는 부르주아 계급의 사회적 결속의 표현이기도 하다(Shin 2000; Negri와 Hardt 1994/1997). 시민사회는 새로운 정치개혁 프로그램의 화두가 되기도 하

---

1) “필리핀의 시민사회는 미흡하게나마 19세기 후반기에 시작되는데, 새로 부상하기 시작한 엘리트들이 처음에는 자선사업과 문화적 역할을 담당하기 위해 뭉쳤고 그 후 정치집단과 노동조합에서 함께 활동하였다.”(곤잘레스 3세 2005, 376)

고, 타락한 지배계층이 주도하는 불평등의 원천이기도 하다(Wagner 2006; Rousseau 1754/2003). 국가에 대한 민주주의의 대항세력으로 이해되기도 하고, 때로는 시민들의 사회적 결속이 시작되는 공적 영역으로 국가를 향하기도 한다. '시민사회란 무엇인가?' 라는 질문에 대한 대답은 구체적인 대상으로서 시민사회를 경험사례로 확정하는 것뿐만이 아니다. 보다 나아가 특정 주체들의 가치지향과 결부된 정치적 화두로서의 시민사회에 대한 복합적인 이해 위에서만 가능하다. 다른 말로 하면, 시민사회의 역사를 이해한다는 것은 특정 사회의 역사적 변천 과정에 대한 이해와 더불어, 사회·정치 사상사적인 차원에서 이 개념이 어떻게 받아들여지고, 해석되어졌는가를 살펴보아야 한다는 것이다.

이 글의 목적은 필리핀 시민사회를 장기적인 사회변동 속에서 이해하는 데 있다. 경험적 연구대상으로서 필리핀 시민사회를 선택하는 과정에서 불가피하게 몇 가지의 제한점이 발생한다. 첫째, 시민사회에 대한 사상적, 이론적 연구 성과들이 다루는 개념적 쟁점들에 대해서 (직접적인) 평가를 할 수 없다. 이 한계는 시민사회의 구성적 요소들에 대한 범주적 접근을 치밀한 이론적 용어들로서 생산할 수 없는 문제를 안고 있다. 그러나 사상적 이론적 논의를 배제하는 것은, 다른 한편으로 선험적으로, 또는 이념형으로 제시되는 시민사회의 틀로서 필리핀 사회를 평가하는, 비교 방법론에서의 연역적 태도의 문제점들을 축소시키는 장점 또한 있다. 다른 말로 하면, 이른바 시민사회의 선진적 모델을 가정하고, 그것으로 필리핀 사회를 재단하는 식의 위험성을 줄일 수 있다는 것이다. 둘째, 이러한 한계 속에서 이 논문에서는 시민사회를 '사회'의 다른 표현으로 사용한다. 사실, 이러한 기초적인 용법은 18세기 이후 유럽의 지성사 안에서 흔히 보이는 것이었다. 사회라는 단어의 의미구성은 곧 시민사회의 그것과 유사하게 진행되어 왔다. 예를 들어, 국가와 시민사회의 개념적 관계는 국가와 사회와의 개념적 관계와 크게 다르지 않다. 물론 실천적인 차원에서는 사회 내부의 개혁적, 정치적 결속을 부각하는 차원에서 시민사회라는 말을 사용하기도 한다. 때로는 정치 사회와 구별짓기 위해서 시민사회를 사용하기도 한다. 사회와 시민사회를 어떤 개념적 대상의 서로 다른 이름으로 사용하는 데 있어서 주의할 점은 분명히 존재한다. 하지만 이 작업은 이 글에서 다루는 주제와 내용에서 필리핀 사회의 문화적, 경제적 상황보다는 행위자들의 정치적 실천 방식에 결합되는 한에서 필리핀의 문화적 특징과 경제적 상황을 다루는데 있어 효과적이다. 정리하면, 이 글에서 시민사회는 특정 사회의 구성원들이 행위자적 실천을 발현시키는, 역사적으로 고유한 사회적 메커니즘을 부각시키는 개념적 도구로서 사용된다. 셋째, 경험적 연구대상으로 특정 사회를 선택하는 것은, 특정 국면의 어떤 사회적 현상의 의미를 역사적으로, 통시적으로 살펴보는 것으로 이해해야 한다는 것이다. 사회적 현상 속에 등장하는 행위자들은 역사적인 주체이다. 목적론적인 사유 속에서 등장하는 가능성의 담지자나 의무적인 주체가 아니라, 사회적 나이테를 가진 특수한 행위자라는 것이다. 그 주체들 스스로가 의식하는가에 상관없이 한정된 문화적인 자원을 가지고, 사회관계를 발전시킨다. 즉, 필리핀 시민사회 연구는 필리핀 사회의 변천사를 파악하는 것에서 시작해야 한다는 것이다. 필리핀의 정치 지형을 구성하는 다양한 주체들, 그들의 갈등적 관계, 정치 쟁점들과 연속적이며, 또한 불연속적으로 발생하는 사건들을 이해하고 분석하는데 있어, 역사적으로 축적되어 온 필리핀 사회의 특수성들을 파악하는 것은 필수적이다. 그럼에도 불구하고, 이러한 특수성들을 명제화 하는데 있어서, '문화론적 접근'을 통해서 필리핀 사례의 개별성을 부각하고자 하는 것은 아니다. 하지만, 다양한 역사적 사건들의 전개 속에서 우발적이며, 상황적인 개별성이 일회성의 차원을 넘어 장기적인 영향력을 발휘하는 과정, 이른바 구조적인 지속 또는 체계적 조건으로 이해되어야 하는 틀을 구성하는 작업은 불가피하게 연구 대상으로서 필리핀이 갖는 경험적 한계를 인정하는 것이며, 이 작업을 통해서 개별적 사례로서 필리핀의 정치변동의 의미가 불가피하게 드러나게 된다.

이 글의 주제는 나아가 필리핀 시민사회 연구의 주요한 테마인, 필리핀식 엘리트주의의 기원에 관하여 역사적으로 고찰하는 것이다. 필리핀의 정치적 변화를 이해하고, 한계와 가능성을 구체적으로 파악하기 위해서는 필리핀 시민사회의 고유한 특징을 발견해야 하는데, 이 글에서는 거시 정치변동 과정의 주요 사건들과 국면들의 전개, 전환 과정에서 지도력을 갖고 등장하는 엘리트들의 정치적 실천의 한계를 집중적으로 살펴본다. 이 것을 필리핀 사회의 장기적인 변화과정 속에서 파악하고자 한다. 이 글의 또 다른 목적은, 바로 이러한 연구대상의 한계와 관련된 문제를 사회이론적 차원에서 해결하고자 하는 것이다. 필리핀의 장기 정치변동 연구가 해석되고, 평가되는 작업을 '비교역사' 분석이라는 틀 속에서 진행하고자 한다. 흔히, 방법론으로서 '비교역사분석'은 어떤 이론적 주장을 뒷받침하기 위한 질적인, 양적인 기법을 동원하는 작업이라고 이해된다(Babbie 2007). 베버의 이상형(이념형 ideal type)을 통한 관료제의 특징구성, 경제발전과 특정종교의 관계성 부각 등의 작업에는 비교역사분석 방법이 활용되었다고 할 수 있다. 하지만 이 글에서는 이러한 방식을 따라서 특정의 이론적 주장을 구성할 목적으로 비교역사분석의 방법을 동원하지 않는다. 오히려, 기존의 비교사회학, 국제 정치경제학, 지역학 연구자들 사이에서 제시되는 이론적 주장들이, 보다 일반론적인 차원에서 연구대상이 되는 다른 국가와 사회에 적용될 수 있는가의 여부를 다소간의 '반성적이며, 회고적인' 태도로 평가하는데, 비교역사분석의 방법을 동원한다.[2] 이 글에서는 필리핀의 정치변동을 한국에서의 장기 정치변동과 비교하는 것으로, 그리고 이 두 국가가 역사적으로 발전시켜왔고, 축적시켜온 특수성들을 파악하는데 '비교역사' 방법을 동원한다.[3]

이 글에서는 연구 목적과 더불어 지면의 제약에 의해서 특정 사건과 현상에 대한 풍부한 설명과 분석을 하기 어렵다. 따라서 포괄성과 추상성을 가진 개념들의 활용을 통해서 거시적이며, 함축적인 논의를 전개하고자 한다. 예를 들어, 21세기 현재 필리핀의 정치지형을 구성하고, 또 그 안에서 전개되는 다양한 사건들의 주체들이 역동적으로 생산하는 다양한 경제, 정치, 사회적인 현상들을 '당면한 문제들과 이것들의 해결을 위한 제도적인 노력으로서'의 현대성으로 일반화하고자 한다.[4] 일반적으로, 경험적 사회과학 뿐 아니라 철학과 사회이론 분야에서도 현대성을 특정의 구체적인 제도적인 특징과 이것을 발전시키는 사회적 힘으로 이해한다. 이러한 태도 위에서, 특정국가 또는 지역의 현대화(근대화, modernization) 정책의 항목들이 제시되었다. 그러나 사회공학적 정책들 자체는 보편적인 성격을 지니지 못한다. 근대화이론(현대화이론, modernization theory) 계열의 발전담론이 제 3세계의 개별 국가들에게 가했던 계도적이며, 동시에 강제적인 사회개혁 프로그램의 제시는 성공과 실패의 경험 사례들과 더불어 평가가 엇갈린다. 현대성(근대성, modernity)은 다양한 시대를 통해서 다양한 주체들에 의해서 서로 다른, 때로는 유사한 제도적인 기획과 실천방식으로 등장해왔으며, 또 이 과정은 현재에도 지속되고 있다. 따라서 필리핀을, 비교 대상으로서 한국 또한, 기존의 현대성 담론의 경험적 잣대로 평가하기 보다는, 필리핀의 정치적 주체들이 그들 사회의 핵심적 과제

---

2) 테제 형식의 강력한 주장, 예를 들어 "필리핀의 정치적 발전을 저해하는 가장 특징적인 요소는 잔존한 지주제와 엘리트 가문정치이다"는 것은 상당한 설득력을 가졌음에도 불구하고, 다양한 각도에서 해석학적인 이론적 측면을 포함하여 비판이 제기 될 수 있다. 하지만 지주제와 엘리트 가문정치의 영향력은 적어도 '징후적인' 차원에서 만큼은 현재의 필리핀 정치를 설명하는 설득력 있는 자원이 되는 것도 사실이다. 이 글에서 필자는 '징후적이며, 인상적인' 차원에서의 정치적 요인들을 평가하고, 제시하는 것으로 그 한계를 먼저 밝히고자 한다.
3) 역사사회학계에서 비교역사분석 방법을 활용하여 특정 국가, 사회, 지역의 장기적 변동 과정을 이론적으로 구성하고, 설명한 예로는 일본의 경우, Arnason(1997), 유럽의 경우 Wagner(1995)를 찾아볼 수 있다.
4) 'Modernity as the problematique and the institutional efforts to solve it'. 피터 바그너 (Wagne 2001)를 참조할 것.

로 설정하고, 제도적인 실천으로 구체화시키는 내용들을 필리핀의 정치적 현대성으로 폭넓게 이해할 필요가 있는 것이다(신종화 2003; 2006). 물론 이러한 관점아래 때로는 전근대적이고, 봉건적인 잔재 속에서 등장하기도 하는 다양한 사회적 현상들을 무가치적으로 현대성으로 포섭하고자 하는 것은 아니다. 다만, 매 국면에서 정치적 주체들이 동원하는 문화적, 역사적 자원과 다른 주체들과 관계하는 특징적 행위양식들은 그들이 제시하는 '현대적' 당면과제의 현재적 해결책을 추구한다는 차원에서 인 대안들과 결합하면서, 항상 새롭게 등장한다는 것을 받아들여야 한다는 의미인 셈이다.

　포괄적인 차원에서 정치적 현대성이라는 이름아래서 함축적으로 이해 될 수 있으며, 한 국가의 정치과정과 참여민주주의의 방식을 파악하는데 있어 중요한 것은 정치과정 안에서 전개되고 있는 각 정치적 주체들의 관계방식을 파악하는 것이다. 필리핀의 참여민주주의의 환경과 실질적 전개 과정을 분석하기 위해서는, 구체적인 정치과정의 흐름을 연대기 식으로 파악하는 것 이상으로, 장기적 메커니즘에 대한 통찰적인 진단을 제시할 필요가 있다. 장기적 메커니즘을 파악하는 것은 특정한 사건들의 의미파 악과 변화과정 자체의 성격을 규정하는 것이며, 이것을 통해서 사회과학 적인 예측력과 원인규명을 기초적인 차원에서 가능하게 한다.[5] 이 글에서 는 필리핀의 정치적 현대성을 구성하는 크게 보아 4가지의 특징들을 살펴 보고자 한다. 첫째, 식민지 경험의 의미. 둘째, 정치주체의 기원과 배경. 셋

---

5) 물론 특정 사건의 계기와 전개과정, 그리고 이것을 통해서 새롭게 등장하는 정치지형과 세력관계
　의 변화 등은 우발적인 요소들과 결합한다. 따라서 이러한 사건들을 설명하는 데 있어서, 몇 몇의
　요인들 심급에서 작용한다고 주장되는 로만 축소시키는 것은 큰 한계를 드러낸다. 그럼에도 불구
　하고, 정치개혁 및 사회변화를 꾀하는 계획들 급진 및 개혁 정당, 사회단체들의 전략론을 포함하
　여 을 생산하는데 있어서, 장기지속(*longue durée*, 프랑스 아날학파의 개념을 빌자면)의 구조적
　특징들을 파악하는 것은 필수적이다.

째, 정치개혁의 시도와 좌절. 넷째, 국내 국제 모순의 결합 방식. 아울러 결론부분에서는 국제비교에 있어서 필리핀 사례가 가지는 의미 변화과정을 이해하는 데 필요한 연구태도에 대한 필자의 입장을 밝힌다. 이것을 특정 국가의 거시 정치변동이 진행되는 과정 안에 담겨진 역사적 축적물로서의 정치, 정치적 균열과 단절의 한계적 의미, 국내 국제 정치경제의 중층적 결합, 새로운 제도적 개혁을 꾀하는 정치 주체들의 쉼 없는 실천 등에 대해서 반성적으로 이해하고자 한다.

Ⅱ. 국가 성립의 역사: 새로운 국가체제 도입의 역사적 특수성 엘리트 주체 형성의 역사적 토양

한 국가의 정치적 상황을 이해하는 것뿐만 아니라, 정치주체들의 활동 방식과 조직화 과정을 이해하기 위해서는 그들의 역사적 기원과 정당화 기제, 이념적 뿌리, 전통적 기반 등을 파악해야 한다. 이러한 관점에서 보면, 현재의 필리핀 정치주체들의 이해충돌은 특수한 역사적 배경 위에서 발전해왔다고 할 수 있다. 그 첫 특징은 정치주체들의 이념적, 문화적, 역사적 경험의 배경이 되는 국가의 경험이 식민지 이전의 필리핀에서는 부재하다는 것이다. 1565년 스페인이 필리핀을 식민지로 점령한 이후 약 450년 동안 장기적으로 진행된 국가로서의 필리핀 형성은 스페인과 20세기 이후 미국으로부터의 독립운동 과정을 통하여 국민국가의 기초적 정체성을 국민들에게 확산시키고 있다. 오랫동안 왕조 국가 형태로 민족국가 체제를 발전시켜왔던 동아시아와 동남아시아의 대부분의 국가들과는 달리 국가로서의 필리핀은 식민지화의 진척과정이 곧 국민국가의 시작이었다.[6] 소규모의 부족 및 왕조 국가들이 통합되면서, 기독교(가톨릭)의 확산과 더불어, 국가의 영토적 기틀과 종교적 정체성이 발전한다.

323년(1565~1898) 정도의 스페인 식민지 경험은 시민사회의 주체들에게는 경험적으로 각인되는 사건이나 특정 국면이기보다는 장기적인 상황의 조성에 가깝다. 스페인 식민지 경험을 통해서 발전한 필리핀의 정치주체들과 그들의 경제적 기반을 파악하는 것은 필수적이다. 아울러 필리핀이라는 국가의 형성과 초기적 발전과정은 곧 스페인 아래의 식민지 경험과 시기적으로 크게 중첩되기 때문이다. 아울러 스페인으로부터의 식민지 경험은, 필리핀 역사에 등장하는 고고학적 차원에서 일반적으로 파악되는 사회문화적인 과거들로부터 필리핀이 정치적으로, 경제적으로 어떻게 이탈하는지를 확인하게 해준다(Dery 2006). 7,000여 개 이상의 섬들로 구성된 지형적 특징으로 인하여, 섬과 지역 중심의 공동체 정치 단위들이 존재했음에도 불구하고, 서로 다른 언어들을 아우르는 통합된 정치체제는 존재하지 않았다. 스페인의 제국주의 체제 안에서 식민지 경제·정치가 발전했고, 이 체제 안에서 후일 필리핀의 정치엘리트들로 성장하는 집단들이 발생한다. 스페인의 영향 아래 있던 필리핀의 지역에서 식민지 경제 속에서 성장한 지방 엘리트들, 기초적 행정을 교육받고, 식민지 행정 업무에 종사했던 행정 엘리트들, 무역 거점으로 성장한 지역의 중심도시들에서 발전한 도시거주자들 및 상인들 및 식민지 환경의 곳곳에 편재되어 있던 대중들은 식민지로부터의 독립과 관련된 정치적 담론을 생산하고, 회자시키게 된다. 스페인으로부터의 독립과 새로운 국가 건설 담론은 민족주의

---

6) 이 주장이 논란이 될 수 있음을 인정한다. 필리핀은 식민지 경험 이전에 국가의 경험이 부재한 이른바 '역사없는' 국가가 절대로 아니다. 그럼에도 식민지 경험, 특히 미국의 식민지 경험이 국가 건설과 밀접하게 결합되어 있다는 주장은 근대 국가(modern state)와 필리핀의 식민지 이전에 존재했던 전통적인 국가(traditional state) 사이의 행정적, 제도적, 이념적 특징들의 간극이 너무나 커서, 주체들에 의해서 근대 국가 발전을 위한 자원으로 활용되는데 한계가 있다는 점을 지적하는 것이다.

및 반제국주의적 가치관을 지식 엘리트(Ilustrados) 계층에 확산시키는 원인이 되기도 하였다(Cullinane 2003).

　전통적 국가체제의 경험 부재와 이식된 서구적 근대국가 체제의 건설과정에서 등장하는 국민적 정체성과 역사부재가 갖는 필리핀적 특수성의 의미는 무엇일까? 지역 단위의 부락과 그들의 연합적 정치단위는 존재했을지라도, 필리핀이라는 국가단위의 공통의 정체성 형성 확보를 위한 배경으로서의 전통적 국가는 식민지 시기의 국가건설이전에 존재하지 않는다. 필리핀이라는 국가는 스페인에 의한 식민지 건설과정에서 생긴 국가의 기원을 갖는다. 이것은 식민지 경험 이전에 전통적인 형태일지라도 국가체제를 발전시켰던 동아시아의 한국, 중국, 일본이나 태국, 인도 등과 달리 현재의 필리핀 지역에 영향력을 행사했던 국가권력 차원의 정치제도가 발전하지 않았다는 점이다. 이러한 전통국가의 부재가 갖는 '국가적 노스탤지어'의 공백 문제는 정치주체들에게 제공되어야 하는 정체성의 역사적 근거들이 취약함을 의미한다. 한국의 경험을 예로 들어보자. 개항과 식민지의 경험, 분단, 급속한 산업화, 서구화가 진행되었던 19세기와 20세기의 한국에서는 이러한 문명적 전환에 저항하는, 그리고 다른 한편으로는 역사적인 전통과 결합하여 생각하려는 전통주의자들의 개입이 크게 두드러진다. 단일민족국가의 경험 속에서 분단과 전쟁, 통일의 의미를 해석하는 특징이 등장하고, 문인들의 개혁지향적 시도인 실학이 실용적이며, 실제적인 사회개혁 프로그램의 역사적 전통으로 해석되었으며, 자본주의 발전에 크게 기여한 사회문화적 특징으로 유교 문명이 소개되기도 하였다. 때로는 찬란했던 과거 역사에 대한 향수가, 새로운 상업문화가 전통의 생활풍습 속에서 재구성되기도 하였다. 한국의 정치문화에 특징적인 '도덕적 평가'는 1990년 이전까지는 희생적인 민주주의 세력에 대한 심리적인 동경과 지지로, 21세기 현재는 정치가 및 사회단체의 (비판적) 평가기준으로 강력한 영향력을 발휘하고 있다. 특정의 정치적, 사회적 사건들을 근대적인 가치와 신념체계 속에서 평가하는 세계적인 흐름과 더불어, 한국에는 역사 속에서 축적된 정치적 경험이 정당화 및 평가의 자원으로 끊임없이 등장하는 것이다.

식민지의 경험과 제국주의체제에서 편입과정에서 발생하는 사회변화와 국가적 특징들을 설명하는 다양한 논의들은 식민지의 경험과 그 내용에 초점을 맞추는 경향이 짙다. 그렇지만, 식민지의 경험 이전에 지속되었던 역사적 경험들이 식민지의 발전 과정에 어떻게 영향을 끼쳤는가하는 점은 개별 사례들에 대한 역사적 설명 이상으로 일반화되고 있지 않다. 사료 및 평가에 대해서 다소간의 이견이 존재하는 민족주의 사학의 쟁점들 자본주의의 기원, 현대성의 기원, 민족 및 민족국가의 기원 등 에 대한 한국의 논의를 다른 각도로 해석해보면, 근대적인 사회변화의 기원 또는 근거가 되는 역사적 자원을 제시할 수 있는 한국의 역사적 경험이 존재한다는 것이다.[7]

식민지로부터의 독립이라는 것은 단순히 독립국가의 건설이라는 주권의 획득 문제로 축소될 수 없는 다양한 국가 구성원들의 정치적 세력관계 형성 과정이기도 하다. 19세기 식민지 시절, 스페인 국민과 동등한 시민권의 획득과 나아가 자치권의 확대를 요구했던 정치세력은 결국 스페인과의 전쟁에서 승리한 미국을 상대로 자치운동과 독립운동을 전개해야만 했다. 1899년 1월 에밀리오 아기날도(Emilio Aguinaldo)의 지도 아래 독립헌법인 말로로 헌법(Malolos Constitution)을 입안한 필리핀 공화주의자들은 미국을 대상으로 게릴라 전쟁을 약 2년 동안 계속했다.[8] 미국은 점차로 대

---

7) 이러한 입장에 대한 구성주의적 비판이, 파편화된 자료들을 모아서 어떤 역사적인 전통을 생산한다는 차원에서, 있을 수 있다. 필자는 대부분의 경우, 그 비판들을 수용한다. 그러나 다양하게 해석될 수 있는 역사적 자원들이 존재한다는 것은 설령 그것들의 한계가 있을지라도 구성주의의 비판 밖에서 사실로 존재한다.

8) 북부 루손 지역의 마닐라 중심의 독립운동 이외에, 중부의 비사야 지역의 세부를 중심으로 한 저항운동은 Mojares(1999)를 참조할 것. 아울러, 스페인과 미국에 대항한 필리핀 국민들의 대중적 독립운동에 대해서는 Ileto(1997)를 참조할 것.

표 기구와 행정 제도를 도입하고, 자치정부를 운영할 수 있도록 교육 프로그램을 마련한다. 1900년대 들어서 전개된 미국의 필리핀 정책의 유화정책은 식민 당국으로 하여금 '스페인 지배 아래에서 필리핀 사회를 주름잡고 있었던 일루스뜨라도(ilustrados) 계층과 진정한 동반자 관계로 들어갔다'(크리스티 2005, 99~100).[9] 1898년 미국의 개입 시점 '이미 경제적으로 부유하며 정치적으로 기민하고 '필리핀' 엘리트임을 자처하는 이들이 있었다'. 바랑가이(Barangay)라는 부락공동체의 수장인 다뚜(Datus), 무역업의 중국계, 마닐라중심의 일루스뜨라도, 대토지 소유자, 정치 보스, 지방지도자들이 식민지 경험과정에서 성장한 정치주체들의 배경이 된다(Cullinane 2003).

일루스뜨라도의 권력은 교육, 개인적인 추종자들 그리고 경제적인 부라는 서로 맞물려있는 기본적인 세 요소들로부터 나왔다. 마닐라에서나 유럽에서 받은 교육경험은 이들의 지위를 보여주는 사회적 근거가 되었고, 전문직종에 종사하면서, 다른 엘리트 구성원들과 접촉하게 되었다. 이들은 정치에 입문하고, 식민지 정치에서 민족주의적 지도자로 부각되기도 하였다. '개인적인 충성이라는 연대로 결합한 추종자들과 친구 집단은 이들 엘리트에게 지역적인 권력기반이 되었으며, 이들의 지역기반은 스페인이 되었건 미국이 되었건 필리핀인이 되었건 어느 마닐라의 권력도 효과적으로 공략해 본 적이 없었다. '은혜의 빚(utang na loobo)', '후원자적 부모(대부)(compadrazgo)' 라는 관념과 같이 극히 필리핀적인 색채가 추종자 후원자 관계(client-patron)에 더해졌다'(Owen 1971. 크리스티 2005

---

9) 이 시기에 필리핀의 새로운 점령국으로 등장한 미국의 언론이 평가하는 필리핀은 문명의 손길이 닿지 않은 어떤 원초적인 상태, 그리고 문명의 도입 이후 발전이 예상되는 가능성이 있는, 그러나 현재적으로는 미개한 나라로 이해되고 있다. 이 글의 마지막에 있는 당시의 신문 삽화를 참고할 것(Ignacio 외 2004). 식민지 초기에 미국의 대 필리핀 정책에 대해서는 Go & Foster(2003)를 참고할 것.

에서 재인용). 토지소유와 상업과 관계된 부의 축적은 엘리트에게는 거의 불가결한 요소로서 교육비용, 추종자에 대한 보상수단, 후견인의 재원 등 사용되었다.

한편, 컬리네인(Cullinane 2003, 19~24)은 일루스뜨라도 계층의 영향력 확산이 광범위한 엘리트 네트워크의 형성 안에서 가능했다고 파악한다. 컬리네인은 19세기를 통하여 형성된 필리핀 사회 내부의 엘리트 진영을 다음과 같이 범주화한다: (1) 도시행정 엘리트(municipal elite); (2) 지방 엘리트 (provincial elite); (3) 도시 엘리트 (urban elite); (4) urban middle sector (도시중간부문). 이 범주들의 관계는 배타적이거나 계급 분화를 의도한 것이 아니라, 부, 신분, 권력, 인종적 기원, 교육적 성취에 의해서 다양하게 구성된다. 이러한 엘리트 부문의 사회적 형성은 19세기 필리핀이 겪었던 사회적 변화를 반영한다. 도시행정 엘리트는 스페인 식민 당국의 행정적 체계 안에서 이들은 각 지방 행정의 법률적, 관료적 역할들을 담당했으며, 정치적 공론들을 생산했다. 스페인 쇠퇴 이후 미국의 등장 시기에 이들의 일부가 주요한 독립운동 지도자들 에밀리오 아귀날도, 아르까디오 막실롬(Arcadio Maxilom) 등 로 등장한다. 지방 엘리트는 도시행정 엘리트와는 달리 특정 행정 단위의 경계를 뛰어넘는 영향력을 가진 집단으로 큰 규모의 토지 소유 및 상업적 영향을 가졌으며, 인종적 배경보다는 부의 소유가 기본 특징이 된다. 도시 엘리트는 마닐라와 일로일로, 세부 지역의 도시를 기반으로 상업기반의 경제력을 확보한 계층과 이들의 집안을 일컫는다. 스페인계와 중국계 등과의 혼혈적 특징을 갖는다. 한편, 도시중간부문은 다양한 인종적, 사회경제적 특징을 갖고 있으며, 도시 지역에 이주하여 오랜 거주를 한 계층이다. 행정과 상업관련 업무에 고용되어 임금을 받는 계층으로, 그들의 사무실(oficina)은 일상적 상호작용의 장소로서 정치적 의견들의 교류가 진행된 곳이었다. 7,000개 이상의 섬으로 이루어진 필리핀에서 각 지역의 엘리트들은 루손, 비사야 지역을 중심으로 근거리 연결망을 형성한다. 지방 엘리트들은 각 지역의 거점 도시들을 중심으로 도시 엘리트 등과 결합하고, 행정 및 사법적 지위를 가지는 도시 행정 엘리트를 포섭하고, 도시중간부문과 결합된다. 이러한 지역적 연결 망을 뛰어넘는 엘리트들의 교류는 고등 교육을 매개로 이루어진다. 스페 인으로의 유학과, 마닐라의 Santo Tomas 대학의 전신이 되는 고등교육학 교에서 배출되는 교육적 엘리트들은 출신 지역과 경제적 기반을 뛰어넘는 엘리트 네트워크를 마닐라를 중심으로 형성하게 되고, 이것이 일루스뜨라 도 계층의 토대가 된다.

19세기에 전개된 필리핀에서 엘리트들 사이의 대립은 경제적 이해관계 와 민족주의적 정치 성향을 중심으로 보다 점진적이고 완만하게 진행되었 다. 16세기 이후 300년 이상 전개된 인종적 혼혈, 스페인 모국인과 필리핀 인 사이의 차별에도 불구하고, 엘리트들이 가지는 서구적 정치 성향과 행 정, 상업, 정치적 경험의 공유는 독립국가로서의 필리핀의 건설이 19세기 말의 상황에서 이데올로기의 대립보다는 사회·경제적 이해관계의 충돌과 계몽주의와 보수주의와의 대립 속에서 진행된 것이다. 이러한 특징 때문 에, 19세기에 걸친 남아메리카의 독립운동의 역사와 특징들을 일부 공유 한다고 할 수 있다. 한편, 이러한 민족주의 엘리트의 교육 및 부, 권력 네트 워크의 형성은 미국으로부터의 독립 이후의 양당제 정치과정의 제도적 주 체와 토지소유 계급으로서 큰 영향력을 발휘하는 이른바 '과두엘리트제' 의 기원이 된다(Anderson 1988).

중앙 아메리카에서 스페인과 경쟁하던 미국은 전쟁의 승리로 1898년 필리핀에 대한 지배권을 이양받는다. 스페인에서 미국으로의 지배 이양은 즉각적인 독립을 추구하는 필리핀의 민족주의 독립운동 세력의 반발을 가 져왔다. 에밀리오 아귀날도(Emilio Aguinaldo) 중심의 독립저항세력의 무장투쟁에도 불구하고, 장기적인 측면에서 독립을 보장하고, 자치정부 수립의 프로그램을 승인하는 미국에게 새로운 협력층이 형성된다. 이들은 바로 19세기이후 스페인 식민지로서의 경제적 성장과 교육, 행정 경험을 쌓은 당시 필리핀의 엘리트들과 각 지방의 정치 경제적 실권 네트워크였다. 이들은 20세기 초엽에 정당정치를 보장하고, 다양한 사회개혁 프로그램을 실시하는 미국의 지배를 받아들였으며, 이러한 정책의 기조 안에서 미국적 선거정치 시스템을 배운다. '연방정당(Partido Federal)'과 '민족주의(자)정당(Nacionalista Party)'의 양당 중심 체제가 필리핀에서 대의제 경험의 토대가 된다. 미국 지배의 초기에는 Partido Federal이 협력 엘리트를 중심으로 큰 영향력을 발휘하였으나, 곧 Sergio Osmeña와 Manuel Quezon 중심의 Nacionalita Party가 의회정치의 영향력을 장악한다. 식민지 통치 아래에서, 그리고 1935년 이후의 자치정부의 시절에서 의회정치는 국가의 주권을 제외한 다른 행정부문에서 정치적 정당성을 행사하는 기틀을 형성한다(Constantino & Constantino 1878).[10]

한국의 식민지 과정과 비교해보자. 한국의 민족주의 세력에게는 이들에게 반감을 가진 공격적인 사회주의 및 공산주의 엘리트들이 존재했다. 이들이 식민지로부터 독립하는 해방과정에서 친일민족주의 엘리트와 대치한 갈등이 남북분단과 한국전쟁으로 구체화된다. 한반도의 지정학적 위치는 20세기 발전 모델로서 자본주의와 공산주의간의 대립과 경쟁이 직접적으로 격화되는 장소였다. 그러나 필리핀의 경우는 식민지 모국인 미국과 일본의 전쟁이 필리핀의 정치적 주체들로 하여금, 미국의 승리가 미국

---

10) 태평양 전쟁을 통한 미국과 일본의 충돌 과정에서 필리핀은 일시적으로(1942~1945) 일본점령을 경험한다. 일본의 점령은 항일투쟁 과정에서 미국의 실질적 협력에 의존하였으며, 2차 세계대전(태평양전쟁) 이후 미국으로부터 독립을 획득한다(김태명·김성철 1995). 이러한 20세기 초반의 미국의 영향력은 필리핀의 독립 이후 현재까지 다양한 매개를 통해서 전개되고 있다(Go & Foster 2003). 다양한 지역 언어들로 인한 전국단위의 의사소통의 어려움을 영어로 대체하고 있으며, 1970년대까지 농산물 수출지와 대외원조의 모국으로서 미국의 도움에 크게 의존하였고(Billig 2003), 미군기지의 상징적 철수에도 불구하고, 군사와 안보 분야는 미국의 지원에 절대적으로 의지하고 있다(유석춘·김인수 2005).

으로부터 자치정부의 승인 및 독립을 인정받는 빠른 과정으로 받아들이게 하였다. 20세기 중반 한국의 역사에서는 친일민족주의 진영이 해방이후 반공산주의적 이념을 바탕으로 친미민족주의와 결합하는데 반하여, 필리핀의 경우는 스페인으로부터의 독립 운동과 미국과의 독립 투쟁을 통해서 형성된 19세기 말의 정치적 지형이 20세기 들어서 평화적 자치정부 수립 운동의 장기적 진행 속에서 태평양 전쟁의 결과로 독립을 획득하는 것이다. 다시 말하면, 이데올로기의 대립을 통한 정치적 주체들의 갈등 상황이 한국에서는 해방과 분단 과정에서 격화되었던 반면에, 필리핀은 스페인에서 미국으로 변경되는 식민지 모국과의 갈등이 20세기 초기에 이미 안정화된 것이다. 태평양 전쟁이 종결된 후 독립 국가로서의 주권 획득 이후에는 제3세계 개발도상국의 주요 모범 사례로서 교육 및 정당정치 시스템이 부각되었다. 예를 들어, 한국에서 식민지 잔재의 청산과정에서 전개된 토지개혁이 필리핀에서는 주목할 만큼 전개되지 못했다는 사실은 토지 및 농업 자본(가)으로서 필리핀 엘리트집단이 성장하는 반면에, 한국은 대규모의 공업화 과정이 보다 빠르게 전개되는 상황을 설명할 수 있다.

Ⅲ. 시민사회의 역사: 국민국가의 건설과 민주주의 투쟁의 역사 엘리트 주체의 사회적 환경

필리핀 시민사회의 역사적 발전과정을 이해함으로서, 시민사회의 사회운동적 성격과 시민사회조직의 특성을 파악하려 할 때, 흔히 등장하는 개념이 엘리트정치다. 필리핀 시민사회의 정치적 형성은 식민지해방운동과정에서 크게 발전한다. 시민사회의 주도적 정치세력의 경제적 기반, 교육배경, 정치적 이념 등은 식민통치를 했던 스페인과 미국으로부터 큰 영향을 받았다. 탈식민지운동과정에서 성장한 민족주의는 국가통합의 정치적 정체성을 제공하였지만, 국가의 제도적 발전과 엘리트 정치주체들은 미국 중심의 동남아 정책에 의존한 정치, 경제 발전계획을 진행시킨다.

독립 이후 필리핀의 정치과정을 이해하는데 등장하는 개념들 중에 '약한 국가(weak state)', '가산제국가(patrimonial state)', '대지주 민주주의(Cacique Democracy)', '반발전국가(anti-development state)' 등이 있다. Bello(2005)에 의한 필리핀의 발전국가전략의 부재와 실패를 부각하는 '반발전국가' 의 개념에 비해서, '가산제국가' 는 국가시스템에 깊숙이 개입되어 있는 정치주체들의 연결망 형태에 주목하는 개념이다. 가산제 국가와 관련한 쟁점요소는 이른바 근대국가의 특징으로 제시되는 '비인격적 지배' 와의 관계이다. '근대 국가에서 국가관리자들은 사적 개인으로서가 아니라 공적 관료로서 존재해야함을 의미하며, 자신의 공적 업무와 사적 생활을 철저히 분리해야 함을 의미하고, 또한 국가의 권위가 국가관리자(특히 최고 지도부)의 개인적 자질이나 카리스마에 의존하는 것이 아니라 법이나 규정에 근거한다는 것을 의미하며, 인치가 아니라 법치가 지배한다는 것을 의미한다. 이것은 베버가 강조하는 합리적 합법적 지배와 통한다' (박승우 2004, 211).

가산제국가는 이러한 비인격적 지배라는 근대국가의 특징이 결여된 특징을 부각한다. 이른바 '공적 영역과 사적 영역의 불완전한 분리' 에 의해서 국가 운영이 통치자나 권력주체의 사사로운 이해관계에 의해서 좌우되는 것을 말한다. 필리핀 정치과정의 특징이 가산제 국가라는 것이다. 1972년 이후의 마르코스정권의 권위주의 독재는 제도화된 정당정치나 시민사회의 참여지향적 민주운동을 탄압하면서 사적 이해관계에 집중화된 권력네트워크를 구축한다. 1972년 이전과 1896년 이후는 물리적인 폭력동원에 기초한 권력확대와 유지는 아닐지라도, 정권의 집권자에게 총애를 받는 과두 지배엘리트(oligarchs)들이나 크로니(cronies)들의 네트워크 속에

서 구조적인 문제를 지속시키고 있다.[11]

독립 이후 1972년까지 국가 및 정치주체의 경제적 이해관계는 '미국의 경제적 원조와 투자, 공산주의 게릴라 소통 지원자금(counterinsurgency support)' 및 미국의 특혜관세체제의 혜택아래서 수출된 농산물의 이윤확대와 연관이 있다. 1965년 마르코스가 대통령으로 집권하여 1972년 계엄령을 선포하는 과정은 분명 1970년대 이전의 필리핀에 정당정치와 주기적인 선거, 평화적인 정권교체가 전개되었다는 점에서 정당정치의 민주체제가 일찍이 정착되었다고 말할 수 있다. 1970년 이전의 한국의 정치상황 이승만의 집권, 3선 개헌, 4·19민주혁명, 제2 공화국 등장, 5·16군사쿠데타, 박정희 정권의 지속 등 과 비교하였을 때 당시 필리핀은 모범사례로 평가될 만 하였다. 그럼에도 불구하고 스페인 통치 시대 이래로 대지주 거대가문들이 자신들의 지역에 구축한 후원자 추종자 관계의 기반 위에서 정치가 발전한 것이라는 사실에 주목할 필요가 있다. '꼬후앙꼬(Cojuanco), 꾸엔

---

11) 19세기 이후 유럽에서 확산되었던 민주주의/민주정에 대한 고찰에서 미헬스(Michels, 1924/2002)는 정당정치의 발전은 정당 내부의 지도자들과 지지자들의 관계 속에서 민주주의적인 운영의 지속보다는 과두정의 특징들을 점차로 도입하게 된다고 진단한다. 정당 정치의 발전 속에서 엘리트들과 대중들의 선택과 필요, 전문가 조직으로서의 정당 발전 속에서 과두정의 요소들이 부각한다는 것이다.
"정당정치의 토대가 외면적으로 민주주의의 형태를 띠고 있는 것에만 집중하다가는, 모든 정당이 귀족정, 더욱 정확하게 말하자면 과두정으로 변형되는 경향이 있다는 사실을 간과하기 쉽다. 과두적 경향을 밝히는 데 가장 적절하고 효과적인 관찰 대상은 바로 민주적인 정당들, 그 가운데서도 특히 사회혁명적인 노동자 정당들의 내부 구조이다. 보수적인 정당들은 선거 기간을 제외하면 과두적 경향을 뻔뻔스러울 정도로 당연하다는 듯이 드러낸다. 이는 보수 정당의 성격이 원칙적으로 과두적이니만큼 그리 이상한 일이 아니다. 그러나 문제는 혁명을 지향하는 정당들조차 보수 정당 못지않게 과두적 경향을 분명하게 드러낸다는 데 있다. … 과두적 경향이 혁명정당에도 나타난다는 사실은, '인간이 특정한 목적을 위해 구성한 모든 조직' 내부에 과두적 경향이 존재한다는 사실을 강력하게 증언한다."(54쪽)
이러한 근대 정당정치의 한계 비판은 '비인격적 통치를 지향하는 근대민주주의 정당론' 자체가 내부적 메커니즘 자체의 모순을 안고 있음을 경고하는 것이다. 이러한 과두적 엘리트 정당정치가 특정 국가의 문화적, 역사적 한계에 의해서 발생하는 것인지, 민주주의 정당론의 불가피한 모순인지는 논란의 여지가 될 수 있다. 그럼에도 불구하고, 필리핀의 경우처럼 광범위한 엘리트 네트워크 안에서 진행되는 정당정치의 한계를 지적하는 데에는 유의미성이 있는 것이 사실이다.

꼬(Cuenco), 딴후앗꼬(Tanjuatco), 띠앙꼬(Tiangco), 치오꼬(Chioco), 빠떼르노(Paterno), 드 따베라(de Tavera), 아끼노(Aquino), 라우렐(Laurel), 오스메냐(Osmeña), 스물롱(Sumulong), 로뻬즈(Lopez), 아얄라(Ayala)' 가문 등을 포함해 크게 400여 개의 가문이 필리핀 경제의 대부분을 장악했고, 독립 이후 1972년 계엄령 선포시까지 필리핀의 정치와 정부를 지배해 왔던 것이다. 따라서 정당정치와 주기적인 선거에도 불구하고 필리핀 국민들은 사실상 정치와 정책결정과정에 아무런 영향력을 행사하지 못했으며, 그들의 정치적 참여는 이들 거대가문 엘리트들의 정치적 지위나 그 영향력을 지속시켜 주기 위한 동원에 지나지 않았다. 이런 점에서 필리핀 민주주의는 과두엘리트에 의해 지배되는 '엘리트민주주의' 로 불렸다(정영국 2003, 95~6).[12]

이러한 정치적 경제적 역량의 소수 가문에의 집중은 소작농 및 농업노동자의 양적인 증가를 가져왔으며, 토지 소유 불균형이 소득불평등으로 이어져 상당수의 필리핀 국민이 절대적 빈곤 속에서 삶을 살게 된다. 1957년 전체 가구 중 하위 20%의 총소득비율은 전체의 4.5%였으며, 1961년 4.2%, 1965년 3.5%, 1971년 3.6%에 불과하였다. 가산제 정치의 또 다른 측면에는 필리핀의 문화적인 특징, '가족주의' 전통이 있다. 친족의 확대 개념으로서의 가족관은 직계가족이 아니더라도 부양의식을 공유할 정도

---

12) 필리핀 정치와 관련된 주요 가문들의 영향, 엘리트주의와 이 가문들의 역사적 성장 배경에 대해서는 Francisco & Arriola(1987), McCoy(1993)를 참고할 수 있다. 한편, 한국에서 재벌 및 언론, 정치 가문의 등장과 필리핀의 경험을 비교하는 것은 대단히 흥미로운 주제가 될 것이다. 이들이 가지는 근대화과정에서의 역할, 정치민주화에서의 기능 등을 비교해서 자세히 설명하는 것은 이 글의 목적을 다소 벗어난다. 그러나 이 글의 취지와 관련하여 한 가지 주요하게 고려해야 할 점은, 이른바 '식민지' 과정을 통해서 성장한 새로운 경제, 정치 주체들의 모습에서 필리핀과 한국은 큰 차이를 보인다는 점이다. 친일 민족주의와 반일 민족주의의 대립, 민족주의와 사회주의의 대립, 친일 기업과 민족자본의 대립 등은 건국 이후 한국에서 식민지 과정을 통해서 형성된 경제, 정치 주체들이 다양한 측면에서 평가되고, 규제되어왔다. 특히 1960년대 이후의 권위주의 국가의 경제발전 과정에서 이러한 가문들의 역할과 사회적 영향이 점차 축소되었다.

로 강하다. 친족 중에 경제적으로 성공한 사람 중심으로 친족이 의지해서 살아가는데, 이 가족주의는 필리핀 출신의 해외이주 노동자들의 송금형태로 필리핀 경제에 유입된다. 이러한 가족주의는 식민지 이전시기부터 지속되었던 부락(Barangay) 및 다뚜(Datu) 수장 중심의 공동체 생활 전통의 현대적인 지속으로 이해할 수 있다. 이러한 가족주의 관념은 혈연 유대, 지역 유대 등으로 연결망이 형성되면서 사회관계의 인격화가 구축된다(위의 책 2003).

과두엘리트민주주의라 지적되었던 필리핀 정치문화의 특징 기저에는 이러한 전통적 가족주의가 깔려있다고 보아야한다. 각 지방의 정치 엘리트들은 지방민들에게 후원 및 고용을 책임지는 역할을 수행했으며, 지역의 소작농 및 주민들에게 다양한 형태의 생계 지원을 통해서 정치적 지지의 물적인 기반을 확보했고, 이러한 지지네트워크가 지방자지체 차원에서 그리고 중앙의 정당정치 시스템에 개입되었다. 1960년대까지의 전통적 양대 정당인 '민족주의(자)당(Nacionalistas Party)'과 '자유당(Liberal Party)'은 이러한 거대 가문들의 정치적 구심체로서 유지되었던 것이다. '이념과 정책적 성향의 차이가 아니라 개인적 후원관계와 편의에 의거하고 있는 각 정당은 내적 응집성이 취약할 수밖에 없었으며, 편의에 따라 정당 지도부를 포함한 정치인들의 정당교체가 일상적으로 행해졌다. "필리핀 정치는 원칙이 아닌 인물의 정치이며, … 이데올로기문제는 정당간 갈등과정에 포함되지 않는 것 같다"고 평가되기도 하는 것이다(위의 책 2003, 98~9).

Ⅳ. 정치계급의 성장: 군부, 지주계급(가문) 대항주체의 영향력

2차 세계대전 이후, 미국으로부터 독립한 필리핀의 대의제정치는 자유당과 국민당의 양당체제에서 대통령을 선출하였으나, 이들은 강력한 지도력을 발휘하지 못하였다. 총선을 통한 국회의원의 선출 과정은 1970년대까지는 초선의원의 비율이 대략 40%에 이르는 등 안정적인 지역의정활동을 하는데 어려움을 겪었다. 1972년 이후 등장한 마르코스 독재는 강력한 국가건설을 통하여 지역의 가문정치의 한계를 극복하고 조직화된 경제근대화와 국가개혁을 시도하였다. 그러나 마르코스 중심의 권위주의 체제는 한국과 동아시아의 다른 국가에서 진행된 발전국가의 역할을 성공적으로 진행하지 못했다. 농업중심의 소비재 경제는 수출환경의 변화 속에서 전략적 발전계획을 실천하는데 실패하였고, 독재에 저항하는 국민들과 이들의 정치적 구심으로서 등장한 개혁적 엘리트의 저항에 정치적 정당성을 상실하게 된다.

민족주의(자)당(Nacionalista Party)에서 분리된 정치엘리트들을 중심으로 '자유당(Liberal Party)'이 형성되고, Nacionalista Party와 Liberal Party의 양당 중심 체제가 1972년까지 지속된다. 이 두 정당은 선거와 의회에서의 경쟁에도 불구하고, 이념적 차이보다는 주요정치가들을 중심으로 편재되었으며, 이 두 정당 사이의 인적인 이동도 일어났다. 예를 들어, Liberal Party 출신의 막사이사이(Magsaysay)와 마르코스(Marcos)는 Nacionalista Party에서 대통령 후보로 출마하였다. 1960년대 말고 1970년대 초에는 베트남 전쟁과 사회주의 진영의 확대의 영향과 더불어 농민, 학생, 노동자를 중심으로 하는 강력한 문화적 선동과 민족주의적 정치슬로건이 사회적으로 확대된다(Tuazon 2007).

1965년 이후 대통령을 역임하던 마르코스는 2번째 임기 도중, 1972년

9월 '폭력적 전복과 폭동 및 반란에 직면'하고 있는 필리핀 사회에서 '법과 질서'를 회복한다는 미명 아래에 게엄령을 실시하고, '신사회(new society)' 개혁 프로그램을 표방하며, 사회 각 부문을 재조직화한다. 1986년 아키노 정부가 등장하기 전까지 15년간의 독재 정권은 필리핀의 정치적 자유를 제약했다. 한국에서는 유신 및 신군부 독재를 경험했던 것과 거의 유사한 시기인 셈이다. 마르코스 정권은 기존의 '과두엘리트' 들의 영향력 아래에 있던 의회 및 제도권 정치를 무력화시키고, 전국적인 동원조직을 구성한다. 이슬람 독립운동 세력 및 공산주의 운동, 학생, 노동운동을 탄압하는 과정에서 군부를 정치의 물리적 기반으로 활용하고 친마르코스 관료집단을 양산하는데, 이러한 독점적 권력 행사는 스페인 점령 말기부터, 미국의 식민지 시대를 통해서 안정화된 토지계급과 가문중심의 기존 과두엘리트의 정치적 네트워크를 붕괴시키려는 시도이기도 하였다(정영국 2003; Tadem 2007a; 2007b). 1986년 선거에 의해서 아키노에 의한 권력 대체가 전개되기 전까지 15년간의 독재 정권은 한국의 군사독재(유신과 80년대의 신군부독재를 포함)처럼 필리핀의 정치적 자유를 크게 제약을 했다. 이른바 '권위주의체제' 시기라 불리는 이 시기 동안의 개혁정치의 실패가 향후 필리핀의 낙후된 민주주의 시스템을 노출시키는 원인이 된다. 군부의 정치 영향력의 확대는 토지계급과 가문중심의 기존 과두엘리트세력이 구축한 의회정치를 대체하려는 시도로 이해될 수 있다.[13]

한편, 마르코스정권은 전통적인 농업생산물 중심의 경제를 '수출지향 산업화 전략' 으로 전환시키고, 토지개혁을 시도하여 국민들과 과두엘리트들의 유착관계를 끊고, 시민사회의 정치적 불만을 경제적 기회제공으로

---

13) 마르코스 정권의 등장과 몰락, 그리고 아키노 정권의 등장과 관련한 엘리트 가문들의 정치활동을 통해서 필리핀의 정치적 특징을 '대지주 민주주의 (Cacique Democracy)' 라 파악하는 앤더슨(B. Anderson 1988)을 참고할 것.

무마하려고 하였다. 1970년도 초·중반 까지 강제적 사회 안정정책과 산업 부흥 정책으로 세계은행으로부터 막대한 공공차관을 제공받고, 해외자본의 직접투자를 증대시켰다(Doronila 1992). 비전통적 수출부문의 확대, 고용율의 증가와 실업률의 감소 등 경제적 환경은 개선된다. 그러나 1970년대 후반부터 국가의 재정적자규모가 확대되고, 외채규모가 크게 증가해서 경제환경을 악화시켰으며, 실질임금의 저하와 최저생계비 이하의 빈곤층이 인구증가와 더불어 확대되는데, 이러한 경제의 불안이 권위주의적 독재정권의 정치적 정당성을 크게 위축시키게 된다.

이러한 정치 환경 아래에서, 사회운동 조직의 활동들은 정치탄압에 의해서 불법화되었고, 점차로 지하운동조직으로 세력을 유지시키고, 종교탄압과 결부되어 자치 독립을 위한 무장투쟁이 발전한다. 군부의 공산주의 운동 탄압은 미국과 필리핀 국가에 대항하는 물리적 무장투쟁의 이념적 기반을 반국가세력에게 반대급부적으로 확대시키는 원인이 되기도 하였다. 필리핀의 정치운동에서 특징적으로 등장하는 자치독립과 이념적 무장 투쟁의 환경이 마르코스 정권시기에 보다 구조화되었다고 할 수 있다. 한편, 교회 및 대학, 사회복지기관 등의 공개활동이 증가하고, 이들이 인권탄압에 저항하는 세력의 중심으로 변화한다. 도시 빈민들에 생존과 관련된 인권, 복지, 환경, 노동 분야의 NGO조직들의 증가는 필리핀 정치환경의 또 다른 특징으로 참여민주주의 확대의 사회적 기반으로 성장하는 계기가 되었다(이영환 2007).

1986년의 민중혁명(People Power I)을 통해서 군부중심의 권위주의 독재가 막을 내리고, 자유선거에 의해서 의회중심의 제도정치가 새로운 발전을 꽤하게 된다.[14] 한국의 1987년의 민주화투쟁과 연이은 대통령 선출을 위한 국민투표 등으로 한국의 정치지형이 바뀌는 것과 유사했다고 비교할 수 있다. 그러나 향후 필리핀과 한국의 정치적 민주주의의 진척이 다른 방향으로, 다른 속도로 진행되게 된 결정적인 차이는 국가권력의 주체

로 등장한 필리핀의 엘리트세력은 이전의 마르코스정권이 개혁을 통해서
붕괴시키려고 했던, 토지계급의 과두정치엘리트였다는 것이다. 1987년의
헌법개정을 통해서 확대된 지방자치시스템은 이러한 한계를 안고 전개되
었다. 지방정부 체계의 하위조직은 주(province), 시(city), 군(municipalit
y), 바랑가이(barangay) 등의 순서로 세부적 구성이 이루어지는데, 모든
지방정부 공무원이 주지사에서 바랑가이 장에 이르기까지 선출된다. 1991
년 지방자치법(Local Government Code)이 통과되면서, 지방자치의 환경
이 개선되고, 조세부문까지 크게 위임이 되었다. 그러나 이러한 지방자치
정치환경의 변화는 제도적인 안정화에도 불구하고, 각 지역의 전통적 토
지세력과 유력가문의 체계적인 정치세력화의 틀을 조성했다는 비판을 받
는다. 86년 이후를 '민주화'의 시기라고 이해한다면, '민주화' 이후에 다시
전통적인 과두엘리트세력의 정치영향력이 회복되면서, 마르코스 정권 이

---

14) 21세기 초엽 현재, 필리핀에서 '군부독재의 종결' 또는 '군부의 권력 재장악 불가능'을 이야기
할 수 있을까? 이 질문은 한국적 경험과의 비교 속에서 그 답을 내놓을 수 있다. 필리핀 군부, 특
히 사관학교를 중심으로 한 군부엘리트의 변화과정은 한국의 상황과 큰 차이를 가진다. 우선,
한국의 군부엘리트가 1960년대 이후 1980년대까지 강력한 힘을 발휘할 수 있었던 이유는 한국
전쟁을 통해서 사회적으로 뿌리내리게 된 반공이념과 반북담론이 정치적 영역에서 힘을 발휘했
기 때문이다. 군부의 쿠데타(1961년, 1980년)는 군사정권의 몰락이후 1990년대 민간정부의 정
권지속 과정에서 '하나회'로 상징되는 군부엘리트 네트워크가 붕괴되었으며, 군인 출신의 두
전직대통령(전두환, 노태우)의 법적인 구속과 판결, 재산의 국가환수 등을 통해서 제도정치의
틀을 위협할 수 없게 되었다. 하지만, 필리핀의 경우, 마르코스의 몰락 과정에서 라모스를 중심
으로 하는 새로운 군부세력이 시민세력과 더불어 영향력을 발휘하였고, 1989년 군부의 쿠데타
시도 및 실패, 아키노 정권이후에 전직 군참모총장인 라모스정권의 등장 등은 필리핀에서 군부
엘리트의 영향력이 지속되고 있음을 보여준다. 줄여 말하면, 한국에서는 1993년 이후 군부의 영
향력이 축소·쇠퇴되었음에도 불구하고, 필리핀에서는 피플 파워 시기 이후에도 군부의 세력이
잠재적이나마 유지되고 있다는 것이다. 이러한 이유에는 크게 두 가지 원인이 제시될 수 있다:
첫째, 필리핀 군부는 2차 세계대전 이후 독립 및 국가 수립과정에 일정한 기여를 함으로서 그 정
당성을 인정받았으며, 1986년의 피플파워 시기에도 시민세력의 민주봉기를 인정하면서 민주세
력연대에 참여하였고, 남부의 민다나오 섬을 중심으로 진행되는 이슬람 및 공산주의 운동과의
물리적 충돌 속에서 그 영향력을 유지시키고 있다. 둘째, 필리핀의 엘리트정치가 안고 있는 부
패, 청탁의 관행이 군부를 그 엘리트 네트워크에 참여시키고 있기 때문이다. 필리핀 군부엘리트
의 역사와 정치적 영향력, 잠재적인 정치활동 가능성에 대해서는 McCoy(1999)를 참조할 것.

전의 정치문화로 과거 회귀했다. 물론 과거의 양당제에서 다당제로 변화했으며, 다양한 이념적, 이익적 파편화로 수많은 군소정당이 난립한다.

이러한 원인으로는 1. 미국 중심의 단극체제로 변한 세계질서가 신생민주국가들의 정치과정에 이념적 여유를 주어 다양성이 담보되었고, 2. 다양화된 필리핀의 사회구조가 정당정치에 반영되었으며, 3. 비엘리트 출신의 정치인들이 국정최고 책임자가 될 수 있는 기회가 늘었으며, 4. 그간 과소대표된 민중부문을 새롭게 대표하는 NGO들이 정당을 창당하는 일이 많아졌다는 것 등을 들 수 있다. (박기덕 2001; 2004) 쿠데타 시도를 통한 군부의 견제를 받았던 아키노정권, 1992년의 참모총장 출신의 라모스 정권의 등장, 1998년 에스트라다 정권, 2004 아로요 정권의 등장 과정을 통해서 제도화된 시스템으로서의 의회민주주의는 절차상으로 안정되어왔다. 정권의 부패와 카톨릭의 정치 영향력 지속, 이슬람계의 독립 및 자치 운동, 지방자치단체들의 유력가문 후견적 정치의 지속은 실질적인 민주주의 진척의 어려움을 담고 있다.[15]

---

15) 2007년 10월 필리핀 정치의 부패와 관련한 쟁점은 현 대통령인 GMA(Gloria Macapagal-Arroyo, 글로리아 마카파칼 아로요)를 둘러싸고 지속적으로 전개되고 있다. 에스트라다 정권에서 부통령을 지낸 아로요는 아스트라다가 실각하면서 2001년 대통령을 이어받았으나, 연임을 할 수 없다는 헌법상의 제약에도 불구하고 논란을 불러일으키며 2004년 대통령으로 다시 취임하였다. 남편의 뇌물수수, 군부의 쿠데타 음모, 시장과 도(주)지사들의 모임에 참석하여 행정지원 정치자금을 배포하는 등 야당(전 대통령 아키노 측과 더불어)과 시민단체, 학계로부터 탄핵소원을 제출받았다. 그러나 하원의 지지로 탄핵소추가 부결되고, 9월에 구속된 전 대통령을 10월 25일에 다시 사면하는 등 지속적인 정치 논란에 휩싸인다. GMA의 대통령 취임과 관련된 헌법상의 문제와 2004년 전후의 정치적 변화에 대해서는 Bernas, S.J.(2007)을 참고할 것. 사실, 한국에서도 대통령의 부정부패, 친인척 비리, 정책의 평가와 관련된 논란 등은 일상화된 의회정치의 소재가 되고 있다. 한국도 지난 2004년 현 노무현 대통령의 탄핵과 관련하여 정치적 격동을 겪었었다. 그럼에도 불구하고, 정권교체와 관련하여 필리핀과 한국의 큰 차이는, 한국에서는 정권 교체 과정의 역동성이 아니라 정권 교체와 관련된 국민들의 정치적 선택이 법적인 바탕위에서 제도적으로 실천될 뿐만 아니라, 교체되는 정치인들의 네트워크를 실질적으로 무기력화시킴으로서 새로운 정치적 지형을 형성한다는 것이다. 물론 한국 정치의 지속적인 문제인, 지역 갈등과 대북한 정책, 개발 및 복지 논쟁, 학연 혈연 등은 사라지지 않지만, 정치엘리트들의 교체는 1990년대 이후 지속적으로 이루어져왔다.

한국의 민주화 경험과 비교해 보자. 장기적 정치 변동의 측면에서 보면, 한국과 필리핀은 식민지 경험을 공유하지만, 전통적 지주세력이 농업자본으로 성장하고, 각 지역에서 강력한 영향력을 행사하고 있는 필리핀에 비해서 한국은 지주 및 농업부문의 축소 속에서 새로운 계급, 계층 구성이 발전하여 민주화 과정에서 다른 양상을 보인다고 할 수 있다.[16] 특히 지방자치의 시대에 있어서조차, 비록 한국의 지방정치가 안정화되지 않은 재정구조와 지역주의 및 지역세력들 간의 갈등 때문에 발전전략의 수립과 추진에 어려움을 겪고 있는 것은 사실이지만, 필리핀과 달리 과두엘리트 중심의 지방정치가 전개된다고 보기 어렵다. 아울러, 군부독재의 경험과 국가의 반공(anti-communism)정책은 필리핀과 한국이 공유한다. 그러

----

16) 2007년 10월 필리핀에서는 설탕 가격이 상승과 관련하여 다양한 이익집단들(설탕산업, 제빵산업, 의약계 등)의 이야기가 뉴스에서 심도 있게 다루어졌다. 설탕 산업은 필리핀 사회를 들여다볼 수 있는 주요한 계기가 될 수 있다. 1913년 미국 시장에 필리핀 설탕이 자유무역으로 수입물량 제한(quota) 없이 수입되면서, 설탕은 미국과 필리핀의 주요 교역 품목이 되어왔다. 1930년대 이후 1970년대 까지 수입물량제한이 이루어짐에도 다른 국가들에 비해서 높은 비율을 책정받았다. 1950년대와 1960년대 전체 수출 물량의 20% 이상을 설탕이 차지했으며, 1974년 파운드 당 0.67달러로 치솟은 이후 점차 국제 가격의 하락으로 필리핀의 설탕 산업의 상대적 규모는 점차적으로 축소되어 왔다. 필리핀의 중부지방 비사야(Visaya)의 Negros 섬을 중심으로 발전한 설탕산업은 섬의 전체 농경지의 반을 차지했던 적도 있었으나, 점차 농경지 사용이 축소되어 왔다. 2003년 현재 30만명 이상의 노동자가 설탕 산업에 저임금으로 종사하고 있으며, 총 50만 이상의 인구가 이 산업의 경제적으로 의존하고 있다. 3월부터 10월 까지의 비수기 동안 이 인구가 겪는 경제적 어려움과 식량난의 문제는 필리핀 정치의 주요 사안이 되어왔다. 마르코스 정권 시절, 필리핀 설탕 위원회(The Philippine Sugar Commission, Philsucom)가 설립되어, 농장주와 제조업자들에 대한 규제를 실시한다. 1980년대 국영 설탕 무역 회사(Naustra)를 설립되어, Philsucom과 마찰을 빚기도 하였다. 아키노 정권 출범 이후 1986년 설탕 규제기관(Sugar Regulatory Authority)을 설립하였다. 1992년 설탕 값의 상승과 관련하여 식품산업계에서 수입 자유화를 요구하는 등 지속적인 사회적 쟁점이 되어왔다. 아울러, 필리핀의 영향력 있는 엘리트 가문들(Araneta집안, Lopez집안, Elizalde집안 등)의 성장과 설탕 산업은 큰 연관이 있다. 기존의 명망가문들이 설탕 산업으로부터 멀어졌음에도 불구하고, 새로운 가문들이 등장하여 설탕산업과 관련 산업에서 큰 힘들을 발휘하고 있다. Billig(2003)을 참조할 것. 한편, 설탕산업과 관련을 맺었던 전통적인 엘리트 가문들이 새로운 산업적 기반으로 이동하는 과정은 한국에서 재벌의 산업적 이동 과정과 비교해 볼만하다. 특히 Lopez가문과 한국의 CJ그룹(구, 제일제당 삼성)의 발전사는 설탕의 생산과 관련된 필리핀의 기업과 설탕의 수입과 관련된 한국의 기업이 어떻게 변해오는지는 향후 의미있는 비교연구가 될 것이다.

나 한국의 남북문제가 국가체제의 유지와 관련된 위기적 상황으로 발전하지 않고 평화체제 구축과 남북화해로 전개되면서 이념적 갈등은 실질적인 정책수립에서는 크게 부각되지 않는다. 반면에 필리핀의 경우는 수많은 섬들의 토착 문화와 혈연, 종교, 지역성들이 결합되면서, 종교운동과 공산주의 이념이 결합되기도 하고, 갑작스런 인구 증가에 의해서 확대되는 도시 빈민들의 반국가투쟁이 공산주의 운동으로 발전하는 등 이념갈등의 폭이 크고 그 방식은 대단히 폭력적이다.

V. 필리핀 정치·경제 변동의 현재적 한계 세계화, 지역화의 영향과 정치지형의 변화가능성

필리핀의 국가발전은 세계사적인 정치변동 과정에 직접적으로 포함되어있다. 서구유럽의 제국주의 발전과 식민지 개척 시대의 영향으로부터 국가로서의 영토적, 심리적, 언어적 정체성을 발전시켜왔다.[17] 20세기 이후 미국중심의 세계체제 구축과정에서 식민지 경험과 국가적 독립을 성취하였지만, 이 과정은 교육, 행정 분야에 미국적 모델을 수용하는 엘리트를 성장시켰다. 섬유, 건설, 기계, 중화학, 자동차, 전자, 통신 분야의 자생적 경쟁력을 확보하는데 실패한 이유는 해방 이후 농업부문의 수출 경쟁력에 의존한 탓이기도 하다. 세계적 차원에서 전개된 자유주의와 공산주의의

---

17) 필리핀인(Filipino)의 정체성은 백지상태에서 식민지경험을 통하여 시작한 것은 아니다. 아울러, 교육, 문화, 언어, 정치 제도, 경제활동 방식, 시민의식 등이 식민지 경험 속에서 고정된 것도 아니다. 필리핀인으로서 정체성의 끊임없는 변화과정에 대한 고찰은 Azurin(1995)을 참고할 수 있다. 하지만 세계사적 전환 속에서 겪는 경험들은 단순히 기억 속에 있는 일회적인 과거가 아니라, 문화적 영역에서 쉼 없이 등장하는 현재적 자원들이다.

체제경쟁은 기독교와 이슬람, 중북부 중심주의와 남부독립주의, 엘리트정
치와 대중운동 등의 대립으로 무력충돌을 야기했고, 지금껏 이슬람 분리
주의 및 공산주의 무장투쟁이 진행되고 있다.[18)]

민주화의 진척시기, 1992년 사회예보방송국(SWS)이 실시한 여론조사
결과에 따르면, 필리핀인들은 사회의 불평등이 더욱 심화되었다고 생각하
는 것으로 나타났다. 그 이유로 사회 체계가 부유층과 기득권 세력에 유리
하기 때문이라는 의견과(+28) 일반 사람들이 불평등한 상황을 해소하려는
노력에 동참하지 않기 때문이라는 의견(+32)가 있다. 세계화에 대한 비판
의 목소리가 일반 대중들 사이에서 높아지자 라모스 행정부는 사회개혁 의

---

18) 남부의 민다나오 (민다나오, 술루) 지역에서 전개되는 이슬람 분리주의자의 역사적 기원, 필리
핀 지역 내에서의 이슬람의 확산은 스페인 점령 이전으로 거슬러 올라간다. 스페인 식민당국에
의해서 가톨릭 교도들이 이주하면서 인구역전이 이루어졌고, 20세기 말에는 1천 6백만 인구의
약 25%, 4백만 명의 회교도가 살고 있다. 미국의 필리핀 점령 이후, 미국은 다양한 정책으로 민
다나오 지역을 편입시키려했다. 종교적 갈등을 축소하고, 천연자원을 획득하기 위하여, 루손 지
역과 다른 자치 행정을 기획하기도 하였는데, 이로 인하여 루손지역의 필리핀 엘리트와 갈등을
빚기도 하였다. 마르코스 정권 이후에 민다나오 지역에 대한 개발이 정치적 탄압과 경제적 착취
의 성격을 띠면서, 모로민족해방전선(MNLF)가 결성되어 무장분리독립 운동이 전개된다. 1989
년 아키노 정권 때, 주민 선거를 통해서 자치구역(ARMM)을 선택한다. 하지만, 강경 이슬람 세
력은 모로이슬람해방전선(MILF)를 결성하여 지속적인 분리독립 투쟁을 전개한다. 이러한 정치
적 격동 속에서 무장 투쟁 세력과 정부군과의 충돌, 지역의 제도주의 세력과 무장 세력 및 급진
세력과의 갈등 등이 대통령 선거, 의회선거, Barangay선거 등과 결합하여 다양한 양태로 전개
되고 있다. 민다나오의 역사적 형성, 분리독립 투쟁, 평화논의 등과 관련해서는 차례로 김성철
(2000), 유왕종(1999, 2002a, 2002b), Abinales(2000), Vitug & Gloria(2000), Iribani(2006)
을 참고할 것. 아울러, 루손 섬 북부의 코르딜예라 지역의 토착민(Igorots)의 지역자치운동에 대
해서는 김민정(2004)을 참고할 것.
한편, 필리핀의 공산주의 운동사의 평가도 당분간 유보해야 될 것 같다. 남북한의 분단 이후 한
국에서의 급진적 정치세력의 활동 및 그들의 정당운동과 필리핀의 경험을 비교하기에는 무리가
따르기 때문이다. 무엇보다도 한국에서 공산당의 대중적 활동이 가시적으로 드러나지 않고 있
으며, 특히 인민해방군의 결성과 무장투쟁의 진행과 같은 필리핀에서의 활동과 비교될 것이 학
문적 연구 영역에 등장하고 있지 않아 자료가 전무하기 때문이다. 한국의 민주화 과정에서 등장
하는 운동세력들과 필리핀의 운동 세력들은 시민사회의 영역에서, 또는 지식사회학적 담론에서
평가될 수 있을 것이다. 현재 한국과 필리핀의 의회정치에 참여하는 개혁정당 사이의 역사적 비
교는 이 글의 범위를 벗어난다. 필리핀 공산당 활동의 역사 및 급진 정치 단체(Bayan)의 정치적
이념에 대해서는 Weekley(2001), Guerrero(2006)를 참고할 것.

제를 실시해 사회 불평등 해소를 위한 빈곤 퇴치 프로그램을 실시한다. 그럼에도 불구하고 최소 1,480만 필리핀 인구가 하루에 1달러도 되지 않는 돈으로 연명하고 있으며, 2000년 6월 국제 빈곤 기준인 하루에 1달러 미만으로 살고 있는 필리핀 인구는 전체 인구의 19%로 765만 명이다 (Teresa S. Encarnation Tadem 2007a).

필리핀의 인구증가율은 1965~1980년 사이에 평균 2.8%, 1990년대에는 2.5% 등으로 높은 수준이다. 이러한 인구증가는 고용경쟁과 실업률을 높이는 계기로 작용하고 있는데, 이 상황은 2015년 인구가 1억 명이 될 것이라는 예측 속에서 대단히 복잡한 사회문제를 야기하고 있다. 사회적 서비스가 부족하기 때문에, 상당수의 NGO 활동이 교육, 의료, 환경, 등에 집중되어 있으며, 이러한 NGO는 직, 간접적으로 정치활동을 진행 중이다. 1992년 UHDA 입법운동을 통하여 무단거주지 철거에 지켜야 할 규정을 제시하여 빈민의 거주환경 개선을 꾀하였으며, 에스트라다 정권에 저항한 민중항쟁(피플파워 People Power II)에 동참하였다. 에스트라다 정권 (1998~2001)시기에 지속된 신자유주의적 산업정책은 이러한 열악한 경제환경에 처한 대다수 국민들에게 저항운동을 불러일으킨 것이다. 지속적인 저항운동을 벌여왔던 신좌파는 대안의 부재에 의해서 영향력이 축소되었음에도 불구하고, 다양한 정치 운동과 NGO조직의 이념의 일부로서 지속적으로 대중적 참여민주주의의 근거가 되고 있다.[19]

2007년 현재 필리핀의 시민사회와 참여민주주의의 상황을 한국과 거

---

19) 예를 들어, 1998년에 창립된 AKBAYAN(http://www.akbayan.org)은 기존 좌파의 과격한 정치투쟁을 지양하고, 의회의 제도적 개혁에 초점을 맞추는 개혁정당의 활동을 하고 있다. 비례대표제의 의해서 의회에 의원을 파견하고, 의회민주주의 활동 내부에서 소수자 인권 보호 및 정치개혁을 시도하고 있다. 특히 이들은 1990년대의 세계화된 정치운동의 가능성에 주목하고, 국제적인 연대활동 및 필리핀 정치상황의 홍보, 보도 활동을 적극 진행하고 있다. 세계화 담론과 관련하여 필리핀 시민사회의 정책 담론에 대해서는 Frago 외(2004)를 참조할 것. 1990년대 중반 이후의 선거정치의 특징에 대해서는 박승우(2007)를 참조할 것.

시적으로 비교해보자. 한국은 1997년의 외환위기 이후 신자유주의적 경제 프로그램의 사회적 확산과정에서 민주정권이 등장하였지만, 개혁세력의 정책은 세계적 조류의 흐름을 거역하지 못하고, 국민들에게 상당한 정치적 실망감을 안겨주었다. 이러한 정치적 대안 부재 상황을 '민주화' 이후의 '민주주의 피로감'이라고 일컫기도 한다. 비록 다른 경로를 거쳐 왔지만, 필리핀의 경우 민중항쟁에 의한 권력 교체를 1980년대와 2001년에 이루었음에도 불구하고, 대체 권력은 전통적인 과두엘리트민주주의의 한계를 극복하지 못하고, 군부갈등, 빈곤, 종교대립의 오랜 문제들을 계속 노정시키고 있다. 이른바 민중항쟁의 승리 경험도 필리핀 국민들에게 정치적, 경제적 상황의 개선을 제공하지 못하는 상황인데, 이것은 필리핀에서 '민주화' 이후의 '민주주의 피로감'이 될 것이다. 2001년 이후 아로요 정권시기에 전개되는 필리핀의 정치상황은 급격한 민주주의 확대 또는 갑작스런 권위주의체제로의 회귀 등을 예측하는 것이 불가능하다. 지속적인 쿠데타의 위기가 잔존하는 상황, 남부 민다나오에서의 무장 독립 투쟁의 지속, 9·11 이후의 이슬람 대테러 군사활동,[20] 가톨릭 중심의 종교계의 영향력의 유지, 민중지향적 이념운동의 세속적 전개 등이 참여민주주의의 현재적 수준을 보여준다.

이러한 사회, 경제적인 상황이 필리핀의 엘리트주의 정치에 어떠한 영

---

20) 1947년부터 주둔하던 미군은 필리핀 국내외에서의 반미경향의 정치적 영향 아래에서 1992년 철수하였다. 하지만, 중국과의 외교적 긴장 강화 속에서 필리핀은 미국과 다시 '방문 전력 협정 (Visiting Forces Agreement)'을 체결하고, 1999년부터 정기적인 군사훈련을 실시한다. 미국과 필리핀은 중국 견제를 위한 공동의 이해관계를 확인하였으며, 필리핀은 자국 군대의 현대화 과정의 부족함에서 오는 전력 보충의 관심, 미국은 전 세계적인 대테러전쟁의 동남아에서의 거점 확보 등의 목표를 성취한다. 필리핀과 미국의 군사관계의 역사와 최근 동향 및 이것을 둘러싼 필리핀 여론의 변화, 그리고 한국의 반미운동과의 비교에 대해서, 차례로 Historical Bulletin vol. 34. (특별판: RP-US Relations: A Historical Perspective), 유석춘, 김인수 (2005)를 참조할 것.

향을 미칠 것인가? 또는 현재의 과두적 엘리트 정치가들이 이러한 사회적 변화에 어떻게 대응할 것인가? 푸트남(Putnam, 1976)이 요약하는 것처럼, 엘리트는 사회적 힘(social forces)에 의해서 변형(transformation)될 수 있다. 사실, 필리핀의 정치적 토양에 깊게 뿌리박힌 엘리트주의 정치는 사실 몇 번의 정치적 격변 속에서 위기를 맞이하였고, 또 그 위기 속에서 안정화되어 온 것이다. 스페인의 식민지 경험을 통해서 성장한 엘리트들은 스페인으로부터의 독립을 둘러싼 대립 속에서 독립운동 옹호자들이 사회적인 지지를 받게 된다. 이러한 독립운동의 지지가 1898년 미국의 필리핀 점령 시기에 드러난 강력한 저항운동의 밑거름이 된 것이다. 만약, 필리핀이 스페인으로부터 바로 독립을 획득했다면, 새로운 주권 국가 내부의 정치적 긴장관계 안에서 엘리트들이 재배치되고 일부는 국가권력을 중심으로 일부는 저항세력을 중심으로 양분되어, 이데올로기를 중심으로 하는 대립구도를 전개했을 런지 모른다. 미국이 유화정책을 써서 자치정부 수립의 인적인, 물적인 환경 조성에 협조하지 않고, 강력한 통제시스템을 도입하였다면, 그리하여 스페인 시대 때 성장한 사회적 지도력을 가진 엘리트들과의 정치적 대립이 보다 격화되었다면, 그리하여 독립을 무장투쟁을 통해서 쟁취하였다면, 친미 성향의 엘리트들의 사회적 기반이 축소되거나 와해되었을 런지 모른다. 마르코스의 정권 시기에 부를 가진 지방 엘리트 가문들 출신의 야당 정치인들을 기반을 성공적으로 와해시키고, 새로운 정치지형을 안정화시켰다면, 전통적인 엘리트정치가 관료 및 군인 중심의 조직화된 엘리트 정치로 이동하면서, 사회적 계급 구성에 변화를 야기했을 수 있었다. 마르코스 정권의 붕괴이후 피플파워의 지지를 받은 아키노 정권이 자신의 사회경제적 기반과 지지네트워크를 스스로 허물고, 또한 성공적으로 군부엘리트들의 도전을 막아내고, 그들의 토대를 허물었다면, 엘리트정치의 지형에는 큰 변화가 있었을 것이다. 마찬가지로, 시민운동 조직이 성공적으로 대중에게 정치적 동기를 제공하고, 반부패연대를 통해서 그들이 주장하는 것처럼 현재의 아로요 정권을 붕괴시킬 수 있다면, 역시 엘리트주의 정치는 변화를 맞을 것이다. 급격한 정치권력의 변화가 아니라, 굴곡있는 민주화에 대한 장기적인 경험의 축적이 대중들로 하여금, 엘리트정치의 합리화기제에 대한 사회적 반격으로 변화를 추동할 수 있다. 아울러 엘리트정치의 사회경제적 기반의 변화가 엘리트 네트워크 자체를 위협할 수 있다. 물론 전통적인 엘리트정치가 사라진다 하더라도, 필리핀의 시민사회는 정치적 주체들 사이의 또 다른 갈등과 행위자들의 파편화에 직면할 것이다.

Ⅵ. 나오며: 필리핀 시민사회의 한계와 가능성

필리핀 시민사회의 특징이라 지적되는 엘리트주의 정치를 보다 정확하게 지적하자면, 엘리트들이 형성되는 사회적 네트워크와 이 네트워크를 재생산하는 엘리트들의 사회적 관계가 경제적인 부를 가진 가문들의 네트워크와 상당히 중첩된다는 것이다. 정치계급과 경제주체들 사이의 분리가 발전하지 못한 것이다. 전통적인 지주세력이 토지자본으로 전환하고, 토지자본의 산업자본화가 진척됨에도 불구하고, 정치와의 결합력은 축소되지 않고 있다. 한국의 경우, 해방과정에서 식민지 시대의 경제주체들과 정치계급의 결합이 크게 균열되었으며, 토지의 재분배와 급격한 산업화를 통한 토지자본의 영향력 축소, 발전주의 국가에서 재벌양성 정책을 실시했음에도 불구하고, 부르주아지의 직접적인 정치영향력 확대를 방지하고, 다양한 정책적 통제를 실시해왔다. 따라서 정치권력 내부의 실질적 분립보다도 오히려 정치와 경제 부문의 분립이 먼저 형성되었으며, 헤게모니는 대부분 정치권력이 장악해왔다. 한국에서는 부정부패와 이권개입으로 비난을 받았던 정경유착도 그 혜택이 정치비자금과 기업의 이윤확대로 재분배되는 경우가 많았다. 이른바 친인척 비리의 문제는 민주화과정을 거치면서 정치가 및 주요 행정관료의 자질 검증 과정을 거치면서 점차 축소되고 있다. 이 과정의 느린 속도로 인하여 투명성 정치에 관한 심리적 만족도의 사회적 공유가 아직 완전히 이루어지지는 않았을지라도 말이다. 하지만, 필리핀에서는 정치와 경제분야에서 자원의 독립적 사용과 배분과 관련된 제도적 보완장치들이 힘을 발휘하지 못하고 있다. 거칠게 표현하면, 필리핀의 정치, 특히 대의제 정치 및 대통령 선출의 선거기간은 경제적 능력과 사회적 자본을 동원하여 표를 확보하는 '정치적 총력전'의 시기가 되는 것이다.

이러한 엘리트 가문중심적 네트워크는 지역공동체 내부의 가족주의의 미시적 결속들에 의해서 지지된다. 19세기 말의 일루스뜨라도 정치가 경제적 부, 신분, 출신지역보다는 일차적으로 교육과 지식을 중심으로 형성되었던 배경에는 19세기 말이 가지는 세기적 특징들, 제국주의 열강의 세력 변화 및 새로운 문명 발전을 위한 정치적, 경제적, 가치관적 변화가 진행되었기 때문이다. 비록 단일한 집단으로서 일루스뜨라도의 구성원들이 동일한 정치적 실천을 한 것은 아니지만, 일루스뜨라도는 스페인에서 미국으로 이동하는 식민지 모국의 권력교체시기에 새로운 국가운영 프로그램을 학습한 셈이다. 독립 국가의 성취를 연기하면서, 국가 통치 시스템의 실질적 수행자로서, 경제활동의 주체로서 국가 형성의 주체가 되었다. 이러한 변화 속에서 성장한 집단들이 현재의 필리핀 시민사회의 한 축을 역사적으로 구성하는 것이다.

1960~70년대까지 필리핀의 대의제 정치환경과 경제상황, 교육환경은 다른 개발도상국에 모범이 될 만큼 많은 관심을 받았다.[21] 그럼에도 불구하고, 세계적인 차원의 경제위기 상황과 정치적 갈등을 극복하는데 성공하지 못했다. 필리핀의 민주주의 운동이 일정국면의 조성 이상으로 지속

적 발전을 이루어내지 못하고, 지체된 경제 발전의 원인 규명이 비교국제정치와 정치경제학적 연구관심이 되어 온 것은 '좋은 사례'에서 '나쁜 사례'로 전락한 필리핀의 위상을 드러낸다.[22] 한국의 필리핀 연구자들 갖고 있는 최근의 일반적인 연구태도는 바로 이러한 필리핀의 위상변화로부터 비롯된다. 물론 다른 한편에는 '추격자의 지위'에서 '선도적 지위'로 변한 한국의 위상변화가 있다.

한국이 이룩한 정치적 발전과 경제적 성장은 때로는 결과론적으로 해석되는 경향이 있기도 하다. 1970년대까지 필리핀처럼 말이다. 필리핀 정치지형의 현재적 모습, 가능성과 한계를 동시에 내포한 필리핀의 '정치적 현대성'을 미시적으로 들여다보는 작업은, 분명 같은 잣대로 한국을 평가하는 작업과 동시에 진행되어야 할 것이다. 한국의 정치적 경험을 교훈삼아 필리핀을 평가하려는 작업도 의미 있을 것이다. 하지만 한국의 정치적 경험은 역사적으로 형성된 주체들과 고유한 문화적 배경들, 독특한 사회적 상호작용 속에서 이루어진 것이다. 물론 국제적인 환경 및 동아시아의 환경 속에서 진행된 것이다. 필리핀의 경우도 마찬가지다. 비교 연구의 필요성은 대부분의 필리핀 연구자들이 동의할 것이다. 하지만 필리핀 정치의 현재적 모습에 대한 냉혹한 비판과 더불어 섣부른 예측과 평가는 한 사회가 만들어 나가는 장기적인 결과물들 앞에서 너무 조급한 것일 수 있다.

---

21) 2007년, Quezon 시의 IT Center에 파견된 한국국제협력재단의 자원봉사자는 인터뷰에서 이렇게 말한다: "1970년대 말에 내가 ○○사(전자회사)에 다닐 때, 이곳 필리핀 마닐라로 기술 연수를 왔습니다. 그런데, 지금은 내가 이곳에서 정보통신 교육을 하고 있습니다."
22) 과거에 '좋은 사례'로 받아들여졌으나, 현재는 '나쁜 사례'로 평가받는다는 것은 필리핀이 과거에 좋은 사례로 평가되었던 그 판단의 근거들 자체에 대해서 비판적으로 재평가를 해야 할 필요성을 제기한다. 이른바 지표상으로 드러나는 개발도상국들에 대한 평가가 장기적인 변화 추이 속에서 분석되지 않고, 수치의 높낮이에 대한 단기적인 또는 일시적인 의미부여에 집중했다고 비판할 수도 있다. 하지만 이러한 재평가는 현재의 필리핀 시민사회에 대한 부정적 평가 또한 보다 장기적인 변동 과정 속에서 행여 등장할 수 있는 필리핀 사회의 급격한 발전과 변화에 직면하여 동일한 비판을 역으로 받을 수 있다.

한국의 정치와 필리핀 정치 전반에 깔려있는 정치적 실망이 발생하는 원인도 여기에 일부 있을 것이다. 역동적으로 변하는 한국의 정치도 자세히 들여다보면, 시간이 흘러도 변하지 않는 측면들이 있는 것처럼, 필리핀의 정치도 역사적 축적물로서 쉽게 변하지 않는 것들이 있다. 이러한 것들이 부정적인 평가의 원인이 되겠다. 하지만 이것들과 더불어 정치주체들의 갈등관계의 결과물로서 등장하는 우발적인 사건들과 법률, 행정적 요인들 역시 장기적 축적 속에서 새로운 변화의 요인으로 기능하게 될 것이다.

| 참고 문헌 |

김성철. 2000.『필리핀 무슬림』. 전주대학교 출판부.

김태명·김성철. 1995. "일제하의 필리핀." 김성원 외.『일제하의 동남아』. 167~190쪽.

박기덕. 2001. "경제위기와 민주주의."『민주주의와 인권』1(1): 171~209.

박사명. (편집). 2004.『동남아 정치변동의 동학』. 동아시아연구단 총서1, 오름. (박기덕.「필리핀 경제사회 구조의 변화와 정치변동의 동학」. 131~178쪽.)

박승우. 2004. "필리핀의 발전전략과 국가와 사회간 관계의 재평가." 윤진표 편집『동남아의 경제성장과 발전전략』오름.

박승우. 2007. "최근 필리핀의 선거정치와 사회적 변화."『동남아시아 연구』17(2): 131~172.

신종화. 2003. "정치적 과제들의 창조적 구상을 위한 근대성의 재인식: 근대성 담론에 대한 역사사회학적 기여에 관하여."『사회와 이론』. 2집: 177~205.

_____. 2006. "현대성과 '실학'의 개념적 재구성: 대안적 기획의 이론적 지평 확보를 위하여."『사회와 이론』8집: 7~35.

오명석. (편집) 2004.『동남아의 지역주의와 종족갈등』. 동아시아연구단 총서 3, 오름. (김민정.「필리핀의 국가형성과 토착민: 북부 루손 코르딜예라의 사례」. 27~73쪽.)

유석춘·김인수. 2005. "한국과 필리핀의 반미/친미 운동 비교 연구: 안보환경의 변화와 동맹관계의 불평등 개선 요구를 중심으로."『동남아시아연구』15(1): 67~104.

유왕종. 1999. "필리핀의 이슬람 분리주의 운동."『한국이슬람학회논총』9(1): 105~120.

_____. 2002a. "남부 필리핀 모로 분리주의 운동의 세 가지 요인에 관한 연구."

『아시아연구』 5(1): 51~68.

______. 2002b. "필리핀의 모로 분쟁에 관한 연구." 『아시아연구』 5(2): 69~94.

이영환. 2007. 『필리핀 사회복지와 NGO』. 나눔의집.

정영국. 2003. 『필리핀의 정치변동과 정치과정』. 백산서당.

곤잘레스 3세(J. L. Gonzalez III). 2005. "필리핀: 지속되는 피플파워." 펀스톤 (J. Funston) 엮음. 정연식 외 옮김. 『동남아의 정부와 정치』. pp.345~392.

크리스티, 클라이브(Christie, C. J.) 2005. 『20세기 동남아시아의 역사』. 심산.

Abinales, Patricio. N. 2000. *Making Mindanao: Cotabato and Davao in the Formation of the Philippine Nation-State*. Quezon City: Ateneo de Manila University Press.

Anderson, Benedict. 1988. 'Cacique Democracy in the Philippines: Origins and Dreams', *New Left Review*. 169. 3~31.

Arnason, Johann. 1997. *Social Theory and Japanese Experience*. London: Kugan Paul International.

Azurin, Arnold M. 1995. *Reinventing the Filipino: Sense of Being & Becoming*. Manila: University of the Philippines Press.

Babbie, Earl R. 2007. *The Practice of Social Research*. 고성호 외 옮김. 『사회조사방법론』. Thomson.

Bello, Walden, 외. 2005. *The Anti-Development State: The Political Economy of Permanent Crisis in the Philippines*. London, Zed Books.

Bernas, Joaquin G., S.J. 2007. *A Living Constitution: The Troubled Arroyo Presidency*. Manila: Ateneo de Manila University Press.

Billig, Michael S. 2003. *Barons, Brokers and Buyers: The Institutions and Cultures of Philippine Sugar*. Manila: Ateneo de Manila

University Press.

Constantino, Renato & Constantino, Letizia R. 1978. *The Philippines: The Continuing Past*. Quezon City: Foundation for Nationalist Studies.

Cullinane, Michael. 2003. *Ilustrado Politics: Filipino Elite Responses to American Rule, 1898~1908*. Quezon City: Ateneo de Manila University Press.

Dery, L. C. 2006. *Pestilence in the Philippines: A Social History of the Filipino People, 1571~1800*. Quezon City: New Day Publishers.

Doronila, Amando. 1992. *The State, Economic Transformation, and Political Change in the Philippines, 1946~1972*. Singapore: Oxfor d University Press.

Francisco, Mariel N. & Arriola, Fe Maria C. 1987. *The History of the Burgis*. Quezon City: Raintree Publishing.

Frago, Perlita. M. 외. 2004. *Philippine Civil Society and the Globalizatio n Discourse*. Quezon City: UP Third World Studies Center.

Furguson, A. 1767/2006. *An Essay on the History of Civil Society*. (ed.) F. Oz-Salzberger. Cambridge: Cambridge University Press.

Go, Julian & Foster, Anne L. 1999. *The American Colonial State in the Philippines*. Durham: Duke University Press.

Guerrero, Amado. 2006. *Philippine Society and Revolution*. Aklat ng Bayan.

Hardt, Michael & Negri, Antonio. 1994. *Labor of Dionysus. A Critique of the State-Form*. London: University of Minnesota Press. 안토니오 네그리, 마이클 하트. 1997. 이원영 옮김. 『디오니서스의 노동』 II. 갈무리.

Ignacio, Abe 외. 2004. *The Forbidden Book: The Philippine-American War in Political Cartoons*. San Francisco: T' boli Publishing.

Ileto, Reynald. C. 1997. *Pasyon and Revolution: Popular Movements in the Philippines, 1840~1910*. Quezon City: Ateneo de Manila University Press.

Iribani, Abraham A. 2006. *Give Peace a Chance: The Story of the GRP-MNLF Peace Talks*. Mandaluyong: Magbassa Kita Foundation.

Keane, John. 1998a. *Democracy and Civil Society*. London: University of Westminster Press.

_____(ed.) 1998b. *Civil Society and the State*. London: University of Westminster Press.

McCoy, Alfred. W., (편집). 1993. *An Anarchy of Families: State and Family in the Philippines*. University of Wisconsin Center for Southeast Asian Studies.

_____. 1999. *Closer Than Brothers: Manhood at the Philippine Military Academy*. Manila: Anvil Publishing.

McKenna, T. M. 2000. *Muslim Rulers and Rebels: Everyday Politics and Armed Separatism in the Southern Philippines*. Manila: Anvil Publishing.

Michels, Robert. 1924. *Zur Soziologie des Parteiwesens in der Modernen Demokratie: Untersuchungen über die oligarchischen Tendenzen des Gruppenlebens*. 로베르트 미헬스. 2002. 『정당사회학: 근대 민주주의의 과두적 경향에 관한 연구』. 김학이 옮김. 한길사.

Mojares, Resil B. 1999. *The War Against the Americans: Resistance and Collaboration in Cebu 1899~1906*. Manila: Ateneo de Manila University Press.

Moreno, A. M. 2006. *Church, State, and Civil Society in Postauthoritari an Philippines: Narratives of Engaged Citizenship*. Quezon City: Ateneo de Manila University Press.

Nolledo, M. S. 2004. *The Local Government Code of 1991*. Mandaluyong City: National Book Store.

Putnam, Robert D. 1976. *Comparative Study of Political Elites*. Englewood Cliffs, New Jersey: Prentice-Hall.

Rousseau, Jean-Jacque. 1754. *Discours sur l'origine et les fondements de l'inéalité parm les hommes*. 장 자크 루소. 2003. 『인간 불평등 기원론』. 주경복 옮김. 책세상.

Shin, Jong-Hwa. 2000. 'The Limits of Civil Society: Observations on the Korean Debate', *European Journal of Social Theory*. 3(2): 249~259.

______. 2002. *The Historical Formation of Modernity in Korea: Issues, Events and Actors*. Warwick University Ph.D Thesis.

Tadem, T. S. Encarnacion. 2007a. '계속되는 필리핀의 우경화: 필리핀의 민주화 이행', '동아시아 민주주의와 한국의 역할' 학술대회 발표문.

______. 2007b. 'Philippine Social Movements and the Continuing Struggle to Confont the Challenges of the Martial Law Period: Cronies, the Military and the Technocray'. 학술대회자료집. *"Growth of Civil Society and Democracy in Asia"*. Chonnam National University.

Tuazon, B. M.(ed.) 2007. *Oligarchic Politics: Elections and the Party-List System in the Philippines*. Quezon City: Center for People Empowerment in Governance(CenPEG), University of the Philippines.

Vitug, Marites D. & Gloria, Glenda M. 2000. *Under the Crescent Moon: Rebellion in Mindanao*. Quezon City: Ateneo Center for Social Policy and Public Affairs.

Wagner, Peter. (ed) 2006. *The Languages of Civil Society*. New York: Berghahn.

______. 2001. *Theorizing Modernity: Inescapability and Attainability in Social Theory*. London: Sage.

______. 1995. *A Sociology of Modernity*. London: Routledge.

Weekley, Kathleen. 2006. *The Communist Party of the Philippines 1968~1993*. Quezon City: University of the Philippines Press.

Philippine Historical Assocation. 2000. *Historical Bulletin*. vol. 34 (RP-US Relations).

캄보디아 NGO의 발전경로에 관한 연구[*]

조영희[**]

I. 서론

캄보디아에서 시민사회에 대한 인식이 형성되고 시민사회조직이 본격적으로 활동하기 시작한 것은 1991년 파리협정(Paris Peace Agreement)을 계기로 하여 1993년 신헌법에서 다원적민주주의 원리를 채택한 이후이다. 국제사회가 개입하여 1970년대 후반부터 계속되어왔던 4개 정파 간의 무력적인 대결을 종결짓고, 1993년의 첫 의회선거를 실시하는 과정에서 시민사회의 존재가 비로소 드러나기 시작한 것이다. 이렇듯 1991년 파리협정 직후 생겨나기 시작한 다양한 시민사회조직들은 과거 사회주의 체제하에서 국가가 조직한 사회조직들과는 달리 민간차원에서 형성되었다는 점에서 새로운 사회현상이다.

* 이 논문은 2005년 정부(교육인적자원부)의 재원으로 한국학술진흥재단의 지원을 받아 수행된 연구임(KRF-2008-005-J01402). 『민주주의와 인권』 2009년 제9권 3호에 실린 논문을 재록함.
** 한국동남아연구소 선임연구원.

하지만 캄보디아가 일당국가체제를 포기하고 다원적 민주주의로의 체제전환을 시도했다고 하더라도 시민사회가 강력한 '당-국가' 외에 새로운 정치적 행위자로서 정치사회로 들어올 수 있는 가능성은 여전히 낮다. 그것은 1990년대부터 지금까지 권위주의적 정치체제와 해외원조에 의존적인 경제체제가 심화되어오고 있을 뿐만 아니라, 시민사회 공고화의 동력인 대다수 일반 대중들의 낮은 교육수준과 절박한 빈곤이 쉽게 해결되지 않는 문제로 남아있기 때문이다.

이 연구는 위와 같은 정치, 경제, 사회문화적 측면의 장애물들을 갖고 있는 캄보디아의 시민사회가 1991년 이후 지금까지 어떠한 경로로 발전해 왔는가 하는 점을 살펴본 뒤, 그 같은 발전경로의 정치경제적 맥락을 고찰하려는 데 주안점을 두고 있다. 이러한 맥락에서 이 연구는 캄보디아 시민사회의 출현과 진화 과정에서 나타나는 아래 두 가지의 특성을 중심으로 분석적인 논의를 전개하게 될 것이다.

첫째, 1991년을 기점으로 하여 다양한 형태의 시민사회조직들이 급속도로 생겨나는 과정에서 비정부조직이 중심이 되어 시민사회의 형성을 주도적으로 이끌어 오고 있다는 것이다. 사실상 비정부조직은 다른 시민사회조직들과 달리 공공의 문제와 관련하여 가장 광범위한 영역에서 활동해오고 있기 때문에 캄보디아에서는 시민사회와 비정부조직이 거의 구분 없이 통용되기도 한다. 둘째, 시민사회의 대표적인 조직인 비정부조직이 국제비정부조직 등 외부세계에 대한 의존도가 매우 높다는 것이다. 물론 저개발국가의 비정부조직이 국제비정부조직이나 원조공여자에 대해 의존적인 점은 캄보디아만의 이야기는 아니지만, 캄보디아의 경우 외부에 대한 의존의 정도가 지속되거나 심화되어 오고 있다는 점에서 그 정치경제적인 맥락을 분석적으로 고찰하고자 한다.

한편, 대부분의 민주화를 경험한 국가들에서 시민사회가 민주주의 발전을 측정할 수 있는 수단이었던 것처럼 캄보디아의 경우 비정부조직은 국제사회가 이식해 놓은 민주주의체제의 이행과정을 평가하고 앞으로의 방향을 전망하는 데 있어서 중요한 지표가 된다. 이러한 맥락에서 이 연구는 캄보디아 비정부조직의 발전경로에 대한 분석적인 고찰을 바탕으로 하여 시민사회의 공고화에 있어서 비정부조직의 한계와 함의를 도출하는 것으로 결론을 대신할 것이다.

Ⅱ. 시민사회와 NGO에 관한 이론적 고찰

1. 개발도상국의 시민사회와 NGO의 이해

시민사회라는 용어의 의미는 정치철학의 역사만큼이나 오래되었으며 그것은 개념사적으로 여러 가지의 변화양상을 보여 왔다(이규영, 1995, 636). 우선 시민사회 개념의 태생지인 서구사회를 보더라도 시민사회의 개념은 근대 국가 성립 이전과 이후에 각각 다른 의미로 인식되었던 것을 볼 수 있다. 근대 국가 이전의 시민사회는 절대적인 국가권력을 견제하고 개인의 자유와 권리를 방어하기 위한 자율적 공간을 확대하는 과정 속에서 성장해왔지만, 근대 국가 이후에는 사적이익을 추구하는 과정에서 공공영역이 간과되거나 파괴되는 문제를 해소하기 위한 시민사회로 인식되고 있는 것이다. 이러한 맥락에서 시민사회가 신사회운동론의 권력소재지이거나, 일종의 자원동원형 섹터로서 제 3섹터로서 이해되거나 민주주의를 재활성화하기 위한 공간 혹은 국가와 시장 간의 균형추로 간주되어왔다(조효제, 2003, 15~6). 한편 최근에 들어서는 세계화와 시민사회의 급성장 속에서 민주화 이후의 시민사회의 역할과 기능에 관한 재성찰이 이루어지고 있다. 급속한 사회변화 속에서 발생하는 다양한 문제들은 전통적인 국가의 통치력만으로는 해결해낼 수 없다는 점에서 비국가 행위자로서 시민 사회에 대한 역할과 국가와의 관계에 대한 관심이 높아지고 있다. 말하자 면, 시민사회는 국가가 주도해왔던 기존의 통치방식을 보완하고 공통의 사회적 목적을 추구하는 데 있어서 "국가—사회의 경계를 넘나드는 신뢰와 상호성의 네트워크"(키에르, 2007, 14) 역할을 해야 한다는 것이다. 최근 거버넌스 설명모델 등을 중심으로 하여 시민사회와 국가가 위계적이고 대 립적인 관계로부터 평등하고 협력적인 관계로 가야 한다는 주장이 서구사 회에서는 확산되고 있다.

그러나 오랜 역사를 통해서 민주주의와 시민사회가 공고화되어 온 서 구국가들과 달리 개발도상국에서 형성되고 있는 시민사회란 무엇을 의미 하며, 어떠한 양상으로 발전하여 오고 있는가. 주지하듯이, 역사적 경험도 차별적일 뿐만 아니라, 비교적 최근에서야 민주주의로의 이행을 경험하고 있는 개발도상국에서는 전체주의나 독재를 타파할 풀뿌리민주주의 공간 으로서의 시민사회론에서부터 제3세계 개발원조를 유인하기 위한 수사로 서의 시민사회론, 그리고 사회주의 몰락 이후 해방의 대안적 담론으로서 의 시민사회론에 이르기까지 다양하다(조효제, 2003, 16) 그러나 이러한 담론 내에는 서구적인 시민사회 발전 경로 속에서 내포된 시민사회의 개념 을 비서구 사회에 그대로 적용하려고 한다는 문제가 있다. 이는 개발도상 국의 시민사회의 실체가 무엇인가에 대한 실증적 연구에 기반 하지 않은 채 개혁 지향적인 시민사회의 지적, 비판적 헤게모니의 확립이라는 도덕 적, 실천적 열망을 반영하면서 "시민사회를 이상화(idealized)"시키는 데 서 비롯된다(김인춘, 1997). 무엇보다도 개발도상국의 경우에 '강한국가' 의 전통이 오랫동안 지속되어 왔으므로 '국가로부터의 자율성'을 시민사 회의 개념적 요건으로 삼게 된다면, 개발도상국가에서 시민사회를 논의하 는 것 자체가 애당초 개념적, 이론적으로 매우 혼란스러운 상황에 빠지게 될 것이다. 또한 최근 거버넌스 논의에서 제기되듯이 '국가와 시민사회의 협력성'을 개발도상국의 시민사회를 보는 기준으로 삼기에도 시기상조다.

이러한 맥락에서 개발도상국가의 시민사회에 대한 논의를 위해서는 시민사회에 대한 개념에 서구의 역사적 경험을 반영하기보다는 "국가의 직접적인 통제 밖에서 개인들과 집단 간에 사적 또는 자발적인 협정에 의해 조직되는 사회생활 영역으로서 가정생활, 경제영역, 문화활동, 정치적 상호작용"(Held, 1989, 181)등을 포함하는 것으로 이해하고자 한다. 이렇게 시민사회를 개념정의하게 되면, 모든 현대적인 국가에서 시민사회란 이미 존재하는 것이고 그것이 언제 어떻게 사회적인 영향력을 가지고 있는 것으로서 드러나게 되는가 하는 문제가 중요해진다. 말하자면, 개발도상국의 시민사회에 관한 연구에서는 서구적 기준에 부합되는 시민사회가 존재하지 않는다거나 서구에 비해 시민사회가 비정상적인 양상을 갖고 있다고 결론짓는데 목적이 있는 것이 아니라, 과연 개발도상국의 시민사회가 어떻게 차별적인 양상으로 발전되어 나왔는가 하는 점을 그들의 차별적인 역사적 맥락 속에서 밝혀내는 것에 중점을 두어야 할 것이다.

한편 개발도상국에서 비정부조직의 수가 급속하게 늘어나면서 시민사회 발전과정을 비정부조직이 주도하고 있다는 것을 주목할 만하다. 비정부조직은 "자신들의 회원들에 대해서가 아니라 광범위한 공동체에 대해서 공익을 전달하기 위한 목적으로 보다 규모가 크고 전문화된 시민사회조직"이다(UNRISED, 2009, 92~3).[1]

물론 시민사회 내에서 주요 시민사회조직으로서 비정부조직이 중요해진 것은 1980년대 이후 비정부기구가 급속히 확산되기 시작한 이래 시민

---

1) 시민사회조직 내에는 노동조합, 변호사, 의사, 건축가 등의 전문가 협회, 생산자와 소비자 조합, 기업 경영진 협회 등이 포함되며, 이들은 모두 '이익집단협회'라고 할 수 있다. 특히 노동조합이 비정부조직이 아니라 시민사회조직으로 분류되는 것은 노조의 일차적인 기능은 직장 조합원의 이해를 보호하는 것이고 또 노조원의 회비에 의존하는 조직이므로 조합원에 대해서 일차적인 책무를 지게 되지만 비정부조직은 비정부조직 스스로에 대해 책무를 지는 특성 때문이다(주성수, 2005, 9).

사회 발전과정에서 나타나는 전 세계적인 현상이기도 하다. 서구 선진국의 경우에는 민간부문의 성장이 국가가 감당할 수 없을 정도로 확대되고 국가의 규모를 축소하라는 사회적 압력이 강화되자 이를 수용하는 차원에서 국가가 감당하던 복지 관련 업무를 비정부조직에 이전하여 양자 간에 협조적 동반자관계를 구축하려는 정부의 의도가 있다(이연호, 2002, 154). 그러나 개발도상국에서 비정부조직의 확산은 UNDP, World Bank, EU 등의 국제기관들이 개발지원금의 채널을 개발도상국 정부로부터 비정부조직으로 전환시키는 새로운 개발전략을 추진하는 과정과 밀접하게 관련되어 있다(주성수, 2005, 12). 이러한 배경에서 새롭게 나타난 비정부조직은 원칙적으로는 의사결정에 있어서 독립적이고, 영리추구 활동을 하지 않으며, 자발성과 자원적인 참여에 기반을 두고 있으며, 견고하고 지속적인 형태를 갖고 존재하는 것으로 규정된다. 특히 개발도상국의 경우에는 비정부조직의 활동으로 인해서 직접적인 수혜를 얻는 대상이 있다는 점에서 "이타적"이고, 그들의 활동에 대한 댓가를 수혜자들로부터 받지 않는다는 점에서 "박애적"이어야 한다(Shigetomi, 2002, 6~7).

2. 연구의 분석틀

위에서 비정부조직의 6가지 요건을 언급하였지만 실제로 권위주의 정치체제를 지속하고 있는 개발도상국의 경우에는 국가와 비정부조직의 관계가 정부의 태도에 의해 크게 영향을 받게 되고, 국가의 전반적인 경제적 수준이 낮은 경우라면 비정부조직은 구성원의 회비보다는 외부로부터의 재정 공여에 의존적이게 되면서 비영리성, 자발성, 지속가능성, 이타성, 그리고 박애성의 요건을 충족시키기 못하는 경우가 많다. 따라서 실제 개발도상국의 비정부조직을 분석하기 위해서는 비정부조직을 좀 더 분석 가능한 대상으로 규정하는 것이 필요하다. 이를 위해서 이 연구에서는 아래의 4가지 기준을 적용하여 비정부조직의 유형을 분류함으로써 유용한 분석 대상을 찾고자 하였다.

첫째, 활동의 수준이 어디인가에 따라서 비정부조직이 국제비정부조직, 일국비정부조직, 그리고 공동체 중심의 비정부조직으로 나뉜다. 국제비정부조직은 주로 선진국에 기반 한 개발 및 교육 비정부조직이 많고, 일국 수준의 비정부조직과 공동체조직은 주로 개발도상국에서 많이 활동하고 있다. 앞의 두 개 유형은 주로 서비스조직이고 공동체 중심의 비정부조직은 회원조직일 경우가 많다. 둘째, 활동분야별로 비정부조직의 유형을 분류할 수 있다. 이는 가장 단순한 분류방법이기는 하나, 활동분야를 보다 세분화시킬 수 있다는 점에서 유용하다. 대부분의 비정부조직들이 한 개 이상의 목표를 추구하고 있다는 점에서 중점적으로 수행하는 활동에 초점을 두어야 한다. 셋째, 조직의 체계성을 중심으로 하여 비정부조직의 유형을 분류하는 것이다. 이러한 기준에 따르면, 체계적인 조직구조와 인적기반을 갖추고 있는 비정부조직과 그렇지 못한 비정부조직을 세분화할 수 있다. 넷째, 활동의 지향성을 기준으로 하여 크게는 복지(welfare), 발전(development), 그리고 권한강화(empowerment) 지향적인 유형으로 분류할 수 있다. 복지지향적 비정부조직은 1960~70년대에 비정부조직이 처음 발전하는 단계에서 나타나는 것인데, 주로 빈곤인구에게 혹은 자연 재해나 전쟁으로 도움이 필요한 사람들에게 기본적인 구호물자를 제공하는 것이다. 개발 지향적 비정부조직은 지역주민의 역량을 향상시켜 그들의 기본적인 욕구를 해결할 수 있게 하는 것으로서 활동 대상의 자족기능 향상을 위해 노력하는 것이다. 권한강화 지향적 비정부조직은 정책 또는 정책결정에 영향을 행사하거나 같은 목적의 활동을 하는 조직들이나 사람들과 사회적 연대를 결성하는 활동을 한다(김인춘, 1997). 이 연구에서는 첫째, 둘째, 셋째의 기준으로 비정부조직을 1차적으로 유형화 한 뒤, 본격적인 분석은 지향성에 따른 3개의 유형 중에서 '권한강화지향적' 비정부조직과 '발전지향적' 비정부조직을 중심으로 이루어지게 될 것이다.

주로 전자에 해당하는 비정부조직들은 정부의 정책에 대한 비판적 관심을 갖고 사회의 요구를 반영하는 기능을 넘어서 비정부조직 자신의 입장을 정부에 전달하려는 데 까지 나가고자 한다. 이 경우 시민사회 조직으로서의 비정부조직의 성격은 기본적으로 정치 참여적이다. 특히 그것이 시민사회의 형성을 주도하는 핵심적 비정부조직일 경우, 그들이 제기하는 민주주의, 인권, 부정부패 척결 등과 같은 공공 영역의 문제는 매우 정치적인 이슈로 부각된다. 이러한 맥락에서 '권한강화 지향적' 비정부조직은 '정치지향적' 비정부조직이라고 할 수 있다. 또한 그러한 '정치지향적' 비정부조직의 활동은 정치체제의 비민주적 성격에서 비롯되는 문제들이 많아서 정치적 쟁점과 관련된 비정부조직의 정부감시, 비판, 옹호활동이 활발해 질수록 비정부조직과 국가의 관계는 더욱 대립적이게 된다.

한편, 후자에 해당하는 비정부조직들은 광범위한 사회의 개발 부문에 관련되어 있다. 그런데 개발도상국에서 비정부기구가 국가의 능력을 보완한다는 것은 서구국가에서처럼 사회 내에 다원성이 폭증하면서 발생한 전통적인 국가 통치능력의 한계가 아니라, 능력 자체의 결여를 의미한다. 이러한 점 때문에 많은 개발도상국의 비정부조직이 자생적으로 발생한다기보다는 외부로부터 제공된 개발자금을 기반으로 형성되어 왔다. 그 결과 개발도상국에서 비정부기구가 해외원조를 유인하기 위한 정치적 도구이자 수사에 불과하다는 비판도 제기되어 왔다. 물론 개발지향적 비정부조직들도 그들의 목적을 달성하는 과정에서 '참여', '공동체개발', '권한의 부여', '지속가능한 개발', 그리고 '여성 및 소수자' 등의 핵심적 전략을 활용하고 있지만(Shinichi Shigetomi, 2002) 실질적으로 그러한 비정부조직의 활동이 민주주의 촉진과 관련된 정치적 기능으로 직접 연계되지는 않는 편이어서 국가와의 관계도 협력적이고 우호적인 경향이 강하다.

이러한 맥락에서 개발도상국에서 비정부조직이 시민사회조직으로서 갖는 정치적 의미 혹은 기능이 무엇인가 하는 것은 개발지향적 비정부조직보다는 권익주창형(advocacy) 비정부조직, 즉 '정치지향적' 비정부조직에 보다 초점을 맞추는 것이 명확한 논의를 위해서 유용하다고 본다.

이 연구에서 활용되는 또 다른 연구 분석틀은 원조경제체제 속에서 "국가-국내비정부조직-국제비정부조직" 간에 형성되어 있는 역학관계와 그 파급효과를 고찰하는 것이다. 말하자면, '국가 대 국내비정부조직'과의 관계, '국내비정부조직 대 국제비정부조직'과의 관계, 그리고 '국가 대 국제비정부조직'과의 관계가 개발도상국의 비정부조직의 발전경로에 어떻게 영향을 미쳤는가를 고찰하려는 것이다. 외부의 재정지원자에 의존적인 상황에서 개발도상국의 비정부조직은 국제비정부조직과 국가 사이에서 유동하는 불안한 존재가 될 수 있기 때문이다. 특히 아래로부터의 민주화 경험을 겪지 않은 경우에는 비정부조직의 존립여부가 사회로부터 보장되는 것이 아니라 해당국의 국제 관계전략, 국내 정치경제구조, 그리고 해당국가와 비정부조직에 대한 원조공여자들의 태도나 요구가 변화하게 될 때 비정부조직이 생존 위기에 처하게 될 수도 있을 것이다.

Ⅲ. 캄보디아 시민사회와 NGO의 형성

1. 시민사회의 출현

캄보디아는 1953년에 프랑스로부터 독립한 뒤 수차례의 정권교체와 잦은 정치체제의 변동을 경험하였으나 절대적 권력을 갖는 강한 국가 전통이 계속 강화되어 왔고 시민사회에는 어떠한 사회적 행동의 여유도 허

락되지 않았다. 특히 1970년대 중반 이래 사회주의 일당국가체제가 강화되면서 시민사회는 전능한 국가의 주변에 또는 영향권 내에 위치할 수 있을 뿐이었다. 사회주의 국가의 공산당과 그 지도부는 자신들이 수립한 목표와 의지를 일방적으로 사회에 강요했기 때문에 국가가 조직하고 관리하는 일부 사회조직들을 제외하고는 민간차원에서 자생적으로 발생하여 독자적인 활동을 하는 시민사회조직은 없었던 것이다. 물론 폴폿 정권 이후 1980년대에 캄보디아가 국제적으로 고립되게 되자 국제비정부조직들이 캄보디아에서 비국가행위자로서의 역할을 수행하기 시작했지만, 그것은 진정한 의미에서 캄보디아의 시민사회 출현이라고 보기는 어렵다. 그러다가 1991년 파리 협정 이후 1993년의 선거를 준비하기 위해 헌법이 새로 마련되는 일련의 과정 속에서 다양한 형태의 시민사회조직들이 생겨날 수 있게 되자 비로소 캄보디아 역사 속에서 '잠재적'이었던 시민사회가 '명백한' 시민사회로 드러났다. 말하자면 외견상 존재하지 않았거나 소멸되었던 시민사회가 사회주의 일당국가체제의 체제 변혁과정에서 출현하게 된 것이다.

그 후 캄보디아의 시민사회는 비정부조직 뿐만 아니라 노동조합, 지역공동체조직, 매체 등 다양한 형태의 조직으로 구성되어왔다. 우선 노동조합은 1990년대 중반 들어서며 봉제공장이 급증하면서 주로 도시의 봉제공장을 중심으로 형성되어 있다. 1997년 이전까지만 하더라도 야당을 지지하는 노동자들을 중심으로 노조가 형성되었으나, 1997년 초에 정부여당도 친여당적인 노동조합을 조직하였다. 1998년 이후 더욱 급증하여 2004년 말에는 18개의 노동조합과 1개의 노조연합에 가입한 업체가 675개에 이르렀고 가입한 노동자의 총 수는 337,000명이 되었다(SPM Consultants, 2006, 8). 그러나 캄보디아에서 농업과 어업 등 1차 산업에 종사하는 노동인구가 거의 80%를 차지하고 있다는 점에서 보면, 제조업 중심의 노동조합의 활동은 아직까지 사회적으로 매우 제한적인 의미만을 갖는다. 그나마 일부 노동조합들은 야당과 또 다른 일부 노동조합들은 정부와 밀접하게 관련되어 있어서 정치적 영향력으로부터 자유롭지 못하며, 노사관계에서 협상능력과 집단적인 차원의 이해관계 조절의 기술이 거의 발달되어 있지 않다.

다음으로 마을 단위 수준의 지역공동체조직(community based organizations)은 크게 두 가지 종류로 구분될 수 있다. 한 가지는 1970년대 이전에 존재했던 전통적인 방식의 지역공동체 원형을 복원하려는 것인데 주로 마을마다 파고다를 중심으로 하여 마을사람들이 상호자조적인 활동을 통해 만든 풀뿌리조직이다. 1953년 독립 이후 1975년 폴폿정권 이전까지 시민사회가 발달하지 않았지만 각 마을의 수준에서 사회적, 문화적, 종교적 중심인 파고다에서 만들어진 풀뿌리조직은 그 당시에도 집단적인 활동을 해왔다. 그러한 풀뿌리 조직들은 1970년대 중반 이후 거의 사라졌지만 사회주의 일당국가체제가 공식적으로 포기된 뒤에 다시 부활하고 있다는 점에서 캄보디아 시민사회의 원형이라고 보기도 한다(Pellini, 2004). 지역공동체 조직의 다른 한 가지 유형은 2000년대 들어서 급증하기 시작한 지역공동체조직의 유형인데, 이는 캄보디아 정부가 지방분권화 개혁을 추구하는 과정에서 정부기관을 지역단위로서 마을 수준으로까지 확대하여 설립하게 되면서 시민사회조직도 그 수준에서 함께 형성되기 시작한 것이라고 볼 수 있다. 예를 들어, 똔레삽(Tonle Sap)과 메콩(Mekong)인근의 지역사회에서 형성되어 있는 510개 정도의 어민조직(community fisheries)들과 13,017개에 달하는 농민조직들이 대표적이다.

마지막으로 신문, 라디오와 TV 등 미디어는 시민사회의 다양한 관점들이 표현될 수 있는 통로라는 점에서 중요한 시민사회조직이다. 유엔과도통치기구(UNTAC)가 1992~3년에 의회선거를 준비하기 위해서 라디오방송국을 개설한 이래 캄보디아의 미디어 발전에 결정적인 영향을 끼쳤다. 그러나 전국적으로 가장 큰 영향을 미치는 TV와 라디오는 정부, 집권여

당, 혹은 영향력 있는 정치인에게 독점되어 있어서 정치적으로 독립성을 확보하기 어렵다. 이러한 상황에서 야당은 전자매체보다는 지면매체에 의존할 수 밖에 없다(SPM Consultants, 2006, 7). 물론 2003년 총선거를 앞두고 일부 전자매체가 친야당적 태도를 취했지만 정부편향적인 매체의 영향력을 약화시키기에는 역부족이었다.

2. 시민사회 내 NGO의 의미

위에서 언급된 시민사회조직들과는 달리 비정부조직의 양적 팽창은 시민사회 내에서 매우 중요한 의미를 갖고 있다. 1991년에 "Khemara"(Cambodian NGO for the Advancement of Women & Children)가 캄보디아의 최초 비정부조직으로 등록한 이후, 1992년에 인권과 민주주의 관련 비정부조직인 LICADHO(Cambodian League for the Promotion and Defense of Human Rights)와 ADHOC(The Cambodian Human Rights and Development Association)을 포함하여 12개의 비정부조직이 창설된 이래, 1990년대 중반 이후 수가 급증하여 2001년에는 407개, 2008년에는 1,300~1,400여개 정도에 이르렀다(CCC, 2008).

단기간에 급속도로 비정부조직이 양적으로 팽창한 데는 3가지 정도의 이유를 들 수 있다. 첫째, 1992~3년에 파리협정을 이행하는 임무를 위임받았던 유엔과도통치기구(UNTAC)가 비정부조직의 형성을 정치적, 군사적으로 비호해줌으로써 반정부세력으로 태국 국경에서 활동해왔던 정치적 세력들이 1991년 파리협정 이후 프놈펜으로 돌아와서 정당이나 비정부조직을 결성할 수 있었다는 것이다. 둘째, 1990년대 중반부터 양자적 원조 혹은 국제비정부조직의 지원을 받은 국내비정부조직이 많이 생겨나게 되었던 것이다. 셋째, 국가재건 과정에서 비정부조직의 도움을 필요로 했던 정부가 비정부조직의 양적 팽창에 대해서 막지 않았기 때문이다(Sue, 2001).

이러한 배경 속에서 단기간에 급증하게 된 비정부조직의 활동영역은 매우 광범위하다. 〈표 1〉에서 볼 수 있듯이 활동 영역을 기준으로 분류해 보면 17개 정도로 유형을 분류할 수 있는데, 캄보디아에서 중요한 공적 영역의 문제들이 거의 다 망라되어 있다.

〈표1〉 캄보디아 NGO의 활동영역과 영역별 수

활동영역	수	활동영역	수
예술과 문화	29	경강 / 보험	235
아동복지 / 아동권리	173	HIV / AIDS	93
지역사회 개발	170	인권/민주주의	174
신용/저축	82	지뢰	11
장애/재건	38	경영/조직개발	169
재난/구조	15	CNGO지원	20
교육/훈련	239	물/위생	50
환경/자원	64	여성/성평등	
농업/가축건강	133		

출전: CCC 홈페이지를 참조하여 재구성하였음.(2008년 기준)

그런데 비정부조직이 시민사회 내에서 어떠한 의미를 갖고 있는가를 좀 더 분석적으로 연구하기 위해서는 조직의 규모, 발전단계, 활동역량 등을 중심으로 하여 비정부조직을 세분화해 볼 필요가 있다. 조직의 체계성 수준을 기준으로 분류해보면 비정부조직들은 크게 4가지 유형으로 나뉜다. 1) 국내비정부조직으로 전환 중인 국제비정부조직 2) 비교적 체계가 잡혀 있고, 대부분 국제비정부조직으로부터 재정지원을 받으며 전국적 수준의 활동을 수행할 수 있을 만한 전문 관리자와 직원규모를 갖추고 있는 국내비정부조직 3) 부분적으로만 외부 지원을 받고 있으며, 지방 수준에서 활동을 수행하고 있는 국내비정부조직 4) 재원이 거의 없고 촌락공동체 수준에서 활동하고 있는 국내비정부조직 등이다. 이러한 4가지의 유형을 다시 비정부조직 활동의 수준에 따라서 분류하게 되면, 3)과 4)의 유형은 회원조직의 성격을 가지고 있는 공동체적 활동 수준의 비정부조직이라고 볼 수 있다. 이러한 유형의 비정부조직은 "자신들의 회원들에 대해서가 아니라 광범위한 공동체에 대해 공익을 전달하기 위한 목적으로 보다 규모가 크고 전문화된 시민사회조직"(UNRISD, 2000, 92~3)으로서 비정부조직이라고 보기 어렵다. 따라서 1)과 2)에 해당하는 비정부조직이 시민사회조직으로서 비정부조직의 의미를 분석하는 데 있어 유용한 대상이라고 할 수 있다.

또한 1)과 2)에 해당하는 비정부조직은 활동 지향성에 따라서 '정치지향적' 비정부조직과 '개발지향적' 비정부조직으로 분류할 수 있는데, 〈표 1〉에서 활동영역에 따라 17개로 분류된 비정부조직 유형들을 보면, '정치지향적' 비정부조직의 비중은 상대적으로 매우 작다는 것을 알 수 있다. 전체 규모 중에서 〈인권/민주주의〉에 관련된 비정부조직은 170여개에 그친다. 그럼에도 불구하고 캄보디아 내에서 '정치지향적' 비정부조직의 기능과 사회적 파급효과는 상대적으로 부각되어 있는 편이다. 〈도표 1〉에서 볼 수 있듯이 활동 영역별 프로젝트의 비중은 '건강/영양' 보다 낮고 '교육/훈련'과 같지만 전체비중을 놓고 보면, '정치지향적' 비정부조직의 수적 규모에 비해서 매우 높다. 게다가 캄보디아에서 '정치지향적' 비정부조직이 제기하는 민주주의나 인권, 부정부패 척결과 같은 이슈는 권위주의 정치체제의 성격과 관련되는 경우가 많아서 정부 비판적인 태도를 취하게 되므로 그들의 활동은 더욱 부각될 수 밖에 없다.

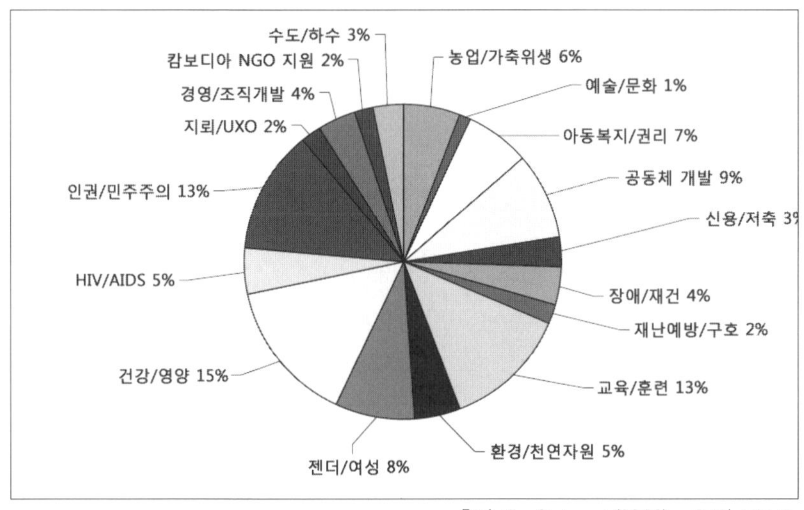

출처: Ou Sivhuoch(2006), p.27의 도표 3.

한편 최근 캄보디아의 한 연구에 따르면 1,400여개의 비정부조직 중에서 실제로 활동을 하고 있는 것으로 보이는 것은 영역별로 모두 합해 100여개 징도이다. 그 중에서도 영향력이나 의미가 있다고 보이는 비징부조직은 불과 20~40개 정도를 꼽을 수 있다(Nign, 2008). 비정부조직의 수적 규모나 활동영역의 다양성은 인구전체나 사회의 전반적인 발전 수준에 비해서 비정부조직이 과대 발달한 것처럼 보이게 하지만 실제로 광범위한 공동체에 대해 공익을 전달하기 위한 목적으로 보다 규모가 크고 전문화된 시민사회조직으로서 비정부조직은 매우 제한적임을 알 수 있다. 좀 더 명확히 말하면, 소수의 주요 비정부조직 중에서도 더욱 소수의 '정치지향적' 비정부조직의 성격과 정치참여의 양태가 시민사회 내 조직으로서 비정부조직의 의미를 그려내고 있는 것이다.

정치지향적 비정부조직은 그 활동방식에 따라서 크게 3가지 정도로 구분이 가능하다. 가장 대표적인 것은 특별한 이슈와 관련된 정책결정에 영향을 행사하려는 '대변(advocacy)/운동형' 비정부조직이라고 할 수 있다. 주로 이슈를 언론에 알리고 정부와 정치인을 대상으로 로비활동을 하는 소수의 전문활동가들에 의해 주도되고 있다. 이 외에도 정치, 경제, 사회 전반에 대한 연구 활동을 통해 시민사회에 대한 담론을 생산하고 교육하는 '연구/교육형' 비정부조직과 캄보디아 내 비정부조직들의 협회기능을 하고 있는 '우산조직/네트워크형' 비정부조직이 있다. 연구/교육형 비정부조직의 대표적인 예로는 CDRI(Cambodia's Leading Independent Development Policy Research Institute)와 CICP(Institute for Cooperation and Peace)를 들 수 있다. 이들 조직은 주로 민주주의, 인권, 시민사회 등에 관한 다양한 연구 활동과 포럼을 통해서 캄보디아의 지식인 및 국외 인사들과 네트워크를 형성하기도 한다. '우산조직/네트워크형' 비정부조직의 대표적인 예로는 CCC(Cooperation Committee for Cambodia), NGO Forum on Cambodia, Star Kampuchea등이 대표적이다. CCC의 경우 초기에는 국제비정부기구들 간의 캄보디아 내 협력과 네트워크 구축을 위한 우산조직이었지만 1995년부터는 캄보디아비정부조직까지 회원으로 포함하여 현재 국제비정부조직과 캄보디아비정부조직 간의 협력 네트워크가 되었다. 이에 비해 NGO Forum과 Star Kampuchea는 캄보디아비정부조직들 간 협력을 위한 '우산조직형' 비정부조직이다. 주기적인 회의와 모임을 갖고 정보를 공유하며, 캄보디아 내 국제비정부조직과 캄보디아비정부조직의 입장을 대표하여 정부와 함께 원조자문단회의나 일부정책결정과정에 참여하기도 한다.[2]

---

2) Chet Charya와의 면담(Star Kampuchea 대표, 프놈펜, 2009년 9월 10일).

Ⅳ. 캄보디아 NGO의 발전경로와 위기의 정치경제적 맥락

1. 국제비정부조직과의 의존적 관계

1991년 이후 캄보디아 비정부조직의 발전 과정 속에서 가장 주목할 점은 캄보디아의 비정부조직이 국제적 비정부조직에 대해서 매우 의존적이라는 것이다. 따라서 엄밀한 의미에서 시민사회조직으로서 비정부조직이라고 할 때, 캄보디아비정부조직을 지칭하지만 국제비정부조직을 제외하고 캄보디아의 비정부조직을 전반적으로 이해하기 어렵다. 물론 개발도상 국가에서는 비정부조직이 자력으로 양성되기 어려운 상황을 감안하면 이러한 관계는 캄보디아만의 특수한 예는 아닐 것이다. 그럼에도 불구하고 캄보디아에서는 둘 간의 의존적 관계가 약화되기 보다는 지속되거나 고착화되어 오면서 캄보디아 비정부조직의 전반적인 성격을 규정하고 있다는 점은 특수한 상황이라고 할 수 있다.

우선 국제비정부조직이 캄보디아에서 활동하게 된 역사적인 배경은 폴 폿 정부가 붕괴되고 닌 직후인 1979년으로 거슬러 올라갈 수 있다. 그 당시 활동을 시작한 25개 가량의 국제비정부조직들은 주로 미국, 호주, 유럽에 기반을 두고 있었으며, 그들은 1980년대에 내전 이후 국가를 재건하기 위한 과정에서 매우 중요한 역할을 하였다.[3] 1979~1982년의 시기에 국제비정부조직은 태국과 캄보디아의 국경지역에 있는 난민구호를 위한 활동을 하거나, 프놈펜에서 정부와 협력하여 사회개발 활동에 주력하였다. 그러나

---

3) 1980년대에 활동했던 대표적인 INGO에는 Oxfam GB, LWF, MCC, AFSC, WV, QSA, CWS, Jesuit Service Cambodia, Maryknoll, Youth Star 등이 있다. 당시에 국제사회는 캄보디아로 유입되는 원조자금과 물자가 캄보디아 정부의 부정부패를 양산하고 있다고 비판했지만 실제로는 NGO를 통해 유입된 원조자금과 물자가 당시 캄보디아인들의 삶을 구제하는데 큰 역할을 했다 (Mysliwiec. 1988)는 것은 사실이다.

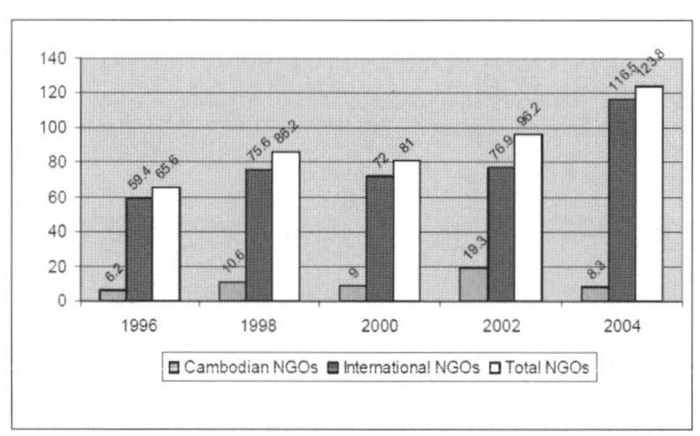

〈도표2〉 NGO의 예산규모-US $ (million)

출처: Ou Sivhuoch(2006), p.28의 도표 4.

1982년에 UN이 캄보디아의 정부가 베트남 군대를 등에 업고 수립된 비합법적 정부라는 이유를 들어서 원조를 중단하겠다는 선언을 한 이후 1987년까지 캄보디아는 국제사회로부터 고립되게 되었다. 이러한 상황에서 당시의 국제비정부조직은 캄보디아로 원조를 유입할 수 있는 거의 유일한 통로이자 캄보디아의 국민들의 비극적인 상황을 국제사회로 알리는 창의 역할을 했다(Mysliwiec, 1988, 65~9). 그러다가 1987년 시하누크 전 국왕과 훈센 총리가 협상에 돌입하여 2년 이상 협상을 지속한 결과 나머지 정파들 및 그들을 지원해왔던 주변 국가들과 함께 이른바 '파리평화협정'을 체결하였다. 그 협정의 주요 내용은 캄보디아 국내의 4개 정파들 간에 소모적인 내전을 종결하고, 베트남 군대를 철수시키는 것이었다. 협정체결 후에 국제사회는 캄보디아에 대한 원조제공을 꺼려왔던 태도를 바꾸기 시작했다. 이러한 변화에 부응하여 캄보디아는 정치적 다원주의의 원리를 수용하는 헌법을 채택했고, 자유 시장경제체제로의 전환을 시도했다.

이러한 국내, 국제적 상황 변화에 따라서 1990년대의 국제비정부조직의 활동은 1980년대와는 다소 차별적인 양상으로 변화하기 시작했다. 1980년대는 국제비정부조직의 활동이 난민구호와 같은 긴급지원 및 소규모의 지원금으로 캄보디아인들을 도울 수 있는 인류애적 개발 프로젝트들에 주력하였다. 그 당시 민주주의와 사회주의 진영의 국가들 간의 적대적인 태도가 팽배했기 때문에 주로 호주, 유럽, 미국 등의 민주주의 진영의 국가에 속해 있던 국제비정부조직은 큰 규모의 재정이 필요한 장기적인 활동계획과 프로젝트를 수립할 수는 없었던 것이다. 그러나 파리협정 이후 1992년에 들어서면서부터 막대한 규모의 양자적 혹은 다자적 원조가 서구 국가들과 국제기구로부터 유입되기 시작했고, 결국 1990년대에 캄보디아는 전 세계적으로 보기 드문 원조시장(aid market)으로 탈바꿈하게 되었다. 1992년만 하더라도 국제사회가 캄보디아에 제공한 원조 금액이 8억 달러였고, 그 중에서 9천 5백만 달러가 국경지역의 난민구조를 위한 긴급구호에 투여되었다. 이후 원조규모는 더욱 커져갔고, 캄보디아가 수용할 수 없는 정도에 이르기 시작하였다. 그렇게 해외원조 규모가 커질수록 국제비정부조직으로 유입되는 원조규모도 커져 갔는데, 국제사회의 원조공여자들이 캄보디아 정부가 원조를 이용하여 정권을 강화하고 부패정치를 심화시킬 것을 우려하여 국제비정부조직을 통한 간접적인 원조방식을 선호했기 때문이다.[4] 이렇듯 캄보디아가 이른바 원조시장으로 부상함에 따라서 원조 제공의 주요 통로인 국제비정부조직의 위상과 역할은 캄보디아에 매우 결정적인 요소가 되었다.

국제비정부조직은 1980년대와는 달리 1990년대 중반 이래로 대규모의 원조시원금을 바탕으로 하여 보나 광범위하고 다양한 활동을 할 수 있게 되었다. 〈도표2〉에서 볼 수 있듯이 캄보디아비정부조직이 1,300~1,400여개이지만 300여개에 불과한 국제비정부조직에 비하면 그 활동역량이 매우 작다. 예산이 턱없이 부족할 뿐만 아니라, 그나마 그들의 재정이 주로 국제비정부조직으로부터 제공되고 있기 때문이다. 주로 국제비정부조직은 국제기구나 양자적 다자적 지원의 방식으로 제공된 재정을 활용하는 과

---

4) 주로 해외 원조를 제공하는 측은 캄보디아에 사무국을 두고 있는 국제기구들(UN 고등인권위원회, UNAIDS, UNICEF, UNESCO 등)과 양자적 지원을 하는 정부기구들(SIDA, CIDA, JICA 등)이 있고, 준정부기구들(US Democracy Project, Asia Foundation, Forum Syd, Diakonia 등)이다. 보다 자세한 내용은 CCC. 2005. *Funding Agency and Partnership Directory*. Phnom Penh: CCC를 참조할 수 있다.

정에서 직접적으로 대규모의 프로젝트를 수행하기도 하지만 많은 국제비정부조직들은 캄보디아비정부조직을 지원, 양성하는 데 기여하였다. 이 과정에서 캄보디아비정부조직의 국제비정부조직에 대한 의존적인 관계는 심화되어왔다. 비교적 체계적인 캄보디아비정부조직도 국제비정부조직으로부터 재정을 지원받고 있어 둘 간의 의존적인 관계는 심화되어왔다.

물론 아주 드물게 캄보디아비정부조직이 양자적, 다자적 지원이나 유엔의 산하조직들, 대사관, 개인적인 기부금, 정당 등으로부터 자금을 직접 받기도 하지만 국제비정부조직을 통하여 제공되는 것과는 비교할 수 없는 상황이다. 더구나 캄보디아 정부가 1991년 이래로 원조경제를 벗어나지 못하고 오히려 고착화시켜오고 있고 해외원조의 대부분이 국제비정부조직을 통해 유입되는 구조가 지속되는 한 국제비정부조직에 대한 캄보디아비정부조직의 의존도는 높을 수 밖에 없다.[5] 또한 국제비정부조직에 대한 캄보디아비정부조직의 의존도가 높아질수록 비정부조직은 시민보다는 재정지원자의 이념적 지향성에 더욱 민감하게 반응하게 되며, 둘 사이에 더욱 위계적인 관계가 형성될 가능성이 높다. 따라서 캄보디아의 비정부조직이 1991년 양적으로 팽창하며 공적 영역의 광범위한 이슈들을 중심으로 활동해왔다는 점에서 의미 있지만, 국제비정부조직에 대한 의존성이 지속·심화됨에 따라서 시민사회조직으로서의 독립성, 자발성, 그리고 지속가능성은 여전히 취약한 상황에 처해 있는 것이다.

---

5) 물론 경제적인 요인 외에도 실질적으로 캄보디아비정부조직이 그것을 운영하고 활동을 조직해 나갈 인적 자원이 부족한 것도 의존성을 심화시키는 요인이다.

2. 원조체제의 변화와 '정치지향적' NGO의 위기

이렇듯 구조적으로 취약할 수밖에 없는 캄보디아 비정부조직은 1990년
대 이래 지속해오고 있는 원조체제에 변화가 일어나면서부터 더욱 위기에
처하게 되었다. 여기서 원조체제의 변화라는 것은 캄보디아가 경제성장을
통해서 원조에 대한 의존구조를 약화시키게 되었다는 것을 의미 한다기보
다는 1990년대 이래 원조의 대부분이 서구로부터 지원되던 체제에서 비서
구 국가들의 원조가 중요해지는 원조체제로 이동하게 된 것을 의미한다.[6]
이러한 원조체제 내부의 변화는 서구에 기반 한 국제기구나 국제비정부조
직을 통해서 재정을 지원받아오던 캄보디아 비정부조직에 위기의 상황을
초래하는 계기가 되었다. 여기서 말하는 비정부조직의 위기란 캄보디아
정부가 그 동안 해외원조의 유용한 수단이자 대외적으로 민주주의 발전의
정치적 선전으로 활용되기도 했던 '정치지향적' 비정부조직을 용인하지
않는 태도를 가시화하기 시작한 데서 비롯된다.

사실상 1990년대 이래 서구의 원조공여측은 원조의 대가로 캄보디아의
민주주의, 인권, 부패척결 등의 요구사항을 지속적으로 강조해왔다.[7] 이러
한 상황에서 서구사회로부터 원조지원을 받는 국제비정부조직들은 캄보
디아에서 구호사업, 인권보호, 개발협력, 환경보호 등을 이유로 이미 활동
해오면서 캄보디아 국내 비정부조직을 지원하거나 설립을 유도하는 방식
으로 국내문제에 영향력을 행사하기 시작했다. 따라서 국제비정부조직의

---

6) 일례로 2005년 기준으로 중국의 대 캄보디아 투자액이 2004년 대비 460%가 증가했다(4억
5000만불), 도로공사 등 유무상 원조액도 수억 달러에 달해서 6200만 규모에 불과한 미국의 유
무상 원조규모를 훨씬 앞지르고 있다(왕동원, 2006).
7) 일례로 2006년 세계은행이 $11.9 million를 지원하여 7개의 위생, 하수시설 프로젝트를 수행했
는데 ADB의 조사결과 엄청난 강탈, 뇌물수수, 조작 등 부패와 연루된 점이 드러났고, 캄보디아
정부는 이에 대해 강도 높은 비판을 받았다. ADB는 2007년부터는 반부패수단을 강화해야 지원
이 가능하다고 강조하고 있지만 여전히 반부패법에 대한 정부의 정치적 의지는 매우 약하다.

지원을 받는 국내비정부조직은 국제비정부조직의 지향성과 활동목표에
매우 민감하게 반응할 수 밖에 없었다. 이러한 상황에서 민주주의나 인권,
부패척결의 이슈를 제기하는 '정치지향적' 비정부조직과 정부의 관계는
점차 악화되어왔다. 그럼에도 불구하고 2000년대 중반까지만 하더라도
캄보디아가 서구로부터 제공되는 원조에 대한 의존도가 높았기 때문에 정
부는 서구의 지원을 받는 국제비정부조직과 그러한 국제비정부조직의 지
원을 받는 국내 '정치지향적' 비정부조직에 대해서 억압적인 태도를 가시
화하지 않았을 뿐이다.

한편 원조체제가 서구중심에서 비서구로 이동하게 된 배경에는 캄보디
아가 1990년대의 '원조시장'을 넘어 2000년대 중반 이후 '(투자)기회시
장'으로 재 부상하는 과정이 있다. 특히 동아시아지역에서 교류와 지역협
력에 대한 정치적, 경제적, 사회적 노력들이 가시화되는 과정과 맞물리면
서 아시아지역의 국가들의 활발한 투자와 대규모 해외원조가 캄보디아로
유입되고 있다는 점은 2000년대 중반 이후 캄보디아 원조체제 변화의 주
요한 요인이다. 그런네 2000년내 중반 이래 두자와 원조활동을 활발하게
해오고 있는 아시아 국가들은 1990년대 서구의 원조공여 측과 달리 캄보
디아 국내 정치과정의 민주주의나 인권 문제 등에 대한 어떠한 유보조항도
갖고 있지 않다. 특히 2006년을 기점으로 하여 중국, 한국, 일본이 경쟁적
으로 캄보디아에 무상, 유상 원조 및 투자를 실시하고 있지만 서구 국가들
과는 달리 정치적 관여를 전혀 하지 않는다.[8] 따라서 캄보디아 정부가 해
외원조 체제의 중심을 서구에서 아시아로 여기게 될 때, '정치지향적' 국
제비정부조직과 국제비정부조직의 비호를 받던 '정치지향적' 국내비정부

---

8) "Hun Sen praised China for providing unconditional aid to Cambodia"(ODA News in
　Cambodia, 2007. 7. 7일자)

조직의 정부비판적인 활동을 용인해야 할 이유가 없어질 것이다.

이러한 아시아 국가들의 대 캄보디아 원조의 확대는 캄보디아가 해외원조의 대부분을 차치해왔던 서구국가들과의 관계를 변화시키게 된 하나의 배경으로도 작용하였다. 실제로 캄보디아 정치사회의 부패심화에 대한 실망감 때문에 오랫동안 캄보디아를 지원해왔던 서구사회의 원조는 점차 감소하고 있는 상황이다. 결국 캄보디아가 서구국가로부터 이동하여 비서구국가의 원조에 의존적인 경제체제를 지속, 심화시키게 될수록 캄보디아 비정부조직들의 '정치지향적' 활동들을 옹호하고 지원해줄 세력의 의미는 크게 약화될 것이다.[9] 이러한 맥락에서 보면 최근의 비정부조직 법 제정에 관한 논쟁은 정부와 '정치지향적' 비정부조직 간 관계가 원조체제의 고착화와 내부적 변화라는 정치경제적 맥락 속에서 형식상의 용인(허용)으로부터 가시적인 억압의 상황으로 변화해가는 과정을 잘 보여주는 사례라고 할 수 있다.

물론 그동안 비정부조직 법에 대한 논의가 전무했던 것은 아니고 4차례 입법화를 시도한 경험이 있다. 첫 번째는 1996년에 국제비정부조직과 캄보디아비정부조직이 연합을 형성하여 비정부조직 측의 요구사항을 제안했고 그것을 반영하여 내무부에서 법안 초안을 발의하였으나, 1997년 쿠데타로 인해 의회에 상정되지 못했던 것이다. 두 번째는 1998년 8월에 각료회의에서 1996년의 초안을 재정비하여 다시 한 번 새로운 법안 초안이 만들어졌지만, 1996년의 내용과 달리 비정부조직의 활동을 엄중히 규제하는 쪽으로 바뀌어서 법제정에는 실패했던 것이다. 1998년 초안에는 캄보디아비정부조직 뿐만 아니라, 캄보디아의 해외원조 유입에 큰 역할을 해오고 있던 국제비정부조직의 재정 관리에 대해서 정부가 개입하려는 의도

---

9) "The Head of Royal Government Warned Donor Countries"(The Mirror, 2009. 10. 9일자)

가 강하다는 비판이 제기되었기 때문이다(PACT, 2001). 세 번째는 2006
년에 새로 작성된 것인데, 비정부조직의 조직구조, 목표, 재원출처, 재정상
태, 로고 등을 서면으로 작성하여 캄보디아비정부조직은 내무부에, 국제
비정부조직은 외무부에 승인을 받도록 한 것이다. 승인된 비정부조직들은
반드시 재정경제부에 연간보고서를 제출하도록 규정되어 있고, 그것을 위
반했을 시 비정부조직에 대해서 벌금과 구금이 가능하도록 하는 책임조항
까지 포함되었다.[10] 그러나 2006년 비정부조직 법 초안에서 가장 논란이
되었던 주요 골자는 비정부조직의 모든 정치적 활동을 금지한다고 했던 것
이다. 이에 2006년 법안 초안은 원조공여자들과 그들의 지원을 받는 인
권, 민주주의 관련 비정부조직으로 구성된 정부 원조자문단회의에서 강력
하게 반대되었다. 결국 비정부조직 법은 제 4기 의회(2003~2008)에서도
통과되지 못했다가 2008년 총선 후 훈센내각에서 네 번째로 다시 제기되
고 있는 것이다. 정부는 비정부조직 법은 'NGO의 자금출처', 'NGO 내부
의 비리문제', '정부의 거버넌스 개혁을 위한 NGO의 중요성', 'NGO에
대한 캄보디아 정부의 지나친 관대성' 등 때문에 필요하며, 그것을 반드시
5기 의회(2008~2013)에서 통과시키겠다고 발표하였다(CCC, 2009). 이
렇듯 1990년대와 2000년대에 걸쳐 지속된 비정부조직 법 제정과 관련된
논의를 보면 시간이 갈수록 비정부조직에 대한 정부의 규제는 강화되는 쪽
으로 법의 초안이 마련되고 있다. 이는 국가가 사회에 대해서 여전히 강력
한 권한을 갖고 있으며 비정부조직을 중심으로 한 정치적 요구와 비판을
수용하지 않겠다는 것을 의미한다.

한편, 이러한 권위주의 통치는 1990년대와 2000년대의 국내정치적 상

---

10) 이전에는 INGO의 경우 외무부에 등록하도록 되어 있는데, 2006년부터는 총리직속 기관이자
   캄보디아 내 모든 해외투자를 관리하는 캄보디아개발위원회(CDC, Council for Development
   of Cambodia)에 분기별로 활동상황과 재정에 관한 보고서를 제출하도록 되어 있다.

황이 다르기 때문에 심화될 가능성이 높다. 1990년대에는 1970년대 이후 지속된 정파들 간의 정치적 갈등이 해결되지 않고 오히려 위기를 고조시켜 왔지만, 2000년대에는 2002년 선거(지방선거)를 기점으로 하여 그 후 4번의 선거(2회 총선, 2회 지방선거)에서 훈센 총리와 캄보디아 인민당이 압도적인 의석을 획득함으로써 의회와 정부 내에서 강력한 권력을 공고화 해왔기 때문이다. 이미 2008년 선거를 통해 2/3 를 넘는 의석수를 기반으로 하여 강력한 내각과 정부를 출범시킨 상황이므로 비정부조직법 제정에 대한 훈센 총리의 의지가 강하다면 국회에서 입법안이 쉽게 통과될 가능성이 매우 높아졌다. 이러한 정치적 상황을 고려하여 비록 정부가 새로 입안된 비정부조직 법의 세부적인 내용에 대해서 공개하지 않았다고 하더라도 그것이 비정부조직의 정치참여를 통제하고 감시하게 될 것이라는 점에서 우려와 비판이 제기되고 있는 것이다.[11]

V. 결론

캄보디아 비정부조직은 공적 영역에서 제기된 광범위한 이슈들을 중심으로 활동해오면서 1991년 파리협정 이후 캄보디아에서 새롭게 출현한 시민사회의 형성과 발전을 주도해왔다는 점에서 중요하다. 특히 주요 '정치지향적' 비정부조직이 중심으로 제기하는 민주주의와 인권의 문제들은 권

---

11) NGO 법과 함께 쟁점이 되고 있는 입법현안은 반부패법과 형사법이다. NGO 법 제정에 대한 강력한 의지를 표명하고 있는 훈센 총리는 NGO를 "테러리스트, 사기꾼"으로 표현하는 데 주저하지 않으며, 이에 대해 NGO는 공동성명, 외신보도, 시위 등의 방법으로 대응하고 있다 (LICADHO, 2009).

위주의적 정치체제에 대한 비판적인 시민사회의 기능을 담당하는 것으로
보였다. 이렇듯 비정부조직의 활동을 통해서 시민사회의 민주주의 촉진
기능이 부각되는 것은 비정부조직 외에 정부비판적인 정치적 기능을 담당
할 만한 세력이 제도권 내외에 부재하기 때문이기도 하다. 이러한 맥락에
서 보면, 캄보디아에서 '정치지향적' 비정부조직의 발전경로가 어떠한가
에 따라서 시민사회의 공고화 과정도 영향을 받게 될 것이다.

그럼에도 불구하고 과연 비정부조직이 시민사회의 공고화에 기여할 수
있는지에 대한 몇 가지 의문점이 제기된다. 무엇보다도 주요 비정부조직
조차도 그들의 활동방식에 있어서 보다 많은 수의 시민을 참여시키는 전략
을 추구하기 보다는 소수의 활동 전문가를 중심으로 하는 권익주창 전략에
주력하게 되면서 비정부조직이 점차 엘리트조직으로 되어간다는 것이다.
물론 최근 들어 비정부조직의 활동 방식과 구체적 전략들이 점차 대중지향
적인 방향으로 변화하려는 모습도 발견되기도 한다. 특히 '운동형' 비정부
조직으로 볼 수 있는 비정부조직들은 상시적으로 선거나 투표 등에 관한
유권자 교육 및 정치사회화를 위한 프로그램을 해오는 것은 그 예이다. 그
러나 정치사회화 수준을 향상시키는 것 자체가 많은 시간을 요구할 뿐만
아니라, 캄보디아의 대다수 일반 국민들이 절박한 빈곤의 문제에 직면해
있어서 민주주의나 인권함양 등과 관련하여 대중의 인식수준을 향상시키
는 것은 쉽지 않다. 이 때문에 실제로 캄보디아의 정치지향적 비정부조직
의 대중지향적 노력이 얼마나 성공적일지는 가늠하기 어렵다.

또한 비정부조직과 시민사회의 관계와 관련하여 한계점은 비정부조직
이 국제비정부조직 등 외부세계에 대한 의존도가 매우 높아서 그들의 활동
이 재정 공여자 지향적이라는 점이다. 그 결과 비정부조직이 시민사회조
직으로서 독립성, 자발성, 지속가능성이 매우 취약하다. 이에 비정부조직
이 과연 운영상의 구조적인 한계나 정부와의 관계에서 비롯된 위기 속에서
어떻게 생존해나갈 것인가 하는 것이 관건이다. 최근 들어 '정치지향적'

비정부조직과 국가의 관계가 더욱 대립적으로 치닫고 있는 상황에서 '정치지향적' 비정부조직의 수는 점차 줄어들고 있는 추세이다. 정치적 이슈에 연관되어 있는 일부 주요 비정부조직들도 정치적 위협 속에서도 활동을 지속해오고 있다.

문제는 이 과정에서 비정부조직의 발전경로에 관련된 또 다른 구조적인 문제가 반복된다는 것이다. 한 가지 문제는 수적으로 1,400여개에 달하는 비정부조직이 있음에도 불구하고 실제로는 불과 수 십 개에 불과한 비정부조직만이 영향력 있는 활동을 해오고 있다는 것이다. 이는 소수의 주요 비정부조직을 제외한 다른 비정부조직들 가운데는 비정부조직을 당파적 혹은 영리추구적인 조직으로 악용할 가능성을 내포한다. 특히 개발지향적 비정부조직의 수가 정치지향적 비정부조직에 비해서 급증하면서 실체가 명확하지 않거나, 유입된 자금이 비정부조직 원래의 비영리적 목적을 위해 쓰기보다는 정경유착과 권력형 비리를 만들어내는 데 연관되는 경우이다. 비정부조직이 정부로부터 토지 활용의 허가를 받은 뒤 공익활동이 아닌 영리추구를 위한 활동을 한다든지, 비정부조직에게 주어진 면세혜택을 남용하는 경우가 종종 발생하고 있어서 비정부조직 상호간, 그리고 정부로부터 비난을 받는 경우가 있다. 이러한 과정 속에서 일반 시민들은 비정부조직의 왜곡된 이미지를 형성하게 된다. 다른 한 가지는 정치지향적 비정부조직들의 활동이 정치적으로 위협받는 상황에서 그러한 비정부조직들은 생존을 위해서 국제비정부조직의 지원과 보호를 믿고 의존하게 된다는 점이다. 외부에 대한 의존에서 비롯된 구조적 취약성을 극복하기 위해 일부의 주요 비정부조직들이 대중지향적 전략으로의 전환을 시도하고 있지만 현실적으로 캄보디아의 비정부조직들은 캄보디아 시민사회 속으로 들어가기 보다는 또 다시 국제비정부조직과 국제사회에 의존적이게 되는 딜레마에 빠지게 되었다.

| 참고 문헌 |

김인춘. 1997. "비영리영역과 NGOs: 정의, 분류 및 연구방법," 『동서연구』 제 9
　　　권 2호.

안병준 외. 1995. 『국가, 시민사회, 정치민주화』 서울: 한울.

유팔무. 1998. "비정부사회운동단체(NGO)의 역사와 사회적 역할," 『동서연구』
　　　제 10권 2호.

이규영. 1995. "국가와 시민사회이 상관성," 『한국정치학회보』 28권 2호.

이동윤. 2005. "캄보디아의 선거와 정당정치: 타율적 민주화의 한계," 『국제지역
　　　연구』 제9권 1호.

이연호. 2002. "김대중 정부와 비정부조직 간의 관계에 관한 연구," 『한국정치
　　　학회보』 35권 4호.

이홍균. 1997. "국가와 시민사회 그리고 비정부조직: 서구와 한국의 비교연구,"
　　　동서연구 제 9권 2호.

왕동원. 2006. KOTRA 보고서. KOTRA.

정연식. 2008. "캄보디아의 민주주의와 인권," 박은홍 외. 『평화를 향한 아시아
　　　의 도전: 아시아 민주화운동사』 서울: 나남.

조영희. 2007a. "민주화 이후 캄보디아의 의회정치와 정당정치," 『동남아시아연
　　　구』 제17권 1호.

＿＿＿. 2007b. "캄보디아 정당정치와 야당," 『동아시아브리프』 제2권 4호.

＿＿＿. 2009. "캄보디아 선거제도와 정당체계의 상호관계," 『한국정치학회보』
　　　봄호.

조효제. 2003. "아시아 시민사회 비교연구의 방법," 『아시아의 시민사회: 개념
　　　과 역사』 서울: 아르케.

주성주. 2003. "참여시대의 시민, 정부, 그리고 NGO" 『시민사회와 NGO』 창간호.

안네 메테 키에르 저, 이유진 역. 2007. 『거버넌스』 서울: 오름.

Arnalldo Pellini. 2004. "Tranditional Pagoda Assosiations and the Emergence of Civil Society in Cambodia", *Cambodia Development Review*, Vol 8 Iss 3

Aun Porn Moniroth. 1995. *Democracy in Cambodia: Theories and Realities*. Phnom Penh: CICP.

Barton, M. 2001. *Empowering a New Civil Society*. Phnom Penh: Pact Cambodia.

Caroline Hughes. 2003. *The Political Economy of Cambodia's Transitio n, 1991~2001*. NewYork: RoutledgeCurzon.

______. 2005. *Funding Agency and Partnership Directory*. Phnom Penh: CCC.

CCC. 2008. *Directory of Cambodian Non-Goverment Organizations (CNGOs)*. Phnom Penh.

______. *Directory of Provincial NGO Networks*. Phnom Penh.

______. 2008. *Enhancing Cooperation to Meet the Challenges of a Dynami Cambodia*. Annual Report. Phnom Penh: CCC.

Center for Social Development. 1995. Cambodia: *Corruption and Its Impact on National Reconstruction and Reconciliation*. Phnom Penh: Center for Social Development.

COMFREL. 1999. *Final Report: 1998 National Assembly Election in Cambodia*. (Phnom Penh: COMFREL, 25 February).

______, 2001. *Activity Report Album (2000~2001)*. (Phnom Penh: COMFREL).

______. 2002. *Annual Narrative Report from 1 January to 31 December 2002*. (Phnom Penh: COMFREL).

______. 2002. *Comparison of Election Results Throughout*

1993~1998~2002. (Phnom Penh: COMFREL).

________. 2003. *Final Statement and Report on the National Assembly Elections*. (Phnom Penh: COMFREL).

________. 2003. *Annual Report from January 2003 to September 2003*. (Phnom Penh: COMFREL).

________. 2003. *Following up the Promises of the 1998 Elected Political Parties and the Achievement of the Coalition Government. 2003*. (Phnom Penh: COMFREL).

________. 2004. *Promotion of Democracy*. (Phnom Penh, COMFREL).

________. 2008. *National Assembly Elections: Final Assessment and Report*. (Phnom Penh, COMFREL)

Collins, W.A. 1998. *Grassroots Civil Society in Cambodia*. Phnom Penh: Center for Advanced Study.

Cristina Mansfield, Chhay Sarath & Um Samav. 2001. "What does the future hold?: Cambodian NGOs Organisationl Development, Independence and Sustainability." Phnom Penh: Pact.

Eva Mysliwec. 1988. *Punishing the Poor: The International Isolation of Kampuchea*. Oxford: Oxfam

Kao Kim Hourn. 1999. *Emerging Civil Society in Cambodia: Opportunities and Challenges*. Phnom Penh: CICP.

Kassie Neou. 2000. "Human Rights in Action-Developing Partnerships Between Government and Civil Society-Our Unique Non Confrontational Approach in Cambodia. Human Development Report 2000 Background Paper.

Kea, K. 2005. "NGOs and Political Process in Cambodia: A Contribution to Improve a Fledgling Democracy," Doctoral Thesis. Japan:

Nagoya University.

Kingdom of Cambodia. 1998. Draft Law on Associations and Non-Governmental Organisations. Phnom Penh: Policy Affairs Development, Ministry of the Interior.

LICADHO. 2009. "Is an NGO Law in Cambodia Justified?," Licadho Briefing Paper.

Mark A. Ashwill. " Rebuilding a Civil Society in Cambodia: The Role of Education," http://www.usief.org/cambodia_ashwill.html.

Ngin, Chanrith. 2002. "A Study on Organizational Building of Cambodian Development Oriented NGOs: A Focus on Determinants of Capacity-Building and Project Success," *Forum of International Development Studies* 22.

__________. 2008. "Civil Society and Post-Election Politics in Cambodia," Presented in Seminar of the City University of Hong Kong.

Norman Uphoff. 1993. "Grassroots organizations and NGOs in rural development: opportunities with diminishing states and expanding markets,' *World Development* 24.

Ou, S. 2006. "Understanding Cambodian NGOs' Relationships with International NGOs: Focus on CNGOs' Autonomy and Sustainability," Master' s Thesis. Japan: Waseda University.

Raoul M. Jennar. 1995. *Cambodian Constitutions 1953~1993*. Bangkok: Whit Lotus.

Shinichi Shigetomi. 2002. *The State and NGOs: Perspective from Asia*. Singapore: ISEAS.

Susannah H. Mayhew. 2005. "Hegemony, Politics and Ideology: the

Role of Legislation in NGO-Government Relations in Asia,"
Journal of Development Studies, Vol.41, Iss.5(July)

SIDA. 2006. *Civil Society and Uncivilised Politics: Trends and Roles of Cambodian Civil Society and Possibilities for Sida Support.* Stockholm and Phnom Penh: SIDA.

United Nations Transitional Authority in Cambodia. 1993. *Human Rights Component Final* Report. Phnom Penh(September).

신문기사

"Hun Sen praised China for providing unconditional aid to Cambodia" (ODA News in Cambodia, 2007. 7. 7일자)

"The Head of Royal Government Warned Donor Countries"(The Mirror, 2009. 10. 9일자)

인터뷰(2009년 9월 3일~12일, 캄보디아 프놈펜)

면담자명단 :

Benny Widyono(Former United Nations Secretary-General's Representative in Cambodia)

Chan Soveth(Program Officer of ADHOC)

Chet Charya(Executive Director of Star Kampuchea)

Ham Sunrith(Deputy Executive Director of LICADHO)

Hour Chanthou(Radio Executive Producer of Women's Media Center of Cambodia)

Koul Panha(Executive Director of COMFREL)

Neth Chantha(Deputy Executive Director of CICP)

Ngin Chanrith(Professor of Royal University of Phnom Penh)

Ngy San(Deputy Executive Director of The NGO Forum on Cambodia)

Nobert Klein(Editor of The Mirror, Co-founder of CCC)

Y Ratana(Dr. of University of Cambodia)

인터뷰에 응해주신 캄보디아 NGO관계자 분들께 감사드린다.

이 책은 2005년 정부(교육인적자원부)의 재원으로 한국학술진흥재단의 지원을 받아 수행된 연구임
(KRF-2005-005-J11501, KRF-2005-005-J11502, KRF-2008-005-J01402)

아시아의 민주주의와 인권Ⅱ
－국가폭력과 참여민주주의의 역사와 동학

초판1쇄 찍은 날 2010년 9월 6일
초판1쇄 펴낸 날 2010년 9월 6일

지은이 전남대학교 5·18연구소
펴낸이 송광룡
펴낸곳 도서출판 심미안
주 소 501-841 광주광역시 동구 학동 81-29번지 2층
전 화 062-651-6968
팩 스 062-651-9690
이메일 simmian03@hanmail.net
등 록 2003년 3월 13일 제05-01-0268호

ISBN 978-89-6381-033-1 94080